PRETÉRITO IMPERFECTO

Nieves Concostrina

PRETÉRITO IMPERFECTO

Historias del mundo desde el
Año de la Pera hasta ya mismo

la esfera de los libros

Primera edición: noviembre de 2018
Sexta edición: marzo de 2019

Avenida de San Luis, 25
28033 Madrid
Tel.: 91 296 02 00
www.esferalibros.com

ISBN: 978-84-9164-458-3
Depósito legal: M. 33.845-2018
Fotocomposición: J. A. Diseño Editorial, S.L.
Impresión: Anzos
Encuadernación: De Diego
Impreso en España-Printed in Spain

Índice

A los compañeros del programa La ventana *de la cadena SER que son y han sido. Por ponérmelo tan fácil, por ayudarme tanto, de la A a la T y empezando por la C: Carles Francino, Álex Pinacho, Alicia Gaitón, Alicia Molina, Armand Anjauma, Emma Vallespinós, Gema Muñoz, Iñaki de la Torre, Íñigo Espinosa, Isaías Lafuente, Javier Coronas, Laura Piñero, Lucía Taboada, Manu Zoco, Marta Estévez, Matilde Suárez, Naneh, Nerea Aróstegui, Noema Válido, Olga Nebra, Paloma Delgado, Pepe Rubio, Roberto Maján, Roberto Sánchez, Sebas Bernal y Toni Martínez. Gracias.*

Y a Carmen Gallardo, por su empujón.

Y al mastuerzo de Fernando VII, por dar tanto juego.

Nota de la autora

La palabra «dios» va deliberadamente con minúscula a lo largo de todo el libro porque hay tantos que así se evita la prevalencia de ninguno. Para los monoteístas es el ser supremo que, pese a ser común a las tres religiones, difunde mensajes contradictorios entre los distintos fieles. Los que no son monoteístas también tienen sus dioses, que, por supuesto, merecen un respeto; y luego está el del actor Willy Toledo, que es el que nos sirve a todos para desahogarnos. Si se ha escapado algún «Dios» con mayúscula, considérese una errata.

ANTES DE NUESTRA ERA

Año de la Pera

Los cataplines de Urano

Ocurrió hace mucho, muchísimo tiempo. Un día cualquiera de hace ni se sabe en algún lugar desconocido de por ahí arriba. Mañana o tarde, da igual. Estaba el señor Urano enredado en la cama con su señora Gea (su señora, que además era su madre), cuando en estas irrumpió Crono, uno de sus hijos, en mitad del disfrute. Crono agarró a su padre, le cortó los cataplines con una hoz, los tiró al vacío por encima de su hombro con el mayor de los desprecios, los cataplines cayeron desde el cielo al mar... chof... chof... organizaron una gran espuma y de ahí surgió una tía buenísima a la que llamaron Afrodita.

Luego Afrodita se enredó con Ares, que era hermano de Atenea, y tuvieron a Eros, un cachondo; y mientras, Zeus se lio con su hermana y empezaron a nacer dioses por un tubo que se fueron luego todos a vivir al Olimpo. Por allí andaba Eolo, que soplaba lo suyo; Dioniso, que también soplaba, Hefesto, Hermes, Morfeo, Heracles, las Musas, las Horas, las Moiras, Helios, Niké, Némesis...

¿Pero quién demonios organizó todo este follón mitológico?

Cuando una se para a repasar detenidamente todo el lío de dioses que en el mundo han sido, lo primero que queda en evidencia es que en Mesopotamia, en Grecia o en Roma, por citar solo tres civilizaciones, contaban con unos equipos de guionistas que les daban mil vueltas a los de la Paramount, la Metro y la Warner. Ni juntándose las tres productoras sacarían tan buenas historias como las que ya se inventaron los antiguos.

Pero inmediatamente después hay que plantearse por dónde empezar a contar este culebrón mitológico, porque si no se centra el tiro no hay dios que se aclare con tanto dios.

Primera pregunta: ¿dónde está el principio de la madeja? Quién sabe. Puede que esto de los dioses empezara porque los humanos necesitaban líderes, y esos líderes necesitaban a su vez seres superiores en los que escudarse para tomar sus decisiones. El líder podía castigar, matar, premiar... pero siempre avalado e inspirado por algún dios que le daba la razón. Acogotar, aterrorizar o matar en nombre de un dios, cualquier dios, es más antiguo que el hilo negro, pero el que acogota, aterroriza o mata es el hombre.

El dios era y sigue siendo el que da la excusa perfecta, por eso todas las civilizaciones crearon sus propios dioses. Da igual si eran uno o tropecientos. El caso es que todo ocurre porque los dioses quieren, y si es el líder humano el que provoca que ocurra, es porque tal o cual dios le ha dicho que proceda.

Segunda duda: ¿quién puso toda la maquinaria mitológica en marcha? Alguien tuvo que hacerlo, está claro, pero hay que echarle un poquito de imaginación, porque carecemos de datos concretos. No conocemos ni la fecha ni el nombre y los apellidos del que puso el negocio en marcha, pero alguien lo hizo en algún momento. Así que imaginemos a un tipo que hace unos cinco mil años, en Mesopotamia o en Grecia, se paró a preguntarse cosas. De dónde venimos, qué hay más allá del cielo, ¿y dentro de la tierra?... a dónde vamos cuando morimos, quién trajo el fuego, de dónde sale tanta agua, quién envía rayos y truenos, por qué ese bicho vuela y yo no...

Como nadie tenía respuestas ni para una sola de las preguntas, el tipo en cuestión, seguramente con un amigo, decidió crear una serie de dioses que dieran explicación a tanto interrogante. Así fue naciendo un dios para cada cosa y para cada necesidad, sentimiento o actividad humana. Y así fueron los hombres creando dioses a su imagen y semejanza. Algunos dicen que fue al revés, que los dioses crearon al hombre a imagen y semejanza suya, pero conviene no hacer mucho caso porque las pruebas hablan en contra. Parece demostrado que primero fueron los hombres y luego los dioses.

El caso es que las leyendas, los mitos, los cuentos... llamémoslo como queramos, se fueron transmitiendo de forma oral y a través de dibujitos, porque al principio los antiguos no eran mucho de escribir. Pero alguien tenía que empezar a pasar todo eso a limpio. Y hubo uno que lo hizo especialmente bien. Se llamaba Hesíodo, que con ese nombre solo puede ser griego.

Hesíodo fue un señor que vivió hará unos dos mil setecientos o dos mil ochocientos años. Entiéndase esto de manera aproximada porque dadas las fechas de las que hablamos es muy difícil afinar. Hesíodo escribió una obra muy entretenida que se llama *Teogonía*, y ahí cuenta él los orígenes del mundo y todos los dioses que tuvieron que ver con ello.

Lo que hizo Hesíodo fue poner en orden todo ese lío mitológico; explicarnos quién era el padre de quién, por qué tal dios tenía tal poder o por qué esa diosa le tenía manía a la otra. Y partiendo de esta base ya pudieron llegar en los siglos siguientes otros guionistas que corrigieron, adornaron y aumentaron todas y cada una de las historias.

Y por eso los reyes del mambo en esto de los dioses son los griegos, porque se dedicaron a escribirlo todo. Bien es cierto que luego se les fue la pluma creando deidades, follones entre ellos, peleas, asesinatos, incestos y orgías. Es que antes no había tele, pero había dioses. Ni juntando las intrigas de *Juego de tronos* y *House of cards* se acercarían a todo lo que se cocía en el panteón griego.

Según aquellos grandes fabuladores, en el principio de los tiempos solo existía el caos; algo indefinido, amorfo, un gran vacío. Hasta que surgió la primera generación de dioses. Gea era la Tierra, fecunda ella, por eso era la chica. No hace falta insistir de dónde viene eso de geografía, geología, geodesia... pues de ahí, de la diosa Gea.

Gea necesitaba un novio, así que engendró por su cuenta, sin ayuda de nadie, a Urano, que era el cielo. O un cielo, según se mire. Tierra y cielo se juntaron, y así Gea y Urano, que formaron la primera pareja divina, dieron origen al universo. En sus tiempos surgieron los mares, los ríos, las montañas y empezaron a proliferar los dioses por un lado y los hombres por el otro. Ni que decir tiene que los hombres eran la última mierdecilla del universo, sujetos al capricho de los dioses, que eran los que manejaban el cotarro.

Uno de los hijos de Gea y Urano fue Crono, que ya ha sido presentado al principio de esta historia y que fue el que le cortó los cataplines a su padre. Después de desgraciar a Urano y destronarlo, Crono pasó a ser el segundo soberano del Universo, y se lio con una de sus hermanas, Rea. Esta pareja fue la segunda generación divina. Pero había un problema.

Crono estaba aterrorizado porque se cree el ladrón que todos son de su condición. Se temía que alguno de sus hijos pudiera hacerle a él lo mismo que él le hizo a su padre, por eso le dijo a su mujer: «Si no te importa, querida, me vas a ir pasando a los niños según vayan naciendo». Rea se los daba y Crono se los comía.

Hasta que Rea se hartó de que su marido se zampara a toda la prole y el último no se lo dio. Engañó a Crono entregándole una piedra para que se la comiera en vez de al niño, y Crono, a quien ser dios no le eximía de ser bobo, se la tragó. Rea escondió a su hijo en una cueva para que creciera a salvo, y cuando el muchachillo fue mayor le dio un vomitivo a su padre, a Crono, y le hizo escupir a todos los hijos que se había merendado.

Así fue como Zeus liberó a todos sus hermanos, tres chicas y dos chicos, y se convirtió en el más chulo y marimandón de todos los dioses. Sus dos hermanos más famosos fueron Poseidón, que acabó hundido, y Hades. A este le dio por encerrarse en el sótano y dedicarse a los servicios funerarios.

La historia de cómo estos tres se repartieron el mundo está muy bien relatada en *La Ilíada*. Escuchen cómo lo cuenta el propio Poseidón:

> Somos tres los hermanos nacidos de Crono, a los que Rea dio a luz. Zeus, yo mismo, y el tercero, Hades, soberano de quienes están en el mundo

subterráneo. En tres lotes está todo repartido, así cada uno obtuvo un honor. A mí me tocó habitar para siempre en el canoso mar tras haber echado las suertes. El tenebroso ocaso le correspondió a Hades, y a Zeus le tocó el anchuroso cielo en el éter y las nubes. La tierra en común pertenece todavía a los tres, así como el enorme Olimpo.

Para un Oscar al mejor guion original.

En este resumido recuento estamos pasando de los temibles titanes, los poderosos cíclopes y los gigantescos centímanos, unas criaturas con las que mejor no entretenerse porque no acabaríamos nunca. Lo podemos resumir diciendo que eran unos seres pendencieros, muy broncas, muy bestias; los macarras de la mitología.

A lo que vamos es a que con Zeus comenzó la tercera generación de dioses griegos, la guay, la de los doce dioses olímpicos. ¿Doce? Anda... qué curioso; como los apóstoles que aparecieron después; doce, qué coincidencia tan tonta.

Zeus y sus chicos se empadronaron en el monte Olimpo, y allí se instaló una corte justa y perfecta, venerada por una humanidad imperfecta que los adoraba y los obedecía.

Por allí, por el monte Olimpo, además de algunos de los ya mencionados, andaba Apolo, monísimo; Atenea, muy lista; Artemisa, que donde ponía el ojo ponía la flecha; Dioniso, que no soltaba el *gin-tonic*...

Pero la familia olímpica siguió creciendo, porque los dioses podían liarse entre ellos o elegir como pareja a los mortales, según les viniera mejor. De la unión de un mortal y un dios nacía un semidiós, y, por supuesto, no faltaban todas y cada una de las pasiones humanas en todos estos seres divinos. Amores imposibles, celos, venganzas, adulterios e incestos.

Desde la vida eterna y la eterna felicidad que les proporcionaba el Olimpo, alimentándose de néctar y ambrosía, los dioses recibían los sacrificios y las plegarias de los pobres humanos, que solo podían comunicarse con ellos por medio de oráculos.

Y con esto basta para hacerse una ligera idea de todo aquel complicado panteón griego.

Si después de todo lo relatado alguien está pensando que a los griegos se les fue la mano inventando historias y fantaseando con los dioses, les recuerdo que luego vinieron otros que dijeron que un señor con barba y melena blanca creó un día el cielo y el mar, otro el sol y la luna, otro las plantas... que hizo un monigote de barro que fue el primer hombre, que luego le quitó una costilla y fabricó a la primera mujer... porque aquí cada maestrillo tiene su librillo.

Fuera quien fuera, cuando fuera y con las mañas que fueran... bien gracias al señor de barba en sus distintas versiones cristiano-judeo-islámica, o por culpa de los cataplines de Urano, o a raíz de un organismo unicelular... el mundo fue complicándose y no han parado de pasar cosas todo el rato.

Lo que viene a continuación solo es un puñado de ejemplos. Todos ciertos, aunque no se lo puedan creer.

45
Tempus fugit

Los calendarios son esos instrumentos malignos que nos marcan la vida y que nos recuerdan que el tiempo corre que se las pela. *Tempus fugit* decían los clásicos. Se impone, pues, un repaso rápido a unos cuantos calendarios aprovechando que el 1 de enero del año 45 antes de nuestra era empezó a correr el famoso calendario juliano, y ya, de paso, conocer algunas extravagancias que nos han regalado los almanaques.

No conviene irse muy atrás en el tiempo, porque ha habido tantos calendarios de tantas culturas y tantas civilizaciones que nos darían las uvas de 2080 con el tema. Digamos que calendarios los hay de todas las clases y para todos los gustos. Desde pequeñitos para llevarlos en la cartera hasta los grasientos de pared con chicas desnudas en los más rancios talleres mecánicos.

Y teniendo muy presente que cuando en una zona el mundo celebra el 1 de enero, en otra no celebran nada porque es un vulgar día 28 del mes de Safar del calendario islámico, o 29 de Tevet del judío, o vaya usted a saber qué día del año de la serpiente del calendario chino; aunque a estas alturas de curso todos, desde musulmanes hasta chinos, pasando por judíos y medio pensionistas, se manejan para asuntos cotidianos con el actual calendario gregoriano, que es el común a todo el mundo porque si no no habría forma de quedar con nadie. Luego, eso sí, cada comunidad usa el calendario propio para sus celebraciones; como los chinos cuando celebran su año nuevo o los islámicos para marcar el Ramadán.

El calendario juliano se estrenó el 1 de enero del 45 antes de nuestra Era y se quedó con ese nombre por Julio César, aunque no lo inventara él. Lo mandó hacer, que por algo era el César. Y el que estuvo echando cuentas como loco hasta que le salió el calendario fue un astrónomo que atendía por Sosígenes de Alejandría.

En Roma había un calendario de diez meses de acuerdo a los ciclos de la luna, pero cada año había que hacer muchos ajustes porque, dicho a las claras, ese almanaque era un completo desastre. No encajaban las estaciones ni empujando. Hubo años en los que el calendario llegó a ir hasta tres meses por delante de la estación que correspondía. Es decir, podía hacer un frío que pelaba porque el Sol seguía su ritmo, pero el calendario lunar romano decía que estaba empezando el verano.

Eso había que arreglarlo, aunque los políticos romanos se resistían porque esos ajustes que cada año había que hacer en el calendario para que fuera al ritmo de las estaciones los ordenaba el jefe de turno, el mandamás, el César. Y era él quien mandaba intercalar un mes aquí o allí... o no; añadir días acá o allá... o tampoco. Lo hacía según le diera el aire o según le conviniera. Es decir, ajustar el calendario de una forma u otra se usaba para hacer trampa con las fechas y alargar los mandatos políticos.

Hasta que llegó Julio César y se decidió a poner orden para no estar arreglando cada año aquel desbarajuste de fechas. Ajustó el calendario al Sol, no a la Luna, y desde entonces nos vienen los nombres de los meses y de los días. El séptimo mes se llamaba quintilis, lo que pasa es que llegó el pelota de Marco Antonio y decidió llamarlo julio en honor del César. De la misma forma que sextilis pasó a llamarse agosto en honor de Augusto.

Resulta casi milagroso que esa inicial nomenclatura romana haya llegado casi intacta hasta hoy, más de dos mil años después, con esos dos únicos cambios. Pero también es cierto que aquellos dos perturbados llamados Nerón y Calígula intentaron meter mano para tener también ellos nombres de meses en su honor. Calígula cambió septiembre y lo llamó Germánicus, y Nerón hizo lo mismo y mayo pasó a ser Claudius. Ni puñetero caso les hicieron. En cuanto se murieron volvieron a poner los antiguos nombres.

Hasta Carlomagno quiso cambiar los nombres de los meses, pero su propuesta era impronunciable: enero, *wintarmanoth*; febrero, *hornung*; marzo, *lentzinmanoth*; abril, *ostarmanoth*… a la porra, que el latín es más fácil. Así que, salvo esos vanos intentos megalómanos, por lo que respecta al calendario juliano, casi todo sigue igual. Casi. Porque algún fallo debía de tener el calendario juliano si luego vino un papa que atendía por Gregorio a enmendar la plana.

El calendario juliano tenía, más que un fallo, un fallito que al principio no se notaba. Pero ese lapso se fue acumulando con el paso de los años. El calendario de Julio César era once minutos y catorce segundos más largo que el año solar, y si año a año se van acumulando esos minutillos, al cabo del tiempo todo se vuelve a desbocar. Así fue como, en el año 1582, cuando el equinoccio de primavera tenía que darse el 21 de marzo, se produjo diez días antes. Y desde cuándo se ha visto que la primavera entre cuando le dé la gana y no cuando le toca.

Para la Iglesia esto era muy grave, porque la Pascua había que calcularla a partir del equinoccio de primavera, y si esta estación entraba en el calendario cuando le salía del bolo, ya todo lo demás iba descontrolado. O sea, que al margen de la cuestión astronómica, había un interés religioso.

Todos los calendarios de todas las civilizaciones desde hace cinco mil años tienen dos objetivos: regular las tareas agrícolas y el culto religioso. ¿Por qué tenemos siempre este lío de fechas con la Semana Santa? ¿Cuándo cae? ¿Por qué unas veces cae en marzo y otras en abril? Unas veces con frío, otras con más calorcito. Para entenderlo hay que echar cuentas.

Situemos primero el Domingo de Pascua, también llamado Domingo de Resurrección. Ese día tiene que ser, por narices, el domingo siguiente a la primera luna llena de primavera. Cuando está situado ese domingo, hay que irse hacia atrás cuarenta y seis días, y ahí situamos el Miércoles de Ceniza. Luego retrocedemos al lunes anterior, y ahí señalamos el Lunes de Carnaval y, por último, el Corpus toca sesenta días después del Domingo de Pascua.

Está claro que estas festividades afectan a las celebraciones de los católicos, pero así hay que aceptarlo porque también marcan un calendario laboral y, sobre todo y más importante, las vacaciones. Lo fundamental era que, para que todas estas cuentas cuadraran, la primavera tenía que entrar el 21 de marzo. Y no entraba. Por eso el papa Gregorio XIII cogió papel y lápiz y reorganizó el calendario.

Alguien habrá caído en la cuenta de que, efectivamente, nos regimos por un calendario solar, pero la que marca las fiestas litúrgicas es la Luna. Y esto tiene que ver con la antigua pelotera interna que dividió a los judíos.

Vámonos dos milenios atrás.

Nos situamos en el siglo I. Año 33, día 14 del mes de Nisán según el calendario hebreo. Ese día, los judíos se preparaban para la Pascua, con la que conmemoraban la huida de Egipto. Y ese mismo día, según la tradición cristiana, se produce la crucifixión. A partir de aquí se acabó ser colegas. Se embroncaron y cada uno empezó a conmemorar una cosa. Los judíos seguían rememorando en Pascua la huida del pueblo hebreo de Egipto, pero los cristianos empezaron a recordar en Pascua la crucifixión de Jesucristo. El mismo día de fiesta (justo en la primera luna llena de primavera), pero con dos recuerdos distintos.

Continuó pasando el tiempo y las diferencias entre judíos y cristianos fueron a peor; tanto, que les fastidiaba tener en común ese mismo día para conmemorar sus cosas. En el año ciento y pico ya hubo un obispo de Roma que se llamaba Víctor, muy mosqueado con este asunto, que se sentó a cavilar y buscó una fórmula para evitar esa coincidencia. Decidió que la Pascua cristiana tenía que caer sí o sí en domingo. Ya no se celebraría más en ese día de los judíos que era el día 14 del mes de Nisán. Porque los judíos no tienen en cuenta si cae en martes o en jueves. Es el día 14 de Nisán caiga donde caiga, y ese día siempre era la primera luna llena de primavera.

Y entonces... ¿qué hacer si la primera luna llena de primavera cae en domingo? Volverían a coincidir las dos Pascuas y estarían en las mismas.

Por eso los disidentes cristianos afinaron aún más en sus cálculos, y así llegamos al año 325, a la celebración del primer concilio, la primera asamblea que organizó el alto mando cristiano. Lo convocó el emperador Constantino el Grande y en aquel Concilio de Nicea decidieron que los judíos se quedaran con su fiesta el día de la primera luna llena de primavera, y los cristianos, para no coincidir jamás con ellos, señalaron la suya siempre en domingo, y siempre el domingo siguiente a la primera luna llena de primavera. O sea, que si la primera luna llena cae muy poquito después del 21 de marzo, la Semana Santa nos cae en marzo y con frío, y cuando cae bien entrado abril, las vacaciones pillan más calorcito.

La semana de vacaciones siempre va a caer entre el 22 de marzo como muy pronto, y el 25 de abril como muy tarde. Por eso la Luna es la que todavía hoy nos dice cuándo nos vamos de vacaciones, aunque nos rijamos por un calendario solar.

Queda perfectamente claro por qué se necesitaban astrónomos para hacer los calendarios.

Volvemos con el papa Gregorio XIII, el que decidió cargarse el calendario juliano para imponer el suyo, el gregoriano, el que marca ahora nuestro tiempo. Fue en 1582 cuando el papa se remangó y decidió arreglar el desbarajuste. Para ello promulgó un decreto y se merendó diez días del calendario para provocar que la siguiente primavera entrara cuando debía, el 21 de marzo. Los días se eliminaron en octubre. El 4 de octubre de 1582 los españoles se acostaron, y amanecieron el día 15. Si alguien busca algo que ocurriera en España, por ejemplo el 9 de octubre, no va a encontrar nada en esos días de ese mes de ese año. Absolutamente nada. Hay diez días que no existen. La más conocida anécdota referida a este asunto tiene que ver con la muerte de Teresa de Jesús, porque esta mujer tuvo la idea de morirse justo aquel 4 de octubre de 1582, y los textos decían que la enterraron al día siguiente; o sea, el día 15. Teresa, efectivamente, murió el día 4 del calendario juliano y fue enterrada el día 15 del gregoriano.

Puesto que aquella orden del cambio de calendarios era un mandato que venía de Roma, no todos los países estuvieron dispuestos a acatarlo solo porque lo dijera un papa.

Los tres países que adoptaron de inmediato el nuevo calendario fueron, por supuesto, los católicos. España, Portugal e Italia, aunque Italia no fuera Italia por aquel entonces. Pero los demás países, los de religión protestante, los ortodoxos, los anglicanos dicen que nanay, aunque en este caso, y sin que sirva de precedente, el papa tenía razón.

La mayoría de los países siguieron con su calendario juliano, por eso durante los dos siguientes siglos las fechas españolas no cuadraban con las inglesas, ni las inglesas con las italianas y ningunas cuadraban con las rusas, porque hubo países como Grecia y Rusia que no se rigieron por el calendario gregoriano hasta bien entrado el siglo XX. Tú quedabas con un ruso el 3 de septiembre a tomar unas cañas, y aparecía once días después. He ahí la famosa revolución de octubre, que en la Unión Soviética sería en octubre, pero en el resto de Europa fue en noviembre.

30
Cleopatra, antes muerta que sencilla

Alejandría. Año 30 antes de nuestra Era. Dos soldados romanos entran en la habitación de la reina y se encuentran el siguiente espectáculo. Cleopatra, muerta. Eso sí, con clase: tumbada en su cama, en una postura elegante entre sedas y linos. Una de sus criadas está agonizando, desmadejada a los pies de la reina. La otra sirvienta, a punto de derrumbarse, pero empleando sus últimas fuerzas en recolocar la diadema de su señora. Los dos romanos primero se pasman y luego intentan reanimar a la reina, pero es tarde. Cleopatra ya se ha salido con la suya.

Antes muerta que sencilla.

La puesta en escena fue perfecta para pasar a la historia y que sigamos hablando de Cleopatra dos mil y pico años después de su muerte, pero sigue sin estar claro qué pasó y cómo fue ese suicidio, porque entre lo que se imaginó uno, un poquito de literatura que le echó otro, la fantasía que añadió el de más allá, los espontáneos que fueron ampliando detalles por su cuenta y la ingente nómina de artistas que han ido adornando la escena de la muerte, pues resulta que seguimos sin tener despejado el episodio.

Para colmo, Cleopatra no aparece por ningún lado. Ni ella ni la tumba, con lo cual no hay forma de estudiar su muerte sobre el terreno anatómico forense. Encontrar el lugar donde la enterraron es uno de los tres grandes retos de la arqueología, junto con la búsqueda de las tumbas de Alejandro Magno y Gengis Kan. Los tres se resisten.

La teatrera muerte de Cleopatra ha eclipsado todo lo demás. Tanto es así, que a cualquiera le suena la historieta del suicido con la presunta serpiente que emergió de la supuesta cestita de higos, pero se habla poco de por qué esta mujer se tomó las cosas tan a la tremenda y decidió largarse en la cumbre de su carrera y antes de cumplir los cuarenta.

Para entender qué pasó nos tenemos que ir a unos añitos antes de su muerte, a otro episodio mucho más sangriento, pero no menos teatral: el asesinato de Julio César, que nos llevará inmediatamente después a meternos en el «fregao» de una famosa batalla que de vez en cuando cae en algún examen de bachillerato, la de Actium. Una batalla con mucha chicha y considerada una de las más decisivas de toda la historia de la humanidad.

Por partes.

A Julio César se lo cargan. Vale. Marco Antonio se cree el heredero legítimo porque por algo era la mano derecha del César, pero, oh sorpresa, cuando se abre el testamento resulta que el heredero de Roma es otro, Octavio, porque era el hijo adoptivo de Julio César. Marco Antonio se mosqueó mucho al ver que hay otro favorito y se enfrascó en una bronca por conseguir el poder. Acabó pactando, sin embargo, con Octavio, y junto con otro tipo que se llamaba Lépido, formaron un triunvirato, que como su propio nombre indica era un gobierno de tres. Triunvirato, tres mandando.

Al principio, bien, sin problemas. Los tres colegas se repartieron de buen rollo el gobierno de los dominios de Roma. Cada uno en su casa y Júpiter en la de todos.

Lépido se fue a gestionar la parte occidental de los territorios romanos. Octavio se quedó manejando los territorios de lo que ahora es Italia, y a Marco Antonio le toca mangonear las regiones del Mediterráneo oriental. ¿Y quién andaba reinando por las orillas del Mediterráneo oriental? Ella. Cleopatra.

Y sí, por supuesto que Cleopatra quiso ligarse a Marco Antonio. Significaba consolidar su reinado y sus territorios al tenerle como aliado. Si encima el muchacho era guapete y estaba de buen ver, pues miel sobre hojuelas. Y exactamente el mismo interés tenía Marco Antonio hacia Cleopatra: apuntalar su poder en la zona oriental gracias a la alianza con la reina de Egipto. Como además Cleopatra estaba estupenda y era lista y divertida, pues no había nada más que pensarse. Cleo y Marco hicieron lo que llevan haciendo milenios todos los gobernantes: sellar alianzas y organizar matrimonios de conveniencia. O sea, que se enredaron. Pero es que además se gustaban.

Estos datos ya ayudan a quitarse de la cabeza a esa reina mala pécora que nos han metido entre ceja y ceja. Peor lo hizo Marco Antonio, porque comenzó a jugar con dos barajas, que es lo mismo que decir que tenía una novia en cada puerto. A la vez que se lio con Cleopatra se casó con la hermana de Octavio, de tal forma que pasó a ser cuñado de su colega de gobierno.

Ya llega la mala noticia: la concordia en aquel frágil triunvirato duró lo que duró, muy poquito, porque ya sabemos lo que pasa cuando hay tres jefes de departamento, que siempre hay uno que quiere ser director de área. Y eso le pasó a Octavio.

Primero se deshizo de Lépido, y cuando ya tenía en el punto de mira a su cuñado, buscando una excusa para quitarlo de en medio, el propio Marco Antonio se la puso en bandeja, porque no se le ocurrió mejor cosa que repudiar a su esposa, a la hermana de Octavio, para casarse con Cleopatra. A quién se le ocurre cabrear a tu socio de gobierno y que encima es tu cuñado.

La propaganda contra Cleopatra en Roma fue bestial. Solo faltó que la acusaran de matar a Manolete. Lasciva, seductora, casquivana, lujuriosa, marimandona, manipuladora... De Marco Antonio dijeron que era un títere en sus manos, un pelele. Y además Cleopatra era mujer, y a ver qué hacía ese paradigma del vicio reinando... A Octavio no le fue difícil conseguir el apoyo del Senado romano para declararle la guerra a Cleopatra.

Pero Octavio fue muy hábil. Le declaró la guerra solo a Cleopatra, no a Marco Antonio. Quería esto decir que si Marco Antonio se unía a ella, problema suyo; también él sería considerado entonces enemigo de Roma. Marco Antonio, evidentemente, apoyó a su señora esposa Cleopatra, y ahí fue cuando se lio la famosa batalla naval de Actium frente a las costas de Grecia. De que ganara uno o ganaran los otros dependía que el meollo cultural, económico y político de Europa se quedara en Roma o se trasladara a Alejandría. Era mucho lo que se estaban jugando.

No eran solo Marco Antonio y Cleopatra contra Octavio. Era Alejandría contra Roma. Dos ciudades en lucha por ser el ombligo del mundo. Ganó Octavio. Ganó Roma.

Marco Antonio y Cleopatra volvieron con el rabo entre las piernas a Egipto, y ya sabían ellos que les quedaban dos telediarios antes de que Octavio se fuera a por ellos en su propia casa y se quedara con Alejandría y alrededores. La derrota se la tomaron muy a pecho. Tanto, que empezaron las tiranteces en la pareja.

Marco Antonio acabó suicidándose con su propia espada al creer que Cleopatra lo había abandonado. Cleopatra se agarró un disgusto de aúpa cuando vio lo exagerado que había sido su marido, pero lo hecho, hecho estaba, y ya solo disponía de un último cartucho antes de irse también a criar malvas. Le puso ojitos a Octavio a ver si se apiadaba de ella y llegaban a un acuerdo amistoso con derecho a roce.

No coló.

En los planes de Octavio estaba pasear a la reina de Egipto sometida, humillada, durante su gran desfile triunfal por las calles de Roma. Por eso se suicida Cleopatra, porque le está mandando un recado a Octavio: tú has ganado, vale, pero a mí no me paseas para regodeo de los romanos.

Concluyendo: que el suicidio de Cleopatra fue consecuencia directa de la batalla de Actium, pero trajo muchas más. Una: que Octavio acabó siendo el divino Augusto, el primer emperador que dio por inaugurado el Imperio romano. Dos: que Marco Antonio y Cleopatra protagonizaron dos muertes tan aparatosas y escenificadas, que el arte, el cine y la literatura les han quedado eternamente agradecidos. Lo cual trajo la tercera consecuencia: la película, sin la cual jamás se hubieran enamorado, casado, divorciado y vuelto a casar Richard Burton y Elisabeth Taylor.

DESPUÉS DE NUESTRA ERA

33
Cómo hacerle la Pascua a un cordero

Ninguna comida es mejor que otra. El manjar de esta parte del mundo puede ser repugnante en las antípodas, y las exquisiteces de hace dos mil años ahora no se las daríamos ni a los cochinos.

Todo depende de desde dónde se mire el asunto y de las características de la cultura gastronómica de cada uno. En unos sitios comen sesos de mono y hormigas culonas fritas porque es lo que tienen a mano. Dependiendo de lo que apriete el hambre y de que el paladar se acostumbre a una u otra cosa.

Pero a veces los gustos gastronómicos, además, tienen una base histórica. El cordero, por ejemplo. Más allá de que esté rico, las religiones tienen todo que ver en que nos pirremos por un buen costillar. Son ellas las que le han hecho la pascua al cordero, porque ¿cuál es el animal de sacrifico por excelencia? El dócil, sumiso y obediente cordero. Podría haber sido un avestruz, mucho más rebelde a la hora de dejarse trincar, pero es que los judíos eran ganaderos y el bicho que estaba más a mano cuando se supone que su dios ordenó el sacrificio de animales era el cordero. Si hubieran tenido rebaños de avestruces mansos, ahora comeríamos avestruz desplumado en horno de leña.

Hay que retroceder unos miles de años para saber por qué nos gusta el lechazo.

Dicen los que saben que, después del perro, cabras y ovejas son los animales más antiguos domesticados por el hombre. Convenía reunirlas, fomentar la reproducción y criarlas para asegurar el sustento de la tribu. Y en esas estaban, criando ovinos y caprinos sin más intención que llenar el estómago y vestirse y calzarse con su lana y sus pieles, cuando irrumpieron las religiones monoteístas y establecieron la obligación de sacrificar y comer cordero.

Eso se ha quedado fijado en los genes y en el paladar de quienes habitamos en las zonas de influencia de las tres religiones que comparten el mismo dios: la única cosa en la que están totalmente de acuerdo judíos, cristianos y musulmanes es en lo de comer cordero.

La tradición dice que cuando la malaje deidad de los judíos castigó a los egipcios con la muerte de todos sus primogénitos, mandó a sus fieles que marcaran con sangre de un cordero las puertas de sus casas para que allí no entrara la muerte. Dicen que dijo dios:

> Procuraos un cordero por familia. La bestia será sin tara, macho, de un año de edad [no conviene meterse a judío si solo te gusta el lechal], y en el decimocuarto día del mes de Nissan la degollaréis entre dos luces, su sangre se pondrá en las dos jambas y en el dintel de la puerta de la casa donde se vaya a comer, y esa misma noche se comerá la carne asada al fuego con hierbas amargas.

Lo que viene a ser cordero al tomillo en horno de leña.

He ahí la obligatoriedad de comer cordero asado en la Pascua judía. Luego los cristianos se separaron de los judíos, pero ya puestos, como el cordero estaba bueno, siguieron comiéndolo, pero sin horario ni fecha en el calendario, ni mucho menos fijándose en si el cordero era lechal, recental o pascual. Los cristianos los comen de todas las edades.

Y también los musulmanes tienen su fiesta del cordero al final del Ramadán y también de tradición milenaria. Comen cordero en recuerdo del sacrificio que hizo Ibrahim, que es el Abraham de los judíos y los cristianos. Después de que Yahvé-Jehová-Alá le ordenara a Ibrahim-Abraham que sacrificara a su hijo, y cuando estaba el hombre a punto de hacerlo, apareció un ángel que le detuvo la mano y le dijo: «Oye, que lo dejes; que al final no va a hacer falta. Con que sacrifiques este cordero, nos vale».

¿Por qué eligió dios, el ángel o el guionista que escribió el relato un cordero? Pues otra vez por lo mismo, porque era lo que había a mano y, sobre todo, porque los literatos de la antigüedad se copiaban mucho entre ellos.

Los que no sometían su dieta a los imperativos religiosos eran los romanos. Mientras judíos y cristianos (los musulmanes todavía no habían llegado) andaban con sus rituales con el cordero, los romanos eran mucho más «disfrutones» en la mesa. Comían todo aquello que estuviera rico, a excepción de tomates, pimientos y patatas porque todavía no habían llegado a esta parte del mundo.

Hace veintidós siglos, los habitantes del Imperio romano tenían actitudes similares a las de ahora cuando se trataba de disfrutar de la mesa: los ricos se ponían como el quico y eran unos exagerados comiendo, mientras la plebe se apañaba con cuatro cosas. En un banquete pudiente de la antigua Roma se servían tetillas de cerda, morcilla y lenguas de loro y de flamenco (de los que vuelan). Visto desde nuestra perspectiva, ¿quién demonios dijo que los romanos comían exquisiteces? Pues parece que las lenguas de las citadas aves lo eran si hacemos caso del gastrónomo más famoso de la antigüedad, Apicius.

Decía este *gourmet* que eran un bocado exquisito, aunque también es cierto que este hombre fue un excéntrico. Parece que se suicidó porque dilapidó toda su fortuna en los placeres de la mesa. Fue contrayendo deudas por querer conseguir los bocados más extravagantes y exclusivos y, cuando se quiso dar cuenta, calculó que no le quedaban los suficientes miles de denarios para mantener el ritmo culinario que él mismo se había impuesto. Prefirió quitarse de en medio ante la perspectiva de acabar comiendo sopas de pan.

Y qué comía la plebe romana. ¿Macarrones? Pues no, no estaban inventados. A cuento de qué iban a inventar los macarrones si todavía no había tomate. Para esto de las comidas romanas conviene remitirse a un ensayo que escribió Pedro Ángel Fernández Vega, que lo explica estupendamente bien en su libro *La casa romana*: la plebe comía pan, habas, guisantes, lentejas, hortalizas, garbanzos, ajos, cebollas, frutas, sandía, calabaza, miel, frutos secos, queso y aceite. Carne y pescado, cuando era fiesta.

Los romanos de alto *standing*, en cambio, eran unos exagerados a la hora de reclinarse en el triclinium (comían en posturas raras). De entrada, aclarar que el desayuno y la comida del mediodía no tenían mayor importancia. El romano ricachón se reservaba para la cena, y convenía saber arrimarse a un rico para pegar la gorra. Cenar en casa de un pudiente requería suerte o habilidad: o te invitaba por las buenas o te lo trabajabas para que te invitase.

El gorrón profesional tiene, como poco, dos mil años de antigüedad. Se sabe porque lo contaba con mucha gracia Marcial, que no es el del pasodoble, pero también fue muy grande. Marcial fue un famoso poeta hispano que nació en Bílbilis, en la actual Calatayud (Zaragoza), y contaba él que había auténticos especialistas en cazar invitaciones a cenar. Se hacían los encontradizos en las termas o en el foro, siempre muy simpáticos ellos, muy aduladores: «¡Hombreee… Petronio! ¡Cuánto tiempo! ¡Qué casualidad… tú por aquí! Y qué bien te queda esa toga ¿es nueva?».

Si Petronio se dejaba enredar, invitaba al lisonjero a un banquete en el que se podía comer lo siguiente: primero los aperitivos, con una variedad de lechugas, unos puerros y unos lomos de atún cubiertos de huevos. La mayoría, con esto, ya han cenado. Pero los romanos no. Los romanos comían hasta reventar, porque el banquete era señal de poderío, y si se pasaban de comida, vomitaban y seguían. El plato principal podía ser una col verde rellena de morcilla sobre un lecho de habas y gachas, además de jabalí, antílope, ostras, faisán, cerdo con albaricoques, flamencos… Faltaba la sobremesa, que es cuando se ponían ciegos de vino porque los brindis se hacían al final. Los caldos se acompañaban con aceitunas, altramuces templados y garbanzos calientes en plan picoteo. Y venga brindis y más brindis.

Y después, en caso de brindis de más, la orgía.

A este acto social de reunirse para cenar lo llamaban *convivium*, porque lo importante durante esos banquetes era la convivencia. Los griegos, en cambio, lo llamaban *symposion*: beber en común, un festín. Una pena que el simposio, esa actividad que nació siendo tan lúdica, ahora sea sinónimo de trabajo. No se sabe en qué momento derivó lo de tomarse unos vinos y echarse unas risas en reunirse para trabajar.

Y respecto a lo de tomarse unos vinos, cuando a uno le invitaban a una cena romana de categoría convenía acudir mentalizado de que el anfitrión no se iba a cortar a la hora de marcar las diferencias entre los invitados. Plinio el Joven contó que en un banquete al que asistió se sirvieron tres clases de vino. Una era para el anfitrión y los invitados principales; otra, para los amigos menos cercanos, donde se incluían los que habían pegado la gorra a última hora; y una tercera clase de vino se destinaba a los libertos, que eran los antiguos esclavos. Ya eran hombres libres, pero no se les trataba igual. Eso es como si en la actualidad organizáramos una merienda para varios amigos y conocidos y a unos les sirviéramos un reserva de Ribera del Duero, crianza a otros y a los de más allá tinto de verano. ¿Para qué derrochar un reserva con alguien que te cae mal?

Y hablando de libertos. Como a ellos les daban tinto de verano en los banquetes de los ricos, cuando eran ellos los que los organizaban, porque había libertos muy ricos, no reparaban en gastos y eran un poco horteras con tal de dar muestras de ostentación. Querían organizar banquetes a lo grande para superar a sus antiguos amos. Y tenían más esclavos que nadie, que esto tiene guasa. Así describió Marcial en uno de los epigramas el banquete que ofreció un liberto llamado Zoilo:

> Un esclavo adulto permanece junto a él y le ofrece, cuando eructa, plumas rojas y espinas de lentisco; y cuando tiene calor, una concubina tendida a su espalda le sopla un fresco aire con un abanico verde, y un esclavo joven le espanta las moscas con una vara de mirto. Una masajista recorre su cuerpo con ágil arte y extiende su mano experta por todos sus miembros; un eunuco reconoce la señal de sus dedos cuando chasquea

y, encargado de controlar su mimada orina, dirige el pene borracho de su dueño mientras él bebe. Se dirige luego hacia la multitud de esclavos que están a sus pies y recompensa a su efebo con muslos de tórtolas.

El tal Zoilo no se levantaba del triclinium ni para ir al baño.

Eso sí, los banquetes eran muy estresantes. Estabas cenando y tenías a un esclavo por delante, a una concubina por detrás, a una masajista por todos lados, a un eunuco pendiente del orinal, a más esclavos tirados por el suelo... ¿Cómo no iban a morir tantos envenenados si había cincuenta mil alrededor que te tenían ganas? Sobre todo el eunuco, que era el que llevaba la peor parte.

Y esta es otra. Además de los invitados de primera, segunda y tercera clase, en los banquetes de Roma caían tantos envenenados que se puso de moda ir acompañado de un catador (*praegustator*) encargado de ir probando todos los alimentos que el anfitrión ofrecía. Al principio, los catadores eran los esclavos. Si cascaba el esclavo, pues nada, uno menos, pero los venenos se volvieron tan sofisticados que ya se necesitaba mano de obra especializada y se contrataban catadores que habían estudiado medicina y botánica para identificar los venenos por el olor.

En resumidas cuentas, que lo de menos en un banquete romano no es que te pusieran lenguas de loro, sino saber si te iban a dar vino del bueno o si ibas a salir vivo de la cena.

256
Atufar al enemigo con betún

Siria es uno los poquísimos países del mundo que se ha negado sistemáticamente a firmar el tratado internacional que compromete a las naciones a no producir, almacenar o usar armas químicas. Esto, de entrada, ya convierte al régimen de Bashar al-Ásad en sospechoso, y, de confirmarse, Siria sería responsable de haber apretado el gatillo en el primer ataque con armas químicas del siglo XXI.

Echemos una mirada al pasado de la guerra química.

Un pasado lleno de cinismos, de trampas y de dirigentes mentirosos. Porque da igual que se firmen o no se firmen tratados sobre el uso de armas químicas. Cuando llega el momento, hasta los que prometieron no hacerlo, lo hicieron. Alemania, Francia, Gran Bretaña, Estados Unidos... Las armas químicas se han usado desde hace dos mil y pico años, desde que alguien descubrió cómo atontar al enemigo atufándolo con azufre y alquitrán. El primer ataque químico confirmado, demostrado, se produjo en el año 256, en una ciudad que se llamaba Dura Europos. ¿Y dónde diablos estaba Dura Europos? Maldita casualidad. En Siria.

Dura Europos es un enclave arqueológico por donde los turistas discurrían despreocupados hasta que comenzó la guerra civil en 2013. Se vio afectado por los ataques y la Unesco lo declaró en riesgo de destrucción. Si antes de los combates quedaban ocho piedras, la guerra dejó solo cuatro. El caso es que allí, en Dura Europos, en el año 256, estaban atrincherados los romanos cuando llegaron los persas y dijeron eso tan habitual en las invasiones de «o entregáis la plaza o no dejamos ni a uno vivo».

Los romanos no se rindieron, los persas excavaron un túnel, lo llenaron de betún y azufre y la combustión provocó gases venenosos que atufaron al enemigo. Todos muertos.

El uso de esta rudimentaria arma química se documentó en el año 2009, cuando un equipo británico de arqueólogos analizó los restos de veinte romanos que cayeron en el asedio persa y se concluyó que todos habían muerto asfixiados por betún y azufre. De ahí que aquel ataque a Dura Europos pasara a ser el primero en el que, oficialmente, se utilizaron armas químicas; el ejército persa, el primero que las utilizó, y Siria, el primer país que lo sufrió.

Pero la edad de oro de la guerra química fue el siglo XX, cuando a los humanos se les fue la cabeza, aunque habían prometido no hacerlo y se habían firmado tratados para no utilizar la química. Pero es muy fácil firmar acuerdos y tratados en tiempos de paz, cuando todos son amiguetes; es muy fácil reunirse y decir «vamos a organizar una conferencia de paz para que en un futuro, si nos liamos a palos, mantengamos las formas». Y van todos y firman. Alegremente. Pero cuando se desata la guerra, de lo dicho y lo firmado, nanay.

La primera vez que empieza a sonar esto de las armas químicas fue en 1899, cuando al zar de Rusia Nicolás II se le ocurrió decir: «¿Y si nos juntamos las principales potencias y montamos una conferencia de paz en La Haya para controlar el asunto de las armas en general y establecer unas reglas de juego para cuando lleguen las guerras?». Genial. Una fiestuki en plan paz y amor.

Casi treinta países aceptaron la invitación, desde China hasta Estados Unidos; desde España hasta Japón. Se discutieron mucho las propuestas de cada país, pero hubo una que provocó muchos tiras y aflojas: la que decía que había que prohibir los proyectiles con cuyo lanzamiento se esparcieran gases asfixiantes o venenosos (ojo a eso de «lanzamiento», que enseguida se verá que, hecha la ley, hecha la trampa).

Está claro, sin embargo, que, por mucho que discutieran, algo debieron hacer mal, porque quince años después liaron entre todos la Gran Guerra.

Hasta ese momento, hasta ese 1899, no se había producido una guerra química, pero ya se conocía que varios países estaban investigando el asunto y las ventajas de atacar al enemigo con cloro y cianuro. Por eso se intentó frenar a tiempo, porque en el fondo todos sabían lo que se estaba cociendo.

Ese punto de prohibir proyectiles con gases asfixiantes se incluyó en la declaración final. Reino Unido no quiso firmar en aquel momento, pero rubricó el acuerdo siete años después. Y Estados Unidos también se negó a firmar porque dijo que no estaba convencido de que el uso de gases asfixiantes fuera inhumano. Pero da igual quién firmara o no firmara, porque Alemania lo hizo, pero a la chita callando creó lo que se llamó «la comisión secreta de química de combate». Cuando llegó la guerra en 1914, los alemanes ya estaban preparados, lo cual no quiere decir que fueran los primeros en usarlas. Fueron los franceses, que, por cierto, también habían firmado que no las usarían.

Las emplearon con prudencia nada más empezar los combates, porque solo lanzaban unas granadas de mano lacrimógenas cuyos gases obligaban a abandonar los búnkeres o las trincheras. No mataban, pero incordiaban, como en la guerra de Gila.

El uso de aquellas granadas por parte de los franceses sirvió a los alemanes la excusa en bandeja de plata. No denunciaron la violación del tratado firmado en La Haya quince años antes, pero aprovecharon la circunstancia para hacer exactamente lo mismo, y como no habían reparado en gastos con la investigación, llegaron aprendidos. Alemania unió a tres empresas para que desarrollaran armas con cloro; dos de ellas muy conocidas: Bayer era una, que hacía aspirinas para quitar el dolor de cabeza y armas químicas para matar. Y otra era BASF, la famosa petroquímica de ahora.

La primera arma química que se utilizó en el siglo XX fue el cloro, pero no se lanzó. Esa fue la trampa para burlar lo que se había firmado en La Haya. Los alemanes enterraban las bombonas de cloro en el campo de batalla, y cuando el viento iba en dirección al enemigo, abrían las espitas y les enviaban los gases. Los soldados salían tambaleándose de las trincheras, tosiendo, morados, con los labios hinchados. Hubo algún general alemán que se quejó porque lo consideraba juego sucio. Dijo que envenenar al enemigo como el que envenena ratas le ponía enfermo. Que eso no lo hacía un soldado honrado. Un profesional mata como dios manda, de un tiro en la cabeza, claro que sí.

Cuando la comunidad internacional, después de este primer ataque en 1915, le recriminó a Alemania el haber violado la convención de La Haya, sus dirigentes negaron la mayor. «De eso nada», replicaron. Lo que los alemanes firmaron decía que no se podían lanzar proyectiles con gases asfixiantes; y, efectivamente, no habían lanzado nada a nadie. No le tiraron al enemigo ni una sola bombona de cloro. Los alemanes se defendieron diciendo que ellos solo habían abierto el gas, y el gas había salido a su bola. La culpa era del viento.

Esa acción de los alemanes animó al resto, y los que se lanzaron a pagar con la misma moneda fueron los británicos. La primera intentona, sin embargo, les salió mal: el viento cambio de dirección y acabaron intoxicados ellos. Se metieron un gol en propia puerta.

Pero todo se fue perfeccionando. Del cloro pasaron al fosgeno; de abrir espitas de bombonas pasaron a proyectiles con carga química de nombres impronunciables; luego llegó el gas mostaza y la hora de echar cuentas y comprobar que la química mataba mucho y bien. Hasta le dieron el Nobel al alemán considerado el padre de la guerra química, a Fritz Haber. Que no se entiende cómo no lo apedrearon cuando subió a recoger el premio, porque tuvo la desfachatez de decir que «en ninguna guerra venidera los militares podrán ignorar los gases tóxicos, porque son una forma superior de matar». Olé.

Y tenía razón, porque no se han dejado de usar armas químicas por muchos acuerdos que se hayan firmado y por muchas convenciones internacionales que se hayan convocado.

Es que el cinismo gobierna el mundo. En la Gran Guerra se gestó el horror de la química, en la segunda se perfeccionó, y qué decir de Vietnam y su famoso napalm con el que se achicharraron decenas de aldeas con la gente dentro. Y ojo, que hubo mucho senador y congresista estadounidense rasgándose las vestiduras con el asunto de Siria, y argumentando que el mundo lleva cien años luchando contra el uso de armas químicas. Pero es que juegan con nuestra mala memoria, porque Estados Unidos no se comprometió a no usar armas químicas hasta 1993.

Una última cosa: no confundamos la guerra química con la bacteriológica, que los españoles también fuimos pioneros en América al lanzarles a los indios ropa con viruela para infectarlos. Y en la Edad Media los pueblos se atacaban lanzando al enemigo cadáveres que tenían la peste.

El que esté libre de culpa, que tire la primera piedra.

274
De dios en dios

Roma. Verano del 74. Del año 274. El emperador Aureliano consagra en el Campo de Agripa de Roma un templo dedicado al Sol.

Aquello era la consecuencia de haber estado cavilando cómo reorganizar los festejos religiosos en el Imperio romano, porque había tantas divinidades y cada uno celebrándolas a su bola, que resultaba, en términos de estrategia política, poco efectivo. Así que, si ya había pocos dioses, vino Aureliano y se inventó otro. Pero este era especial. Se trataba de inventarse un dios líder. Un dios al que idolatrar por encima de los otros.

Y como todo dios tiene que tener su día de celebración, su festividad, el emperador Aureliano plantó la del Sol el 25 de diciembre, pasando el astro rey a ser la máxima divinidad del panteón romano y empadronándose en el calendario como Natalis Solis Invictis. El Nacimiento del Sol Invencible.

Una vez citada la fuente, hay que ver lo bien que les vino a algunos, unos añitos después, que ya se estuviera celebrando en Roma el nacimiento de algo invencible y todopoderoso precisamente el 25 de diciembre.

La consagración de un templo dedicado al Sol y la instauración de una fiesta en el año 274 no fue así por las buenas. Venga, hala, me voy a inventar un dios... que me aburro. No. Aquello tenía una clara intencionalidad política.

El reinado de Aureliano fue visto y no visto. Mangoneó Roma durante apenas cinco años, pero lo cierto es que se dio un buen curro, porque le tocó gobernar durante una de las crisis más gordas del Imperio romano. Se la conoce como la crisis del siglo tercero, o la crisis imperial, o la anarquía militar. Será por nombres...

Y lo que ocurrió es que a mediados de aquel siglo III, el Imperio romano, tan unido él, tan extenso, tan fortalecido, empezó a despiporrarse y a dividirse. Hispania, la Galia y Britania se marcaron un «brexit» y se salieron del imperio; y lo mismo hicieron por la zona de Siria, Palestina y Egipto. O sea, que tenemos que la unidad del Imperio romano se fue a la porra y que aquello había que volver a coserlo. Y el que lo consiguió, mal que bien, fue el emperador Aureliano, que con la reunificación del imperio emprendió también una reforma religiosa para cohesionar el territorio, no solo políticamente, sino dando también una unidad moral en torno a un dios prevaleciente. Un único imperio, un único dios.

Porque ya se sabe que la mejor y más efectiva forma de pastorear a las masas es poniéndoles un dios delante para que todos recen en la misma dirección. Si hay muchos dioses, la cosa se dispersa, cada uno mira para un lado y se complica lo de controlar al personal. Lo guay es un único dios.

¿Y por qué situó el señor Aureliano la fiesta el día 25? Porque en esos días de diciembre se produce el solsticio de invierno en esta parte del mundo, en el hemisferio norte, que es cuando tenemos el día más corto y, por tanto, la noche más larga.

A los humanos nos gusta desde tiempos inmemoriales buscarnos cualquier excusa para montarnos una fiesta, y los romanos venían celebrando desde hacía siglos las Saturnales, que con este nombre solo podían celebrarse en honor de Saturno. Ojo, que este dios, como casi todos los del panteón romano, lo habían copiado de los griegos, y para los griegos era el dios Crono. Los romanos no solo le cambiaron el nombre, también le cambiaron el carácter y al final hicieron un pastiche que visto desde nuestro tiempo, no hay quien se aclare.

Permítase una morcilla:

A ver, que alguien explique cómo es posible que los romanos hicieran una fiesta en honor del tal Saturno, cuando todos tenemos una idea pésima de este señor gracias a pinturas como la de Francisco de Goya; esa de Saturno devorando a su hijo, que se ve a la pobre criatura sin cabeza y sin una paletilla, y al dios empezando a zamparse la segunda. Y en crudo. Pues resulta que Saturno había sido previamente en la mitología griega Crono, el dios que se merendaba a sus propios hijos para evitar que alguno le quitara el poder (véase Año de la Pera). También estaba relacionado con las épocas de cosecha y se le atribuía un carácter de mil demonios. Pero cuando los romanos plagiaron el panteón griego y reinventaron sus dioses, a Crono lo llamaron Saturno, lo nombraron dios de la agricultura y le quitaron la mala leche. Ya no se comía a los niños, ahora resulta que era un buen tipo y benefactor de la Humanidad. Pero luego artistas como Rubens y

Goya se dedicaron a retratar a Saturno comiendo niños, y por eso se nos ha quedado esa imagen, cuando hubiera sido más correcto decir Crono, devorando a sus hijos. No Saturno, porque el Saturno romano era un tipo muy predispuesto a la fiesta y el buen rollo. Por eso a algunos nos suena raro que en Roma celebraran unas fiestas estupendas en honor de Saturno, las Saturnales, si ese tipo se comía a los niños.

En fin, que tampoco hay que volverse muy loco, porque si no se aclaraban ellos con los dioses, no vamos a intentar aclararnos nosotros.

Fin de la morcilla mitológica. Vuelta a la realidad romana.

En Roma se celebraban unas fiestas de invierno que duraban siete días, entre el 17 y el 23 de diciembre, y resumiendo mucho, resulta que estaban presididas por la misma trinidad que ahora nos preside a nosotros: vacaciones, comilonas y regalos. Durante las Saturnales, Roma era una fiesta. Las casas se decoraban con velas, plantas y guirnaldas, y había mercados donde comprar todo lo necesario. Ir al Foro romano era como irse al Corte Inglés. Allí había puestos con las comidas de la época, con adornos para las casas y con juguetes para los niños. Los magistrados dejaban sus togas tan serias, los militares guardaban sus pechos de lata y todos se vestían con ropas de fiesta.

Por supuesto, todo dios de vacaciones. Nada de sesiones en el Senado ni juicios ni ejecuciones; y nada de colegios.

Los que mejor se lo pasaban eran los esclavos, porque en estos días les daban rienda suelta. Se movían libremente, dejaban de recibir guantazos, podían agarrarse buenas cogorzas, jugar a los dados, quedar con los colegas... Y esta era otra de las tradiciones durante las Saturnales. Quedar con todo el mundo. Cenar en casa de Livia, comer en la de Lucio y tomarse unas copas en la de Sextiliano.

Y si ya se lo pasaban bien los romanos con sus fiestas Saturnales, ahí apareció el emperador Aureliano, el de antes, y añadió una fiesta más, la celebración al dios Sol Invencible, eterno, indestructible. El nacimiento anual del Sol quedó fijado cada 25 de diciembre, y ese día acabó siendo el día más guay de las Saturnales.

No habían pasado ni cien años desde que Aureliano se había inventado a su dios Sol como símbolo de la reunificación del Imperio romano, cuando llegó el papa Liberio, allá por el año 354, y dijo él: «Ejem... declaro que el sagrado alumbramiento de la señora María se produjo el 25 de diciembre». Pues claro que sí, para qué iba a poner el papa otra fecha si esa era estupenda.

Todavía nadie ha podido demostrar que Jesús nació en Belén ni siquiera si nació en invierno. Es más, tampoco se ha demostrado el nacimiento, pero el 25 de diciembre era una fecha inmejorable para que naciera porque los cristianos también celebraban las Saturnales. Se lo pasaban tan bien como los romanos paganos, seguían las mismas tradiciones y se apuntaban a las mismas juergas. Así que, para qué andar cambiándoles el día de celebración del supuesto nacimiento de Jesús. Si cada 25 de diciembre nacía el Sol Invictus, ese día se lo iban a quedar los cristianos para celebrar la natividad de otro invencible. Jesucristo.

Quedó oficialmente cristianizada una festividad pagana.

Luego ya solo hubo que ir cuadrando fechas. Si en la madrugada del 25 de diciembre había nacido el crío, está claro que fue concebido justo el 25 de marzo. Porque lo de que fuera virgen, venga, va... aceptamos pulpo... y lo de la paloma lo dejamos a un lado, pero los nueve meses de rigor no se los quitaba nadie. Por eso el 25 de marzo se fijaron otras dos importantes fechas cristianas, la Anunciación y la Encarnación. Juntas. Ya saben, Gabriel le anunció a María su preñez y a la vez quedó encarnado el sagrado cigoto por obra de un espíritu. Luego el ángel se fue y le dejó a María el papelón de explicárselo a José.

La aceptación del cambio de fiestas no se consiguió de un día para otro, porque los cristianos romanos no iban a dejar de apuntarse por las buenas al jolgorio de las Saturnales. La campaña electoral para sustituir el festejo en honor del líder pagano por el cristiano y el cambio de la celebración del nacimiento del Sol por el de Jesucristo, fue ganando su espacio poco a poco. Sin prisas, pero sin pausa.

Y así hemos llegado hasta donde estamos. Con unas fiestas eclécticas, divertidas, variadas... y menos mal que copiando las tradiciones de las Saturnales de los romanos, porque cuando dejas la organización de una fiesta solo en manos de la Iglesia, la verdad, el evento, divertido, no les queda.

Pero si por traernos, nos hemos traído de los romanos hasta la torta saturnalis, eso que todos llamamos el roscón de reyes. Pues la torta saturnalis era una tarta fría cubierta de miel de Hispania, y tenía un haba seca escondida. Se servía al principio del banquete, y al que le tocaba el haba se convertía en el rey del festín, ordenando hacer gamberradas y disparates que el resto de asistentes tenía que cumplir sin rechistar.

Y ya está. Que cada cual celebre cuando quiera, lo que le dé la gana, con quien le apetezca y como más le guste. Molestando lo justo a ser posible.

326

La «carne vera sacra» y el huevo del Espíritu Santo

3 de mayo del año 326. Elena, la mamá de Tino (más conocido como Constantino cuando creció y se convirtió en el primer emperador romano cristiano), andaba por Jerusalén dirigiendo unas excavaciones. Sabía que por allí habían enterrado al famoso Jesucristo, el crucificado. Buscaba el sepulcro, porque, dedujo Elena: «A ver... él no estará porque ya sabemos todos que al tercer día se levantó y se largó, pero ¿y si está todo lo demás?».

Oigan... y estaba. Todo.

Elena desarrolló una frenética actividad rastreadora y localizó el sepulcro (vacío, por supuesto), la cruz, la corona de espinas, los tres clavos... y luego ya pilló un vicio con esto de la arqueología bíblica y también encontró los huesos de un par de santos y los restos completos de los Reyes Magos. De los tres.

Arrancaba así uno de los negocios más boyantes y estrafalarios de la Edad Media. El tráfico de reliquias.

Lo de que la señora Elena de Constantinopla, elevada luego a los altares como santa Elena, encontrara la cruz y todos los avíos de la crucifixión es un relato que salió de la pluma de Rufino de Aquilea, un extraordinario guionista que escribió la primera *Historia de la Iglesia.*

Fue cuando por primera vez apareció mencionada la señora madre del emperador buscando y encontrando todo lo habido y por haber. Ella no encontró nada, por supuesto. Todo era una maniobra propagandística porque había que reforzar el reciente Imperio romano cristiano que acababa de inaugurar Constantino el Grande.

En ese magnífico guion sobre el hallazgo de la cruz se decía que en realidad cuando excavaron aparecieron tres. No olvidemos a los dos colegas de crucifixión de Cristo. Si mataron a los tres en tres cruces, no sería creíble que apareciera solo una. Ahá... pero, entonces, de las tres que hallaron, ¿cómo supieron cuál era la buena? Fácil. Tú te ponías malo y te arrimabas a las tres cruces. La que te curaba era la chupiguay, la veracruz. Así se identificó la verdadera cruz de Cristo.

Una vez clasificada e identificada, Elena ordenó dividirla en tres partes. Una la dejó en Jerusalén, otra la envío a Constantinopla, y a Roma envió el tercero de los trozos. Y luego ya, qué decir que no sepan. Pues que se les fue la pinza haciendo cachitos. Hay trozos de la cruz, los famosos *lignum crucis*, por todo el mundo católico. No hay provincia en España en la que al menos dos o tres pueblos no tengan una astilla de la cruz de Cristo. De la auténtica, por supuesto.

Así que tenemos que creer al famoso teólogo francés Juan Calvino, un cristiano convencido, cuando a mediados del siglo XVI escribió su *Tratado de las reliquias*. Dijo él: «Si quisiéramos recoger todo lo que se ha encontrado de la cruz de Cristo, habría suficiente para cargar un gran barco. El Evangelio atestigua que la cruz podía ser portada por un hombre. Qué desfachatez llenar la Tierra de tal cantidad de fragmentos de madera que trescientos hombres no podrían transportarlos».

Y eso sin perder de vista el fraude de los clavos, porque se supone que solo eran tres, pero si se juntaran todos darían para instalar una ferretería. Si nos remitimos a los primeros textos cristianos sobre su destino, se asegura que santa Elena mandó fundir uno de los clavos para hacer un casco a su hijo, que otro lo usó el propio emperador para convertirlo en freno para su caballo, y que el tercero lo lanzó Constantino al Adriático para detener una tormenta. Se mire por donde se mire, lamentables los tres destinos tontos de los tres clavos de Cristo.

Pero no se alarmen los fieles, que hay más clavos. Será por clavos... Carlomagno se fundió uno y se lo puso por dentro de su corona, hay otro más en Roma y otro en el Palacio Real de Madrid, otros cientos más repartidos por distintas iglesias, conventos y monasterios del mundo y alguno más en algún otro punto del universo conocido... La Iglesia justifica tan desmesurada cantidad diciendo que, al margen de los tres clavos principales, en la cruz había muchos más: todos los necesarios para construirla, para ensamblarla. Santa Elena debió encontrarlos todos.

Lo de la corona de espinas, mejor dejarlo estar, porque se haría cansino relatar los miles y miles de sitios que aseguran tener pinchitos auténticos de la corona que presuntamente lució Jesucristo. Porque con este tema, como bien diría Mariano Rajoy, todo presunto.

La pregunta es cuándo empezó a írseles la mano con esto del trapicheo de reliquias. Fue en la Edad Media, esa época oscura en la que la Iglesia empezó a tomar fuerza y en la que era muy fácil meter el miedo en el cuerpo de los fieles con el infierno, con el fin del mundo, con los castigos divinos. ¿Qué les podía salvar de todos los males, de la peste, de las tentaciones, de que el diablo se les metiera en casa? Rezar, rezar y rezar, además de venerar restos de los santos. Los fieles que adoraran o consiguieran tocar alguna reliquia sagrada serían agraciados a su vez con la protección que brindaba el santo en cuestión.

Fue el segundo Concilio de Nicea, en el año 787, el que convirtió en obligatorio que cada iglesia tuviera al menos una reliquia. Cuanto más importante fuera el santo (ni les cuento ya si conseguían hacerse con todo un apóstol) y cuanto más entero estuviera, más peregrinos llegaban, más pasta dejaban, más limosnas se recogían y más negocios proliferaban alrededor de los templos.

Las gentes esperaban efectos mágicos y peregrinaban cientos de kilómetros para llegar hasta el fémur o el cráneo de tal o cual santo, hasta el pellejo o la costilla de tal o cual santa, o hasta el higadillo garrapiñado de un mártir. Venerar esas reliquias aseguraba una mejor vida terrenal, y, cuando tocara cascar, facilitaba no tener que hacer mucha cola para llegar al cielo.

Las reliquias se utilizaron para afianzar la fe, y como todo el mundo quería una porque con ella creían encontrarse a salvo, empezó un tráfico de huesos que decir que llegó al absurdo se queda demasiado corto. Hace falta tener muy poquitas luces y mucho miedo para creerse que hubiera tantos huesos de santos circulando por ahí. Pero es que de eso se aprovechaba la religión, de la ignorancia de las acobardadas gentes.

Cualquier resto extraído de cualquier cementerio se lo endosaban a san fulano o santa mengana, y la gente lo veneraba y lo compraba. Las iglesias, con tal de atraer fieles, exponían a la veneración cualquier tibia y cualquier peroné sin el más mínimo pudor, y así se ha llegado al siglo XXI con un *stock* de restos que se saben falsos en un 99 por ciento. Por supuesto, todas las reliquias estaban avaladas por un certificado de autenticidad. Así lo exigió el Concilio de Letrán en el siglo XIII en un intento de regular el loco tráfico de restos.

No es necesario insistir en lo evidente: todos los certificados de autenticidad son falsos.

Hasta aquí todo lo que respecta a huesecillos varios, pero el top manta de las reliquias también estaba todo lo relacionado con el martirio de los santos. Se vendían las piedras con las que lapidaron a san Esteban, las flechas con las que dejaron a san Sebastián como un colador o las tenazas con las que arrancaron los dientes a santa Apolonia, patrona de los dentistas. Por cierto, en el mundo se han contabilizado un total de cuatrocientos noventa y ocho dientes de santa Apolonia. Una gran sonrisa debió lucir esta mujer. Aunque nada comparado con las siete cabezas y los sesenta y dos dedos de san Juan Bautista.

Pero lo más cómico llegó en el siglo XVI, cuando el Concilio de Trento se puso serio y ya no dejó al libre albedrío venerar o no las reliquias. Ordenó reverenciarlas, y a la vez amenazó con la condenación eterna a quien negara la obligación de venerar un santo fémur. Este ultimátum iba directamente dirigido a los protestantes, porque fueron ellos, a raíz de que Lutero le montara el pollo a Roma, los que se negaban a venerar huesos por considerarlo una idolatría barata que solo alimentaba la superstición popular (véase 1517).

Por eso todos los que se sumaron a la Reforma (luteranos, calvinistas, anglicanos) enviaron a freír espárragos todos los huesos que guardaban y que vaya usted a saber de quiénes eran y de dónde habían salido.

Por supuesto, en esto de las reliquias también hay clases, y es curioso que precisamente las relacionadas con la pasión de Cristo sean unas segundonas. Son reliquias de primera clase los fragmentos del cuerpo, desde órganos amojamados hasta huesecillos varios; en la segunda clase se enmarcan las reliquias que usara el santo en cuestión durante su vida y todos los objetos asociados al sufrimiento de un mártir. Y por último, las reliquias de tercera clase son ni chicha ni limoná. Simplemente las que han estado en contacto con reliquias de la primera y la segunda clase.

Porque de Jesucristo no hay ninguna reliquia de primera categoría. Como resucitó, se lo llevó todo puesto. Bueno, quizás todo no. Hay algo orgánico de Jesucristo en la Tierra. Una cosita que le quitaron cuando era un judío pequeñito. El prepucio. El santo prepucio. Antes no se podía decir prepucio porque era una pecaminosa ordinariez. Había que referirse a él como «la carne vera sacra»; es decir, la auténtica carne sagrada.

Ese pellejillo ha traído mucha bronca dentro de la Iglesia entre teólogos. Incluso entre papas. Cómo iba a ser posible que algo orgánico de Jesucristo permaneciera entre nosotros. Imposible, decían unos. El prepucio resucitó con él. Mentira, decían otros, el pellejillo era en realidad la más sagrada reliquia de toda la cristiandad. Traía tanta polémica dentro de la Iglesia, y tanto pitorreo fuera, que al final lo hicieron desaparecer en 1984 disfrazándolo de robo.

Con lo fácil que hubiera sido retirarlo diciendo que ese prepucillo era falso; que ni siquiera era prepucillo. Muy pocas veces se atreven a dar semejante paso, pero alguna vez lo han hecho. Como en aquella iglesia de Roma en la que estuvieron siglos venerando el cerebro de san Pedro. Hasta que alguien con un poco de seso, se fijó y lo retiró porque aquello resultó ser piedra pómez.

Y entre las reliquias más desconcertantes están las del Espíritu Santo. Hay varias repartidas por el mundo, pero teniendo en cuenta que es una presencia espiritual, amorfa, cabe preguntarse qué clase de reliquias son esas. Pues teniendo en cuenta que la iconografía cristiana representa al Espíritu Santo en forma de paloma ¿cuáles podrían ser? Pues plumas. Algunos templos, por vergüenza, ya las han retirado, como por ejemplo la catedral católica de Maguncia, en Alemania, que hasta bien entrado el siglo XX mostraba para la veneración dos plumas y un huevo del Espíritu Santo. Y precisamente estas reliquias que se veneraron durante siglos en Maguncia provocaron una de las primeras denuncias que realizó Martín Lutero hace quinientos años. El monje se indignó ante la descarada estafa y el sacacuartos que suponía para los fieles obligarles a dejar una donación a la salida de la catedral, porque se les engañaba diciendo que solo con la mera contemplación del huevo y las plumas se les habían perdonado todos los pecados.

La Iglesia sabe que casi todo lo que se exhibe es falso, pero admite que no tienen por qué avergonzarse de ello. Las reliquias cumplieron su función: atraer fieles, incentivar las creencias del pueblo de Cristo, dicen. Que lo hicieran con mentiras, eso es lo de menos. Ya lo dijo Maquiavelo. El fin, justifica los medios. Así que, bendito sea el huevo del Espíritu Santo.

Y su estornudo, porque también se guarda en una botellita un estornudo del Espíritu Santo. Se exhibía en una parroquia italiana hasta que el Vaticano lo confiscó y lo guardó entre sus muros. No porque fuera falso; no porque diera lugar a mucho cachondeo, sino porque era demasiado preciado.

Puede que desde entonces alguien esté ocupado en redactar un breve apostólico para explicar cómo estornuda una paloma. Pero seguro que alguien diría «¡Jesús!».

610

¡Viva el vino! **Rajoy dixit**

Año 610. Noche cerrada en una gruta del monte Hira, a las afueras de La Meca. Mahoma dormía tranquilo junto a la que fue la primera de sus trece esposas, cuando apareció un tipo con alas que lo despierta a voces y con muy malas formas. «¡Eh! ¡Mahoma! Ya estás tomando nota», le dijo el ángel Gabriel. Y allí mismo le dictó las primeras revelaciones. Luego ya Mahoma y Gabriel fueron quedando de forma más regular a lo largo de veintidós años y de aquellos encuentros salió el Corán.

No se sabe en qué momento Gabriel le reveló a Mahoma la aleya 90 de la sura 5, esa que dice: «El vino no es sino abominación y obra del demonio», pero desde luego les hizo bien la puñeta a los futuros parroquianos musulmanes. A partir de ese momento, el vino quedó proscrito para el islam.

¿Por qué le hizo esa faena el ángel a los musulmanes si era el mismo Gabriel que antes había llevado mensajes a los judíos y el mismo Gabriel que llevó mensajes a los cristianos? ¿Por qué a ellos no les prohibió el vino?

Mal, Gabriel. Muy mal.

O lo mismo resulta que Gabriel no dijo nada. Porque el Corán, como la Biblia, como la Torá, como todos los libros supuestamente sagrados de cualquier religión presuntamente verdadera en realidad los escribieron los hombres, y cada grupo humano adaptó el mensaje a su gusto y a sus intereses. Y aunque la historia que viene a continuación va de vino, antes de iniciar el recorrido histórico-religioso-vitivinícola, viene bien conocer un par de detalles que ayudan a entender (o a no entender) algunas cosas.

El último en llegar al monoteísmo fue precisamente Mahoma, cuando judíos y cristianos ya llevaban muchos siglos a vueltas con que su dios era el único verdadero. No teníamos bastante con dos religiones a tortas por el mismo dios, cuando entró en litigio la tercera.

Como Mahoma era comerciante y andaba siempre en caravana de acá para allá, conoció el monoteísmo de judíos y cristianos, y le gustó. Porque a él no le hacía gracia que los árabes fueran politeístas y tuvieran un montón de dioses al retortero. Y así fue como, de repente, Mahoma empezó a recibir las primeras revelaciones que fueron perfilando el islam, la tercera de las religiones monoteístas.

Pero claro, hacía falta una base para empezar a dar forma a la nueva fe, por eso hay tantos personajes comunes a las tres religiones, porque se copiaban las ideas. Jehová, Alá y Yahveh son el mismo; Abraham e Ibrahim, también; Moisés aparece en los tres cultos, y lo mismo pasa con el ángel Gabriel.

Pero una cosa es lo que dijera dios, otra lo que trasmitiera Gabriel y una muy distinta lo que finalmente interpretaran los hombres. Por eso nos encontramos con tres religiones que, pese a compartir dios y tener al mismo ángel como mensajero, han hecho tres interpretaciones distintas sobre la conveniencia o no de consumir vino y de cómo consumirlo.

Una, la cristiana, impulsó el consumo a lo loco; otra, la hebrea, permite beberlo, pero con un montón de peros porque son muy tiquismiquis; y la tercera, la islámica, directamente lo prohíbe.

Qué decir de los cristianos y el vino que no se sepa. Si es que se pirraban por él. Ahí está Noé, el del arca, que se pilló una castaña impresionante con el primer mosto que sacó de la primera vid que plantó tras el diluvio. Y a Jesús también le gustaba. Precisamente su primera hazaña fue convertir el agua en vino, porque los novios de Caná se habían quedado cortos contratando la barra libre. Y en la última cena ¿qué había? Vino.

(Va un chiste viejo: se levanta José con un espantoso dolor de cabeza por la resaca al día siguiente de las bodas de Caná, y dice «Maríaaaa... tráeme una aspirina y un vaso de agua... ¡pero que no la toque el chico!).

Está claro, pues, que los cristianos empezaron a discurrir por la historia con todas las bendiciones para cultivar vides y beber vino, por eso los humanos llegaron al principio del Medievo con el vino como uno de los pilares de su alimentación: estaba al alcance de la mayoría, tenía inmejorables propiedades calóricas y era un fantástico reconstituyente. ¡Viva el vino!, que diría Rajoy (el expresidente también está presente en el episodio inmediatamente anterior a este, pero es que nos ha dejado tantas frases...).

Cuando irrumpió en escena Benito de Nursia, más conocido después como san Benito, aquel que acuñó la máxima de «Ora et labora», al redactar su famosa Regla de 73 capítulos no se olvidó del vino. El capítulo 40 se titula «De la tasa de la bebida», y ahí están las instrucciones que tenían que seguir los benedictinos. La teoría decía que la ración de vino diaria de un monje era una hemina (un tercio de litro); o sea, un par de copas.

Pero toda Regla tiene su excepción, y san Benito también previó la suya. Dijo él que si la situación del lugar, el trabajo, o el calor del estío exigiere que se dé algo más, pues ea, que se diera más vino a los frailes. Aunque eso dependía de que el superior de cada convento decidiera conceder la recompensa.

Tampoco es que san Benito dejara el consumo al libre albedrío, porque su Regla señala «que mejor beber en corta cantidad y guardando en todo la templanza debida; porque el vino hace apostatar hasta a los sabios». San Benito añadió también que «aquellos monjes a quienes dios les dé fuerzas para abstenerse del vino, tendrán una recompensa especial».

No parece que optaran por el consumo moderado, porque si tiramos del archivo de algunos monasterios la única conclusión posible es que los monjes se ponían ciegos. Gracias a documentos del siglo XIV que se conservan con las cuentas anuales de la abadía de santo Domingo de Silos (Burgos), se sabe con todo detalle el vino que consumían. Y resulta que cada monje de Silos se pimplaba litro y medio al día. Cómo no iban a cantar gregoriano... y reguetón si hacía falta.

Y lo mismo que los católicos usan el vino en sus misas de los domingos, los judíos no dejan de iniciar un *sabbat* con la bendición del vino. Así de sagrado es también el tintorro para ellos, y a ellos ha ido unido a lo largo de toda su historia. Solo tenían prohibido beberlo los sacerdotes antes de entrar a la sinagoga, más que nada para que se les entendiera cuando predicaran a la concurrencia.

Y aunque el consumo de vino cuenta con todas las bendiciones judías, tanto han elevado el vino a los altares que lo han convertido en algo exclusivo. El vino de los demás no sirve para ellos.

Es tan estresante asegurarte de que un vino es apto para el consumo de un judío, que casi mejor es darse a la horchata.

O el vino lo elaboran los propios judíos como ellos exigen que se elabore, o el vino es impuro. Tiene que llevar el sello *kósher*, el que lo certifica como alimento apto, permitido. Primera exigencia: desde el inicio hasta el final del proceso todo tiene que estar vigilado por un enólogo judío para controlar que nadie lo toque. Ni siquiera lo mire. Desde la cepa hasta el embotellado. Ni las uvas ni el mosto ni los depósitos pueden ser tocados por alguien que no sea judío; la maquinaria se tiene que haber limpiado bajo la vigilancia de un rabino, y si un cristiano, un ateo, un musulmán o un budista mira el vino antes del embotellado, ruina. Hay que tirarlo.

Cuando está embotellado ya lo puede mirar y manipular el prójimo infiel, pero no lo puede abrir. El vino lo tiene que descorchar y servir un judío, porque si no, pierde su condición sagrada.

Agotador.

Y terminamos como empezamos. Han pasado mil cuatrocientos años desde que Gabriel le dijo a Mahoma que el vino ni olerlo, y la norma sigue vigente. Lo lógico sería que si uno es musulmán no lo beba, pero que al menos deje que lo beba el de al lado. Pues no. Los fundamentalistas han decidido que no. Que si ellos no beben en sus países, los demás, tampoco. Al final solo consiguen que beban hasta los que no deben.

Tiene guasa que precisamente en la antigua Persia esté datada la primera vasija que contuvo vino, allá por el año 5400 antes de nuestra era, y que ese mismo territorio sea ahora Irán, donde te montan un pollo si te pillan bebiendo vino. Tienes asegurado latigazo, multa o cárcel. Seas o no musulmán. Pero ya sabemos todos cómo es la naturaleza humana en cuanto te prohíben algo: a por ello de cabeza. Al parecer no hay hogar iraní que no cuente con una bodega clandestina. Los que tienen pasta compran el vino en el mercado negro, mientras que los menos pudientes compran la uva y la maceran en casa.

Entre las últimas excentricidades iraníes con el vino está una norma salida de su Ministerio de Cultura en el año 2016, que prohíbe que en los libros publicados en el país aparezca la palabra vino. Dicen que solo leerla se considera un ataque cultural de occidente. Lo mismo el que redactó la norma había bebido.

Lo malo es que los dirigentes iraníes se ponen muy plastas cuando salen del país en viaje de Estado. No solo se niegan a beber vino, sino que exigen que se retire de los almuerzos y las cenas oficiales. Varios presidentes iraníes la han liado fuera, pero solo llegan hasta donde se les deja llegar.

El gobierno italiano aceptó tapar las estatuas desnudas de los museos capitolinos de Roma por exigencia del presidente de Irán Hasán Rohaní, pero días después el mandatario islámico se tuvo que encontrar con su homólogo francés, el ya expresidente francés François Hollande, y como llegó crecidito exigió que se retirara el vino de la cena de gala.

Los franceses le dijeron al iraní que en Francia se cena con vino, y que si no le gustaba, a la porra, que se quedara en su habitación del hotel y se pidiera un zumito de piña y un sándwich mixto. Que si no había vino, tampoco había cena. Y se acabó la tontería.

Hay que ver la que lio el ángel Gabriel. Y lo mismo es que se explicó mal…

1189

Ricardo Corazón de León, el rey pijo

A cualquiera mínimamente informado que se le pregunte quién fue Ricardo Corazón de León contestará, seguramente, que fue un rey inglés. Pero casi seguro también que muchos incluirían en la respuesta a Robin Hood. Aprovechemos, pues, para derribar el mito que adorna a Ricardo I de Inglaterra desde hace casi nueve siglos.

Porque nada es lo que parece, este hombre no era lo que nos han contado. De aperitivo solo diremos que si en vez de llamarlo Ricardo Corazón de León le hubieran puesto Ricardo Cabeza de Chorlito, no hubiera pasado nada. Ya debería hacernos sospechar que si la figura del rey Ricardo siempre va unida a la de Robin Hood, y resulta que

Robin Hood no existió, podría ser que la imagen que tenemos del rey tampoco sea muy real. Como Walter Scott metió en el ajo heroico a Ricardo Corazón de León en su novela *Ivanhoe* y en todas las pelis sobre Robin Hood siempre aparece al final Ricardito en plan estrellona, pues que nos han hecho un lío a todos.

El Ricardo Corazón de León que conocemos solo es producto del cine y la literatura. Ese personaje solo es una leyenda. Ese caballero intachable, esforzado monarca, preocupado por su pueblo, admirado por sus vasallos... nada. Todo mentira. Él iba a lo suyo, y lo suyo era la aventura y guerrear. Al principio, las novias, y luego ya se decantó por los novios. Cuando se aburrió de ellas empezó con ellos, y acabó intercalándolos según lo que tuviera más a mano. En las cruzadas había que apañarse con lo que hubiera.

Ricardito creció rodeado de amor a la cultura, entre trovadores, leyendo poesía (él mismo hizo pinitos como poeta). Adoraba la buena mesa, el buen vino... era un *bon vivant*. Todo muy fino porque lo educó su madre, la exquisita y cultísima Leonor de Aquitania. A Ricardo, un enamorado de la cultura francesa, los ingleses le parecían unos ordinarios, y siempre hablaba en francés o en occitano, porque el inglés no le gustaba nada. En realidad, por no gustarle, no le gustaba ni Inglaterra.

Se empeñó, sin embargo, en ser rey de una nación que le traía al pairo por el poder, por los territorios, por la pasta... Y ni siquiera le hubiera tocado ser rey, porque Ricardo era el tercero en la línea de sucesión, hijo del poderoso Enrique II de Inglaterra y de Leonor de Aquitania.

Sin meternos mucho en aquel follón medieval, porque políticamente es muy complicado, solo decir que, para reinar en Inglaterra, por delante de Ricardo estaban sus hermanos Guillermo y Enrique, y por detrás había otros dos: Godofredo y Juan (el famoso «Juan sin Tierra» que también aparece en las pelis de Robin Hood haciendo precisamente de malo).

Juan sin Tierra, pese a ser el más pequeño, era el preferido de papá Enrique para sucederle. Pero el favorito de mamá Leonor era Ricardo. Al final acabaron a tortas entre los hermanos, a la vez que tres de ellos se enfrentaron al padre, mientras el padre encarcelaba a la madre... en fin, los follones normales de una familia desestructurada.

La bronca acabó cuando Enrique II murió y Ricardo acabó como el heredero legítimo. «Que el Señor nunca permita que yo muera hasta que me haya vengado de ti», le dijo su padre, el rey Enrique, pero el señor en cuestión no hizo puñetero caso y dejó que cascara. Esto ocurrió el 6 de julio de 1189, el día que automáticamente Ricardo se convirtió en rey de Inglaterra. Ya solo tuvo que esperar a la coronación para largarse del país.

O sea ¿tanta bronca para conseguir la corona y estaba deseando irse? Ricardo era así. Años dando la vara para ser rey de Inglaterra, y cinco meses después se largó a las cruzadas porque a él lo que le gustaba era la bronca, la lucha, los amigotes, la aventura... Gobernar no le interesaba, la política le aburría. Por eso Ricardo Corazón de León fue uno de los organizadores de la tercera cruzada. Una vulgar excusa para largarse de casa.

Y su madre, detrás de él: «Hijo... cásate. No te vayas a la guerra sin rematar la faena, que después de la que hemos tenido para que te hagan rey, no te puedes largar sin dejar un heredero. No importa que seas gay... haz un esfuerzo... deja un chaval o dos, y luego ya si eso tú a lo tuyo». Ricardo siempre hacía caso a mamá Leonor. Tragó y se casó con Berenguela, una navarrica de Tudela que estaba muy buena. Pero Leonor tuvo que llevársela a donde él estaba, camino ya de las cruzadas, por la zona de Sicilia, para que se casara. Y Ricardo se llevó a Berenguela a las cruzadas un rato, pero como el heredero no llegaba, mandó a Berenguela con su madre y, efectivamente, se dedicó a lo suyo.

Lo de que le pusieran Corazón de León fue porque era muy valiente, pero también muy bruto... demasiado temerario a veces. Como soldado era muy fiero y también muy cruel con el enemigo: hizo pasar a cuchillo a dos mil setecientos musulmanes porque le pidió a Saladino un intercambio de prisioneros, y como la cosa se demoraba un poco y Ricardo era un impaciente, se cargó a los que tenía que entregar. El caso es que la tercera cruzada se acabó perdiendo, según los que saben, porque Ricardo era un nervioso que dirigía fatal a los ejércitos y a quien solo le preocupaba batallar y batallar a lo loco para pasar a la historia como un valeroso y esforzado caballero guerrero.

Y lo cierto es que se ha salido con la suya, porque eso es lo que nos ha llegado. Pero ni buen rey, ni patriota inglés, ni nada de nada de nada de nada. Porque fue rey de Inglaterra diez años y no pasó ni uno en el país, porque apenas pisó Inglaterra y porque encima la dejó arruinada al gastarse lo que no tenía en aquella tercera cruzada.

Acabó muriéndose en Francia hablando francés. A él lo que le gustaba era el francés. Asumámoslo.

La leyenda dice que Ricardo Corazón de León fue un ejemplo de caballero, pero la historia cuenta otra película: sus biógrafos dicen que fue «un mal hijo, un mal hermano, un mal marido y un mal rey». Si Sean Connery hubiera sabido todo esto no habría aceptado el papel de Ricardo en Robin Hood.

1307

Súper Guillermo, el único héroe suizo

El 18 de noviembre de 1307 Guillermo Tell disparó a una manzana colocada sobre la cabeza de su hijo y, afortunadamente, el chiquillo pudo contarlo. No hace falta creerse que fue ese año, ni ese día; ni siquiera que las cosas ocurrieran así, pero el mito de Guillermo Tell es clave para entender la historia de Suiza, esa peculiar isla en mitad de Europa que decidió ir a su bola siete siglos atrás.

Hace poco más de doscientos años que Suiza vio cómo Europa reconocía su derecho a mantener una neutralidad perenne, lo que le ha llevado a ser el único país de estos lares en el que no ha habido una guerra de dos siglos a esta parte. Y precisamente para entender Suiza y a los suizos, para comprender cómo se apañan y de qué van, hay que remontarse hasta Guillermo Tell.

Porque si uno mira el mapa político de Suiza hay que preguntarse, irremediablemente, cómo es posible que un país más pequeño que Aragón tenga veintiséis estados dentro. Allí los llaman cantones. Se supone que discutir, discutirán entre ellos, pero no nos enteramos. Las broncas gordas las tuvieron en el siglo XIV, y esas broncas explican la Suiza actual.

La Suiza de Guillermo Tell no era nada, no era país, no tenía rey ni territorio definido. En aquella zona había una serie de comarcas, cantones, donde mandaban señores feudales. Cada cantón iba a lo suyo, con sus propias leyes y obedeciendo al gobernador de turno. Pero por aquel entonces estaban poniéndose muy pesados por Europa los Habsburgo, los Austrias, empeñados en formar un gran Sacro Imperio Romano Germánico en el que mandaran solo ellos. Y pusieron el ojo en los cantones suizos, en esas comarcas que aparentemente no eran de nadie.

Parecía fácil entrar y quedárselas porque eran pequeñas y con poca gente. Estaba «chupao».

¿Lo estuvo?

Pues al principio sí, sobre todo porque dos no discuten si uno no quiere. Los Austrias fueron colocando sin problemas a sus gobernadores al frente de los cantones porque a los suizos de entonces les daba un poco igual que se les considerara parte del Sacro Imperio Romano Germánico o integrantes de la Secta del Sol Naciente, siempre y cuando no les tocaran las narices, les respetaran sus derechos y sus privilegios y no les metieran en follones que ellos no buscaran. Que les dejaran ir a su bola.

Pero esta entente cordial duró lo que duró, porque los Habsburgo empezaron a ponerse tontos en algunos cantones. Apareció entonces un suizo respondón, el señor Guillermo Tell, al que, por el momento, vamos a dar su historia por cierta. Ya vendrán los matices, pero, primero, vamos al lugar de los hechos y al día de autos.

Todo empezó en el cantón de Uri, uno de los cuatro situados alrededor de un lago que se llama el Lago de los Cuatro Cantones. No hay ninguna necesidad de enredarse con los nombres. Cuatro cantones alrededor de un lago, pues el Lago de los Cuatro Cantones. En el de Uri estaba la ciudad de Altdorf (todavía está), y por allí andaba mandando un gobernador puesto por los Habsburgo.

Un día iba Wilhelm Tell (porque Guillermo lo llamamos nosotros, pero en Suiza era y es Wilhelm) con su hijo atravesando la plaza mayor de Altdorf, cuando pasó de largo, sin hacer la reverencia oportuna, ante el símbolo del poder del imperio austriaco, que era un sombrero colocado en lo alto de un poste en mitad de aquella plaza.

No está claro si fue un despiste porque no lo vio, si fue puro desconocimiento de la obligación de hacer la reverencia o si no le dio la gana postrarse ante nada.

Versiones hay para todos los gustos, pero para la leyenda heroica viene mejor creer que se negó a rendir pleitesía al símbolo invasor. El gobernador decidió castigar la rebeldía de Guillermo Tell, y como sabía de sus habilidades con la ballesta, para escarmentarle exigió que demostrara su puntería atravesando una manzana que colocarían sobre la cabeza de su hijo. Si lo conseguía, le dejaría ir.

Colocaron al muchacho con la manzana y Guillermo puso en la ballesta dos flechas. Disparó una y atravesó la manzana. Perfecto. Y entonces el gobernador le preguntó por qué había preparado dos flechas si solo tenía que lanzar una. Guillermo Tell le contestó que la segunda iba destinada a él, al gobernador, en caso de que hubiera fallado y matado a su hijo.

Aquella chulería, aquella respuesta tan insolente, mosqueó mucho al gobernador, que ordenó apresarlo y encarcelarlo. Cuando estaban trasladando a Guillermo Tell en barco por el Lago de los Cuatro Cantones camino de la prisión, se desató una tormenta, Guillermo se escapó, se fue al castillo del gobernador y lo mató con la famosa segunda flecha que había guardado para él.

Ejem...

No hay razones sólidas para no creerse esta historia, con lo bonita que es. Aunque no haya ni una línea de documentación y pese a que las primeras crónicas en las que aparece la historieta de la manzana fueron escritas cien años después de que supuestamente sucediera. Casualmente, hay otros dos héroes medievales a los que les pasó prácticamente lo mismo en Dinamarca e Inglaterra.

Da igual, porque la leyenda de Guillermo Tell sí es cierto que ilustra muy bien el nacimiento de Suiza. Así que, solo por eso, nos vale.

El momento inmediatamente posterior a que Guillermo Tell se cargara al gobernador fue el punto de partida en el que los tres primeros cantones se unieron jurándose ayuda para independizarse de los austriacos y luchar en común por los intereses de la zona, pero a la vez manteniendo su propia independencia. A esos cantones se fueron uniendo otros, y luego otros y luego otros... y antes de que se dieran cuenta habían formado la Confederación Helvética con sus veintiséis cantones actuales.

Luego llegó Friedrich Schiller y escribió un drama, después Rossini le puso música y ya no hay quien le quite a Guillermo Tell el mérito de ser el héroe de la independencia suiza. Así que aceptemos el cuento porque el señor Wilhelm es el único héroe que tienen los suizos y no se lo vamos a chafar.

1309
Aviñón, meretriz de los papas

Año del señor de 1309. Aviñón. El 9 de marzo, su santidad el papa Clemente V pisa por primera vez aquel pueblo a orillas del Ródano y se empadrona en un austero convento dominico. Pobriño. Tan alejado de Roma, de su santa sede. Ese exilio se supone que solo duraría un ratito, hasta que se calmaran las cosas en la ciudad.

Pero es que allí se estaba tan a gustito, con ese clima, con esos vinos de Borgoña tan ricos, que los papas continuaron empadronándose durante setenta años. Y ya que las cosas vinieron dadas así, pues no iban a seguir viviendo en un convento cutre; mejor hacerse un casoplón gótico. Y visto también que la estancia allí salía por un pico (es lo que tiene aquella zona pija de la Provenza y la costa azul francesa), pues hubo que ingeniárselas para recaudar.

Y vaya si recaudaron. Tanto, que lo mismo eso de vivir como un cura viene de entonces.

En Aviñón arrancó una compleja maquinaria administrativa y recaudatoria que ya nunca ha dejado de funcionar. Una ingeniería financiera que convirtió a la Iglesia católica en una potencia económica de primer orden, solo por detrás de Francia.

¿Qué pasó para que el papa tuviera que abandonar Roma? ¿Por qué eligieron precisamente Aviñón? ¿Quién sacó tajada de todo aquello, además de los propios papas? Y, sobre todo, ¿por qué este episodio siempre nos ha parecido un peñazo cuando tocaba estudiarlo en el cole, si está lleno de cotilleos, intrigas, trapicheos y broncas?

Vamos al principio. A solo tres o cuatro años antes de la llegada del primer papa a Aviñón.

Felipe IV, rey de Francia y de Navarra, tuvo una agarrada con el papa de turno, Bonifacio VIII, porque el rey quería que la Iglesia pagara impuestos y el pontífice dijo que ni en broma. No sé si les suena la película. Bonifacio se sacó entonces una bula de la manga, proclamando la superioridad del papa sobre los reyes. Una bula en la que, entre otras muchas insensateces, se decía que si el poder terrenal metía la pata, debía ser juzgado por el poder espiritual; pero que si el que se equivocaba era el poder espiritual, el papa solo podría ser juzgado por dios, nunca por el poder terrenal. Lo que viene a ser tener mucho morro.

Felipe IV le dijo al papa que se metiera la bula por un lugar con las mismas sílabas, y a partir de ahí le buscó las vueltas hasta conseguir que Bonifacio VIII fuera acusado de corrupto, de hereje y de haber sido elegido de forma ilegal. Aquel conflicto entre el rey de Francia y el papa de Roma, que en el fondo solo escondía una lucha económica, política y territorial, fue muy sonado en toda la cristiandad. Sería muy largo de relatar ahora y nos desviaría del meollo de la cuestión, pero el caso es que el papa Bonifacio VIII fue arrestado, vapuleado y, aunque liberado en poco tiempo, acabó muriendo enseguida; no sin antes excomulgar y maldecir al rey de Francia y a todos los aristócratas romanos que le ayudaron.

La muerte del papa Bonifacio dejó Roma muy revuelta, con los clanes aristocráticos a guantazos entre ellos y con el populacho dividido a favor de unos u otros. Por eso el siguiente papa, Benedicto XI, decidió largarse a vivir a las afueras, para que no le salpicara la bronca. Pero apenas duró vivo unos meses. Benedicto el efímero.

Parece que murió de un atracón de higos, pero como también corrió el rumor de que había sido envenenado, el sucesor, Clemente V, por si las moscas, ya no aceptó vivir ni en Roma ni en las urbanizaciones de los alrededores. Decidió irse a Aviñón hasta que se calmasen las cosas.

Y en todo este río revuelto hubo un pescador que sacó ganancia. Felipe IV consiguió con toda esta maniobra que los papas dejaran de ser italianos y empezaran a ser franceses. Estaba claro que si el rey de Francia hablara el mismo idioma con el papa, se entenderían mucho mejor. Y Clemente V era francés.

Aunque ahora situemos Aviñón en territorio francés, en la época de la que hablamos no lo era. Aviñón era de los reyes de Sicilia, que tenían muy buen rollo con los papas y por eso Clemente V se instaló provisionalmente allí para huir del lío romano. Bien es cierto que le animó a hacerlo el rey Felipe IV, porque le dijo: «Mira, Clemente, si te instalas en Aviñón, me tienes aquí al lado por si necesitas que te eche una mano. Si alguien te ataca, yo mando a mis chicos. Cualquier cosa que se te ofrezca, lo que sea, tú me lo pides».

Pues mira qué bien, pensó el papa.

Esto, evidentemente, no iba a ser gratis. Porque el rey francés tenía preparada una jugada maestra: detener a los templarios y quedarse con toda su pasta y todas sus propiedades. Para eso necesitaba el apoyo papal y que Clemente V le firmara un papelito, una bula, ordenando la disolución de la orden del Temple.

Y el papa firmó. Y el Temple se disolvió. Y el rey se hizo de oro. La maniobra de Felipe IV fue tan magistral, que en vez de pasar a la historia con el sobrenombre de El Hermoso tendrían que haberle apodado El Listo.

Clemente V se adaptó enseguida al clima y a la buena y placentera vida de Aviñón, pero se murió sin poder volver a Roma. Aviñón, a su vez, empezó a beneficiarse de la presencia de los papas que se fueron sucediendo, porque hasta allí empezó a llegar el dinero que la Iglesia recaudaba por toda la cristiandad. Y puesto que allí había dinero y allí estaba el poder, en Aviñón comenzaron a instalarse grandes familias aristocráticas y comerciantes. Muchos comerciantes.

El dinero no paraba de fluir gracias a la presión fiscal impuesta por los papas de Aviñón, que les permitía, además de vivir como curas, construir palacios, patrocinar a artistas e intelectuales, organizar una burocracia perfectamente engrasada y rodearse de todo tipo de lujos.

¿De dónde salía tanta pasta?

Además de que los reinos cristianos contribuían con generosos donativos, porque esa era su obligación, los papas desarrollaron una línea de negocio impresionante con la compraventa de cargos eclesiásticos. Empezando por los cardenales, siguiendo por los obispos y terminando por los abades. Ninguno de ellos alcanzaba el puesto por méritos espirituales, sino pagando para que se les nombrara.

Pero había contraprestación, porque los nombrados luego tenían que pagarle al papa una parte importante de las rentas que sacaran de la abadía o del obispado que mangoneaban. Es decir, pagaban grandes cantidades al papa por todos los beneficios que sacaban gracias al cargo. Y todo ese dinero salía de la plebe, que era la que estaba frita a impuestos por reyes, señores feudales y eclesiásticos.

Otro ingreso importante de los papas de Aviñón era el conocido como los despojos, que suena muy feo, pero era muy bonito. Los despojos eran los bienes de los clérigos que se morían. Toda propiedad de un cura muerto pasaba a ser de la Iglesia. A ver por qué creen que se inventaron eso del celibato, para que un cura no pudiera tener ni mujer ni hijos a los que dejar la herencia. Novios y/o novias podían tener los curas, y los siguen teniendo, pero de extranjis. También tienen hijos que pasan por arte de birlibirloque a ser sobrinos, pero no heredan.

Las críticas de la jerarquía cristiana más ortodoxa empezaron a aflorar como setas cuando vieron la vidorra que se estaban pegando los siete papas que se fueron sucediendo en Aviñón. Clemente VI, el cuarto de los papas, fue uno de los que se pasó tres pueblos, y es que las críticas le entraban por un oído y le salían por el otro. Llegó a tener un fondo de armario con mil ochocientas pieles de armiño. Cómo sería este hombre, que pese a la pasta que tenían los papas en Aviñón, dejó las arcas tiritando. Vivía en un pedazo de palacio, pero todo se le hacía poco y se metió en obras para convertirlo en un magnífico y suntuoso edificio gótico por el que desfilaron los mejores artistas del momento. Y además se permitía el lujo de pregonar que solo él sabía vivir bien. Que sus tres antecesores no habían sabido ser papas.

Aquellos setenta años en Aviñón no fueron precisamente austeros, porque los papas se disiparon mucho. Dante y Petrarca, cristianos ilustres, acabaron escandalizados del desmadre de los príncipes de la Iglesia, gastando a cuatro manos lo recaudado en toda la cristiandad, durmiendo en sabanas de Damasco y muchas veces acompañados.

Petrarca los puso a parir:

> En Aviñón todo bien se pierde. Primero la virtud, y luego, sucesivamente, la tranquilidad, el gozo, la fe, la caridad y el alma... El desenfreno, cuanto más vicioso, más ilustre. ¡Oh ciudad perversa colocada en las salvajes riberas del Ródano, enemiga de los buenos, cobijo y asilo para los malos, y meretriz que se ha prostituido a los reyes de este mundo!

Fue Gregorio XI, el séptimo y último de los papas de Aviñón, el que decidió volver a Roma porque ese era el sitio natural y porque se supone que las cosas estaban un poquito más tranquilas. Pero no, solo fue un espejismo. En realidad faltaban dos telediarios para que se liara aquella bronca en la que los papas acabaron a guantazos y que en el cole nos enseñaron como el Gran Cisma de Occidente.

Pero con o sin Cisma, ya nada fue igual. En Aviñón los papas le pillaron el puntillo a la buena vida. Y allí, en Aviñón, comprobaron que no hay necesidad de poner la otra mejilla mientras se pueda comer a dos carrillos.

1429
Charlatana Juana de Arco

El 8 de marzo, día fijado por la Organización de Naciones Unidas para celebrar internacionalmente a la mujer, fue también el día en el que hace seis siglos, por casualidades del calendario, una mujer se remangó, se puso a trabajar, le sacó las castañas del fuego a un rey y luego acabó maltratada y muerta. Pasó a la historia como Juana de Arco.

Si levantara la cabeza, podría reprendernos y exigir que nos dirijamos a ella como señora doña santa Juana de Arco, aunque tenga muchas narices la cosa, porque primero la Iglesia la achicharró en la hoguera y luego la hizo santa. También es cierto que esta chica se metió en un berenjenal tremendo sin ninguna necesidad, porque ahora, a más de seiscientos años vista, lo que te pide el cuerpo es decirle: «A ver, si hay dos tíos discutiendo por un trono, a qué te metes. Déjalos, que al final te salpica».

Aquel 8 de marzo del año 1429 Juana le hizo una propuesta de colaboración a Carlos de Orleáns: dirigir sus tropas y convertirlo en rey. Montó tal follón con aquella iniciativa, que bien podría la ONU haber elegido ese sucedido de marzo para conmemorar el Día Internacional de la Mujer.

Pero Naciones Unidas prefirió otro hecho para señalar este día. Muy trágico, por cierto: la muerte de 146 trabajadoras en el incendio de una fábrica textil de Nueva York. Y aunque suene raro haber seleccionado una efeméride tan cruenta para un día que ahora es una jornada que celebra y reivindica a las féminas, tiene su explicación. Esto del Día Internacional de la Mujer antes se llamaba Día de la Mujer Trabajadora, y puestos a elegir un acontecimiento destacado, aquel de Nueva York parecía el más idóneo, puesto que era el que más tenía que ver con la mujer trabajadora. Así que, mejor pararse un momento en este episodio por si alguien lo tiene olvidado.

Ocurrió en Manhattan, en 1911, en una fábrica de blusas donde prácticamente solo trabajaban mujeres, la mayoría inmigrantes y todas jóvenes. No es que no hubiera hombres; los había, pero todos eran jefes y no murió ninguno. Todas las víctimas fueron mujeres porque las tenían encerradas con llave en tres plantas del edificio, por eso cuando se produjo el incendio no pudieron salir y murieron quemadas o estrelladas contra el suelo porque saltaron por la ventana. Aquella tragedia dejó al descubierto las infames condiciones en las que trabajaban esas mujeres y provocó que se cambiara la legislación laboral, se desarrollaran normas sobre seguridad en el trabajo y se permitiera la creación del primer sindicato de trabajadoras textiles. Aunque el suceso ocurrió un 25 de marzo, se decidió que era el recuerdo que marcaría el Día Internacional del día 8.

Lo que hizo Juana de Arco, en cambio, sí está documentado un 8 de marzo, su historia también terminó en el fuego, y encima era muy currante. El hecho que protagonizó podría haber servido igualmente a la ONU, aunque ella desvariara un poco de vez en cuando. Lo que sucedió aquel día fue que Juana se plantó delante de Carlos, delfín de Orleáns, y le dijo, más o menos, «Verás, he hablado con dios y me ha dicho que tengo que salvar a Francia y hacerte rey». El hombre se quedó cuajado y contestó: «Bien... vale... pues tira. Todo tuyo».

Eso es lo que ocurrió aquel día, pero hay que poner un contexto para saber a qué viene que aquella chavala de diecisiete años hiciera lo que hizo, y el contexto es la famosísima guerra de los Cien Años, que en realidad duró ciento dieciséis. Seguramente lo harían por redondear. Y por *marketing*. Porque como nombre de guerra para pasar a la historia no suena igual de bien decir la guerra de los Cien Años que la guerra de los ciento dieciséis años. Esto es como lo de los Cien Mil Hijos de San Luis. Todo el mundo sabe que solo eran noventa y cinco mil y pico al principio, pero redondearon al alza.

El caso es que en aquella guerra de los Cien Años se estuvieron pegando ingleses contra franceses y franceses contra ingleses sin ninguna necesidad, puesto que en Inglaterra tenían su rey y en Francia tenían el suyo. Cada uno en su casa y cada uno a lo suyo. Pero el rey francés Carlos IV el Hermoso se murió en 1328 sin dejar sucesor, y aprovechando la circunstancia aparecieron tres que querían ocupar el trono: dos franceses y un inglés. La cosa empezó a enredarse y acabaron guerreando durante años y años. Ganaba uno, ganaba otro, avanzaban, retrocedían. Y peleando, peleando, con algún que otro descanso durante el partido, llegó el episodio de 1429 con Juana como protagonista; o sea, ciento un años después de que empezara la bronca.

Cuando irrumpió Juana la situación era la siguiente: los ingleses estaban ya a punto de ganar definitivamente la guerra y quedarse con Francia; el aspirante al trono de los Orleáns, acogotado y rodeado; y otro grupo de franceses, los de Borgoña, apoyando a los ingleses porque no tragaban al de Orleáns. Así las cosas, aparece Juana, una chavalita de diecisiete años que había hecho voto de castidad y que llevaba desde los trece años teniendo conversaciones muy peculiares con santa Margarita, con santa Catalina y con dios. Y dios es el que le encarga directamente, de tú a tú, una misión. Juana, muy obediente, buscó la ayuda de un señor feudal, el señor Vaucouleurs, le contó el recado que tenía pendiente de dar y le pidió que le consiguiera una entrevista con el rey para hacerle una propuesta.

Así fue como el 8 de marzo se presentó ante el delfín Carlos de Orleáns con un estilismo que ha pasado a la historia: el pelo cortado a tazón y vestida de hombre. Dicen que le dijo: «Gentil delfín, me llamo Juana la Doncella y el Rey de los Cielos os dice a través de mí que seréis coronado en Reims como verdadero rey».

«Si me dejas, te echo un cable». Esto ya no dicen que lo dijo. Solo se sospecha.

El de Orleáns se quedó pensando, calibró la oferta y, dado que lo tenía todo perdido, con los ingleses apretando, la ciudad de Orleáns rodeada y a los borgoñones en contra, convocó a un consejo de teólogos para que interrogaran a Juana, saber qué grado de demencia tenía y comprobar si era cierto que mantenía charlas con santas varias y con el mismísimo dios. Juana los convenció a todos y además demostró que, efectivamente, era doncella. Algo absolutamente excusable para el asunto guerrero que les ocupaba, pero a lo que le daban su importancia. No fueron los teólogos los encargados de confirmar su virginidad; hubiera estado feo. Es más, de haber sido ellos los encargados, Juana sale soltera pero no entera. La comisionada para examinarla fue una barcelonesa, Violante de Aragón, la suegra del delfín de Orleáns.

Hechas todas las comprobaciones, Carlos dio su confianza a la doncella Juana y allá que te fue ella. No tomó el mando oficial de las tropas como siempre se dice, pero ella era la que mandaba; la que llevaba los pantalones en toda la amplitud del término, física y espiritualmente. Porque, qué carácter… les daba la bronca a los jefes por blasfemos y por libertinos, arengaba a los soldados, les obligaba a escuchar misa y no paraba hasta que aceptaban confesarse. Se los metió a todos en el bolsillo porque ella estaba convencida de lo que hacía; era una entusiasta y transmitió ese entusiasmo.

Pero sin dejar de lado un detalle importante: Juana llegó en un momento en el que el desánimo de las tropas y las gentes era total. Cien años guerreando, muriendo, con la peste instalada en Europa… Orleáns se daba por perdida, los franceses veían en el aspirante Carlos a un tipo sin carisma, todo el mundo estaba harto, y en ese escenario irrumpió aquella lideresa; una visionaria que se llevó a las masas de calle.

Juana llegó con un discurso nuevo, animoso. ¡Sí se puede! Era una campesina, era mujer, no tenía miedo, se tiraba a por el enemigo con tal fuerza que salían espantados, iba como las locas por los campos de batalla y encima hablaba con todo el santoral. Así fue como se produjo el milagro militar, y en aquella primavera de 1429 las tropas bajo el mando de Juana les dieron una paliza a los ingleses y liberaron la ciudad de Orleáns.

A partir de ese momento, victoria tras victoria hasta llegar al mes de julio, cuando el delfín de Orleáns fue coronado como el rey Carlos VII en la catedral de Reims. Se cumplía así, palabra por palabra, lo que dios le había dicho a Juana.

Pero dios hizo trampa, fue un mal chico porque le ocultó información a su mensajera. Ya podría haberla advertido de que el mismo tipo al que iba a sentar en el trono la iba a dejar tirada.

La gloria de Juana duró unos meses, hasta la primavera del año siguiente. Ella seguía empeñada en echar a todos los ingleses de Francia y en aplastar a los otros franceses enemigos, a los borgoñones, pero el rey le dijo a Juana que lo dejara, que se estuviera quieta ya, que él prefería sentarse a negociar. Juana no aceptó. A ella dios le había dicho que echara a los ingleses y no pensaba parar hasta echarlos. Dicen que cuando un tonto coge una linde, la linde se acaba y el tonto sigue.

Carlos de Orleáns se infló y decidió quitársela de encima. Resumiendo mucho, la táctica del rey fue dejar a Juana en manos de los borgoñones, los borgoñones la entregaron a los ingleses, los ingleses a la Iglesia, y la Iglesia la juzgó por hablar con dios sin permiso y por llevar pantalones.

La declararon hereje y marimacho, pero la perdonaron a cambio de que dejara de decir tonterías y comenzara a vestir como una señorita. Aceptó de momento, pero volvió a ponerse pantalones y a parlotear con dios. De ahí, a la hoguera.

Y después de todo este follón que Juana lio aquel 8 de marzo, quinientos años después van y la hacen santa y patrona de Francia. La única santa con un par de pantalones.

Menuda pandilla de cínicos.

1492

Sin Colón, ni gazpacho ni cigarrito

Hay vicios cuyo origen tienen día, mes y año. El 6 de noviembre de 1492 Cristóbal Colón anotó en su diario la primera referencia al tabaco de la que tenemos noticias. Pero el almirante no fumaba. Fue uno de sus marineros, Rodrigo de Jerez, que como su propio nombre indica era de Ayamonte (Huelva), quien pasó a la historia por ser el primer europeo que fumó, que le gustó, que se enganchó y que tuvo que pasar el síndrome de abstinencia en la cárcel.

A Cristóbal Colón se le pueden echar en cara muchas cosas, y una de ellas, y visto lo visto con la distancia de cinco siglos, es haber traído el tabaco de América. Sin Colón no habría sido posible el gazpacho, ni la tortilla de patatas, pero lo malo es que con los tomates y las papas también vino el tabaco. Aquel 6 de noviembre Colón escribió que mucha gente, hombres y mujeres, iban con un tizón en las manos; un tizón relleno de hierbas que chupeteaban con fruición y que luego les hacía expulsar humo por la boca. Y eso lo apuntó en su diario porque así se lo explicaron dos de los hombres a los que envió a darse un garbeo.

El tabaco lo descubrieron en Cuba, cómo no. Hacía apenas un mes que Colón y sus chicos habían llegado al Caribe y andaban de isla en isla bicheando, oliendo a ver si daban con las especias que buscaban, pimienta y canela sobre todo. Cuando recalaron en Cuba, Colón hizo lo habitual: enviar a dos de sus hombres de avanzadilla a que se dieran una vuelta por la isla y luego le contaran qué se cocía y de qué iban los indios. Aquellos dos comisionados fueron Luis de Torres y Rodrigo de Jerez, que allá donde paraban, entre fiestas y agasajos, les ofrecían un tizón para que lo chuparan.

Cuando volvieron al campamento base ya iban fumando como carreteros, y a Colón le explicaron cómo era ese tizón más o menos con estas palabras: «Unas hierbas secas, metidas en una cierta hoja, también seca, que los indios encienden por una parte y por la otra chupan o sorben para dentro el humo». Eso lo traslada Colón a su diario y pasa a ser la primera descripción de la acción de fumar y de lo que es un cigarro.

Comprobaron también que todo lo que se puede hacer con el tabaco ya lo habían chequeado los indios. Unos fumaban las hierbas envueltas, otros las mascaban, los sacerdotes inhalaban el humo con pipa para comunicarse con los dioses, y los de más allá machacaban la hoja hasta pulverizarla para poder esnifarla en plan medicinal, exactamente lo mismo que se hacía en Europa siglo y pico después, solo que lo llamaban rapé.

La planta del tabaco vino a España en el regreso del primero de los viajes de Colón. Llegó en la carabela la *Niña* con Rodrigo de Jerez, que fue el que empezó a extender el vicio en su pueblo, en Ayamonte, con la tontería de hacer demostraciones de cómo liarse un puro. El pionero Rodrigo está tan aceptado mundialmente como el primer fumador moderno, que en Nicaragua hay una marca de puros que se llama así, Rodrigo de Jerez.

Los ayamontinos, por tanto, fueron los primeros en España en echarse un pitillito. Hubo cierta alarma en el pueblo, y alguno de sus paisanos lo denunció ante la Inquisición por hacer brujería, porque solo el diablo podía dar a un hombre el poder de echar humo por la boca. La Inquisición estuvo de acuerdo en que aquello era cosa del demonio y lo metió en prisión. Siete años de cárcel por fumar le cayeron a Rodrigo de Jerez. Cuando salió, sin embargo, media España estaba fumando. La vida es muy injusta, y ser precursor en algo, lo que sea, acarrea sus riesgos.

El vicio no tardó en extenderse por Europa. Dicen que ningún otro hábito se ha propagado tanto ni tan rápido. Dos siglos después de aquel primer cigarrito de Rodrigo de Jerez toda la humanidad conocía el tabaco y todo el mundo, de toda condición, tenía acceso a él. Al principio se extendió con la excusa de que el tabaco tenía un uso terapéutico, pero la disculpa se desmontó sola en cuanto se demostró que seguían fumando los que supuestamente ya se habían curado. Se enganchó todo el mundo.

La incongruencia llega ahora: si resulta que la Inquisición fue la primera liga anti-tabaco por considerar eso de fumar una práctica diabólica y procedente de una cultura salvaje, ¿cómo es posible que en menos de cien años, en Roma, estuvieran todos fumados? Pues porque hubo un cardenal que se llamaba Próspero Santacroce que introdujo el tabaco en 1585 y en todos los huertos de los monasterios se cultivaba la planta. Al principio porque eran unas hierbitas que curaban cosas, pero acabaron todos enviciados. Se les prohibió fumar durante los oficios porque las iglesias estaban llenas de humo, pero muchos no aguantaban una misa de dos horas sin salir a fumar a la mitad. El franciscano Giuseppe da Convertino disculpaba a todos los fumetas porque decía que libraba a los religiosos de la tentación de la carne.

¿Y qué fue del otro fumador? ¿De Luis de Torres, el colega de Rodrigo de Jerez? Pues seguramente no le hubiera importado morir de cáncer de pulmón porque, seguro, habría vivido más. A Luis de Torres lo mataron los indios.

Fue uno de los treinta y nueve hombres que Colón dejó en el Fuerte Navidad con el encargo de ir haciendo amigos con la población local porque, debido a la pérdida de la nao *Santa María*, no entraban todos los tripulantes en las dos carabelas que regresaban a España. Pero resultó que aquella delegación, en vez de hacer amigos en las Indias, lo hicieron con las indias y acabaron inflando a los indios. Cuando Colón volvió en su segundo viaje estaban todos fritos. Seguramente Luis de Torres murió fumando, pero no por fumar.

En Europa el tabaco ganó tantos adictos en tan poco tiempo que los gobiernos intervinieron para prohibirlo. Pero luego esos mismos gobiernos se percataron de su torpeza y rectificaron. Si eso le gustaba a tanta gente, en vez de prohibirlo, mejor clavar unos impuestos y engordar el erario. Y así, de la noche a la mañana, se pasó de la represión a bendecir el rentable vicio de fumar.

Los indios consideraban el tabaco una hierba sagrada. Y las haciendas públicas, también.

1506
Sexo loco en la corte de Aragón

Fernando el Católico aguantó viudo el tiempo justo. Fue morirse su amada Isabel y tardó menos de un año en volver a casarse. Primero lo hizo por poderes, y poco después, el 18 de marzo de 1506, por fin pudo verle la cara a su segunda esposa. Se llamaba Germana, era francesa y muy mona. Dieciocho añitos. Pero sobre todo era muy útil a los intereses del rey.

Es un episodio de la historia, no solo importante, sino divertido. Importante porque hubo mucho tejemaneje político, y divertido porque hubo mucho sexo. La etapa sexual más activa de Fernando el Católico no fue ni con sus amantes, ni con su señora Isabel. Fue pasados los cincuenta y con su segunda esposa. Un no parar.

Se llamaba Germaine de Foix, pero como esto parecía una marca de paté, aquí pasó a llamarse Germana de Fox. Esta segunda esposa del rey Fernando está incluida en doce años de la historia de España, los que van desde la muerte de Isabel la Católica hasta el final del rey católico, que no han tenido mucho interés en contarnos. Al franquismo le chirriaba especialmente ese periodo, y casi lo borró del mapa educativo. No precisamente por las connotaciones sexuales. Las políticas preocupaban más.

Siempre nos han vendido a bombo y platillo que sus católicas majestades fueron los artífices de la unidad de España, pero cuando murió la reina Isabel, el rey Fernando quiso romper esa unidad porque pretendió recuperar el Aragón independiente. De ahí las prisas por casarse. Pongamos primero el contexto político y luego el sexual, pero haciendo antes un recordatorio rápido y fácil para situar a quien no lo esté.

Isabel y Fernando se casaron para unir Castilla y Aragón; y unidos estuvieron los territorios, pero cada rey seguía siendo propietario del suyo. Cuando se murió la reina Isabel pudo dejar en herencia Castilla, pero no Aragón, porque Aragón seguía siendo de Fernando. Ya está más que sabido que Isabel dejó la corona de Castilla a su hija Juana, la perturbadilla, que pasó a ser reina junto con el gigoló de su marido, Felipe el Hermoso. Esto no le hizo ni pizca de gracia al rey Fernando. Primero, porque perdía el dominio de Castilla, y segundo, porque no soportaba a su yerno Felipe y llevaba fatal saber que en algún momento ese tipejo acabaría mangoneando Aragón en cuanto el rey muriera. Eso ocurriría si Fernando no impedía que la corona aragonesa pasara a manos de Juana y Felipe. Pero cómo impedirlo si no había otro heredero alternativo.

Y es que cuando hablamos de la corona de Aragón, no nos estamos refiriendo solo a Zaragoza, Huesca y Teruel. Bajo el poderío del rey maño estaba también Cataluña, Valencia, Baleares, Sicilia, Nápoles, Cerdeña… se trataba de un pedazo de latifundio que Fernando el Católico no estaba dispuesto a dejar en manos del chulito gil de su yerno. Así que, primer objetivo de Fernando, buscar novia; segundo, que fuera jovencita; tercero, fértil; y cuarto y fundamental, que le diera un hijo varón. Si el rey y su nueva esposa tenían un niño, ese sería el heredero de la corona de Aragón porque su derecho prevalecería sobre el de su hija Juana. Y a Felipe el Hermoso, que le dieran. Que se quedara con Castilla, pero ni de coña se iba a quedar con los territorios aragoneses.

Aquel 18 de marzo se vieron por primera vez las caras Fernando y Germana, e inmediatamente se pusieron al lío. Sexo a lo loco para procrear cuanto antes. Pero el muchacho tardaba en llegar. Tardaba tanto, que mientras Fernando y Germana se esmeraban en lo suyo, Felipe el Hermoso se murió —sigue sin estar claro si lo hizo solo o si le echaron una mano—, y encima el rey aragonés consiguió encerrar a su hija en Tordesillas.

Parecía que, muerto el perro, se acabó la rabia, porque en este nuevo escenario político Castilla volvió a manos del rey Fernando como regente. Sin embargo, no por ello dejaba de necesitar un heredero con Germana, porque Fernando ya estaba decidido a separar los reinos castellano y aragonés. Que Castilla acabara en manos de su nieto Carlos (futuro rey Carlos I de España y emperador V de Alemania), vale, pero intentaría impedir por todos los medios que también heredara Aragón. Además, Carlitos, aún un crío, ya era un extranjero y estaba siendo criado en Flandes.

El rey Fernando necesitaba un sucesor para legarle la corona aragonesa, y encima no suponía ningún sacrificio intentar tener un hijo con Germana, que la muchacha estaba como un queso de bola. Y ella también ponía ganas, se teme que ponía muchas más que él, porque si Germana conseguía quedarse embarazada, sería la madre del heredero de Aragón y eso no era moco de pavo.

Y llegó el heredero. Nació Juanito, Juan, pero solo duró vivo unas horas. Si ese niño hubiera sobrevivido, el cuento de este país habría cambiado. Castilla y Aragón se habrían separado.

No pararon de intentar buscar un hijo. Como locos. Pimpán, pimpán... pero el rey Fernando, para los cánones de la época, ya era un anciano con cincuenta y muchos o sesenta, así que Germana animaba el cotarro como podía. Al parecer le daba brebajes, afrodisiacos para que no se le pasaran las ganas. Y a lo mejor se le fue la mano con las dosis, porque el rey Fernando andaba desatado. Aquí te pillo, aquí te mato. En la corte aragonesa estaban muy preocupados por los «desordenados apetitos carnales» del rey Fernando. «Si no se despoja de ellos dará pronto su alma a su creador y su cuerpo a la tierra». Y así fue, que tanto sexo desenfrenado acabó con él, aunque la culpa se la echaron a ella porque, según escribió el cronista de la corona de Aragón, Jerónimo Zorita, Germana le dio un «feo potaje para más habilitarle». O sea, para ponerle como una moto.

La viagra de entonces era un mejunje que se elaboraba con testículos de toro en celo y cantaridina, una sustancia que se sacaba de machacar unos escarabajos secos de color verde fosforito. Como la cantaridina provocaba una erección prolongada, se confundía con un poderoso afrodisiaco. Y no. Eso era puro veneno, y al parecer Fernando se ponía ciego a cantaridina, mezclada con criadillas y yerbas excitantes, porque era un politoxicómano erótico festivo.

Pero no pudo ser. Fernando cascó sin heredero y con él murió la posibilidad de separar Castilla y Aragón; porque, ahora sí, el heredero universal, el que lo pillaba todo, iba a ser Carlitos de Habsburgo. Por primera vez se reunían sobre una cabeza todas las coronas, que, en este caso, equivalían a medio mundo.

Germana quedó viuda muy joven, quizás por ello no tuvo reparos en liarse con su nieto político. Cuando Carlos vino a la península a hacerse cargo de sus reinos, la que fue a recibirle fue Germana, su abuelastra. Él tenía diecisiete años y ella veintinueve, y encima se entendían a la perfección en francés. Y se entendieron tan bien que tuvieron un ajetreo fuera de lo normal.

La corte estaba escandalizada, porque técnicamente no era incesto, puesto que el parentesco no era sanguíneo, pero Carlos no dejaba de ser el nieto de Germana de Fox. Esta es otra historia que debe ser contada en otra ocasión, pero es de los pocos casos documentados en los que un nieto se ha liado con su abuela. Y hubo consecuencias. Una niña llamada Isabel que fue convenientemente encerrada en un convento. Una niña de la que Germana fue madre y, además, bisabuela.

1517
El ganso y Lutero

31 de octubre de 1517. Centro de Alemania. En una ciudad a orillas del río Elba un monje agustino muy cabreado avanza a grandes pasos con un cartelón debajo del brazo y con un martillo y varios clavos en una mano. Llega hasta las puertas de la iglesia del castillo de Wittenberg, desenrolla el cartel, lo sujeta contra la madera y a martillazos lo clava para que lo vea todo el mundo. Ahí lo dejo, debió pensar. Y se volvió a su convento más desahogado.

Era una protesta. Un pedazo de protesta de un monje protestón llamado Martín Lutero. Ni de lejos pudo imaginar el pollo que iba a montar con aquellas 95 tesis que inauguraron oficialmente la Reforma Protestante con la que a Roma los fieles se le empezaron a escapar a chorros.

En 2017 se cumplió el quinto centenario de la Reforma. Quinientos años desde que Lutero lio la que lio, así que no viene mal saber de qué va esto, porque siempre estamos con que si las 95 tesis de Lutero por aquí, que si las 95 tesis de Lutero por allá, que si las clavó, que si las envió, que si Lutero, que si las tesis… ¿pero sabemos exactamente qué pasó? ¿Por qué las redactó? ¿Para qué? ¿Qué ponía? ¿Qué pretendía?

De entrada, quede dicho que no se sabe si esa imagen que tenemos todos de Lutero clavando el papel en las puertas de la iglesia del castillo de Wittenberg es real. Pudo haber ocurrido, pero no hay ningún testigo. Puede que fuera una escena inventada con posterioridad para dar más fuerza al episodio, porque visto la que se montó venía bien adornar con un poquito de escenografía. Da igual. Hay tantas papeletas para que haya ocurrido como para que no, porque aquellas puertas eran una especie de tablón de anuncios y Lutero bien pudo fijar sus tesis, sus propuestas, para iniciar el debate. Aunque es más probable que su texto lo enviara por correo al papa de Roma, a León X, aquel que dicen que dijo: «Dios nos ha dado el papado, disfrutémoslo». Le pega todo.

El título completo del famoso texto de Lutero es «95 tesis sobre la virtud de las indulgencias». ¿Y qué eran exactamente las indulgencias? Pues una estafa de proporciones bíblicas.

Lutero ya llevaba años de cabreo en cabreo porque Roma era un despiporre. Todos los papas eran unos corruptos, y el que no tenía cinco hijos al retortero tenía tres amantes. Compraban estados, se asesinaban unos a otros y se robaban las novias. Pero la gota que colmó el vaso de Lutero fue el comercio de indulgencias, un invento del papa muy rentable que no servía absolutamente para nada.

Dicho de forma muy sencillita para quien no haya oído hablar nunca de este tema: consistía en que la Iglesia te vendía un papelito que te aseguraba librarte del purgatorio y largarte directamente al cielo. Ya está. Alguien dirá, ¿algún tonto compró eso? Miles de tontos compraron eso, porque más que tontos eran personas absolutamente aterrorizadas, aniquiladas por el pánico del infierno y la duda de la salvación. La Iglesia les metía el miedo en el cuerpo y luego les hacían pagar para librarse de ese miedo.

Una maniobra genial.

En aquel siglo XVI todo el mundo andaba muy preocupado por no acabar en el purgatorio, un estado intermedio que se inventó la Iglesia en el siglo XIII, que se supone que estaba situado entre el cielo y el infierno y donde había una lista de espera para ir a uno u otro sitio. Ya se puede hablar en pasado porque en pleno siglo XXI el ex-papa Benedicto XVI recalificó el purgatorio y lo convirtió en una especie de estado espiritual, que era como admitir disimuladamente que sí, que vale, que el purgatorio no existe.

Pero, claro, esto de que el purgatorio no existe no lo sabían en el siglo XVI, y resulta que en Roma se habían metido en obras para hacer una iglesia grande, muy grande. La más grande de la cristiandad. Una iglesia por encima de sus posibilidades y que se les fue de presupuesto. San Pedro del Vaticano estaba saliendo por un pico y no había suficiente dinero.

Hubo que inventarse algo para recaudar, y ese algo fueron las indulgencias, que ya existían desde hacía siglos porque la indulgencia equivalía a decir «va, venga, te perdono, pero a cambio te rezas esto, o te vas de peregrinaje a tal lugar santo, o te arreas un par de latigazos, o dejas de comer tres días, o duermes en el suelo sobre un manojo de ortigas». Cualquier cosa que hiciera sufrir.

Llegó el momento en que esto de las indulgencias se reveló como una oportunidad de negocio inigualable, y el perdón de los pecados empezó a venderse. Como la gente se lo creía todo, se llegó al extremo de vender indulgencias hasta por los pecados futuros, por los que aún no se habían cometido. Como si compraras el perdón por si en algún momento cayera la breva y acabaras acostándote con el vecino del quinto, aunque hasta el momento solo te lo hubieras cruzado al bajar la basura.

Vaya otro ejemplo concreto; tan concreto, que fue precisamente el que cabreó a Lutero: Maguncia es una ciudad alemana en la que, para ser elegido arzobispo, un tipo pagó en 1514 al papa, a León X, la fabulosa cifra de veinticuatro mil ducados. Una vez conseguido el cargo, el arzobispo de Maguncia también logró del papa el permiso para predicar indulgencias en los territorios bajo sus dominios. Dicho así, eso de predicar suena fino, pero en realidad era para vender indulgencias.

De esta venta sacaban tajada el propio arzobispo, el papa, la banca Fugger (donde se ingresaba el dinero), y el emperador Maximiliano, el abuelito de nuestro Carlos V. Todos pillaban su parte.

Nadie podía evitar la tentación de comprar aquellos papelitos, aquellas indulgencias que te aseguraban un lugar en el cielo. Tenían enormes ventajas: tú podías pecar todo lo que te diera la gana y luego pagabas a la Iglesia para que te quitara el pecado de encima. Cuanto más pagaras, más pecados te borraban.

Martín Lutero fue uno de aquellos cristianos que vivían acogotados por el miedo al infierno, y también el que observó de cerca el lucrativo negocio que se traían con la compraventa de indulgencias. Hasta que se paró a pensar y entendió que solo era un timo, un sacacuartos. Y redactó su protesta, sus 95 tesis explicando por qué aquello no debería ser así. Intentando abrir un debate y discutir sobre el tema.

Cuando el texto de Lutero llegó a manos de León X, el papa no hizo puñetero caso. ¿Quién era el atrevido? ¿Un monje alemán? Protestones a él... como se pusiera tonto montaba una hoguera y lo achicharraba.

Pero el papa se pasó de listo y no tuvo en cuenta un pequeño detalle. La imprenta ya estaba en marcha, y los escritos de Lutero tuvieron una impresionante difusión por Alemania y todo el norte de Europa. Solo cuando los dominicos, que eran los que estaban directamente implicados en la venta de indulgencias, presionaron al papa y le pidieron que hiciera algo porque el monje la estaba liando y fastidiando el negocio, afectando a las ventas, deteriorando la imagen santa del alto clero, solo entonces el papa León X sacó una bula condenando los escritos de Lutero.

Demasiado tarde. Las protestas de Lutero habían corrido como la pólvora. Tenía miles de defensores, miles de seguidores.

Cuando le llegó la bula de condena, fue Lutero el que montó la hoguera para quemarla públicamente. Porque, eso sí, a los cristianos, protestantes o no, les gustaba una hoguera para quemar humanos, papeles o lo que fuera más que a MacGyver una ferretería.

El desafío a Roma era total, sin posible marcha atrás, y aunque el mosqueo con las indulgencias solo fue el punto de partida, Lutero, ya puestos, continuó desarrollando lo que acabaría siendo una nueva religión. Lo que él llamó «el mejoramiento del estado cristiano».

Por ejemplo, ¿qué era eso de que hubiera tantas vírgenes, tantos santos, tantos mártires? Y la inmensa mayoría inventados. Pues porque a todos los usaba la Iglesia de Roma como mediadores ante dios; era una forma de diversificar el negocio y, entre otras cosas, animar el mercado de las reliquias. Lutero dijo que no, que aquí el único interlocutor válido con dios era Jesucristo. Ni san Pitopato ni la virgen del perpetuo calorín.

Otro asunto. Eso del celibato. ¿A cuento de qué, si todo el mundo sabía que ni un solo papa, cardenal, obispo, abad o fraile lo cumplía? ¿Quién se había inventado eso de que había que ser célibe para ser cura? Lutero también dijo que no a esto. En vez de sacerdotes, pastores. Y el que quisiera, que se casara. Que eso ahorraba muchos follones y pondría a los menores a salvo.

La Biblia. Otro lío. ¿Por qué solo podían interpretarla los autoproclamados príncipes de la Iglesia? ¿Por qué no podía leerla la gente normal si era a ella a quien se dirigía? ¿Por qué no traducirla a lenguas vulgares? Y como Lutero no recibió una explicación razonable ni razonada, fue y la tradujo al alemán.

La primera intención de Lutero hace quinientos años fue hacer una reforma, porque según su criterio, la Iglesia, su Iglesia, se estaba saliendo de madre. Pero no fue el primero en advertir de la deriva gamberra que estaba tomando la multinacional. Ciento y pico años antes de que Lutero la liara parda hubo otros que también intentaron decirle al alto mando eclesiástico que de qué iban; que se habían salido del camino, que aquello ya no era lo que debería ser. Entre ellos estuvieron el inglés John Wycliffe y el checo Jan Hus. Ellos fueron en realidad los precursores de la reforma protestante, lo que pasa es que no triunfaron como triunfó Lutero, ni alcanzaron la fama que alcanzó Lutero. También es cierto que Lutero salió vivo de su chulería y los otros dos no.

John Wycliffe ya se atrevió en el siglo XIV a traducir la Biblia a lengua vulgar, al inglés, y también dijo en voz alta que eso de la transustanciación (lo de que el pan y el vino se convierta en el cuerpo y la sangre de Cristo) era un cuento chino. Este hombre tuvo la suerte de morirse de forma natural, pero a la Iglesia le cabreó tanto que se le escapara un hereje vivo, que lo que hizo fue desenterrar al pobre Juanito Wycliffe y quemarlo. Ya estaba muerto, pero se dieron el gustazo de rematarlo.

Y después del inglés llegó un checo, Jan Hus, más comedido que Wycliffe pero con el suficiente cuajo como para presentarse en mitad del Concilio de Constanza para leerles un sermón que llevaba escrito y convencerles de que la Iglesia tenía que poner fin a los abusos. Pretendía exigir a los clérigos que abandonaran los vicios, que recuperaran los valores de pobreza y moralidad, y reclamaba a la institución que se dejara de tanta compraventa de perdones. Un pedazo de iluso.

La verdad es que Jan Hus se confió de más, porque el emperador del Sacro Imperio Romano Germánico Segismundo I le dijo «Ve, ve... que yo te cubro. Cántales las cuarenta que yo ya si eso te protejo luego».

A quién se le ocurre fiarse de la palabra de un rey.

Jan Hus no pudo leer ni la primera línea de su sermón frente al Concilio de Constanza. Es más, le obligaron a retractarse antes de decir ni mu. Pero no se retractó. Simplemente calló. Días después lo achicharraron allí mismo, en Constanza, por bocazas. Hereje, decían entonces.

Lo amarraron a un poste con una cadena y prendieron fuego bajo sus pies a los primeros haces de leña. Cuando empezó a subir el calorcito le preguntaron por última vez: «¿Qué? ¿Te retractas o no?». Y dijo Jan: «¡Que no!».

Kaput.

Y ahora es cuando viene la bonita profecía del ganso. Cuentan que el revoltoso Hus, que en checo significa «ganso», antes de largarse achicharrado al otro barrio tuvo oportunidad de hablar con el emperador que lo dejó vendido frente al Concilio de Constanza. Le dijo: «Vas a asar un ganso, pero dentro de un siglo te encontrarás un cisne que no podrás asar». El emperador no debió de entender nada, entre otras cosas porque no pensaba vivir cien años para verlo, pero, efectivamente, un siglo después llegó Martín Lutero y todo mundo entendió que él era el cisne que predijo Jan Hus. De ahí que en muchas iglesias luteranas haya un cisne sobre la puerta, un cisne sobre el púlpito, cisnes en las veletas... El cisne acabó siendo el perfecto logotipo de los luteranos, y por eso también en la abundante iconografía de Lutero aparece tras él, a sus pies, un ganso, y ese ganso es su precursor, Jan Hus.

Lutero fue el cisne que la iglesia ya no pudo asar en la hoguera, aunque toda su valiente peripecia ni le convierte en santo ni, mucho menos, en mejor persona; ni significa que sus ideas fueran excelentes. Porque Lutero y los luteranos acabaron siendo tan fundamentalistas como los que criticaban, y acabaron montando hogueras para los herejes con tanto arte como los católicos. Tal para cual.

Es lo que han tenido, y todavía tienen, algunas religiones, que siempre se han sentido en el derecho de aniquilar al prójimo en el nombre de dios. De su dios. De sus dioses.

Aztecas, musulmanes, apaches, católicos, mayas, judíos, luteranos, incas, anglicanos, vikingos, puritanos, pies negros, hindúes, egipcios, cherokees... ninguno se libra.

1522
Patentes de corso

Invierno de 1522. Océano Atlántico. Una carabela española huye a la desesperada de una flotilla francesa que la persigue sin tregua desde las Azores. Muy cerca ya del cabo de San Vicente, al sur de Portugal, los piratas le dan caza. Cuando el jefe de los choris, el francés Jean Fleury, sube a bordo para comprobar el botín capturado, se queda a cuadros. Aquello no era una vulgar carabela mercante; aquello era una mina. En las bodegas se acumulaba el fabuloso tesoro que Hernán Cortés le había arrebatado a Moctezuma. En total, cincuenta y ocho mil barras de oro, perlas del tamaño de avellanas y esmeraldas de tal tamaño, que una sola de ellas no entraba en una mano.

Al pirata casi le da un vahído...

Se podría decir que aquella captura del corsario Jean Fleury, al que los españoles llamaron Juan Florín, fue el primer gran golpe de la piratería tal y como la identificamos en nuestro imaginario. Porque piratas ha habido siempre. Desde que el primer humano se echó a la mar en un cascarón con remos, siempre había otro dispuesto a quitarle lo que llevara encima. Somos así. Pero se trata ahora de la piratería de las pelis, la caribeña, la del loro en el hombro, pata de palo y barba andrajosa. Esa en la que las víctimas eran casi siempre las mismas, los españoles.

Y esto, como todo, tuvo un principio; y como casi siempre, tuvo un culpable. Y ese culpable, cómo no, era papa.

Bien es cierto que Alejandro VI, el papa Borgia, lo hizo sin querer, porque ni él ni nadie podía imaginar en ese momento que aquellas nuevas tierras que pisó Colón guardaban lo que guardaban. Creían que eran las Indias occidentales, no todo un pedazo de continente. Creían que allí se podría conseguir especias, maderas nobles, seda... no aquella locura de oro, plata y piedras preciosas.

Aunque de entrada parezca que nada tiene que ver la piratería con el papa Alejandro VI, enseguida se verá que sí, y esa relación la encontramos en un papelito que todos conocemos como el Tratado de Tordesillas, que, entre otras muchas cosas, guarda la explicación de por qué en Brasil hablan portugués y en el resto de Suramérica, castellano.

Puesto que todo el universo estaba escriturado a nombre de dios, cuando un país conquistaba nuevas tierras tenía que contar con el beneplácito del papa de turno para quedárselas en usufructo siempre a cambio de que ese país se comprometiera a evangelizarlo. Cuando Portugal conquistó zonas de África, tuvo la aprobación de tres papas distintos para ir quedándose con los territorios que fueran descubriendo, pero como España no había descubierto prácticamente nada hasta que llegó Colón, no tenía ninguna bula papal a la que agarrarse para defender sus conquistas.

Por eso los Reyes Católicos se apresuraron a que el papa Borgia, aprovechando que era valenciano, les diera pleno dominio católico sobre las tierras americanas, no fuera a ser que los portugueses sacaran del cajón las antiguas bulas y dijeran que se quedaban con América entera porque ellos evangelizaban con más gracia que los españoles.

Fue entonces cuando Alejandro VI trazó la famosa Línea Alejandrina, por la que todas las tierras descubiertas y por descubrir hacia el occidente, contando determinadas leguas a partir de las islas Azores, se las podía quedar España. Los portugueses se mosquearon, porque eso les impedía conquistar nada por aquella parte. Al final, los Reyes Católicos aceptaron revisar la Línea Alejandrina para no entrar en guerra con Portugal, y en vez de tomar como referencia las Azores, se firmó en Tordesillas que fueran las de Cabo Verde. Al modificar la línea, un pico de América (el futuro Brasil) entraba en la parte de la raya que le tocaría a Portugal, por eso cuando lo descubrieron, se lo quedaron.

El resto de coronas europeas... Francia, Inglaterra, Holanda... no dieron mayor importancia a ese acuerdo avalado por el papa que firmaron portugueses y españoles, hasta que empezaron a llegar noticias de una serie de hallazgos que les pusieron los pelos de punta. Entre 1510 y 1540 los españoles se hicieron con los imperios azteca e inca y se apropiaron de toda la zona del Potosí, ese terruño que ahora está en Bolivia y al que le salía la plata por las orejas. Es decir, España se hizo rica de golpe, su poderío territorial no tenía competidor, y encima el emperador del Sacro Imperio Romano era también el rey de España.

Todos los monarcas del viejo continente estaban verdes de envidia y todos entendieron que habían sido muy miopes al no ver la trascendencia de aquel Tratado de Tordesillas. Habían dejado que portugueses y españoles se quedaran con el monopolio de explotación de las nuevas tierras. Unas tierras de las que salían, además de papagayos y cocos, piedras y metales preciosos a espuertas.

Pero el más envidioso de todos, el más cabreado con España, era el rey francés Francisco I, enemigo declarado de Carlos V. No se podían ver. Él fue el primero en reaccionar y abrir la espita de la piratería. Comenzó a emitir patentes de corso, documentos a nombre de tal o cual tipo al que se le autorizaba a robar bajo el amparo de la corona francesa. «Tú roba, que por lo que a mí respecta, no te va a pasar nada. Eso sí, me traes el botín y luego ya si eso hacemos cuentas». Es fácil deducir que lo de corsario viene de ahí, de patente de corso.

Los corsarios al servicio del rey francés comenzaron atacando las carabelas y naos españolas cuando ya estaban cerca de casa. Las esperaban por las aguas que se encierran en ese triángulo que hay entre las Azores, las Canarias y la península ibérica, porque a los barcos españoles no les quedaba más remedio que entrar por ahí. Y en una de esas escaramuzas fue cuando el corsario francés Juan Florín pilló la carabela española con todo el tesoro de Moctezuma a bordo. El tal Florín no es que fuera exactamente un corsario, porque este chori no se casaba con nadie y no pagaba su parte al rey francés. Es más, encima le cobraba por atacar barcos españoles. Era, directamente, un pirata.

Puede que resulte extraño estar hablando de piratas franceses cuando siempre se han llevado la fama los ingleses, pero es que aún no había llegado su momento. Y allá va la explicación: por aquel entonces, primer cuarto del siglo XVI, Catalina de Aragón, hija de los católicos, tía del emperador Carlos V, estaba casada con Enrique VIII, rey de Inglaterra, y por tanto los dos países eran aliados. El rey no iba a autorizar que se atacaran barcos españoles. Hubiera estado muy feo. Pero como Ana Bolena andaba por ahí rondando, en cuanto Enrique VIII apartó a Catalina de un codazo también abrió la veda contra la flota española.

El caso es que aquel desmesurado botín con el que se topó el pirata Juan Florín sin esperarlo, abrió los ojos al resto de Europa, y ya hizo palpables las inmensas riquezas del nuevo mundo. Así que ¿por qué esperar a que los españoles vinieran con el botín? ¿Por qué no ir al origen, al lugar de donde los españoles sacaban el oro y la plata? Venga, todos al Caribe. Y allí se juntaron franceses, ingleses, holandeses y gente de mal vivir.

En muy pocos años las costas americanas se petaron de corsarios, bucaneros, piratas y filibusteros; que son todos lo mismo, unos bandidos, pero con distintos orígenes. Los corsarios llevaban peluca y calzoncillos de seda y degustaban jerez en copa de plata, mientras los otros iban hechos unos zarrapastrosos y bebían ron a morro. Los corsarios buscaban debilitar al imperio español quitándole las riquezas en beneficio de sus países. A los otros piratas les traía al pairo que el imperio español tuviera más o menos músculo; querían el oro para ellos, para sus vicios y sus juergas.

Los corsarios buscaban capturar convoyes, dar grandes golpes; los otros iban más al menudeo. Ataque por sorpresa, rapidito, y a salir por pies cuanto antes. No eran tontos, y solo preparaban el ataque cuando veían un barco suelto, indefenso. Sabían que los que llevaban el grueso del oro iban muy bien escoltados.

Después de los corsarios, que eran la rama fina de la piratería, aparecieron los filibusteros y los bucaneros. Los filibusteros eran los más gamberros, aventureros sueltos, caraduras, buscavidas, exconvictos... chicas, dados, ron... y a ellos se unieron luego los bucaneros.

Bucanero viene de la palabra francesa *boucan*, y *boucan* es una parrilla de madera para secar carne. A eso se dedicaban los bucaneros que se instalaron en la parte francesa de la isla de La Española, lo que hoy es Haití. Los bucaneros ahumaban carne para venderla a los navegantes que andaban por el Caribe, hasta que los españoles, que vivían en su parte de la isla, en lo que ahora es República Dominicana, empezaron a acosarlos, los echaron y lo único que consiguieron es que los bucaneros se juntaran con los filibusteros a piratear. Cuando formaron pandilla y se fueron empadronando en algunas islas del Caribe, sobre todo en la famosa y peliculera isla Tortuga, que era la base de operaciones, empezó el fiestón de la piratería. Y la fiesta duró hasta bien entrado el siglo XVIII.

Durante doscientos años los piratas trajeron frita a la flota española. Pero ya están más que perdonados, aunque solo sea por el magnífico juego que han dado a la literatura y al cine.

Todos amamos a Jack Sparrow.

1554
Philip of Spain

25 de julio de 1554. Catedral de Winchester. En el altar mayor dos novios están a punto de darse el sí quiero. Ella se llama María y es reina de Inglaterra. El novio es un príncipe español que atiende por Philip. Hasta aquí, todo más menos dentro de los límites aceptables, si no fuera porque la madre de la novia era tía abuela del novio; si no fuera porque el suegro de la novia era también su primo; si no fuera porque el novio era además sobrino segundo de su novia, si no fuera porque la novia era nieta de los Reyes Católicos, y el novio, el bisnieto.

Si no fuera porque aquella boda real era un soberano disparate.

No es este un episodio muy publicitado. Los británicos no lo airean mucho porque les da repelús pensar que el ultracatólico Philip of Spain llegó a ser rey de Inglaterra antes de serlo en España, y a los españoles apenas nos informaron en la escuela porque interesaba más insistir en el papel de Felipe II como el rey combativo contra la Inglaterra protestante. No encajaba bien explicar que el mismo rey que envió a la Gran Armada a pegarse contra los ingleses y los elementos, unos años antes había sido rey de ese país que luego pretendió invadir.

Todo este devenir histórico es, como poco, extravagante. Tan extravagante como la boda que unió al príncipe español Felipe con la reina inglesa María. Pero es que ese matrimonio formaba parte de un plan: por una parte, conseguir que Inglaterra volviera al redil católico apostólico romano y desterrara para siempre el anglicanismo que dejó instalado Enrique VIII, el padre de la novia. Y por otro lado, consolidar la alianza de Inglaterra y España contra la común enemiga, Francia.

Pero el heredero que tendría que hacer posible todo eso no iba a llegar ni con reproducción asistida. Repasemos a la parentela para pasar inmediatamente después a los cotilleos.

Los padres de la novia fueron Enrique VIII y Catalina de Aragón (hija de Isabel y Fernando), un matrimonio que era muy católico al principio: por eso su hija, la niña María, salió también católica hasta la médula. Pero luego Enrique VIII se lio con Ana Bolena, se empeñó en divorciarse de Catalina y revolucionó Inglaterra, inventándose otra religión y enviando a freír espárragos al papa de Roma.

El padre del novio era el emperador Carlos V (nieto de Isabel y Fernando), que, puesto que era sobrino de Catalina, resulta que también era primo hermano de la novia de su hijo. No se agobien si se han perdido... como para no perderse. Si se perdían hasta ellos con todo este follón de parentescos.

El caso es que cuando Enrique VIII murió, Inglaterra ya era oficialmente anglicana; se había separado de Roma. Pero el trono lo heredó su hija María, y ella quería que Inglaterra volviera a ser católica. Para eso necesitaba a un marido católico con el que tener un hijo católico. El elegido fue el príncipe Felipe, su sobrino segundo y heredero del trono español, el que acabaría siendo Philip I of England antes de ser Felipe II de España.

El apaño familiar venía bien a las dos partes. A ella, a la reina María I, por lo ya dicho; y a Felipe, porque con esa boda quedarían intimamente unidas las coronas de España e Inglaterra y con ellas todas sus posesiones, con lo que eso tenía de estrategia política, militar y territorial para hacerle la pinza a Francia.

Pero ese matrimonio no gustaba al Parlamento de Inglaterra. Además, los ingleses estaban contentos habiéndose sacudido la obediencia a Roma, y los españoles no les caíamos bien. Intentaron disuadir a la reina para que se buscara otro novio, como si María, con treinta y ocho tacos, tuviera mucho tiempo para seguir buscando. Y encima, con el carácter que tenía la señora. «Mi matrimonio es asunto mío», contestó arrogante a los que intentaron disuadirla de que se casara con el príncipe español. El sector crítico con aquella boda tragó con que Felipe se convirtiera en rey consorte de Inglaterra, pero al menos consiguió que, en caso de que la reina muriera sin hijos, Felipe perdiera el cargo y se volviera por donde había venido.

Hasta aquí la cuestión política. Vamos al chafardeo.

En el altar de la catedral de Winchester la novia intentaba frenar una sonrisa de oreja a oreja para disimular que apenas le quedaban dientes. Se sentía feliz, porque se estaba casando con un pibe rubito de veintisiete años recién cumplidos. El novio, en cambio, llevaba un nudo en el estómago, porque lo último que le apetecía era casarse con su tía segunda, aún virgen pese a sus treinta y ocho años. Y esa virginidad tendría que remediarla él.

La reina María I de Inglaterra no había conocido varón. Primero, porque ella no se dejaba y segundo porque ningún varón puso mucho interés en conocerla a ella. La mujer no tenía buen carácter, guapa tampoco era, se atiborraba de dulces y perdió casi todos los dientes, su gesto era muy áspero… en fin, que no era la novia ideal. Ruy Gómez de Silva, príncipe de Éboli (el marido de la tuerta), que era amigo y consejero del novio, reconoció que «era necesaria mucha resignación cristiana para tragar ese cáliz».

Pero ojo, que cuando esa situación se daba al contrario parecía normal. Es decir, estaba bien visto que un rey feo, viejuno y desdentado se pudiera casar con una jovencita, pero no tanto que una reina feúcha, mayorcita y achacosa eligiera como marido a un yogurín. Cosas de la época.

También es cierto que si en el caso del matrimonio de la reina María con Felipe lo que primaba era la búsqueda de un heredero… hombre, no encajaba bien que la encargada de parirlo tuviera el arroz a punto de pasarse. Aquella pareja, se mirara por donde se mirara, no estaba bien calculada.

La naturaleza de la soberana no parecía estar ya por la labor de procrear, aunque le puso muchas ganas y, sobre todo, muchísimo deseo. La pobre reina María tenía tantas esperanzas puestas en tener un hijo, que su ansiedad solo le acarreaba embarazos psicológicos. Engordaba, se inflaba, se emocionaba... nada. Y cuantos más embarazos psicológicos sufría, más se deprimía.

Felipe, en cambio, en ese matrimonio solo ponía ganas, porque se metía en la cama de su mujer con una pinza en la nariz. El deseo se lo guardaba para todas las chicas que se le pusieran a tiro en la corte inglesa. Y sobre todo se volcaba con su cuñada. Con Isabel.

Isabel era hermana de María. Hermana solo por parte de padre, porque su madre fue Ana Bolena. Y de la misma manera que María salió muy católica, Isabel salió muy protestante, pero no por ello le hizo ascos Felipe. Una cosa es dios y otra la cama. Tampoco hace falta mezclarlos.

Y es que su cuñadita Isabel tenía veintiún años, una edad mucho más acorde con la de Felipe, y además era muy mona y tenía un par de seductores ojos azules. Durante el año y medio que Felipe paró por Inglaterra, estos dos estuvieron liados cada dos por tres, y él, además, alternaba con otras mozas.

Algunas crónicas recogen que los dos se enamoraron, que se gustaban mucho, mucho; que durante largo tiempo Isabel tuvo la secreta esperanza de casarse con Felipe, y que siempre conservó en su mesilla de noche el retrato de su frustrado novio. De Felipe cuentan, sin embargo, que al final de su vida achacó todos sus sufrimientos a un castigo de dios porque estando casado con la virtuosa María se había enamorado de la bella lady Isabel.

Tarde ya para contrastar las fuentes. Lo único cierto es que a esas edades estaban los dos con las hormonas revolucionadas y que, por mucho que se gustaran de jovencitos, acabaron a tortas cuando Isabel ya fue reina de Inglaterra y Felipe rey de España.

La reina María, mientras, cada vez se hundía más en la miseria. Enamorada hasta las trancas de su marido, se desesperaba al ver que no llegaba el heredero y que Felipe estaba más tiempo fuera que dentro de casa. Y, además, no se había caído de un guindo. Sabía que su hermana Isabel tonteaba con su marido.

Aunque, como ya se ha dicho, Felipe paró por Inglaterra año y medio, en realidad fue rey durante cuatro años. Lo que pasa es que cuando no estaba pegándose con los franceses en San Quintín, acudía a una juerga flamenca en los Países Bajos, y, cuando no, tenía que ir a ver a papá emperador para recibir instrucciones. Sin olvidar que en mitad de su reinado inglés fue proclamado también rey de España. El hombre tenía mucho lío.

Cada vez que tenía que ausentarse, Felipe le pedía a su mujer que cuidara de Isabel, y María pensaba para sus adentros, «vas listo. Aquí voy a estar yo, cuidando de esta mala pécora por muy hermana mía que sea». Una de las ocasiones en que Felipe se fue a Flandes, María intentó enviar a Isabel a España a que perfeccionara su catolicismo y a ver si de paso se echaba novio. En plan Erasmus.

Pero no coló.

Finalmente se demostró que aquel matrimonio no iba a ninguna parte. Y al final ocurrió lo que los ingleses deseaban: que la reina se muriera sin heredero, que Philip se largara con viento fresco para poder dedicarle otra pedorreta al papa de Roma y volver a ser anglicanos. María I de Inglaterra murió con el nombre de su marido en los labios, Felipe hizo las maletas... y a tomar vientos los planes del imperio católico anglo-spanish.

Lo único que queda de todo aquel episodio es un retrato de Philip of Spain que cuelga en el palacio de Westminster, en una estancia junto a la Cámara de los Lores porque así lo manda la tradición. Allí están colgados todos los retratos de los reyes de Inglaterra, y Felipe II, mal que les pese, lo fue.

Es una gran incongruencia, porque Felipe fue su rey, pero también está considerado uno de sus mayores enemigos y el tipo que se pasó media vida intentando invadirlos. Todo muy estrafalario.

1567
La excomunión de los taurinos

Año 1567 de la Encarnación del Señor. En las calendas de noviembre, segundo año de su pontificado, Pío, *episcopus, servus servorum dei*, dio en Roma la bula «De salutis Gregis Dominici» contra los espectáculos taurinos para la salvación de la grey del Señor. Dicho en pagano, esto viene a decir que el 1 de noviembre de 1567, el papa Pío V se marcó un documento sin desperdicio en el que dice que tanto su colega dios como él mismo recordaban a todo el mundo cristiano que eso de ir a los toros, matar toros y correr toros, a pie o a caballo, era un espectáculo vergonzoso. Que quedaba terminantemente prohibido, que quien se saltara la orden sería excomulgado y que quien muriera en el transcurso de esos espectáculos sería privado de sepultura eclesiástica.

Cuando Felipe II recibió la bula, pensó: «¡Leches! ¿Y cómo le digo yo a la plebe que ir a los toros es pecado? Bueno, mientras pienso cómo gestiono esta crisis, guardo la bula en un cajón, y que el papa diga misa».

De aquí a un rato retomamos este asunto de la bula papal que solo afecta a los católicos taurinos, aunque los pocos que saben de su existencia prefieren hacerse los monos sabios. No ver, no oír, no decir. Aunque da igual que la ignoren; la prohibición para ellos sigue vigente. A los demás, evidentemente, les da igual lo que diga un papa o una chirigota de papas.

Nadie crea que la corriente antitaurina es de ahora. Esto viene de siempre, y no hay ni un solo periodo en la historia de España en el que no hayamos tenido nuestra ración de polémica a cuenta de los toros. Con los visigodos empezaron a prohibirse espectáculos con los astados; Alfonso X el Sabio puso también sus normas contra los matatoros (así se llamaban); Isabel la Católica se puso enferma cuando vio una corrida y prohibió aquella salvajada; a Carlos III le horrorizaba esa costumbre sangrienta; a los papas les parecía cosa del diablo... O sea, que no, que la bronca no es nueva.

Retrocedamos hasta la época del Fuero Juzgo, una cosa muy antigua que nos enseñaban en el cole y que era muy peñazo. El Fuero Juzgo es un código de leyes del siglo VII que crearon para estas tierras Recesvinto y Chindasvinto, dos reyes godos muy graciosos, aunque solo sea por el nombre. Y resulta que la legislación visigoda ordenaba que todo labrador o vaquero que fuera propietario de toros o vacas bravas los matara para preservar a los vecinos de cualquier daño. Y advertía a los que desoyesen el mandato de que serían acusados de homicidas.

Luego apareció por estos lares Alfonso X el Sabio, que en su famoso *Código de las Siete Partidas*, del siglo XIII, menos antiguo que el Fuero Juzgo, pero que en el bachillerato nos parecía igual de peñazo, prohibió que todo hombre «lidiase un toro bravo por dinero», condenando a «los matatoros a la segregación social y a la persecución por la justicia». Aquellas leyes castellanas solo permitían seguir lidiando y matando toros al estamento superior de los guerreros, siempre que lo hicieran de forma gratuita y desde el caballo.

Pero incluso antes de que los visigodos y el rey Alfonso X pusieran límites legales a los toros, hubo un obispo, el famoso y erudito san Isidoro de Sevilla, patrón de todas las facultades de Filosofía, que escribió contra los jóvenes sevillanos que ponían en peligro sus vidas enfrentándose a toros solo por hacerse los machitos, vacilar ante las chicas y rivalizar con los colegas.

Como suele ocurrir, pese a tanta prohibición y tanta ley y tanto consejo teológico, los españoles a los que les gustaban los toros optaron por aquello de «tú di lo que quieras, que yo haré lo que me dé la gana». Porque, a ver para qué sirve el ingenio humano sino para poner trampas a las leyes. Si la ley decía que era contra natura enfrentarse a toros que podían quitar la vida humana, los listos reaccionaron, por ejemplo, ensogando a los toros para reducir el riesgo. Pero también se empleó el truco de relacionar los espectáculos taurinos con la religión, que era una forma de sacralizar el espectáculo. Por eso los toros, ya fuera en la lidia o corriéndolos en encierros, acabaron unidos a fiestas religiosas y patronales. Algunos se inventaban cualquier excusa con tal de que hubiera un jolgorio con toros.

En la villa de Roa (Burgos) se cebó la peste en el año 1374. Sus vecinos le pidieron a dios que acabara con la epidemia, prometiéndole que todos los años, si les concedía la gracia, se correrían cuatro toros. Qué tendría que ver una cosa con la otra, pero era un pretexto perfecto para montar una juerga taurina con la excusa de que se lo habían prometido a su dios. Y en Baeza (Jaén), por poner un ejemplo más al sur, le prometían al evangelista san Marcos un toro si les libraba de los bandidos, la langosta o los moros. Con que les librara un poquito y de lo que fuera, ya tenían festejo con toro asegurado.

Y conste que por aquella misma época también tenían sus risas a costa de los toros en territorio musulmán. En Granada, los galanes moros organizaban fiestas donde reses bravas primero eran atacadas por jaurías de perros para quitarles fuerzas, y luego irrumpía un señor a caballo para lucirse y rematarlo a rejonazos.

Imposible entretenerse con otros ejemplos si pretendemos llegar a Isabel la Católica, que un día vio una corrida de toros, creen los estudiosos que en Medina del Campo, y se le puso el estómago del revés. No solo por los toros, sino por los humanos corneados. Decidió prohibirlas, pero el disfrute sangriento estaba ya muy extendido por sus reinos, y sus consejeros la convencieron para que suavizara la medida. Le propusieron que, mejor, ordenara que se envainaran los cuernos para que los embistes hicieran menos pupa y no mataran a nadie. A la reina le pareció una buena idea.

Después de los toros ensogados, los toros envainados y los toros mermados por el ataque de perros, el humano siguió perfeccionando el puteo prendiendo bolas de fuego en los cuernos de los bravos, pinchándoles desde el caballo antes de enfrentarse a ellos para restarles bravura o despeñándolos por barrancos. En cada zona empleaban una técnica, pero se trataba, ya no de jugar con toros dejándoles la plenitud de sus fuerzas, sino de rebajarles o anular el peligro para que el espectáculo durara más y los gobernantes no se enfadaran tanto por la muerte de humanos.

Y en este plan llegamos a Felipe II, que disfrutaba con una corrida de toros más que con una quema de infieles. Y eso era mucho disfrutar. Pero resultó que el taurófilo monarca, abanderado del cristianismo, martillo de herejes, centinela de la fe y un gran pedazo de hipócrita no supo por dónde salir cuando el papa, nada más y nada menos que el representante de dios en la tierra, ordenó que en los territorios cristianos se publicara una bula que prohibía todas las fiestas con toros. ¿Qué hizo el rey? Guardar la bula en un cajón y no publicarla. Ojos que no ven, corazón que no siente.

El papa que prohibió los toros fue Pío V, y promulgó la bula atendiendo a lo acordado en el Concilio de Trento, que condenó los espectáculos taurinos por considerarlos «cruentos y propios de demonios». Pero no hay que confundirse, que ni al papa ni a la Iglesia católica les preocupaba el sacrificio del toro. En eso ni reparaban. El problema era la cantidad de muertes de hombres que provocaban los toros, la pérdida de almas y la ruina familiar que llevaba consigo la desaparición del hombre de la casa. El castigo para los que se saltaran la orden eran la excomunión, la expulsión del seno de la Iglesia. O sea, al infierno de cabeza.

Los estudiosos han calculado que por aquellos años de los siglos XVI y XVII morían más de trescientos hombres al año por cornadas en encierros y espectáculos con toros. Pese a ello, los cronistas insistían en que «si se quita el regocijo de los toros en España, se quita la más agradable fiesta del pueblo».

El rey se hizo el longuis ante la orden del papa, y no paró de dar la brasa en Roma para que la bula fuera anulada o derogada a cambio de poner medios que evitaran muertes. Medios como serrar los cuernos, envainarlos, echar más perros y más lanceros que desbravaran al animal, tener médicos a mano... Por fin consiguió Felipe II que el siguiente pontífice, Gregorio XIII, le dijera veeeenga... vaaaale...

y quitó lo de la excomunión para los que fueran a los toros; pero el que vino luego, Sixto V, volvió a poner todo como estaba; hasta que llegó Clemente VIII, que volvió a suavizarlo todo y dejó el castigo solo para el clero.

Todos, sin embargo, se estaban haciendo los distraídos sin querer tener en cuenta un importante detalle: que Pío V promulgó su bula prohibiendo su derogación y ordenando que «se contara entre las constituciones que estarán vigentes perpetuamente». Dos o tres papas más insistieron en condenar los espectáculos con toros, y la última vez que el Vaticano se pronunció sobre este asunto fue en 1989. Reinaba Juan Pablo II y desde la Santa Sede hubo un pronunciamiento oficial recordando la excomunión de actores y espectadores de espectáculos taurinos.

Así que, allá aquellos que quieren estar a las duras y a las maduras. Esos toreros que salen santiguándose al albero, que se rodean de vírgenes llorosas, cristos sangrantes y santos martirizados para salir vivos de su encuentro con el toro. Criaturas... que estáis excomulgadas.

Sí, vale, ya se sabe que no hay que tomarse en serio estas cosas; que todo eso de la excomunión y el castigo divino es palabrería que no va a ninguna parte, pero tiene guasa comprobar cómo los fieles se saltan a los papas a la torera.

1571

Lepanto, una carnicería de cuatro horas

Lepanto ha acabado asociado a una batalla naval muy famosa que se produjo hace mucho, pero no se sabe exactamente por dónde ni se entiende mucho a cuenta de qué. Algunos sabrán, además, que se pegaron cristianos contra turcos, que don Juan de Austria regresó de aquel combate convertido en un héroe y que Cervantes fue uno de los ciento setenta y cinco mil hombres que participaron en aquella bronca, pero poco más.

De entrada, se trata del combate naval más sangriento de toda la historia. Entre treinta y cuarenta mil muertos más o menos, porque perdieron la cuenta. Heridos, ni se sabe. Sesenta, setenta mil. Y toda esta carnicería en solo cuatro horas.

Cuánta brasa nos han dado en el cole con la batalla de Lepanto, pero tenían razón en darla y harían bien en seguir dándola, porque la historia del sur de Europa habría sido otra si aquella batalla se hubiera perdido. Aquel 7 de octubre de 1571 se armó la de dios en el Mediterráneo entre la flota otomana —musulmana, para entendernos— de Alí Pasha, y las cristianas de la Liga Santa. Dicho así parece una guerra de religión, que sí, que lo fue, pero lo que en realidad se estaban jugando era el control del Mediterráneo. Dios y Alá, que encima son el mismo, iban dando la cara, pero ahí lo que se defendía eran el comercio y el territorio. La pasta.

Vamos a los antecedentes del hecho para saber por qué se enredó todo en Lepanto. Y es que el imperio otomano, los turcos, había engordado mucho. Estaban empezando a ponerse muy pesados con eso de invadir para ir ganando plazas en el Mediterráneo y poder controlar el mar de norte a sur y de este a oeste. De paso, por supuesto, en sus planes estaba ir convirtiendo al islam a todo bicho viviente conquistado.

Para orientarnos, lo que ahora es Grecia, Rumanía, Albania, Bulgaria, Egipto, Siria y la propia Turquía formaban el imperio otomano, que es lo mismo que decir que tenían controlada toda la parte derecha del Mediterráneo si miramos el mapa de frente. Sus intenciones eran controlar el resto hasta alcanzar España. Sin prisas, pasito a pasito, tacita a tacita; porque en cuanto alcanzaran la península, aquí había trescientos mil moriscos, musulmanes convertidos a la fuerza, que seguro se sumarían a la causa otomana. Pero eso eran solo los planes turcos a medio y largo plazo.

Fue el papa Pío V el que planteó hacer algo ya mismo si no quería verse toda Europa mirando a la Meca. El papa, como jefazo de los Estados Pontificios, buscó cómo unir fuerzas para plantar cara al turco, y propuso una alianza con España, con la República de Venecia y con Malta, una isla pequeñita que está en todo el centro del Mediterráneo, justo debajo de Sicilia. La que encajó los doce goles.

Esa reunión de naciones fue la famosa Liga Santa, con don Juan de Austria (bastardo del emperador Carlos V, medio hermano del rey Felipe II) como jefazo máximo de toda la flota. El mando se le dio a España por una sencilla razón: era la que más dinero puso. Cómo se lo montaría el papa, que fue el que organizó todo el cotarro, pero consiguió que España corriera con la mitad de los gastos, que los venecianos pagaran otra parte importante y al final Pío V puso calderilla.

Solucionado el asunto de la financiación, juntaron entre todos doscientos cincuenta y tres barcos y noventa mil hombres y allá que se fueron, a por los turcos. Y encima a jugar en su campo. Se fueron al golfo de Lepanto, que está en lo que ahora es Grecia.

El equipo contrario iba equipado con trescientos barcos y noventa y tantos mil hombres. Eran más que los cristianos, tenían más naves y encima jugaban en casa. Y lo peor: eran más bestias. Con todo esto a su favor cabe preguntarse por qué perdieron. Pues porque los turcos tenían más hombres, pero no todos jugaban a favor. La clave está en entender cómo era esto de las batallas navales por aquel entonces y cómo se desplazaban los barcos teniendo en cuenta que se trataba de galeras. En pleno combate hay que descartar las velas; y de motor ni hablamos, así que había que remar. Y en Lepanto había muchos remeros, muchos galeotes; miles y miles de galeotes. En ellos estuvo la clave de la victoria.

Había tres clases de galeotes: los que eran libres y estaban allí cobrando porque así lo decidieron al enrolarse; los que estaban cumpliendo condena, que no tenían más remedio que estar mientras durara su pena; y luego los esclavos, que estaban a tiempo completo y sin posibilidad de librarse. Los galeotes condenados y los esclavos eran la chusma —así se llamaba— y siempre iban encadenados. Remaban a la fuerza, vale, pero remaban como locos porque si la galera se hundía precisamente ellos llevaban la peor parte. Como no se podían soltar, se iban al fondo sin remedio. En Lepanto hubo en total cincuenta mil remeros en la flota cristiana, veinte mil de ellos cumpliendo condena, y a todos ellos se les hizo una oferta antes de la batalla: se les prometió la libertad y el indulto si luchaban contra el turco. A cambio de eso, se les quitarían las cadenas. Evidentemente, todos aceptaron, y esa fuerza de galeotes, cuando no tenía que estar remando, se sumaba a la lucha.

Los turcos, en cambio, no pudieron utilizar esa misma táctica porque la inmensa mayoría de los remeros de la flota otomana eran esclavos, no condenados. Esclavos y esclavas cristianos (también había mujeres) que se pasarían al enemigo en cuanto les quitaran los grilletes. Por eso, aunque los turcos tenían más efectivos en total, a la hora de la lucha contaban con muchos menos.

Solo imaginar aquella batalla pone los pelos de punta. Quinientos barcos todos apelotonados, encajados unos contra otros, empujándose, con los remos enredados; ciento y pico mil hombres abordándose, a espadazos, a arcabuzazos, a flechazos... y este fue otro fallo turco, que ellos con el arcabuz se manejaban fatal y les gustaba más tirar de flecha. Error. En aquel monumental caos se complicaba bastante cargar el arco como es debido, apuntar y disparar.

El primer cañonazo en Lepanto retumbó a las doce del mediodía y a las cuatro de la tarde la batalla ya estaba ganada. O perdida, dependiendo de si el lector o lectora va con los turcos.

Las ansias conquistadoras se les desinflaron a los otomanos tras aquella derrota humillante, y en ese mismo momento se fueron a hacer gárgaras los planes de invadir Malta, Sicilia, Ibiza, Formentera, Torrevieja, Sitges y, en general, de la Costa Brava a la Costa del Sol. El imperio del sultán Selim II perdió su hegemonía naval en el Mediterráneo.

Según palabras de un soldado que participó en la batalla, aquello fue «la más alta ocasión que vieron los siglos pasados, los presentes, ni esperan ver los venideros». Un soldado que pasó a la historia como «el manco de Lepanto». Menos mal que solo le fastidiaron la mano izquierda de un arcabuzazo, si no, lo mismo le habría dado pereza escribir *El Quijote*.

1609
Moriscos, vencidos, pero no convencidos

En la mañana del 3 de octubre de 1609, en el Grao de Valencia, se apelotonan quince mil seiscientos quince valencianos esperando embarcar en decenas de galeras que los van a trasladar a Berbería. Las orillas del Grao son un hervidero de familias enteras y familias rotas. Embarcan con lo justo, prácticamente con lo puesto, y solo llevan billete de ida que, encima, se han tenido que pagar ellos. Son los primeros quince mil seiscientos quince moriscos expulsados de España. Después les tocó a los aragoneses, catalanes, extremeños, castellanos y murcianos. Y así, hasta redondear la bonita cifra de trescientos mil españoles arrojados de su país.

¿Qué demonios había pasado para llegar a ese extremo?

Ya sabemos todos que en aquella España de sus católicas majestades había moros, judíos y cristianos. Y también sabemos que, en 1492, Isabel y Fernando ordenaron expulsar a los judíos porque la diabólica Inquisición, con Lucifer Torquemada a la cabeza, se puso muy plasta con el tema. Si hacemos una sencilla resta nos sale que, tras la expulsión de los judíos, solo quedaron moros y cristianos. Lo lógico es preguntarse, ¿por qué expulsaron a los judíos y no expulsaron a los musulmanes si los Reyes Católicos no querían en el país a ninguno de los dos? Pues porque cuando Isabel y Fernando completaron la Reconquista, en los acuerdos de la rendición de Granada, las famosas Capitulaciones de Santa Fe, se firmaron unas condiciones que permitían a los moros vencidos conservar su religión, sus costumbres y su lengua. Condiciones, que, por supuesto, sus católicas majestades tenían previsto saltarse a la mínima oportunidad.

Y antes de seguir, una aclaración para no hacernos un lío con los términos que se manejaban entonces para diferenciar musulmán, mudéjar y morisco. Pero ojo, sin perder de vista que los tres casos se refieren a ciudadanos nacidos en este país. Se llamaba musulmanes a los que vivían en los territorios españoles bajo control de los reyes islámicos. Pero cuando ya mandaban los católicos, estos musulmanes pasaron a llamarse mudéjares y mantenían su religión. Más claro: los mudéjares eran los mismos musulmanes, pero después de la Reconquista, viviendo ya en territorio cristiano. Y luego están los moriscos, que eran los que cambiaron de religión; los musulmanes que se bautizaron y pasaron a ser cristianos.

La paz social en la Granada conquistada duró lo que duró. Na y menos, porque se creían Isabel de Castilla y Fernando de Aragón que haciendo una simple campaña evangelizadora los mudéjares se tirarían en plancha a bautizarse. No ocurrió, y los mudéjares siguieron a lo suyo, mirando a la Meca. Así que allá por 1499, al cardenal Cisneros le dio un subidón de mala leche, entró en Granada como elefante en cacharrería y organizó una gigantesca hoguera con todos los coranes y los libros en árabe que pilló. Esto cabreó mucho a los mudéjares, y el cabreo derivó en una rebelión que los Reyes Católicos tardaron dos años en sofocar.

Estaba claro que aquellos moros no iban a entrar por el aro, y puesto que no se iban a convertir por las buenas, hubo que convertirlos por decreto ley. La Iglesia y la Corona sacaron la cachiporra de convencer y les dijeron a los mudéjares: «Ya estáis pasando todos por la pila bautismal o hacéis las maletas y os largáis del país».

Evidentemente, se bautizó el 99,9 por ciento, porque no tenían más país que este. Aquí llevaban viviendo desde hacía ochocientos años. ¿A dónde se iban a ir? Pues nada, a bautizarse. Casi hubo que usar el riego por aspersión para los bautismos masivos. Cualquier cabeza mínimamente espabilada deducirá que cuando te bautizan en masa, a la fuerza y bajo amenaza, no significa que hayas cambiado de dios, es que no te queda otra. Es más, el nuevo dios entra en tu vida con mal pie.

Y así fue como, oficialmente, en España ya solo quedaron cristianos. Los que se llamaron cristianos viejos, los de toda la vida, y los moriscos, que eran los musulmanes recién bautizados, los cristianos nuevos. La España de las tres culturas se acababa de ir al garete.

Aún faltaban cuatro siglos para que naciera Miguel de Unamuno y dijera aquella famosa frase de «Venceréis, pero no convenceréis», pero nos sirve igual, porque eso mismo ocurrió con los moriscos: que los vencieron, pero no los convencieron, por eso muchos de ellos siguieron a su bola, a sus rezos y a sus costumbres. Otros, en cambio, no. Se convirtieron convencidos y fueron buenos cristianos. Y a otros tantos les daba exactamente igual uno u otro dios, porque ninguno de los dos les daba de comer.

Los años pasaron y la convivencia entre cristianos viejos y moriscos, pues a veces iba mejor, a veces peor, a veces no iba... dependiendo del grado de hostigamiento de cristianos a moriscos, dependiendo del cabreo de los moriscos con los cristianos.

La Iglesia no estaba conforme con que los moriscos fueran los domingos a misa por obligación, por guardar las apariencias, porque la mala gana se notaba. Quería que acudieran convencidos y prácticamente haciendo piña cantando el «Hosanna hey, sana sana sana ho» de Jesucristo Superstar. Pero esto no ocurrió, porque los moriscos siguieron a lo suyo.

Y así nos plantamos en 1526, cuando el emperador Carlos V montó una reunión de urgencia en la Capilla Real de Granada, de donde salió una retahíla de ordenanzas que se resumen en una: los moriscos tenían que abandonar totalmente sus signos de identidad. Es decir, se acabó hablar en árabe, fuera los amuletos islámicos que llevaban colgados del cuello (debían sustituirlos obligatoriamente por crucifijos), fuera también el velo femenino, se acabó la circuncisión, nada de sacrificar reses mirando a la Meca, nada de vestirse a la moruna, nada de nada de nada.

Pero resulta que a Carlos V le encaja muy bien esa sentencia que varios siglos después soltó Groucho Marx: «Estos son mis principios. Si no le gustan, tengo otros». Las ordenanzas se aplicaron de inmediato, pero enseguida se suavizaron porque el emperador acababa de casarse con la monísima Isabel de Portugal, y, aprovechando esta circunstancia, una delegación de moriscos le entregó un donativo de noventa mil ducados como regalo de boda a cambio de que abriera la mano. Carlos V trincó la pasta, los moriscos siguieron con sus costumbres y aquí paz y después gloria.

Y la vida siguió. Y Carlos V se murió. Y llegó al trono su niño Felipe II, un católico un tanto exaltado que se puso duro con los moriscos y reactivó las medidas que su padre había dejado ahí, en *stand-by*. Empezó Felipe II por apretarles las tuercas a los granadinos prohibiéndoles exportar seda, que era uno de sus principales ingresos; después apretó más subiéndoles los impuestos, y remató la jugada con un decreto prohibiendo la lengua, la vestimenta, los bailes y hasta los instrumentos musicales árabes. Y también les prohibió que se lavaran tanto porque eso era un signo islámico. Y claro, se armó. El virrey de Granada, el marqués de Mondéjar, un cristiano intachable y más que razonable, intentó decirle a Felipe II que se estuviera quieto, que no era momento, que en las Alpujarras se estaba pasando mucha hambre como para que les ahogaran más. Pero el rey ni caso, a lo suyo.

Por eso se organizó la famosa rebelión de las Alpujarras, que empezó aquella Nochebuena de 1568 en la que los moriscos acorralaron a unos oficiales de la Corona y se los cargaron. La rebelión se extendió por toda la ladera sur de Sierra Nevada y tomó el mando Fernando de Córdoba y Válor, que, aunque suene a cristiano, decidió renunciar al bautismo y tomar el nombre de Abén Humeya. La guerra se alargó durante dos años, en la que se pasaron de vueltas los moriscos y se pasó también Felipe II con la represión, pero es que con las guerras de religión se pasa todo el mundo, porque cuando aparece dios por la puerta, la razón sale por la ventana.

Los moriscos fueron vencidos, expulsados de las Alpujarras y diseminados por Castilla.

Estaba claro que el problema de la convivencia no acababa nunca de solucionarse, y así se llegó a 1582, cuando el Consejo de Estado le dijo a Felipe II que había que expulsar a los moriscos ya. Pero el rey se arrugó. Decidió que mejor aparcar la decisión porque las consecuencias serían muy graves. Cada vez se pronunciaba más la palabra expulsión, y cada vez había más disensiones dentro del gobierno entre los partidarios de ella y los que apostaban por tener paciencia y seguir evangelizando hasta lograr la total integración.

No todo el alto *staff* eclesiástico estaba de acuerdo con la expulsión, porque los más listos sabían que una decisión tan drástica traería unas secuelas económicas que acabarían salpicando a todos. Pero Felipe II se murió, y con él se murió esa prudencia que le caracterizó en algunas cosas (solo algunas, porque en otras fue un soberano imprudente). Y al morirse Felipe II corrió el escalafón y llegó al trono su hijo, Felipe III, el más inepto de los felipes, aquel al que pusieron por mote El Piadoso, pero al que le cuadra mejor El Pazguato. Y conste que ya lo dijo su padre: «Dios, que me ha dado tantos reinos, me ha negado un hijo capaz de gobernarlos».

A Felipe III le siguió presionando el Consejo de Estado, metió más presión la Iglesia y alguna que otra orden religiosa dio también su empujoncito para que el rey se decidiera a dar la orden de expulsión. Pero el rey, ya saben, no daba un paso sin el permiso de su valido, el duque de Lerma, que más que su valido parecía su novia. Lerma decía que por aquí, y el rey por aquí. Que luego por allí, pues por allí. Con tal de no pensar, Felipe III hacía lo que le dijeran. Y mientras el duque no estuvo convencido de lo oportuno de expulsar a los moriscos, el rey no los expulsó. Pero en cuanto el valido cambió de idea, le dijo al rey, firma aquí. Y el rey firmó en septiembre de 1609 el primer bando que ordenaba la expulsión de todos los moriscos valencianos.

Comenzó a materializarse una de las mayores tragedias humanas, demográficas y económicas de este país.

La cifra puede parecer poca cosa ahora que somos casi cuarenta y siete millones de humanos en España, pero cuando un reino de poco más de siete millones de habitantes, que eran los que había entonces, se permite el lujo de expulsar a trescientos mil de sus ciudadanos en plena crisis demográfica (un país azotado por la peste, bajísima natalidad, muchos mozos guerreando fuera, superpoblación de curas y monjas, enorme emigración a las Indias...), una de dos, o el gobierno está para que lo encierren o el rey es tonto.

Y sí, el rey era tonto.

Las consecuencias fueron, tal y como predijeron algunos, muy graves. Por mencionar alguna, los campos se quedaron sin muchos brazos; cerraron infinidad de comercios; los nobles perdieron a los criados; la economía, en resumidas cuentas, se hundió, y España tardó un siglo en levantar cabeza.

Y una derivada curiosa que dio la cara en el siguiente reinado, en el de Felipe IV: se ordenó el cierre de las escuelas de los pueblos, porque si los niños pobres estudiaban no trabajaban el campo, y había que sustituir la mano de obra artesanal de los moriscos.

La España piadosa, a la vista está, se cubrió de gloria.

1611
Tráfico lento con paradas intermitentes

Si ahora sufrimos atascos es porque todos tenemos coche. Si únicamente los políticos, los nobles, los obispos y los jueces tuvieran autorización para circular, el tráfico mejoraría mucho. Sin duda. Pues esto mismo pensaron hace cuatro siglos, y por eso en febrero de 1611 el Consejo de Castilla, principal órgano político del reino, publicó una ley que prohibía circular en carruaje sin licencia. Pero ojo, que el permiso no era para conducir, sino para tener coche y poder subirse en él. Fue una hábil maniobra para impedir en todas las ciudades y villas del reino que cualquier don nadie tuviera vehículo y conseguir, de paso, que se acabaran los atascos que tanto molestaban a la nobleza.

El final del siglo XVI y el principio del XVII fueron cruciales para el transporte urbano, porque el caballero aparcó definitivamente el caballo y cuando se subió a un coche pasó a ser cortesano finolis. Lo malo es que no solo subían en coche los cortesanos, es que cualquiera enganchaba un mulo a un carro y se daba sus paseos en coche mezclado con los señoritingos. Se puso de moda pasear y lucirse en carruaje; y claro, los atascos que se organizaban eran monumentales, se levantaba muchísimo polvo y el ruido se hizo muy molesto.

También es cierto que hay que intentar imaginar cómo eran las ciudades hace cuatrocientos años, porque la mayoría de las calles no estaban preparadas para soportar el paso de carruajes.

Pongamos por caso Madrid, sede de la corte. Desde el Alcázar —que estaba donde está hoy el Palacio Real— pasando por la calle Mayor y bajando al Paseo del Prado se montaba un caos de coches alucinante. Porque el carruaje no solo era para ir de aquí para allá; era una forma de lucir palmito, y había que lucirlo donde te vieran, por eso todo el mundo paseaba por el mismo sitio. Así que tenemos que tanto coche y cualquiera con derecho a tenerlo condujo, según las autoridades monárquicas, que eran las que mandaban en el Consejo de Castilla, al desorden moral, a la ruina económica y a la confusión estamental. Había que poner orden para que el coche fuera monopolio de nobles. La plebe, a patita.

Lo de que subirse a un coche favoreciera el desorden moral pretendieron explicarlo los listos diciendo que su uso fomentaba la estulticia, el ocio y la vanidad, y como un buen cochazo también despertaba envidias, provocaba despilfarros para comprase un coche mejor que el del vecino. Es decir, un vulgar comerciante con pasta podría permitirse comprar un coche como el del señor marqués, pero no dejaba de ser un vendedor, y así no había forma de diferenciar a un noble de un plebeyo rico. Y también se daba el caso de que en el mismo atasco hubiera un carro andrajoso y, al lado, el carruaje del duque de Osuna. Eso era una mezcla intolerable, y la solución se encontró en la licencia para poder tener carruaje. Fueron los primeros permisos de circulación. No para conducir, porque por aquel entonces no hacía falta carné para manejar. Te subías, arreabas unos latigazos a la bestia y tirabas por donde te daba la gana, girabas donde querías y aparcabas donde te venía bien.

La licencia para el carruaje afectaba al vehículo, no al conductor, y empezó a ser necesaria autorización para tener coche y poder subirte en él; un coche, además, con determinadas características: tenían que estar tirados por cuatro caballos propios (nada de alquilarlos) y las personas que podían subir en esos carruajes, además del dueño, debían contar con autorización.

La obligación de los cuatro caballos, de entrada, lleva a deducir que solo empeoraría la circulación. Los carruajes serían más largos y ocuparían mucho más espacio... pues sí, pero si alguien tenía pasta para comprarse y mantener cuatro caballos, significaba que era de muy alta cuna.

Las distintas posibilidades en cuanto a medios de transporte para moverse en una gran ciudad en aquella época, principios del XVII, eran: a patita, a lomos de mula o caballo, en carro, en carreta, en litera (la litera era un asiento que iba sobre unos palos, con una mula por delante y otra mula por detrás) o en silla de mano (en este caso, eran hombres en vez de mulas los que llevaban la silla). Las literas y las sillas de mano fueron los primeros vehículos de alquiler de este país, los primeros taxis, con paradas fijas en determinados puntos de la ciudad. A este flujo de tráfico había que añadir un montón de aguadores con sus asnos, corriendo de acá para allá y atropellando gente; la carga y descarga de mercancías, la doble fila, la venta ambulante —que provocaba que cada uno parara donde le diera la gana para vender su género—, la velocidad indebida y los conductores borrachos. Todo esto junto, circulando cada uno a su bola, convirtió las ciudades en un caos.

La única norma de circulación era que los plebeyos tenían que ceder el paso a los más pudientes. Pero se cumplía poco. La plebe no cedía el paso a los nobles y mulas y caballos se daban de morros en los cruces. Por eso el Consejo de Castilla tomó medidas al comprobar que cualquier mindundi con un caballo podía atarlo a un coche y circular a su aire, como si fuera marqués. Cualquiera podía alquilar un coche y pasearse a sus anchas. Pues no, porque los señoritingos no tenían por qué aguantar atascos. Por eso se sacaron unas normas de la manga para señalar quién podía comprarse un coche y quién estaba autorizado a subirse en ellos. No bastaba ser rico; había que pertenecer a determinado grupo social, por eso la ley buscaba que el coche fuera monopolio de las élites. Un tabernero rico no era élite.

Los que obtuvieron licencia para tener coche fueron todos los aristócratas, ministros y asistentes de la Casa Real; obispos, cardenales y miembros de los tribunales de la Inquisición; fiscales, jueces, médicos de la cámara del rey y embajadores. El resto, a patita o a lomos de caballería. Ni siquiera se les permitía alquilar un carruaje. Por supuesto, los propietarios de coches no podían prestarlos a nadie bajo ningún concepto, ni podían venderlos sin permiso del propio Consejo de Castilla. Se trataba de que los coches solo estuvieran en manos de la élite.

Y tanto se ofuscaron a la hora de crear tan exclusiva norma, que a los dos meses hubo que modificarla porque se habían dejado fuera a las mujeres. Resulta que no habían especificado qué damas podían viajar en los coches, y aclararon que las esposas, madres, abuelas, hijas, suegras y nueras de los beneficiarios de la licencia estaban autorizadas a subir y desplazarse cuando lo desearan, pero todas debían ir con el rostro destapado para que fueran reconocibles. Nada de amiguitas ni sobrinas sospechosas. Nada de subir a mujeres que «públicamente fueren malas de su cuerpo y ganaren por ello». O sea, putas.

No hace falta explicar que, con el aconsejable disimulo, nobles, políticos y obispos no se privaban de enviar coches a recoger a sus amigas entrañables.

1616

St. George, Sant Jordi, San Jorge

Cada 23 de abril llegan puntualmente a Barcelona Sant Jordi y los libros. El supuesto santo y la fiesta cultural son inseparables, pero nada tiene que ver uno con los otros. Solo coincide que el día en que los católicos celebran a sant Jordi o san Jorge, un organismo civil, la Unesco, lo señalara también como la fiesta mundial del libro. Pero si hay que buscar un punto de unión entre el festejo literario y sant Jordi, lo tenemos: los dos tienen un pasado imperfecto. La fiesta parte de un error y el santo, de una fábula.

La Iglesia crio a uno y la Unesco creó a la otra, pero nada les une salvo la coincidencia del día. Por ejemplo, el 24 de marzo es el Día Mundial contra la Tuberculosis y también es santa Catalina, pero santa Catalina no fue tuberculosa de la misma manera que sant Jordi no leyó un libro en su vida. La Unesco y los santos son cosas distintas.

Aunque el asunto es más que conocido, conviene insistir en que situar el Día Mundial del Libro y los Derechos de Autor el 23 de abril fue un pequeño tropezón de la Unesco por fiarse de Víctor Hugo, que fue el primero en señalar la coincidencia de las muertes de Cervantes y Shakespeare el mismo día del mismo año. Y sí, los dos se largaron de este mundo en 1616, pero ya está demostrado que el día 23 Cervantes llevaba un día muerto y a Shakespeare le faltaban once para morirse. Victor Hugo no tuvo en cuenta la diferencia de calendarios español y británico. Y tras el autor francés llegó la Unesco y completó la terna con el inca Garcilaso, que también murió el 23 de abril de 1616... o el 22; o el 24... o el 26... tampoco está claro.

Aquí el único que de verdad se murió el 23 de abril fue sant Jordi, fecha indiscutible para quien se la quiera creer.

Ahora bien, mucho sant Jordi, mucha armadura, mucho caballero y mucho dragón, pero este personaje es un completo desconocido. ¿Quién era, qué hizo, de dónde ha salido? ¿Por qué iba por la vida matando indefensos dragones? ¿Por qué en la iconografía empezó como un vulgar mártir en taparrabos y acabó siendo un caballero con armadura rescatador de princesas? ¿Por qué se extendió tan rápido su culto? ¿Y por qué les gustó tanto sant Jordi a los reyes aragoneses para que lo nombraran patrón de la Corona?

Todo tiene respuesta.

Vámonos al siglo IV, cuando al emperador Diocleciano se le fue la cabeza matando cristianos que se negaban a renunciar a su fe. Uno de esos supuestos asesinados fue un oficial romano que atendía por Georgius. Hasta aquí nada extraordinario. Lo vistieron con un calzoncillito, lo torturaron, lo decapitaron, lo enterraron en una ciudad de Israel y se acabó. Ya tenemos un cristiano menos y un mártir más.

Queda claro que, hasta ahora, nada de princesas, dragones, ni caballeros armados. Los guionistas todavía no habían entrado en acción, pero están a punto.

A san Jorge se le declaró santo en el siglo V, como a otros cientos, pero ya está. Pasó a engrosar el santoral y nadie le hizo mayor caso, entre otras cosas, porque nadie sabía qué había hecho ni cuáles eran sus méritos. No tenía ninguna historia que respaldara su presunta santidad, hasta que llegó la primera cruzada, a finales del siglo XI, y un grupo de soldados que andaba por Tierra Santa aseguró haber encontrado la tumba de san Jorge. Esos cruzados volvieron a Europa (quizás con unas copas de más) y se emplearon en engrandecer historias sobre san Jorge que, convenientemente mezcladas con leyendas populares medievales, dieron como fruto el siguiente cuento: érase una vez un reino en el que había un lago muy grande donde vivía un dragón apestoso que tenía atemorizados a los lugareños. La única forma de apaciguarle era alimentarle con ovejas, pero el ganado se acabó y tuvieron que empezar a echarle humanos, que eran elegidos por sorteo ante notario. Hasta que un día le tocó a la hija del rey.

Ya se hace extrañamente demócrata que la hija del rey entrara en el sorteo para dar de comer al dragón, pero bueno, los cuentos son así.

El caso es que allá que te fue la princesa, como solomillo para el dragón. Y cuando el bicho estaba a punto de zampársela apareció un tipo muy guapo, montado en un caballo blanco, con brillante armadura y una lanza con la que redujo al dragón, pero sin matarlo. Le dijo entonces el caballero a la princesa que se quitara el cinturón, que atara al dragón como si fuera un caniche y que lo condujera hasta el pueblo.

Y de esa guisa llegaron ante los aterrorizados vecinos: san Jorge encima de un caballo y la princesa tirando de un dragón. El caballero tranquilizó a los habitantes: «No pasa nada, no tengáis miedo. Dios me ha traído hasta aquí para libraros de este monstruo. Creed en Cristo, y en cuanto estéis todos bautizados, me lo cargo».

Por supuesto, todos se bautizaron, el tipo mató al dragón, a la chica la dejó plantada y colorín colorado. Si se hubieran negado, el caballero habría soltado al dragón para que se los merendara. Leyendo entre líneas, san Jorge era un pedazo de chantajista, pero así, a lo tonto, pasó de ser un santo normal y corriente a caballero andante porque los cruzados, los soldados cristianos, lo convirtieron en uno de los suyos.

El asunto podría haberse quedado en uno de los muchos cuentos medievales cristianos que corrían por Centroeuropa, si no llega a irrumpir en esta historia el guionista jefe, un obispo de Génova llamado Jacobo de la Vorágine, que escribió un libro llamado *La leyenda áurea* o *La leyenda dorada*. Esta obra era una recopilación de vidas de santos y el patriarca añadió la citada leyenda, muy bien adornadita, a la biografía de san Jorge. La historia se convirtió en una de las peripecias más entretenidas del libro, y a partir de aquí se empezó a tratar a san Jorge de usted.

El libro fue un exitazo de ventas, cosa que tiene mucho mérito porque estamos hablando del siglo XIII. O sea, que no existía la imprenta. Todos los ejemplares tuvieron que copiarse a mano y *La leyenda áurea* pasó a ser uno de los libros más reproducidos de la Edad Media.

Copiado y mejorado, porque todo el mundo estaba fascinado por la estética de san Jorge. Es decir, la iconografía de todos los santos es muy aburrida y repetitiva; casi siempre vestidos con una túnica, con un hábito, en calzones... pero san Jorge no. Él iba a caballo, con armadura, con lanza, cargándose a un dragón de color verde que echaba fuego por la boca. Era la imagen perfecta para que, a partir de la historia que escribió el obispo, todos los artistas se recrearan reproduciéndola. Pintores, escultores, miniaturistas, iluminadores de libros... todos fascinados y centrados en san Jorge, que era santo, era guerrero y era guapo. No había colega que le tosiera. Era el míster del santoral.

Esta es la mayor relación que se puede encontrar de sant Jordi con los libros, al margen de que la celebración actual sea una mera coincidencia. San Jorge saltó a la fama gracias a un libro que, a su vez, disfrutó de mucha difusión gracias a la historia de san Jorge.

Hay que tener en cuenta, además, un asunto que también tiene que ver con libros, con los llamados «Libros de Horas», que eran los libros con los que se rezaba, los que usaban los nobles y los clérigos como guía de oración. Eran libros exclusivos, ediciones de lujo, porque al no haber imprenta había que encargar personalmente que te lo hicieran. Y no eran solo para rezar; eran puro entretenimiento porque en ellos los artistas echaban el resto dibujando martirios y hazañas de unos y otros. Una especie de cómic, con santos cosidos a flechazos, otro en una parrilla, una santa en una rueda cabeza abajo, otro con un hacha en la cabeza y san Jorge con su dragón. Así fue como el santo caballero adquirió mucha fama, la devoción popular se disparó y a partir del siglo XIV pasó a ser patrón de ciudades y naciones.

Los primeros que se lo pidieron fueron los ingleses. George fue declarado patrón de Inglaterra por el rey Eduardo III, y a partir de ahí los reyes aragoneses empezaron a fijarse en él. Les gustó la pose guerrera de George, porque se trata de una época en la que estaban pegándose contra los musulmanes, y siempre viene bien un santo que en vez de estar mano sobre mano rezando baje a echar un cable con caballo y espada. Al más puro estilo de Santiago Matamoros.

De la misma manera que unos decían que se les apareció Santiago por el norte, a los aragoneses se les aparecía san Jorge por el Levante cuando se pegaban contra el musulmán, y por el centro cuando estaban a tortas con los castellanos. Era el santo perfecto para la guerra. Y así fue como el rey Martín I declaró a san Jorge «patrón e intercesor de la casa de Aragón» a mediados del XV, un siglo después de que lo hicieran los ingleses.

Conste, pues, que si no hubiera sido por un libro, san Jorge habría sido un santo del montón, los reyes aragoneses no se habrían fijado en él y el Día Mundial del Libro sería para san Adalberto de Praga, un obispo mártir y soso que también tiene su festividad el 23 de abril, pero ni montaba a caballo ni se pegaba con dragones.

1622
Canonizaciones a cascoporro

Si echamos mano de la historia del santoral, hay que pararse sin remedio en el 12 de marzo de 1622, cuando se celebró la canonización múltiple de cuatro primeras figuras: Teresa de Jesús, Ignacio de Loyola, Francisco Javier e Isidro, el labrador. ¿Por qué los cuatro juntos y los cuatro españoles? Porque la maquinaria política que Felipe II había puesto en marcha setenta años antes por fin funcionó. Aquel fue el gran triunfo del *lobby* español en el Vaticano. El fruto de una ardua labor política.

Lo mismo alguien piensa que esto de los *lobbies* es de ahora. Los grupos de presión en las instituciones para arrimar el ascua a la sardina de tal o cual interés existen desde siempre, aunque lo de *lobby* suene a invento reciente.

Este anglicismo significa vestíbulo, y el primer vestíbulo famoso fue el que había, el que todavía hay, antes de entrar a la Cámara de los Comunes británica. En ese *lobby* era donde los grupos de presión hacían su trabajo con los políticos para conseguir que salieran o no salieran adelante determinadas decisiones en el siglo XVII.

Pero antes de que los británicos nos regalaran la palabreja, Felipe II ya sabía cómo colocar un grupo de presión en Roma. Es que el pobre, tan entregado al catolicismo, no conseguía encajar un santo español de peso en el santoral, y los santos por aquel entonces eran instrumentos políticos y económicos. Lo siguen siendo. Felipe II estaba bastante mosca porque no entendía cómo era posible que ningún español entrara en el santoral si España propagaba la religión en el viejo y en el nuevo mundo a sangre y fuego.

Su empeño en que se reconocieran santos del país no era solo por una cuestión de fe; era política pura y dura. Para las monarquías católicas de aquel siglo XVI, los santos nacionales eran una especie de salvoconducto para ir ganando peso político en los Estados Pontificios. Los papas eran gobernantes con mucho poder, con ejércitos, con dinero. Convenía arrimarse a ellos, y conseguir que te reconocieran santos de tu país te ponía en primera línea de relaciones para tener su apoyo en otros asuntos.

Así que resultaba muy extraño que no hubiera santos españoles importantes con aquella monarquía católica tan fundamentalista y con todos los méritos que había hecho y seguía haciendo la diabólica Inquisición. Todos los santos de peso eran extranjeros, y el único español que había en el santoral, santo Domingo de Guzmán, había muerto fuera y la canonización había sido promovida por otros países. El fundador de los dominicos había nacido en España (en Caleruega, Burgos), pero eso no contaba porque murió en Bolonia y el triunfo del culto se lo llevaban otros.

A Felipe II se le acabó la paciencia y dijo eso de «hasta aquí hemos llegado. Soy el más católico del mundo, evangelizo con más arte que nadie en América, tengo un brazo armado en la Inquisición que funciona como dios, pero no coloco ni un santo español en el calendario». Y creó un grupo de presión, un *lobby*, que poco a poco fue introduciéndose en la congregación que decidía sobre la causa de los santos. Y el *lobby* trabajó mucho y bien. Fueron años de esfuerzo, poquito a poco. Primero se volcaron las energías en conseguir que Diego de Alcalá fuera santo, y se logró. Fue el primer triunfo del *lobby*.

Diego de Alcalá era uno de los santos favoritos de reyes y príncipes porque cada dos por tres le estaban pidiendo que les curara algo. Juana la Beltraneja, que fue a verle con una faringitis; su padre, Enrique IV, que le pidió que le arreglara un brazo; o el hijo de Felipe II, el príncipe Carlos, que se dio un golpe en la cabeza que lo dejó fatal y se empeñó en que el fraile Diego lo salvó. Se puso pesadísimo... «papá, que lo canonicen, que mira qué bien me ha dejado». ¿Bien? Pues ni siquiera medio bien, porque este muchacho acabó fatal de la cabeza y Felipe II no tuvo otro remedio que encerrarlo. San Diego de Alcalá tampoco curó a Franco (menos mal), porque le metieron una reliquia del santo en la cama del hospital La Paz. San Diego, en definitiva, no curó a nadie, pero fue el primer empeño del *lobby*.

San Diego fue finalmente canonizado en 1588, un éxito de aquella política de presión, pero a Felipe II le supo a poco un solo santo. Una pena, pero el rey se murió sin llevarse otro a la nómina, aunque este primer logro fue el que abrió la espita de las canonizaciones.

En el siglo XVII, el tercero y el cuarto de los felipes continuaron con esa labor política, y los grupos de presión avanzaban cada vez más organizados y apretando cada vez más. Se pidió la canonización de Teresa de Jesús, y nada. La de los jesuitas Ignacio de Loyola, Francisco de Borja y Francisco Javier, y tampoco. Hasta que Felipe IV se empeñó en que subieran a los altares a Isidro Labrador, y van y se lo aceptan. Un poco rarito que se saltaran todas las demás peticiones y atendieran la de un personaje más antiguo que la tos y que ni siquiera estaba ligado a una orden religiosa.

A primera vista, san Isidro parece un santo muy local, muy verbenero y de poco peso comparado con los otros que seguían en el cajón. No tenía sentido semejante decisión.

Pero en estas que se muere el papa que había ordenado la canonización de Isidro y llega al trono pontificio Gregorio XV con sus maneras jesuitas. Se sintió en la obligación de canonizar al tal Isidro porque lo había prometido su colega antecesor, pero no acababa de ver los méritos del aspirante ni mucho menos su predicamento en el mundo católico. Lo conocían en Madrid y sanseacabó.

Y entonces el *lobby* español le sugiere al papa Gregorio que saque del cajón a tres de los suyos, jesuitas, y a la chica, a Teresa, que le caía bien. Todos ellos ligados, además, a órdenes religiosas de muy amplia presencia en Europa, lo cual también servía a los intereses políticos de los Estados Pontificios.

Así fue como, casi por sorpresa, Gregorio XV ordenó un paquete de canonizaciones en el que fueron Ignacio, Francisco Javier, Teresa e Isidro. El 12 de marzo de 1622 por fin los *lobbies* cantaron bingo. Cuatro de golpe cuando se tiraron años sin poder encajar a ninguno. A partir de ahí, una hemorragia de santos.

El siglo XVII se conoció como el de las canonizaciones españolas. De 26 nuevos santos, 15 fueron españoles, y también se colocó a 22 beatos. La maquinaria política que se había puesto en marcha un siglo antes por fin funcionaba a todo meter. Eso sí, en políticas de igualdad cuando se trataba de doctorarse, estaban y están flojos.

Doctores tiene la iglesia, se dice. Pues sí, 31 doctores y cuatro doctoras, la primera de ellas santa Teresa, con la que, por cierto, también hubo bronca política en España.

El *lobby* que la defendía a ella como patrona de España, enfrentado al *lobby* que defendía a Santiago como único patrón. Fue una guerra de sexos, con las Cortes por en medio y hasta con reyes firmando decretos.

La primera intentona se hizo cuando Teresa solo era beata, en 1617. Las Cortes aprobaron declararla patrona, pero los defensores de Santiago Matamoros se pusieron de los nervios y lo rechazaron de plano: la propuesta era una competencia desleal e indeseable para el patrón de toda la vida de dios. Las Cortes de 1627, cuando ya era santa, volvieron a proclamarla, y otra vez irrumpieron como fieras los partidarios de Santiago. Lo del amor a la prójima santa Teresa no iba con ellos.

El *lobby* de Santiago funcionó en Roma. El papa Urbano VIII emitió un Breve y se acabó la discusión: el único patrón de las Españas era Santiago. Las Cortes de 1812 volvieron a proclamarla, pero como luego vino el mastuerzo de Fernando VII y las dejó en agua de borrajas, pues a la porra otra vez la decisión. La chica perdió, y eso que Teresa es doctora y Santiago no; que Teresa existió y Santiago, vaya usted a saber; que el trabajo y la obra de Teresa está ahí, documentado, y la figura de Santiago en España es pura ficción.

Y si volvemos al siglo XXI, esto de los *lobbies* sigue funcionando en Roma, y a su vez la Iglesia tiene también los suyos, por ejemplo, en la Unión Europea, presionando cada vez que se tratan asuntos que tienen que ver con la educación, defendiendo a mordiscos que la religión siga ocupando un lugar prominente para que el negocio no decaiga.

Precisamente para controlar los grupos de presión, la Unión Europea creó un registro voluntario y un código de conducta, y puesto que la Conferencia Episcopal está considerada un *lobby* se les ha sugerido en más de una ocasión que se apunten a esa lista. Pero ellos dicen que no; que qué horror, que ellos no son esa cosa.

Aquel *lobby*, aquella maquinaria que puso en marcha Felipe II en el siglo XVI para conseguir santos, ha seguido funcionando a lo largo de los siguientes siglos y sigue funcionando en el XXI. Solo hay que hurgar en la hemeroteca y comprobar las beatificaciones masivas que el Vaticano ha regalado a España.

Con Pablo VI no funcionaron, cuando presionaban para que beatificara a los llamados mártires de la guerra civil. Frenó todos los procesos en marcha porque dijo que eso no eran maneras de reconciliar. Pero con Juan Pablo II y Benedicto XVI la máquina se puso otra vez en marcha, por eso se aprobaban beatificaciones en paquetes de cientos. En pocos años se declararon mil y pico beatos; 522 en 2013 en Tarragona, otros 498 de una tacada en 2007 en Roma…

Y hay que ver la celeridad con la que se movilizaron para que Juan Pablo II fuera canonizado en 2014 a la vez que Juan XXIII. Dos papas que si se levantaran de la tumba y se encontraran frente a frente se liarían a tortas.

1628
Del Vasa a Ikea

10 de agosto de 1628. Domingo, tres de la tarde. Puerto de Estocolmo. Una suave brisa del sur acompaña a los miles de curiosos, a toda la corte y a todos los diplomáticos extranjeros que se han acercado a presenciar la botadura del barco más espectacular de la Armada sueca. Su buque insignia, el *Vasa.* Tenía 69 metros de eslora, 64 cañones de bronce, 30 metros de palo mayor y 700 figuras de adorno, porque, además era un barco muy coqueto. Una cosa es ir a la guerra y otra ir sin arreglar.

La nave se desplaza majestuosamente durante 1.500 metros entre un estruendo de cañonazos que celebran el bautizo, y de repente viene una ráfaga de viento fuerte, y el *Vasa* que se escora... que se escora... que se escora... que a tomar vientos el *Vasa*.

Eso fue lo que duró vivo el *Vasa*, kilómetro y medio. Se hundió en la bahía de Estocolmo ante el pasmo de toda la concurrencia y para desgracia de los que iban a bordo, porque como era un viaje festivo aquel de la botadura, varios familiares de los marineros subieron para disfrutarlo desde la cubierta. Murieron unas treinta personas, entre ellas varias mujeres y niños. Así, de la manera más tonta, y ahí mismo, ante los ojos de todo el mundo.

El *Vasa* estuvo tres siglos y pico bajo el agua y lo reflotaron hace nada, en pleno siglo XX, en 1961, después de cinco años de trabajos meticulosos, cuidadosísimos, perfectamente calculados para sacarlo a la superficie. Cuando por fin se dejó ver, nadie había alcanzado a imaginar lo que de verdad era aquella joya. Alguien lo bautizó como el *Titanic* del siglo XVII, y encima es el único barco de ese siglo que se conserva en todo el mundo, por eso ha merecido el honor de que le hagan un museo solo para él. El único museo del mundo dedicado a un solo barco.

Pero antes de seguir en el agua, una pequeña incursión en alta montaña para conocer a la primera dinastía sueca que dio nombre al barco: Vasa.

Esquiar ahora es deporte, ocio, competición, entretenimiento, pero antes no; antes, esquiar era pura necesidad, era una lucha humana contra la nieve y el hielo. Esto de ponerse unas tablas en los pies para avanzar sobre la nieve viene de hace cinco o seis mil años como poco, pero solo hay que irse cinco siglos atrás para saber cómo un hecho histórico puede dar lugar, de la manera más tonta, a una de las pruebas de esquí más espectaculares que aún hoy se celebran: dieciséis mil esquiadores, todos juntos, a la vez, en mogollón, intentando recorrer 90 kilómetros.

De la misma manera que la carrera de Maratón recuerda la paliza que se dio corriendo un griego, esta carrera de esquí de fondo de 90 kilómetros que se celebra en Suecia cada primer domingo de marzo recuerda la paliza que se dieron dos suecos en 1520, hace cinco siglos. Esta carrera se llama Vasaloppet, que se traduce como la carrera de Vasa. Esta es la historia:

Allá por el siglo XIV se formó un gran reino nórdico en el que se unieron Suecia, Noruega y Dinamarca. Todos juntos pasaron a llamarse Unión de Kalmar, hasta que ocurrió lo de siempre, que uno se puso en plan marimandón y los otros se mosquearon. Los daneses fueron los que agarraron la sartén por el mango.

Por tierras de lo que ahora es Suecia había un jovenzuelo un tanto revoltoso que se llamaba Gustavo. Gustavo Eriksson, hijo de Erik, de la familia de los Vasa. Gustavo estaba dispuesto a luchar para sacudirse a los daneses y recuperar la Suecia independiente, pero solo no podía. Intentó que los suecos de una región que se llama Dalecarlia le echaran un cable, pero los dalecarlianos se hicieron los remolones, no tenían cuerpo de bronca y le dijeron, mira Gustavo... que no... que te dejes de líos, que los daneses son muy brutos.

Gustavo se quedó solo ante el peligro y, dada su fama de revolucionario, los daneses se fueron a por él. No le quedó otra que hacer el petate y salir por pies. Pero los suecos de Dalecarlia se arrepintieron de haber sido tan cobardes, y decidieron darle alcance para decirle que sí, que se unían a él para pegarse con los daneses. Demasiado tarde. A ver quién era el listo que lo pillaba porque hacía días que se había ido hacia el norte.

Buscaron a dos leñadores, acostumbrados a ir con tablas sobre la nieve, y les encargaron que pusieran todo su esfuerzo en alcanzarlo. Y lo hicieron. Esa fue la primera carrera de esquí de fondo documentada. Después de recorrer 90 kilómetros sobre los esquíes como posesos, alcanzaron a Gustavo en un pueblo llamado Salem. Regresó con ellos, se montó la bronca, fueron a la guerra y dos años después nacía la Suecia independiente con Gustavo como su primer rey.

Ese fue Gustavo I de Suecia, el tipo que inauguró la dinastía de los Vasa, y por eso Suecia conmemora cada año el carrerón con esquíes que se dieron los dos leñadores para alcanzar al que acabaría siendo su rey. De ahí que la carrera tenga 90 kilómetros y de ahí que parta del mismo lugar donde encontraron a Gustavo, en Salem, y termine en el mismo sitio de donde salieron los dos primeros fondistas, en Mora.

Volvemos al agua.

Ya se entiende mejor por qué el barco más espectacular que había construido la Armada sueca llevaba el nombre de Vasa, aunque la carrera de este galeón fuera una birria. El barco les quedó muy mono, pero calcularon mal, muy mal, fatal.

Y todo por hacer caso al rey de turno, que quería burro grande, ande o no ande. Se empeñó en tener un barco espectacular y monísimo para amilanar a los polacos con sus 64 cañones (por aquel entonces Suecia estaba en guerra con Polonia). Los suecos hicieron un barco tan armado, tan grande, tan desproporcionado, de 69 metros de eslora, que con la primera racha de viento imprevista se escoró. Como las troneras iban abiertas, con los cañones asomando para que el

Vasa se luciera en todo su esplendor durante la botadura, el agua entró y aquello empezó a desequilibrarse.

Mientras el barco se hundía, los suecos querían que la tierra los tragara. Los polacos, mientras, revolcados de la risa.

Se abrió una investigación para ver qué había pasado, pero igual que la abrieron, la cerraron, porque si había que buscar un culpable ese era el rey, que se empeñó en tener un barco muy vacilón, vehículo de propaganda, exageradamente adornado y con una artillería demasiado pesada. Intentaron echarle la culpa del hundimiento al marinero que estaba a cargo de las velas porque dijeron que estaba bebido. Sí hombre. Resulta que el mayor buque de la Armada sueca se va a pique en minuto y medio y la culpa es de un marinero borracho...

Cuando a los suecos se les pasó el disgusto y a los polacos se les cortó la risa, decidieron que había que intentar rescatar el *Vasa*, porque estaba hundido ahí mismo, en la bahía de Estocolmo. Si hasta asomaba el mástil en oblicuo...

Ese barco había costado una pasta en su momento y había que intentar recuperarlo. Lo intentaron enderezar, pero en cuanto lo pusieron derecho, se hundió aún más en el fondo. Nada, imposible. Tuvieron que conformarse con salvar los cañones.

Los suecos no se olvidaron de su buque insignia, y aunque siguieron intentando recuperarlo en las décadas siguientes, no daban con la tecla para conseguirlo. El barco fue desapareciendo en el fondo y tres siglos después todo el mundo dio por hecho que estaría perdido para siempre porque se lo habrían papeado esos moluscos llamados *Teredo navalis* que se alimentan sobre todo de madera.

Hasta que, a mediados del siglo XX un tipo muy listo llamado Anders Franzén se fijó en que las condiciones salinas de las aguas del Báltico protegen la madera del ataque de los moluscos devoradores, lo que le hizo sospechar que el *Vasa* podría seguir ahí abajo. Lo mismo habría que buscarlo.

Y lo buscaron. Y lo encontraron.

No estaba intacto, pero tampoco podrido del todo. Las bacterias se estaban poniendo ciegas, cierto; el óxido de los ocho mil tornillos de hierro y las ochocientas cincuenta balas de cañón tampoco ayudaba; la madera había estado chupando agua más de trescientos años; los 650 metros cuadrados de velas de lino seguían ahí, pero en plan mírame y no me toques. En cuanto sacaran todo eso a la superficie el contacto con el aire podría dar el tiro de gracia al *Vasa*.

Rescatar un auténtico barco del siglo XVII, el único del mundo que se podría enseñar, tenía pinta de convertirse en un trabajo de chinos. Pero acabó siendo un trabajo de suecos, y la superación de los retos, uno a uno, ha convertido al *Vasa* en el buque insignia (ahora sí) de la arqueología submarina y marítima mundial.

Tras localizar el pecio y comprobar su excelente conservación, comenzaron los trabajos para recuperar el navío. Lo primero fue hacer seis túneles por debajo del barco, después pasar unos cables y elevarlo un poquito, pero sin sacarlo del agua. Las reparaciones del casco se hicieron abajo durante años; desmontando para volver a montar, separando las setecientas figuras de adorno del casco y la cubierta para volverlas a acoplar luego, limpiando óxido, recuperando 4 kilómetros de cuerda, 650 metros cuadrados de velas, sacando los cuarenta mil objetos que aún escondía en sus tripas... Y cuando todo estuvo listo, a las nueve de la mañana del 24 de abril de 1961, trescientos treinta y tres años después de haberse hundido en la bahía de Estocolmo, emergía el *Vasa* ante miles de personas boquiabiertas y con los ojos como platos.

Solo se oyó.... Ualaaaaaaaa...

Aún quedaba lo peor, porque la madera del *Vasa* había estado chupando agua, empapándose durante tres siglos. En cuanto el líquido se fuera evaporando al contacto con el aire, la madera empezaría a encogerse y agrietarse. Lo que hicieron fue inyectar una cera sintética que muy poquito a poco fue sustituyendo al agua. Y tan poquito a poco, porque el proceso de secado duró casi dieciocho años.

Y después de tanto esfuerzo, de tanta lucha y de tanto éxito, estaba claro que el *Vasa* se merecía su propio museo. Y allí está, en Estocolmo. El único museo del mundo para un solo barco, porque ese barco es el único de su especie y de su época que se conserva.

Un triunfo sin parangón de la arqueología subacuática, porque los suecos tienen el mismo arte para montarte un barco del siglo XVII, como para venderte un armario desmontado y allá te las apañes con una llave allen.

Está claro por qué fueron precisamente los suecos los que inventaron Ikea.

1640
La dinastía fina filipina

1 de diciembre de 1640. Un grupo de portugueses cabreados, muy cabreados, irrumpe en el Palacio Real de Lisboa. Miguel de Vasconcelos, secretario de Estado, el mandamás, la personificación del poder real español en Portugal, corre a esconderse en un armario. Pero le pillan. Le tienen ganas porque es un traidor. Porque Vasconcelos, siendo portugués, está al servicio del Austria Felipe IV, apoyando y consintiendo sus desmanes; porque portugueses y españoles son súbditos del mismo rey, pero unos son más súbditos que otros; y porque están hartos de tener un rey español. Por eso agarraron a Vasconcelos y lo defenestraron. Literalmente. O sea, que lo tiraron por la ventana.

El alto cargo quedó despanzurrado contra la Plaza del Mercado de Lisboa, y ese mismo día los portugueses enviaron a tomar vientos a Felipe IV de España y proclamaron a Juan IV de Portugal. Comenzaba la guerra de Restauración Portuguesa. La guerra de separación de España.

Y tenían razón con su cabreo. Ya estaba bien de tanto maltratarlos que es que los españoles no parábamos de invadir a los vecinos de península. Portugal y España, tan cerca y tan lejos, tan juntitos y tan embroncados.

Demasiadas veces les hemos metido el dedo en el ojo, y cuando no los estábamos invadiendo, estábamos pensando en cómo hacerlo. Hasta en pleno siglo XX se le pasó por la cabeza al tirano de Francisco Franco volver a invadir Portugal; en dos ocasiones y por distintas razones, pero dos veces estudió cómo hacerlo.

España siempre miraba a Portugal por encima del hombro, como perdonándole la vida; como diciendo, mira a esos muertos de hambre de ahí, arrinconados contra el océano. Y Portugal respondía a la soberbia española con el desprecio, porque sabían que cada vez que nos arrimábamos no les llevábamos nada bueno. «*De Espanha, ni bom vento, ni bom casamento*», decían.

Pero España y Portugal estaban, no condenados, sino obligados a entenderse, porque han pasado las mismas miserias, los mismos atropellos, y han sufrido en paralelo dictaduras de distintos canallas de igual pelaje. Y ese inevitable entendimiento se demostró, por fin, en 1986, cuando los dos países entraron, de la mano y a la vez, en la Unión Europea.

Los españoles empezaron entonces a descubrir Portugal. Un país bello con unas gentes que sonríen mucho. Siempre dispuestas a esforzarse hablándonos en castellano, mientras a muchos españoles les cuesta hasta decir «*muito obrigado*».

Probablemente el mapa del país más fácil de dibujar sea el de Portugal. Basta tirar una raya horizontal por arriba, a la izquierda de la península ibérica, dejando un poco de espacio por arriba para que vivan los gallegos, y luego doblar el lápiz y bajar de un tirón. Y ya tenemos Portugal. 1.234 kilómetros de frontera. Esa es La Raya, que así se ha llamado de siempre. La Raya. Y esa Raya apenas se ha movido desde hace ochocientos setenta y cinco años. Solo un poquito para allá u otro poquito para acá, dependiendo de las broncas en que nos metiéramos.

No hace falta retroceder mucho con esta historia. Solo hasta 1580, cuando Felipe II invadió Portugal y se proclamó rey porque a él le gustaba ser el perejil de todas las salsas y meter cuchara en los reinos ajenos. Fue rey de Inglaterra un rato (véase 1554) y otro rato rey de Portugal. ¿Por qué invadió a los vecinos? Pues porque era un ansioso y supo aprovechar un contratiempo portugués.

Resulta que a Portugal se le murió el rey Sebastián sin dejar descendencia, así que se instaló en el trono un tío abuelo del soberano muerto, el tío Enrique, que como era cardenal decidió colgar la sotana para poder fornicar oficialmente y conseguir un heredero.

Felipe II ya estaba ojo avizor para ampliar su monarquía hispánica, y le pidió al papa Gregorio XIII que no le permitiera al tío Enrique que abandonara el oficio de cardenal. Que reinara, vale, pero nada de casarse, nada de herederos. De extranjis, los que quisiera; pero oficiales, ni uno. Y Gregorio XIII, que era un vendido a los Austrias, no dispensó de los votos al rey de Portugal, de ahí que a Enrique I le pusieran El Casto.

Cuando el tío Enrique se murió, un Consejo de Regencia se sentó a decidir el sucesor al trono de Portugal, y entre los que se postulaba estaba Felipe II porque era pariente lejano del rey fallecido. ¡Cómo no iba a serlo... si en las familias reales de la vieja Europa solo se casaban entre ellos! Todos estaban emparentados de una u otra forma, y el lío de relaciones endogámicas le hizo creerse a Felipe II con derecho a ser proclamado rey de Portugal.

Pero en estas que apareció otro pariente lejano, Antonio se llamaba, bastardo de un rey, y dijo él, pues yo también sirvo para reinar. «De eso nada —respondió Felipe II—. Y se acabó la discusión; ni regencia ni bastardos ni leches; ya me quedo yo con Portugal». Invadió y se la quedó. Esa era su ambición, la unión peninsular, que toda la Ibérica fuera española.

Así fue como Felipe II pasó a ser rey de España y Portugal, y comenzó la conocida como dinastía filipina. La de Felipe II, Felipe III y Felipe IV. Que en Portugal fueron Felipe I, Felipe II y Felipe III, porque allí las cuentas eran otras. Al principio Felipe II se esforzó en integrarse y en caer bien a la plebe. Se empadronó tres años en Lisboa, aprendió costumbres, se aficionó al bacalao... Y así fluyó la cosa, con los problemillas normales que acarrea invadir a alguien. Calma tensa.

A Felipe II lo sucedió su hijo Felipe III, que ni reinaba ni curraba ni se preocupaba de nada. Rezar nueve rosarios al día, cazar, jugar a los dados, bailar... esos eran todos sus desvelos. Dejó todo el poder en manos del chori de su valido, el duque de Lerma, y las relaciones con Portugal se fueron complicando. Sobre todo porque cada vez que la monarquía hispánica llegaba a algún acuerdo con alguna nación, los intereses portugueses no se tenían en cuenta. Por poner un caso, si España firmaba la paz con Holanda, no incluía en esos acuerdos que los holandeses dejasen en paz las colonias portuguesas en Asia.

Y las cosas siguieron complicándose con Felipe IV (III de Portugal), mucho más preocupado de coleccionar novias y de ir desperdigando por el mundo medio centenar de hijos bastardos que de gestionar aquel imperio español que se iba al garete por momentos.

También Felipe IV dejó el mando a su valido, el nefasto conde duque de Olivares, un prenda que cada vez que abría la boca subía el pan, porque en cuanto te descuidabas, te colaba un nuevo impuesto. Fue un corrupto, un ambicioso sin límites, arbitrario en sus decisiones, desconfiado... y como no tenía que rendir cuentas a nadie, no reparaba en gastos.

El conde duque se empeñó en 1626 en aquello que llamó la Unión de Armas, la creación de un gran ejército nacional español compuesto por todos y financiado por todos. Lo que se ordenó es que cada reino, cada estado y cada señorío de la corona española estuviera obligado a colaborar en cada guerra en la que se metiera el rey. Es decir, Olivares aplicó una política de centralización saltándose convenios, pisoteando fueros, pasando de privilegios acordados con los distintos territorios de esta España nuestra, y eso no gustó en Aragón, ni en Navarra, ni, por supuesto, en Portugal.

Porque se preguntaban los portugueses, y con razón, qué necesidad tenían ellos de discutir con los extranjeros cada vez que el rey de España se metía en una guerra, si encima, cuando tocaba repartir, a ellos no les tocaba nada. Se trataba de un momento en el que España andaba involucrada en Europa en la Guerra de los Treinta Años, y a Portugal se le exigió que aportara dieciséis mil hombres para la Unión de Armas. Lo hicieron; de mala gana, pero lo hicieron.

Felipe IV siguió apretando las tuercas en Portugal por decisión de su favorito, el de Olivares, y en 1632 se exigió un impuesto extraordinario que consistía en que los oficiales de justicia tributaran la mitad de su salario anual. Y si esto ya les tenía mosqueados, dos años después llegó otro impuesto al trigo en una época de penuria. Ahí se les inflaron las narices y empezaron a revolucionarse por Évora, la segunda ciudad más importante después de Lisboa. Aquello se extendió, luego más o menos se calmó, y al final la crisis se cerró. Pero se cerró en falso.

El mosqueo siguió ahí, cociéndose, hasta que se produjo el dramático momento que abría esta historia: cuando salió por la ventana del Palacio Real de Lisboa el tal Miguel de Vasconcelos. Y ocurrió porque, a mediados de 1640, se lio una buena en Cataluña contra una de las decisiones del conde duque de Olivares, y para aplastar la bronca, el rey Felipe IV ordenó a los portugueses que echaran un cable. De eso nada, dijeron en Portugal, «tus líos con los catalanes son tuyos y a nosotros nos dejas en paz. Ya vale de meternos en querellas que no son nuestras». Así fue como un grupo de nobles portugueses entró en el palacio, y como Vasconcelos era el hombre del rey en Portugal, lo defenestraron.

Aquel mismo día, y casi a la vez que moría Vasconcelos, los portugueses proclamaron a Juan IV, de la dinastía de los Braganza, nuevo rey de Portugal. Una rebelión más, pensó Felipe IV, pero como tenía muchos frentes abiertos, al de Portugal le hizo el caso justo.

La guerra se alargó durante los siguientes veintiocho años, y Felipe IV no daba abasto. Tenía una gorda liada en Cataluña, una bronca con los holandeses por allí, otra con Francia por allá... Las que sufrieron mucho, muchísimo, fueron las poblaciones a uno y otro lado de los mil y pico kilómetros de frontera, porque a lo largo de La Raya estaba lo peor de la guerra. Ataques, contraataques, despoblación, saqueos... los portugueses ya no estaban dispuestos a parar hasta que España reconociera la independencia que no les deberían haber arrebatado ochenta y ocho años atrás.

Portugal ganó aquella guerra de separación de España, se acabó la fugaz dinastía poco fina filipina y llegó sin tardanza la de Braganza.

Una dinastía que se asentó hasta 1910, cuando los portugueses decidieron que ya era hora de dar paso a la República. Aunque luego también les llegó su dictador, al que supieron echar con un ejército democrático y un pueblo en la calle.

Mientras, aquí, en esta monarquía hispánica, cambiábamos de dinastía, echábamos a los reyes, que se iban forrados, luego volvían, se forraban más, ninguna de las dos repúblicas cuajó, el dictador se murió en su cama, y cuando un grupo de militares jóvenes, demócratas y valientes, inspirados en la Revolución de los Claveles de 1974, fundaron la Unión Militar Democrática (UMD) creyendo que España también podría conseguirlo, resultó que no. Que solo se jugaron el cuello, que dieron con sus huesos en la cárcel y todavía nadie les ha dado las gracias como se merecen por haberlo intentado.

Sí, casi siempre lo han hecho mejor que nosotros.

Portugal es un gran país.

1702

Mardito parné...

Las palabras «monte de piedad» y «montepío» las tenemos incorporadas a nuestro lenguaje cotidiano desde hace tantos siglos que no hace falta pararse a pensar en su significado... pero conviene hacerlo para no perderse unas cuantas curiosidades alrededor de la etimología y la historia de esas palabras.

Cuando las cosas llevan ahí tanto tiempo ni nos paramos a pensar por qué son como son, pero en cuanto te paras, resulta que tienen su gracia. La palabra monte, en este caso, no tiene que ver con una elevación natural del terreno, que es lo que dice el diccionario. Tiene que ver con amontonamiento, con cúmulo, con colecta... porque ese es el sentido que le dio el tipo que se inventó en la Italia del siglo XV esto del *mons pietatis*. Se llamaba Bernardino de Feltre y era un monje italiano de la orden de los mínimos. Mínimos, no por bajitos, sino porque les gustaba sentirse pequeñitos. Los mínimos eran tan, tan humildes, que se sentían los más pequeños de los religiosos. Eran franciscanos; seguidores de san Francisco de Paula, no de Asís. El señor monje Bernardino lo que hacía era recoger limosnas de los más pudientes, acumular, amontonar pasta de los ricos, para luego prestársela a los más pobres. Como esa acumulación de dinero tenía fines piadosos, de ahí salió lo del monte de piedad, el montepío: amontonamiento pío, cúmulo de pasta con fines piadosos. La idea se demostró que era buena porque se trataba de proteger a los pobres de los usureros, unos tipejos que te prestaban dos y a los que tenías que devolver cuatro.

Los montes de piedad de hace cinco siglos funcionaban de la siguiente manera: si un pobre necesitaba dinero, los monjes piadosos se lo dejaban a cambio de una prenda, ya fuera un anillo, una mesa, una capa… cualquier cosa como garantía de que iba a devolver ese dinero prestado. Eso se llama crédito prendario. Solo se aceptaban bienes muebles, no inmuebles. Si el pobre luego no tenía dinero para devolvérselo a los monjes y recuperar su prenda, pues mala suerte, pero al menos perdía algo superfluo, perdía un objeto. Ni perdía su casa ni perdía su negocio ni mucho menos su medio de vida. Los monjes vendían todas las prendas que no habían sido recuperadas, lo que les permitía recuperar lo prestado y, a veces, un poquito más. Los usureros, en cambio, los prestamistas, si no les devolvías lo que te habían prestado, se podían quedar con tu casa o con tu negocio. Provocaban tu ruina total. Los montes de piedad liberaban a los más necesitados de las garras de la usura.

La buena noticia es que aquellos montes de piedad no aplicaban interés alguno, no podían. Estaba prohibidísimo porque la función no era el préstamo a beneficio, sino el auxilio a los necesitados. La mala noticia, sin embargo, es que si no cobraban un mínimo interés, los montes de piedad no pitaban, se quedaban sin liquidez, así que a principios del siglo XVI se comenzó a aplicar un pequeño beneficio. Si el monte de piedad te daba dos por un anillo, tú devolvías dos y un poquito.

Esto fue criticado por la propia Iglesia, porque obtener ganancias de la pobreza se consideraba pecado —antes, ahora ya no—. Cualquier préstamo a interés, por tanto, se consideraba usura. Por eso, como los cristianos no podían ser prestamistas, los únicos que se dedicaban a ello en Europa eran los judíos, y por eso a lo largo de la historia los judíos quedaron ligados al oficio de prestamistas, y preocupados siempre por la pela. De ahí que arrastren esa fama y que los términos judío y usura hayan ido juntos a lo largo del tiempo.

Eso no significa que no hubiera cristianos prestamistas, lo que pasa es que ponían testaferros al frente de su negocio porque ellos, oficialmente, no podían. A lo que vamos es a que al final se permitió que los montes de piedad cobraran un pequeño tipo de interés, y el asunto era tan serio que llegó a tratarse en los concilios. Primero llegó al Concilio de Letrán (1515), que aceptó el cobro de intereses, aunque nunca más del 10 por ciento; y luego al de Trento (1545), que fue el que dio carácter oficial a los montes de piedad.

A partir de ese momento empezaron a triunfar. Puede que crearan alguno fuera de Italia antes de Trento, porque los franciscanos se copiaban mucho entre ellos, pero sobre todo funcionaban por Italia hasta que, a mediados del siglo XVI, saltaron las fronteras con cierta especialización. Habían pillado el tranquillo al funcionamiento de los montes.

Todavía había protestas en algunos sitios, porque decían que el cobro de un interés, por poco que fuera, era usura, pero las críticas se fueron calmando. A España empezaron a llegar los montes en aquel siglo, en el XVI, y poco a poco se fueron extendiendo.

El famoso Monte de Piedad de Madrid, por ejemplo, nació el 3 de diciembre de 1702 precisamente porque a Francisco Piquer, al padre Piquer, le llegaron noticias de cómo funcionaban los montes de piedad por el mundo católico, y se decidió a montar uno. Tuvo su sede justo enfrente de donde se encuentra en la actualidad El Corte Inglés de Madrid donde cada Navidad, desde 1979, se instala el celebrado Cortylandia para los niños. Ahí estaba el Hospital de la Misericordia y ahí empezó el Monte de Piedad madrileño. Lo mismo si levantara la cabeza el padre Piquer al ver el templo del consumo le daba algo.

Y un detallito importante: si los montes de piedad han podido mantenerse desde que al monje mínimo Bernardino se le ocurrió la idea es porque los pobres siempre han sido mejores pagadores que los ricos. Eso también lo dicen ahora los que facilitan microcréditos, que la inmensa mayoría de los pobres siempre saldan sus deudas, y eso ya lo sabían los franciscanos en el siglo XV.

Pero no todos los montepíos y los montes de piedad están tan claramente unidos a unos principios católicos, porque en la Europa protestante surgió alguna entidad similar. En el norte del continente no cuajaron los montes porque rechazaban ese concepto religioso del montepío, pero no por ello iban a dejar de inventarse algo. Ese algo fue que en vez de estar prestando a los más humildes y a los obreretes, decidieron enseñar a ahorrar a los más desfavorecidos. Crearon unas instituciones para guardarles lo poquito que tuvieran y a cambio les daban un pequeño interés por ese dinero; dinero que utilizaban a su vez para prestarlo a muy bajo interés. Está claro que eso se tenía que llamar cajas… de ahorros.Y esas tardaron mucho más en llegar a España.

No se crearon hasta la primera mitad del XIX, y lo que en realidad se hizo fue un apaño: se fundaron esas nuevas entidades porque eran una buena idea, estimulaban el ahorro, pero sin renunciar a los montes de piedad, por eso decidieron fusionar unas con los otros. Esto se hizo, como se hacen estas cosas, por Real Decreto. Lo firmó la reina regente y corrupta María Cristina de Borbón (véase 1869), viuda del zopenco de Fernando VII, y es como poco paradójico que fuera precisamente ella la que firmara aquel decreto que ordenaba a los gobernadores provinciales que montaran «una caja de ahorros donde el artesano, el jornalero y todo hombre laborioso pudiera depositar sumas tenues de dinero» y con ello conseguir pequeños créditos cuando los necesitaran y a bajo interés. A ser posible, esas cajas debían de ir unidas a un monte de piedad, porque así se conseguía una doble función: benéfica y financiera.

Qué bonito suena todo, qué filantrópico... Pues no. Porque el gobierno acabó metiendo mano en las cajas y al final los ahorros de los pobretones acabaron financiando la deuda del Estado. Entre eso y que muchas cajas se metieron en negocios que no debían, la mayoría acabó quebrando.

Y eso ocurrió a mediados del siglo XIX. Queda claro que la historia se repitió en el XXI.

1707
Escocia y su mala cabeza para los negocios

En septiembre de 2014, los escoceses acudieron a las urnas para responder a una pregunta: ¿debe Escocia ser un país independiente? El 55,3 por ciento de los votos llevaba escrita la palabra «no». Durante los meses previos a aquel referéndum no había telediario, informativo de radio o periódico en España que no incluyera diariamente algo relacionado con el asunto, aunque la mayoría no entendiera a qué venía en esos momentos preguntar a los escoceses si querían recuperar una independencia perdida hace trescientos años, y otros aprovechados (e ignorantes), aun sin entenderlo, se subieran al carro pretendiendo comparar su autonomía con el reino de Escocia.

Lo que nadie se preguntaba era por qué estaba ahí eso que llamamos Reino Unido. ¿Qué pasó tres siglos atrás para que Inglaterra y Escocia formaran el Reino de Gran Bretaña? La respuesta, como casi siempre, la tiene el dinero, culpable de tantos y tantos pretéritos imperfectos. Fueron las penurias económicas las que unieron los dos reinos hace trescientos años y los intereses económicos estuvieron a punto de separarlos en aquel 2014.

Para poner el contexto adecuado al tema y no perderse en el camino hay que irse un poquito más atrás. Cuatro siglos atrás.

¿Qué era Escocia hace cuatro siglos? Una tierra muy bonita, con valles muy verdes y colinas frondosas y monísimas. Pero fuentes de riqueza, cero patatero. ¿Qué era Inglaterra? Un territorio con muchos recursos, muy rico.

En Escocia reinaba María Estuardo, católica. En Inglaterra, Isabel I, protestante.

En Escocia los nobles eran muy broncas y muy indisciplinados con la corona; en realidad la mayor parte de Escocia se la repartían los nobles y todos intentaban meter cuchara en el reino. En Inglaterra, los nobles estaban más controlados porque Isabel I tenía muy mala leche y cuidadín con toserle las decisiones.

Así las cosas, Escocia quería controlar Inglaterra para hacerla católica, e Inglaterra quería hacerse con Escocia para convertirla en protestante. Todos contra todos. Nada fuera de lo común porque esos eran los típicos líos de los antiguos para quedarse con el latifundio de al lado.

Resumiendo el panorama: por un lado, las intrigas internas de la nobleza escocesa para ver quién mandaba más; por otro, la reina de Inglaterra queriendo mangonear en Escocia y la de Escocia queriendo mangonear en Inglaterra; católicos a broncas con los protestantes y protestantes a tortas con los católicos.

Y un dato más: María Estuardo, reina de Escocia, e Isabel I, reina de Inglaterra, eran primas. Nunca se vieron las caras, y menos mal, porque si se llegan a encontrar se arañan. Las dos eran altas, las dos pelirrojas; María más mona que Isabel, e Isabel más envidiosilla que María, pero la inglesa también era más sabia y mucho más lista. Isabel, soltera y sola en la vida, porque un marido estorbaba; María, con tres esposos a cuál más desastre.

En mitad de este escenario político y familiar llegó el momento en que María Estuardo no pudo con la presión protestante en Escocia. A ello hubo que sumar la pérdida del favor de los católicos, que la mitad de sus paisanos nobles se pusieron en contra y que el mal rollo interno ya no había por dónde agarrarlo. Con todo en contra, María fue y pidió refugio a su prima Isabel en Inglaterra.

Ella solita se metió en la boca del lobo.

Isabel no se lo podía creer. La Estuardo, que no había parado de conspirar para acceder al trono inglés, ¿le pedía ahora protección? Pues se iba a enterar de la protección que la reina de Inglaterra le iba a brindar.

Isabel la tuvo prisionera dieciocho años, pero en plan muy desahogado, la verdad. María Estuardo salía, entraba, cazaba, bailaba... hasta que se relajó de más y la pillaron conspirando un poco, tampoco mucho. Fue la excusa para que le exigieran a la reina inglesa su ejecución, aunque Isabel se resistió todo lo que pudo. Qué iban a decir de ella en Europa... que se había cargado a una reina, y encima su prima. La presión política pudo más y, en febrero de 1587, ¡zasca! Kaput María Estuardo.

Pero resulta que la reina dejó un hijo, un heredero que sería el siguiente rey de Escocia. Isabel, en cambio, no tenía sucesor que llevarse a la corona, por eso nombró su heredero al hijo de María Estuardo. Es decir, se dio la circunstancia de que en dos reinos distintos reinaba el mismo rey. Jacobo I de Inglaterra e Irlanda era también Jacobo VI de Escocia.

Y así tenemos que pasa el tiempo y se va sucediendo un mismo rey para Inglaterra y Escocia, aunque los dos territorios se mantenían como reinos absolutamente independientes. Dos coronas en una misma cabeza. Durante este periodo, que duró más de un siglo, se fueron firmando convenios entre los dos reinos y promulgando leyes que, de mutuo acuerdo, afectaban a los dos territorios, aunque cada uno mantuviera su propio sistema jurídico y legislativo.

Eso sí, más allá de acuerdos políticos o leyes comunes, poco tenían que ver unos con otros; es decir, los escoceses seguían sintiéndose escoceses, y los ingleses, ingleses.

Los escoceses llevaban falda y los ingleses no. Culturalmente eran distintos, cada uno tenía su Parlamento, económicamente no se parecían (Escocia seguía siendo la pobretona; todavía no habían descubierto petróleo) y socialmente cada reino iba a su bola. Casi lo único que tenían en común es que compartían rey, que, la verdad, sale más barato.

Y ocurrió algo.

Algo tan gordo que acabó desembocando en la famosa Acta de Unión de 1707 por la que desaparecieron los reinos de Inglaterra y Escocia y nació el Reino de la Gran Bretaña. Y resulta que el origen de esa unión forzosa y ese enjuague de reinos hay que buscarlo en América.

Situémonos en 1698, cuando los países europeos llevaban años estableciendo colonias en el nuevo continente. Franceses, españoles, holandeses, ingleses, portugueses... todos pusieron su huevecico en América, todos tenían sus territorios. Menos Escocia.

Los escoceses también querían su parcelita, lo malo es que ya no quedaba sitio en América para más gente. Y como no se conformaron con la evidencia, decidieron montar una expedición con mil doscientos aventureros, todos con sus falditas y sus gaitas, y establecer una colonia escocesa en América hubiera o no hubiera hueco. Llegaron a la costa de Panamá, a lo que ellos bautizaron como Nueva Caledonia.

Qué desastre.

Allí los mosquitos no picaban, empujaban; los indígenas no les compraban las baratijas que llevaban, porque los nativos llevaban ya dos siglos haciendo el primo con los blancos a cambio de espejitos y collarcitos y ya no picaban; todo lo que cultivaban los escoceses en Panamá se les arruinaba, los españoles no paraban de darles caña para que se largaran porque ese territorio se supone que era nuestro, las enfermedades los tumbaban, el calor los tenía aplastados, no había quien diera un paso porque todo era tierra pantanosa...

Lo lógico hubiera sido que Inglaterra les echara una mano para paliar las desgracias, porque, no hay que olvidarlo, el rey era el mismo para todos, tanto para los súbditos escoceses como para los ingleses. Pero los reyes, ya se sabe, acaban yendo a lo suyo.

El rey de turno no echaba una mano a los escoceses porque era una época colonial complicada, de mucho tira y afloja entre las potencias, y como Inglaterra no quería enemistarse en ese momento con el imperio español, dejó a los escoceses que se las apañaran.

Y llega la trágica conclusión: de los mil doscientos colonos escoceses quedaron vivos trescientos, pero antes de que pudieran avisar a Escocia de que no vinieran más colonos, que aquello era una catástrofe espantosa y pantanosa, otro contingente de mil trescientos colonos, tan contentos ellos, partían de Escocia rumbo a Panamá.

La calamidad se multiplicó, murieron casi todos y los pocos que quedaron se volvieron llorando a casa. En la ruina, devastados los ánimos y con un tremendo sentimiento de fracaso. Pero no solo se arruinaron los escoceses; se arruinó Escocia entera, porque para financiar el proyecto colonizador se endeudó hasta las cejas. He aquí la clave para que Escocia tuviera que firmar el Acta de Unión con Inglaterra y perdiera su independencia. Las causas eran económicas.

Inglaterra le dio a Escocia una pasta para que saldara sus deudas y para que indemnizara a los colonos. Los ingleses sacaron de la ruina a los escoceses, pero la unión de los dos reinos sentó fatal. Cierto que seguían manteniendo competencias absolutas en educación y en religión, y que el sistema legal y judicial disfrutaba de una relativa autonomía, pero Escocia dejó de ser el reino independiente que era. Se disolvieron los dos parlamentos, el inglés y el escocés, y se formó uno común, el que conocemos en Westminster. Y hasta hoy.

En 2014 volvieron a preguntarse los escoceses si querrían recuperar aquella independencia que perdieron por culpa del maldito dinero, y, puesto que los tiempos son otros y las circunstancias distintas, decidieron que mejor no. Que la unión hace la fuerza y que los límites son mejores que las fronteras.

Los nacionalismos nunca traen nada bueno, salvo para los intereses patrioteros.

1713

Por culpa de la única criadilla del último Austria

Hace ya tres siglos que en la ciudad de Utrecht (Países Bajos) Francia e Inglaterra firmaron el tratado que reconocía a Felipe V como rey de España. Supuso la llegada de los borbones al trono y el principio del fin del imperio español en Europa. Esto, que dicho así suena a episodio infumable, tiene mucha chicha detrás, mucho cotilleo y muchas consecuencias.

Este asunto del Tratado de Utrecht huele a colegio, huele a examen, huele a antiguo profe de historia con cara de seta. Y resulta que no, que es un tratado muy divertido, y lo más gracioso de todo es poder entender por qué España perdió hasta la camisa a cambio de tener un rey que hablaba perfectamente francés y que después de cuarenta y seis años de reinado siguió sin hablar ni papa de castellano. Dicho finamente, hicimos un pan con buenas hostias. Y otra cosa más entretenida aún. La culpa, la grandísima culpa de que lo perdiéramos todo la tuvo un rey que solo tenía un testículo, y encima, atrofiado.

Eso nunca se pudo poner en los exámenes. Decir que Carlos II, el último Austria, era un piltrafilla, un escuchimizado con pocas luces, no estaba bien visto. El eufemismo ese de El Hechizado quedaba mejor, pero ya es tiempo de que llamemos a las cosas por su nombre: Carlos II encerraba en su real persona una enciclopedia de enfermedades. Estuvo mamando hasta los cuatro años de catorce nodrizas a ver si lo arreglaban, pero no hubo forma, y como a los cuatro añitos le hicieron rey, se las retiraron porque estaba feo que un rey mamara. Además, era inepto, corto de entendederas, manejable y con una sola criadilla, lo cual no tiene mayor importancia si la otra que queda funciona. Pero es que a Carlos II no le funcionaba nada.

Fue la consecuencia más exagerada de endogamia entre los Austrias porque se empeñaban en casarse entre ellos. Los matrimonios de primos con primos, tíos con sobrinas y sobrinos con tías les dejó el ADN disparatado. Y con Carlos II todo eso se disfrazó de «uy... nos han hechizado al rey». Pues no, Carlos II no era El Hechizado, era Juanita Calamidad.

Pero como se supone que los reyes salen perfectos de fábrica, siempre hay que buscar culpables en otro lado. Se empezó por culpar a las esposas, y las tuvieron fritas a brebajes y pócimas para que parieran un sucesor. A María Luisa de Orleáns (la primera de las dos, francesa ella), le dedicaron una bonita coplilla que rezuma mala baba:

Parid, bella flor de lis,
en aflicción tan extraña.
Si parís, parís a España.
Si no parís, a París.

Llegó el momento en que decidieron considerar hechizado al rey para justificar su esterilidad. Seguro que alguna bruja le había echado mal de ojo o que algún demonio le tenía poseído. El rey se sugestionó con el cuento de que estaba embrujado, y empezó a enredar para que lo liberaran de las garras del demonio.

Aunque al rey le convencieron de que no tenía la culpa de su esterilidad, de sobra sabía su camarilla que el problema era físico. Pero tan convencido acabó Carlos II de su embrujamiento (a finales del XVII la caza de brujas vivió su mayor auge) que habló en secreto con el inquisidor general y le pidió que estudiara su caso, por si había que aplicarle algún exorcismo o algo parecido.

El dominico consultó con el Consejo de la Inquisición, pero estas altas instancias le dijeron que se dejara de chorradas, que lo único que le pasaba al rey es que era pobre de carácter y que su segunda esposa, la reina Mariana de Neoburgo, era una marimandona metomentodo; que si el rey no engendraba hijos era porque estaba deprimido y acogotado; que rezara mucho, que seguro que así se curaba.

El inquisidor general no se conformó con la respuesta de sus jefes y habló a escondidas con el confesor del rey, un colega dominico con el que se alió para contactar con un tercer fraile que en esos momentos andaba exorcizando de vez en cuando a tres monjas de un convento asturiano, en Cangas de Narcea (lo de que las exorcizaba de vez en cuando pueden tomarlo los lectores como mejor les venga). Las crónicas dicen, textualmente, que «el padre vicario, como era su obligación, las conjuraba muy a menudo para sacarlas los demonios». Ahí lo dejamos.

Esas tres monjas exorcizadas de vez en cuando estaban poseídas por el conocido como Demonio de Cangas, y lo que hicieron el confesor de Carlos II y el inquisidor general fue obligar al exorcista a que, en una de sus visitas al convento, consiguiera información del diablo cangués por boca de las monjas y averiguar el origen del hechizo del rey Carlos II. Y el diablo cantó.

Dijo que, efectivamente, el rey estaba hechizado desde los catorce años, que lo embrujaron con tazas de chocolate mezclado con miembros de un hombre muerto. «¿Con qué partes?», preguntó el exorcista: «Con sesos de la cabeza para quitarle la salud y con los testículos para corromperle el semen e impedirle la generación». «¿Y cómo sanamos al rey?», siguieron preguntando, y contestó el diablo por boca de una de las monjas que no habría más revelaciones si no era en la real basílica de Atocha, a donde deberían trasladarse el exorcista y las posesas.

Acabáramos. Eso tenía pinta de que el cura y sus novias querían viajar a la capital.

El inquisidor general contestó desde Madrid que eso ni en broma, porque este asunto del hechizo del rey se estaba llevando en secreto y no podían montar ningún numerito en la basílica de Atocha. Ahí llegó a su fin el excéntrico episodio del Demonio de Cangas, porque la historia acabó complicándose de más y el fraile exorcista, hostigado por tantas preguntas y tanta presión, se quitó de en medio con la excusa de que el demonio había salido guasón y que todo lo que había contado era mentira.

Pero Carlos II, informado de todo este proceso puntualmente, no se creyó al Demonio de Cangas cuando se desdijo insistiendo en que todo era una broma. Siguió convencido de que estaba embrujado y continuó buscando alguien dispuesto a exorcizarlo. Estamos ya en 1699 y el rey tenía prisa porque, aunque él no lo sabía, le quedaba un año de vida y seguía sin dejar un heredero.

Mandaron entonces que viniera desde Italia otro figura, el capuchino Mauro Tenda, al que su fama de exorcista le precedía. El italiano realizó un par de exorcismos en palacio al rey y confirmó que Carlos II no estaba endemoniado, solo hechizado. Eso era una buena noticia.

Comenzaron entonces las indagaciones, y todas las pistas llevaban hasta la reina, hasta la mala pécora de Mariana de Neoburgo. Ella era la que, según fabularon, había colgado del cuello del rey un saquito con tierra, cabellos, uñas y cáscaras de huevo para mantenerlo atontado. Se llevó a cabo una investigación a fondo y se encontraron brujas y hechiceros culpables a mogollón entre el entorno de la reina. Hasta que a Mariana de Neoburgo se le inflaron las narices, ordenó la detención del confesor del rey, envió de vuelta a Italia al exorcista de pacotilla y se acabó la tontería.

Si el rey no tenía hijos era porque su único testículo estaba seco. Y nació así. Ni brujas ni cuentos de hechizos ni leches. Ese único testículo tuvo la culpa de la guerra de Sucesión.

Los Austrias llevaban doscientos años mandando en el imperio español cuando, visto que Carlos II no iba a dejar sucesor, lo enredaron y consiguieron que en su testamento nombrara a un francés como heredero. Y le enredan porque en ese momento España estaba a partir un piñón con Francia, y le convencen de que hay un gabacho que se llama Felipe de Borbón, duque de Anjou, que sería el sucesor ideal, y encima pariente lejano. Un solete de candidato porque, además, era nieto de Luis XIV. Si Francia sentaba en el trono de España a un nieto del Rey Sol, el poderío galo y español sería la releche. Ese era el plan, efectivamente, y en ese plan se murió el Austria Carlos II, dejando como heredero a un Borbón que pasó a ser Felipe V.

Pero irrumpieron los Habsburgo y dijeron que de eso nada, que la monarquía hispánica era de la dinastía de los Austrias y en la dinastía austriaca se quedaba, y porque además ellos tenían como aspirante al archiduque Carlos, que era mucho más ideal y mucho más archi que el simple duque francés. Así se lio la guerra entre franceses y austriacos, y los intereses y las alianzas entre naciones provocaron que entraran más países en la bronca.

Lo malo es que lo más gordo de la pelea fue aquí, en España, y la mayor sangría se la llevaron los españoles. Los países europeos tomaron partido por unos o por otros, porque, ya se sabe, a río revuelto, ganancia de pescadores. Algo pillarían al final del follón.

Inglaterra, la más poderosa, se puso del lado de los austriacos, y en pleno mogollón de la guerra, en 1704, fue cuando los ingleses llegaron a Gibraltar y se lo quedaron. Ese peñasco era la llave del Mediterráneo, un punto estratégico inigualable, apenas defendido por España, casi sin soldados y con los cañones estropeados. Quedarse con Gibraltar fue un paseo para los británicos y ya nunca más soltaron el Peñón. Uno se pregunta ahora cómo es posible que España no se percatara de la importancia estratégica de Gibraltar y la tuviera tan desatendida, pero es que somos así. Nos acordamos de santa Bárbara cuando truena. Y a los peñones les pasa como a los granos, que se enquistan con el tiempo.

La guerra siguió y así se llegó a la firma de uno de los más importantes tratados de Utrecht, porque hubo varios. Los señoritingos diplomáticos estuvieron años firmando tratados en Utrecht mientras los españoles se desangraban en los campos de batalla. En el que se firmó hace poco más de trescientos años, el del 11 de abril de 1713, Inglaterra acordaba la paz con Francia y reconocía a Felipe V como rey de España.

Pero ese reconocimiento no era gratis. Era el principio de otra sangría, esta vez de territorios; el desastre no había hecho más que empezar.

Lo primero que se acuerda aquel día de abril es que, vale, que Felipe V se siente en el trono a cambio de una serie de concesiones que se concretarían en los siguientes tratados. A saber: Gibraltar y Menorca para los británicos, y para los británicos también el monopolio de determinadas rutas en el comercio de esclavos con América (asiento de negros) el negocio más lucrativo y cruel del siglo XVIII.

Más concesiones: Austria se quedaba con parte de los Países Bajos, Cerdeña, el ducado de Milán y Nápoles. Y nadie piense en la simple ciudad de Nápoles; se trata de cuando Nápoles era media Italia, de la mitad de la bota para abajo. Y otra concesión más: Sicilia se la quedaba el duque de Saboya.

O sea, que si nos preguntáramos quién ganó la guerra de Sucesión para quedarse con esta empresa llamada España, parece que ganaron todos: los Borbones, que asentaron sus reales en este país; Gran Bretaña, que consolidó su hegemonía en el Mediterráneo y encima pasó a ser el rey del mambo en América; por supuesto, ganó Francia porque nos colocó al francés, y ganó Austria porque se llevó un montón de territorios. Alguien perdería algo, ¿no? Sí. Millón y pico perdieron la vida, y no por defender un país, sino por la rentabilidad empresarial que trajera una u otra dinastía. Lo que le venía bien a unos le venía mal a otros. Ya lo dijo la lumbrera de Rodrigo Rato: «Es el mercado, amigo».

Y no estaría de más saber exactamente qué dice el texto de la entrega de Gibraltar a los británicos que firmó Felipe V a cambio de encajar su trasero en el trono. Todo el mundo habla de ese acuerdo, pero pocos lo han leído. Dice: «El rey católico cede por este tratado a la Corona de la Gran Bretaña la plena y entera propiedad de la ciudad y castillo de Gibraltar, juntamente con su puerto, defensa y fortalezas que le pertenecen, dando la dicha propiedad absolutamente para que la tenga y goce con entero derecho y para siempre, sin excepción ni impedimento».

Está claro. Clarísimo.

A cambio de esto, su majestad británica, a instancias del rey católico se compromete «a que en Gibraltar no se permita por motivo alguno que judíos ni moros habiten ni tengan domicilio en dicha ciudad de Gibraltar». A lo mejor por aquí se les podría meter mano, porque seguro que vive algún judío o algún musulmán. Y por lo del contrabando, que también quedó prohibido en el Tratado de Utrecht.

Tiempo después Felipe V intentó recuperar Gibraltar por las malas, porque cuando pudo hacerlo por las buenas no quiso. Dicho de otra manera: por las malas no pudo y por las buenas no supo.

El rey se empeñó sobre todo en recuperar Sicilia y allí decidió guerrear. Su homólogo británico Jorge I le ofreció Gibraltar a cambio de que dejara tranquila Sicilia, pero Felipe V se empecinó en que o Sicilia o nada. Al final, ni una cosa ni la otra. Y hubo otra oportunidad dos años después: Inglaterra propuso de nuevo al Borbón recuperar el Peñón si a cambio entregaba su parte de la isla de La Española (actual República Dominicana), pero el Borbón no se la dio y al final se la acabaron quitando los franceses. Está claro que Felipe V era un completo despropósito negociando.

En el Tratado de Utrecht también se decía que en caso de que Gran Bretaña quisiera dar, vender o enajenar la propiedad de Gibraltar, se daría a España la primera opción de compra. Solo tenemos que esperar a que caiga la breva.

Hay que ver la cola que trajo la única y atrofiada criadilla del último Austria.

1715
Luis XIV, fashion victim

Primero de septiembre de 1715. Versalles. A las ocho y cuarto de la mañana la llama inalterable de una vela junto a la boca del rey constata que Luis XIV ha dejado de respirar cuando solo le faltaban cinco días para cumplir setenta y siete años. Fue el ocaso del Rey Sol, el fin de un reinado delirante y teatrero. En los instantes finales de su vida, rodeado de tropecientos familiares y sirvientes que no paraban de llorar, les dijo: «¿Qué pensabais? ¿Que era inmortal?».

Pues hijo, es que lo parecías, que llevabas setenta y dos años reinando...

El día que murió el rey Luis XIII comenzó la regencia de Ana de Austria, porque el heredero, Luisito, tenía poco más de cuatro años. La reina tampoco es que se llevara un gran sofoco cuando le comunicaron que su marido había muerto. Total, a ella le gustaban otros señores, y al rey también. De hecho, Luis XIII solo visitaba el lecho de Ana de Austria cuando lo arrastraban de una oreja hasta la alcoba para que mantuviera las apariencias de una inexistente relación conyugal. Pero dicen que, además de entrar gimoteando, en el dormitorio no mantenía ni las apariencias ni mantenía nada de nada.

Veintitrés años llevaban casados Luis XIII y Ana de Austria y de ahí no salía nada. Hasta que de repente... flop... flop... dos niños. Luisito primero y Felipín después. Todo el mundo en Francia consideró un milagro el nacimiento del heredero, dados los nulos encuentros conyugales de la pareja y dado, sobre todo, que el rey pasaba más tiempo con su novio que con su mujer. Como todo el mundo estaba mosca con el nacimiento del heredero, intentaron apañar el primer embarazo de cara a la galería inventándose la historia de un encuentro entre el rey y la reina una noche de tormenta que los envolvió en una pasión repentina, que se liaron la manta a la cabeza y engendraron al muchacho. Ya. Pues no cuela.

Lo cierto es que ni cuadraban las fechas ni la tormenta se produjo cuando dijeron ni mucho menos la pareja sufrió un ataque pasional. Es más, alguien hizo notar en su momento que, en caso de que hubiera sido verdad el choque carnal durante la supuesta tormenta, Luis XIV resulta que nació después de diez meses de embarazo. En resumidas cuentas, que aquella preñez fue de verdad un milagro en el que intervino dios, o dios quiso que el hijo fuera de uno de los suyos, del cardenal Mazarino. Que, por cierto, era monísimo. Nadie imagine a un cardenal seboso y calvo. No. De jovencito y vestido de civil era muy mono. Con la sotana perdía mucho.

No se ha podido confirmar que el cardenal Mazarino fuera el padre biológico de Luis XIV, pero tiene todas las papeletas. Y lo que sí está demostrado es que se volcó junto con la regente Ana de Austria en la educación política de Luis XIV. Entre los dos dieron forma al Rey Sol, y con él, al siglo de oro francés. Pero mucho mérito tuvo la mamá, porque Ana de Austria salió lista y supo lidiar con las mil y una intrigas de la corte francesa, sobre todo con las del cardenal Richelieu, que puso la proa a la reina por el mero hecho de ser española (hija del lerdo de Felipe III). La reina dejó tal impronta en el país, que Alejandro Dumas la situó en la trama de *Los tres mosqueteros*. Nada tiene que ver su papel en la novela con la realidad histórica, pero sirvió para que Ana de Austria pasara también a la historia de la literatura.

Quede claro, pues, y sobre todo les quede claro a los franceses, que mucho Rey Sol, mucho Versalles y mucho puturrú de fuá, pero la mamá del peliculero Luis XIV era de Valladolid.

Y respecto al protagonista absoluto de esta historia, qué hombre este… parecía un repollo, vale, pero qué estilazo. Luis XIV sí que supo hacer de la marca Francia un sinónimo de calidad y refinamiento. Impulsó el ocio, la moda, la gastronomía, el diseño, el urbanismo, el arte y las letras. Francia se convirtió en el ombligo del mundo, París en la capital del lujo y Versalles en un gran escenario donde tres mil espectadores aplaudían a un solo actor con peluca y tacones.

Cierto que fue un esclavo de la moda, una *fashion victim*, y que no le cabía un dorado más en el cuerpo. Si a los oros se añaden lacitos, plumas y encajes, su imagen era absolutamente mareante. Pero el Rey Sol usaba dos complementos que, además de adornar su real persona, tenían una utilidad concreta: la peluca y los zapatos. Y es que Luis XIV era bajito para lo que a él le hubiera gustado ser. Medía uno sesenta y tres, y aunque bien es cierto que no hay que confundir altura con grandeza, a los líderes no les gusta ser bajitos. Napoleón, Sarkozy, Luis XIV... Menos mal que Charles de Gaulle mejoró la media francesa.

El Rey Sol usaba pelucas enormes que le hacían ganar 10 centímetros por arriba y zapatos de tacón con los que ganaba otros ocho. Así, el rey se ponía en uno ochenta, que quieras que no, ya era otra cosa.

Respecto a los zapatos, Luis XIV usaba un modelo exclusivo, casi todos con lazo a la altura del empeine y con el tacón y la suela de color rojo pasión. Si alguien que no fuera el Rey Sol o su delfín se atrevía a llevar suelas o tacones rojos, ponía en riesgo el pescuezo.

Y resulta que ahora, en pleno siglo XXI, hay un diseñador de moda francés, el famoso Christian Louboutin, que lleva años de cruzada, denunciando a diestro y siniestro a sus colegas porque pretende que las suelas de color rojo sean exclusivas de su marca. Está tan encabritado, que ha llegado hasta el Tribunal de Justicia de la Unión Europea para impedir que otros diseñadores tiñan las suelas de rojo sin tener en cuenta que Luis XIV ya usaba las suelas rojas y en exclusiva hace tres siglos y pico.

En su dilatado reinado también tuvo tiempo de hacer lo que debía hacer un rey francés, coleccionar amantes. Tuvo varios líos; treinta y seis exactamente. Por su lecho pasaron desde la duquesa de tal a la marquesa de cual, unas cuantas *mademoiselles* monas y hasta la hija de un jardinero. Cuando el rey ponía el ojo en una o varias señoras, no solo tenía que tragar bilis la reina, porque eso iba en la letra pequeña del contrato, también tenían que aguantarse los esposos de las señoras. Hubo uno, sin embargo, que no lo llevó muy bien. El marido más molesto que se echó a la cara Luis XIV.

El marqués de Montespan no encajó que el rey se liara con su esposa, y al enterarse de la relación se indignó y lo pregonó. El rey acusó al marqués de un delito de lesa majestad y lo envió unos meses a prisión a que se le bajaran los humos. No porque a Luis XIV le importara que se conociera la relación, que le traía al pairo; lo encarceló por bocazas.

Cuando el marqués salió de prisión seguía tan mosqueado como cuando entró, y esta vez montó una *performance*: tapizó sus carrozas con paños fúnebres, simuló un funeral por su esposa y anunció que entraría a la iglesia por la puerta más grande, porque sus cuernos no le permitían hacerlo por la más pequeña. Pretendía que todo París se enterara de su gran cabreo, y todo París se enteró. Pero le dio igual, porque su señora siguió entrando y saliendo de la cama del rey a buen ritmo: tuvieron ocho churumbeles.

Por cierto, la señora que se lio con *le roi* se llamaba Françoise Athénaïs de Rochechouart de Mortemart, señora del marqués de Montespan. Por si se quieren quedar con el nombre.

Todo esto que podría parecer ahora tan banal, tan superficial y, sobre todo, tan insoportablemente cursi, y que en realidad lo es, hace tres siglos no lo era. El reinado de Luis XIV marcó, tirando de tópico, un antes y un después. Francia ya no fue la misma cuando el rey murió, y la impronta de su reinado quedó incrustada en el país; tan arraigada, que ha sobrevivido a revoluciones y repúblicas. Porque se puede ser revolucionario y republicano, pero un francés seguirá siendo un finolis lo pongan donde lo pongan.

Es imposible pretender resumir setenta y dos años de reinado, aunque bien es cierto que al principio Luisito ni pinchaba ni cortaba porque ni siquiera había cumplido cinco años cuando se murió su padre y le tocó ser rey. Pero la verdad es que enseguida le pilló el tranquillo al trono. El chiquillo salió listo y aprendió rápidamente porque tuvo dos maestros estupendos en su señora madre y en su primer ministro.

Evidentemente, detrás del rey había una maquinaria política en marcha para poner a Francia en cabeza y ocupar el puesto hegemónico europeo que España estaba perdiendo a chorros (a modo de recordatorio: con Carlos V la monarquía hispánica no tenía rival, la cosa empezó a torcerse con Felipe II y sus bancarrotas, el memo de Felipe III empezó a pifiarla y con Felipe IV, ruina). Ahí estaba Francia preparada para tomar el relevo, y Luis XIV iba a ser el escaparate, la cara bonita de la nueva Francia; la mejor propaganda del país.

Luisito pilló la idea a la primera. A los catorce años dio su primera orden, se cumplió a rajatabla, y a partir de ahí ya se envició. Llevaba toda su corta vida oyendo decir tú mandarás, tú decidirás, serás un rey divino por la gracia de dios y solo a dios tendrás que rendir cuentas. Serás lo más de lo más, serás absolutamente absoluto. Y Luisito se lo creyó.

Cuando cumplió los diecisiete se produjo el famoso episodio en el que el rey soltó la frase con la que ya dejó claro que a él no iba a haber quien le tosiera. Un episodio que probablemente sea falso y una frase que posiblemente no pronunció. O sí, pero da igual porque sirve para ilustrar lo que fue este hombre y su circunstancia: cuentan que los parlamentarios parisinos estaban reunidos y discutiendo de cuestiones financieras. Que si se invertía allí o aquí, que si había que financiar tal o cual política exterior, que si se atendía la petición real de soltar tanto dinero para tal cosa... cuando el jovencito Luis XIV, que venía de una jornada de caza y con una fusta en la mano, irrumpió en el Parlamento y escuchó cómo se ponían inconvenientes a las peticiones presupuestarias de su real persona.

Luis XIV se dirigió a todos y les vino a decir que de qué iban. Él era el rey, y si pedía algo había que dárselo. El presidente de la Cámara replicó diciendo, más o menos, que el Parlamento estaba para velar por los intereses del Estado, a lo que Luis XIV respondió, aún con la fusta en la mano. «¡El Estado soy yo!». Seguramente él lo diría en francés, si es que lo dijo.

Y si no lo dijo, no importa.

Políticamente, Francia consiguió tres cosas durante el reinado de Luis XIV. Una, ampliar territorio en Europa y América y convertir la France en la primera potencia militar, marítima y comercial. Dos, conseguir la unidad religiosa en el país, porque católicos y protestantes andaban a la greña cada dos por tres. Con el Rey Sol se acabó la libertad de culto y se decidió que todos católicos y sin rechistar. Que luego el rey y toda su corte utilizaran los diez mandamientos para hacer confeti es otro asunto, pero de cara a la galería europea Francia pasó a ser la centinela del catolicismo.

Y tercer triunfo: Luis XIV metió a la nobleza francesa en cintura, porque daban mucha bronca y tenían dividido al país. ¿Cómo controló el rey a tanto aristócrata intrigante y ocioso? Llevándoselos a vivir con él. Los reunió en Versalles, les dio diversión y buena vida, juergas a diario, comilonas y espectáculos, y a cambio ellos tenían como única labor hacer la pelota al Rey Sol para mantener sus privilegios y conseguir alguno más.

Precisamente ese sobrenombre de Rey Sol vino dado por un episodio con los nobles. Una de las pasiones de Luis XIV desde pequeñito fue el teatro. Se pirraba por actuar, bailar y disfrazarse. Los músicos, los coreógrafos y dramaturgos como Molière componían, creaban obras expresamente para que el rey pudiera actuar y lucirse. Una de ellas fue el *Ballet de la nuit*, que se estrenó en 1653 con Luis XIV en el papel protagonista. El rey era un mocoso de quince años, y hacía muy poco tiempo que se había sofocado en Francia una rebelión de unos nobles respondones que no hacían más que intrigar por el control del poder y estaban muy cabreados por el pago de impuestos. Esa rebelión nobiliaria se conoció como la Fronda. En *Ballet de la nuit* le dieron a Luis XIV el papel del dios Apolo y lo disfrazaron de Sol de la cabeza a los pies, con rayos que le salían de la cabeza, de los zapatos, con una faldita muy mona también con rayos, y con un pedazo de Sol en el pecho; representaba la luz que disipaba las tinieblas de la noche, la luz que anunciaba un nuevo día tras aplastar a los nobles rebeldes. Y ya está. Se quedó con el Rey Sol. Así de tonta fue la cosa.

De aquel reinado tan teatrero y luminoso, tan envidiado por Europa, tan próspero para unos cuantos, tan fundamental en la historia de Francia, falta mencionar a una parte del cuadro actoral: el campesinado analfabeto, los ciudadanos empobrecidos y fritos a impuestos, los miserables y los debilitados por las hambrunas. Todos ellos asistían al espectáculo versallesco desde el otro lado de las verjas cada vez más cabreados.

Cuando el cortejo fúnebre del Rey Sol atravesó la ciudad camino de la basílica de Saint Denis para su entierro, los parisinos abuchearon a Luis XIV. A ellos no les gustó la función. Ni pizca.

1720

Cita a ciegas a orillas del Ebro

El 13 de marzo de 1720, una Real Cédula de Felipe V ordenó que se arrancaran tres páginas de un libro sobre la historia de España. En esas hojas se decía que la imagen de la Virgen del Pilar que guardaba la catedral de Zaragoza no vino del cielo; que en realidad vino del taller de un escultor que la realizó en el siglo XV.

Vaya la que se lio.

Sobre todo porque el tipo que escribió los dieciséis tomos de lo que se considera la primera historia de España seria y documentada era sacerdote y teólogo. O sea, que si él decía que la imagen de la virgen no vino del cielo, que fue fabricada, pues sería verdad. El señor que la lio parda por querer escribir una historia de España, según dijo él mismo, «limpia de las fábulas y las ficciones que la oscurecen», se llamaba Juan de Ferreras. Fue uno de los fundadores de la Real Academia, primer ocupante de la silla B, bibliotecario mayor, intelectual brillante y encima, cura.

Cabe preguntarse, pues, qué lleva a un sacerdote a derribar una de las principales tradiciones marianas de este país. Pues su sensatez (al menos en este asunto), porque una cosa era ser creyente y otra creer en peliculones. Mejor ir al principio de esta historia por si no todo el mundo está al tanto de las idas y venidas de una virgen a cuestas con un pilar.

La leyenda dice que, en el año 40, el apóstol Santiago andaba predicando por la Zaragoza romana, pero todo el mundo pasaba de él. Para animar el cotarro y para animarle a él, la Virgen María, que vivía en Palestina, se teletransportó a orillas del Ebro y allí se le apareció a Santiago «en carne mortal» y sobre una columna. Además de consolarle porque nadie le hacía puñetero caso, le encargó un asuntillo: que levantara un templo allí mismo y se lo dedicara a ella. Y como señal de su visita dejó la columna y una imagen de sí misma; un *selfie*, solo que en tres dimensiones. Ya tenemos a la virgen encima del pilar.

Esta supuesta aparición, no hace falta explicarlo, no está recogida en sitio alguno y nadie la documentó porque no hay dios que la documente. Lo único cierto es que la historia de la aparición se la inventa alguien no se sabe cuándo y la pasan a limpio varios siglos después. Hasta aquí la peripecia de la virgen, y ahora es momento de retomar a Juan de Ferreras, el optimista que se propuso escribir una historia de España seria y documentada en un país supersticioso y atenazado por la religión.

Cuando le tocó ocuparse de Zaragoza y la Virgen del Pilar, tiró de pruebas y dijo que la imagen que veneraban en Zaragoza, lejos de haberla traído personalmente la virgen, la habían traído de Francia en el siglo XV. Él no negaba a la señora en cuestión, negaba que la talla la hubiera traído ella. Negaba que hubiera viajado desde Palestina, estando viva, cargando con una columna y una imagen de sí misma para dejársela a Santiago. Y además, Juan de Ferreras documentó que la talla no estaba hecha en el año 40, puesto que coincidía con la imaginería salida de los talleres de La Borgoña, en Francia. Puso nombre hasta al escultor, Juan de la Huerta. Tiene guasa que la imagen de la Virgen del Pilar, la que no quiere ser francesa, fuera tallada precisamente en Francia.

Lo que no se entiende es por qué tuvieron que arrancar tres hojas de un tomo ya publicado en vez de haber aplicado censura previamente, algo que sabían hacer muy bien. Pues porque los censores no le dieron importancia, y la defensa del mito de la Virgen del Pilar se circunscribía a intereses muy locales. Lo publicado por Juan de Ferreras solo perjudicaba los intereses de unos cuantos, que fueron los que hicieron presión para cargarse las tres páginas.

Esta historia va mucho más allá de una simple pelea sobre si la virgen vino o no vino, y que, en el fondo, era lo que menos preocupaba a sus defensores porque eran los últimos en creerse el cuento. En realidad, se estaba poniendo en riesgo un proyecto de negocio muy lucrativo que había dejado al descubierto una dura rivalidad entre eclesiásticos por ver quién pillaba el trozo más gordo del pastel: andaban a la greña los dos cabildos de las dos catedrales de Zaragoza, la de la Seo y la del Pilar. Y las dos luchaban para que Roma considerara más importante a una antes que a la otra.

Los eclesiásticos del Pilar se desgañitaban ante Roma para que su catedral fuera considerada la más guay, su virgen la más milagrosa y su culto más antiguo y arraigado que ningún otro. Y en su defensa no hacían más que aportar supuestas pruebas de los portentos. De esa época, 1640, es el famoso milagro del Cojo de Calanda, al que le creció la pierna después de amputada gracias a la Virgen del Pilar. Ese milagro fue una de las pruebas fabricadas para cimentar el poderío de la Virgen del Pilar. Porque hacía muchos años que el *lobby* español en el Vaticano (véase 1622) presionaba al papa para que aceptara el fantástico episodio de la cita a ciegas de Pilar y Santiago, pero Roma no se tragaba el cuento. Es más, es que algunos papas no aceptaban ni siquiera que Santiago pisara España (que no la pisó, ni vivo ni muerto). Luego era imposible que hubiera tenido ese encuentro con la virgen.

Y justo en mitad de este proceso diplomático con Roma, aparece el inoportuno de Juan de Ferreras diciendo que la talla de la virgen era moderna y que la hicieron los franceses en el siglo XV. Fue el confesor del rey Felipe V, el padre Daubentón, quien convenció al Borbón para que ordenara mediante Real Cédula que se arrancaran las tres páginas donde se negaba la antigüedad de la talla. Si había un cura intelectual en España pregonando que la figurita de la virgen no la había dejado la propia virgen, a la porra toda la negociación con el Vaticano.

Si Roma aceptaba que la virgen trajo su propia imagen, Zaragoza ganaría turistas, peregrinos, donaciones, celebración de procesiones, festividades oficiales, *merchandising*... todo el negocio que acarrea que Roma apruebe y respalde la celebración de una fiesta religiosa de las gordas. En resumidas cuentas, mucho, mucho, mucho dinero. Por buscar una comparativa facilona, es como cuando los países pugnan por ser sede de los Juegos Olímpicos. Atrae negocio.

Y finalmente se consiguió. Por fin en 1723 Roma le concedió a Zaragoza la autorización para celebrar una serie de ritos que convertía la fiesta de la Virgen del Pilar en una gran festividad religiosa. Y hasta hoy. A partir de ese momento el culto a la Pilarica se disparó, la catedral de Zaragoza se convirtió en la reina del mambo y la Inquisición impuso mediante edicto un «silencio perpetuo» sobre la venida de la virgen con un pilar debajo del brazo.

Silencio que nos acabamos de saltar y por lo que nos hemos asegurado el infierno. Ah no... qué tontería... si no existe.

1721

Las vacaciones eran cosa de ricos

El primer día de abril de 1721 comenzaron las obras del palacio de La Granja, en Segovia; ese mini Versalles que ordenó construir Felipe V, el primer Borbón, porque no tenía un lugar digno de su categoría al que retirarse a descansar.

Esto empuja a una reflexión. ¿Por qué se retiraban a descansar los ricos, los nobles, los reyes y demás fauna del alto *staff* si eran los que menos se cansaban?

Las vacaciones, efectivamente, las inventaron los ricos. A un pobre jamás se le hubiera ocurrido semejante estupidez... retirarse a descansar. El pobre solo viajaba cuando no quedaba más remedio. Ahí está el *Titanic*: los de primera clase estaban de ida o de regreso de vacaciones, mientras que los de segunda y tercera eran emigrantes.

No hace falta irse muy atrás en el tiempo para hablar de turistas y viajeros, porque si tuviéramos que remontamos al primero de ellos tendríamos que irnos a África para localizar al primer *Homo erectus* que hace casi dos millones de años agarró carretera y manta y dijo me voy a Europa; Eurasia, la llamaban entonces. Con remitirnos a aquel primero de abril de 1721, cuando comenzó a construirse el palacio de La Granja, será suficiente para hacernos una idea de la preocupación que siempre ha tenido la realeza, en este caso Felipe V, por tener un adecuado lugar de descanso. Una casita de veraneo.

Viniendo como venía de Francia, y encima acostumbrado al pijerío de Versalles, está claro que no le valdría para pasar las vacaciones ninguno de los palacios que heredó de sus antecesores los Austrias, esos ordinarios sin glamur; insoportables para los perfumados y empolvados Borbones.

Cuando Felipe V finalmente consiguió venirse a reinar aquí, con sus encajes y sus pelucones, no tenía dónde pasar sus vacaciones a gusto. Sitios había, pero sin encanto. ¿A dónde se iba a ir? ¿Al Escorial? ¿A ese mamotreto de piedra frío e impersonal donde no había forma de quitarse la bufanda? No era plan.

Aprovechó Felipe V que en La Granja había un antiguo palacio que había salido ardiendo para ordenar que se lo reconvirtieran en una casita de veraneo, con sus jardincitos y sus fuentes. Que no faltara detalle. Sin reparar en gastos, que pagaban los españoles.

En fin, esto de La Granja solo era la percha para decir que lo de irse de vacaciones y las segundas residencias incumbía exclusivamente a los reyes, a los aristócratas, a las élites, y que así continuó hasta mediados del siglo XIX, cuando ya comenzó a hablarse de turismo, de veraneo, de las vacaciones de los primeros cuatro gatos dispuestos a arriesgarse a la aventura de viajar.

Y para empezar a tirar del hilo hay que comenzar por preguntarse quién abrió brecha con esto del turismo en España. Pues va a resultar que esa es una de las pocas cosas que se le pueden agradecer a Isabel II: que fue una gran favorecedora del turismo. No es que lo hiciera pensando en la plebe; lo hizo sin querer, como la mayoría de las cosas que hacía que no fuera apretarse un cocido entre pecho y espalda y buscarse novio. Pero aun sin pretenderlo, impulsó zonas turísticas.

La reina Isabel II puso de moda San Sebastián porque allí se iba a tomar sus baños de ola, en la playa de La Concha. Se tenía que bañar en el mar porque tenía un herpes que le pillaba todo el cuerpo.

Entiéndase, pues, que era un herpes muy grande. Y detrás de la reina, arreaba la corte; detrás de la corte, allá iba la nobleza; y detrás de la nobleza, los negociantes, trepas y pelotas que ansiaban estar en la pomada. Tras todos ellos empezaron a llegar los primeros turistas espontáneos, animados porque si la reina y toda esa fauna ricachona se bañaba en el mar, eso no podía ser malo. Lo que empezó siendo ir a la playa por cuestiones terapéuticas, acabó derivando en diversión.

Por cierto, ¿cómo era un baño de ola de una reina a mediados del siglo XIX? ¿Con sombrilla y toalla? No. Isabel II llegaba en berlina tirada por ocho caballos. Sombrilla no hacía falta, y la toalla se la llevaban. En la playa de La Concha había una especie de caseta gigantesca, con todo su golpe de decoración real, muy mona, instalada sobre unos raíles y con un par de bueyes enganchados a la caseta. ¿Que doña Isabel se quería bañar? Arreaban a los bueyes, que tiraban de la caseta hasta introducirla en el agua para que allí se bañara la reina, a salvo de miradas plebeyas. Mejor así. Porque la visión de Isabel II bañándose en La Concha no la mejoraría ni Fraga en Palomares.

Doña Isabel se bañaba con su traje de cuello alto, mangas hasta el codo, falda hasta las rodillas y debajo, el pantalón. Difícil imaginar lo que debía de ser todo eso mojado. La reina siempre iba acompañada de un bañero bien fornido por si había que tirar de ella. Y siempre el mismo, un donostiarra campechano que, con un pronunciado acento vasco, insistía diciendo «¡Reina, mete cabesa!».

Del reclamo que suponían los reyes a la aparición de los primeros destinos turísticos de playa solo faltó dar un paso. Así empezaron a crecer las infraestructuras, los lugares de ocio, los hoteles... Es una táctica que se demostró muy acertada. Los reyes atraían el turismo de la misma manera que Julio José Iglesias intentaba atraer turistas anunciando por la tele Marina d'Or, ciudad de vacaciones, ¿dígame? El famoseo es ahora el gancho para mover turistas como antes lo eran los reyes, pero con una diferencia. Los reyes atraían con su presencia y Julio José no pasaría en Marina d'Or ni el tiempo de tomarse unas cañas.

Si resultó rentable Isabel II a la ciudad de San Sebastián, que la de Santander estuvo lista y consiguió años después llevarse a su terreno a Alfonso XIII regalándole el palacio de la Magdalena para que cambiara la costa guipuzcoana por la cántabra. Las ciudades se promocionaban como destino turístico birlándose los reyes.

El regalito ha traído cola pasado el tiempo, porque el pedazo de palacio de la Magdalena fue un regalo de Santander al rey Alfonso XIII por contribución popular; es decir, con dinero que salió de los bolsillos de los santanderinos. Llegó luego el negociante de Juan de Borbón y le vendió al Ayuntamiento de Santander en 1977 y por 150 millones de pesetas el mismo palacio que Santander le había regalado a su padre. De esta compra-venta, lo más divertido está en la estipulación quinta de la escritura: «El palacio estará siempre a disposición de la Familia Real por si algún día quiere seguir honrando con su presencia a la ciudad de Santander». Es lo mismo que decir te lo vendo, pero me lo quedo. A los reyes les regalas un palacio y te lo acaban vendiendo para que lo mantengas tú pero que lo puedan usar cuando les venga bien.

Resumiendo, que a los santanderinos Alfonso XIII les salió por un pico y no hubo tiempo de amortizar la inversión.

¿Se daba esta situación también entre la realeza europea? Pues había de todo, como en botica, pero los coronados europeos eran más cosmopolitas. Digamos que Isabel II solo hacía turismo interior y por su herpes.

Una de las que se tomaba el turismo de otra manera era Sissi emperatriz, la de las florecitas en las trenzas. Mucho mito hay con Sissi. Ni se parecía a Romy Schneider ni era dulce ni jovial. Era depresiva, bulímica, escribía poemas muy cursis y era una manirrota con los viajes. No paraba en un sitio y tampoco reparaba en gastos, porque por algo pagaban los austrohúngaros: Mallorca, Corfú, Madeira, Trieste, Ginebra... La verdad es que el viaje a Ginebra se lo podría haber ahorrado, porque allí la pilló el anarquista que se la cargó.

Pero si hablamos de personaje de la realeza viajero, vividor, ninguno como Eduardo VII, que tampoco reparaba en gastos porque pagaban los británicos. Este sí que se pegó la vida padre. Era el hijo de la reina Victoria de Inglaterra, aquel que tuvo el récord de tiempo como príncipe de Gales hasta que lo ha pulverizado el actual, Carlos de Inglaterra. Y hay un asunto que equipara a la reina Victoria de Inglaterra con su tataranieta, la reina Isabel: que una se resistía a morirse para no tenerle que pasar el trono a su hijo, a Eduardo, y la otra también. Por eso se están pulverizando las marcas entre ellas y entre ellos. La reina Victoria también tuvo el récord de reinado en Gran Bretaña hasta que la apartó de un codazo la tataranietísima. El hijo de la reina Victoria, el príncipe de Gales, Eduardo, estuvo esperando que le cayera el trono cincuenta y nueve años, dos meses y trece días, porque su madre la reina se resistía a pasárselo. Estaba convencida de que ese gamberro hundiría el imperio en cuanto ella se muriera.

Algo más une a Eduardo y Carlos: dos príncipes viviendo a cuerpo de rey, aunque es difícil que el actual supere a su antepasado.

Entre que su madre no quería verle cerca y que prácticamente le culpaba de haber matado a su padre a disgustos, entre que era un incompetente para los asuntos de Estado, entre que no pegaba sello, y encima con los bolsillos llenos... ¡a viajar! De vez en cuando hacía algún desplazamiento oficial que le encargaban: vete a los funerales de fulanito, preside tal desfile, o ve a hacer el paripé en tal punto del imperio... pero por lo demás, él se pasó la vida y hasta los sesenta años que accedió al trono, de balneario en balneario, de hotelazo en hotelazo, de fiesta en fiesta, de novia en novia, de casino en casino.

Desarrolló una actividad desenfrenada que provocó muchos beneficios turísticos. Allá donde iba el príncipe de Gales Eduardo, allá iba toda la élite europea, tanto social como artística. Su presencia potenciaba los lugares por donde pasaba. Había tortas para que el príncipe Eduardo pasara temporadas o se echara novia en París, Baden-Baden, Cannes, Biarritz...

Pero hablamos de finales del siglo XIX. ¿Había ya hoteles de categoría para alojar como es debido a estos personajes? ¿Existían los cinco estrellas? Pues alguno había, pero la mayoría de los señoritos de la realeza tampoco necesitaban ir de hotel, siempre había un montón de pelotas ricachones dispuestos a cederles su palacete. De los primeros que tuvieron el buen ojo de ver que personajes como el príncipe de

Gales necesitaban hotelazos de lujo fue el señor César Ritz, el padre de la hostelería moderna, el hombre que entendió a la primera cómo querían ser tratados los ricos. Si a un rico jamás le dices que no, el rico, a cambio, no reparará en gastos. Su primera gran obra fue el Ritz de París, con unas características que no tenía ningún otro hotel del mundo: atención personalizada, cocina exquisita, servicio de habitaciones, cuarto de baño privado, decoración fina filipina... Cuando el cliente entraba al Ritz de París tenía que encontrarse mejor que en su propio hogar.

Aquella frase que decía que César Ritz era el rey de los hoteleros y el hotelero de los reyes la acuñó el propio Eduardo VII cuando alcanzó el trono. Porque cuando después de sesenta años esperando la corona llegó a rey, continuó con sus juergas flamencas cada vez que se lo permitían sus obligaciones. Eduardo VII adoraba a César Ritz porque no le negaba nada, y además el rey fue el culpable de que el hotel Ritz tuviera las bañeras más grandes que nunca había tenido hotel alguno. Un día, eso cuentan al menos, Eduardo VII se quedó atascado con una de sus amantes en la bañera y César Ritz ordenó cambiarlas todas para que nunca más ninguno de sus clientes pasara por un trance tan desagradable. Que sea la última vez que se nos queda encajado un rey en una bañera con una novia.

Y habiendo ciudades mucho más glamurosas en Europa, ¿por qué se fijó César Ritz en Madrid para instalar uno de sus hoteles? La respuesta es... que no se fijó.

De no haberle dado la brasa Alfonso XIII, que fue el que se empeñó, aquí no habría aterrizado el señor Ritz con su hotel. El rey andaba francamente preocupado por la escasez de plazas hoteleras lujosas en Madrid, porque años antes, cuando se celebró su coronación y después su boda con Victoria Eugenia, se encontró con un problemón: no había hoteles para alojar a los invitados de alto copete. Los encajó como pudo. En casas de marqueses, de duques y pidiendo favores.

Los únicos hoteles decentes en la capital eran el Inglés y el de París, que estaban bien, pero no para alojar a testas coronadas, porque había que salir de la habitación para hacer pis en el servicio comunitario del pasillo. Es decir, cuando el príncipe de Gales ya iba por Europa encajándose con sus amantes en las bañeras, en España no había hoteles con bañeras en las que encajarse.

Ernest Hemingway dijo que la única excusa para no alojarte en el Ritz de París (y que también vale para el de Madrid) es que no puedas permitírtelo. Ahora hay otra: que en el momento de escribir estas líneas está cerrado y ha añadido un hecho dramático a su legendaria historia en la capital: la muerte de un trabajador el 18 de septiembre de 2018 tras un derrumbe durante las obras de reforma, que también dejó heridos a otros once.

1740
Blas de Lezo, un medio hombre con un par

En enero de 2014, el Museo Naval de Madrid abrió una exposición dedicada a Blas de Lezo y Olavarrieta, un marino guipuzcoano que habitó hace tres siglos y que arreó a la Armada británica el mayor guantazo que recuerdan. Y esto no es una exageración. Fue tal su gesta, que el Museo Naval, que no está entre los grandes y rara vez suele ser noticia, lo fue porque Lezo lo puso en el mapa y provocó la mayor marea de visitantes de toda su historia, con un incremento del 38 por ciento.

Y todo gracias a este hombre llamado Blas, un héroe olvidado al que llevábamos trescientos años sin hacer puñetero caso. O dicho más exactamente, a este mediohombre, que así lo llamaban, porque estaba hecho una calamidad. Con solo veinticinco años ya le faltaba un brazo, un ojo y una pierna. Debía de ser por eso que también le llamaban el «patapalo».

Blas de Lezo fue dejando partes de sí mismo por donde pasaba: por Málaga debe de andar la pierna; en Tolón, en Francia, se dejó un ojo, y en Barcelona perdió el brazo. Pero si hay algún lugar en el mundo unido irremediablemente a Blas de Lezo ese es Cartagena de Indias, en Colombia, porque al margen de su gran trayectoria como marino, allí fue donde firmó su obra maestra. Los cartageneros lo admiran mucho porque dicen que gracias a él no tienen el inglés como idioma oficial. Seguramente hay excusas mejores que esta.

Para situar el heroico episodio hay que irse a 1740, una época en la que este hombre, después de todos los tiros que pegó y los que recibió debería haberse quedado tranquilito en tierra. De hecho, lo estuvo un rato, pero porque no le quedaba otro remedio dada su minusvalía. Blas de Lezo era, literalmente, una desgracia con patas, con una pata, pero en la corte se aburría mucho; todos tan finos, con sus encajes, sus pelucones... con sus dos piernas, sus dos brazos y sus dos ojos puestos. Precisamente de eso se quejaba, de que su maltrecho cuerpo desentonaba con tanto lujo.

Blas de Lezo insistió en tener acción y lo enviaron a Cartagena de Indias porque los británicos se estaban poniendo muy pesados por aquellos mares.

Para entender el asunto de la batalla cartagenera hay que retroceder hasta una bronca que se produjo unos añitos antes a la llegada de Blas de Lezo y que desencadenó la guerra entre españoles e ingleses. A esa guerra la llamamos nosotros la Guerra del Asiento, mientras que el enemigo prefirió llamarla la Guerra de la Oreja de Jenkins. Mucho más atractiva como definición, sin duda.

Al lío.

España e Inglaterra tenían un acuerdo comercial por el que hubo que dejarles llevar a la América española cinco mil esclavos para venderlos (asiento de negros), además de permitirles introducir un número determinado de mercancías. Este convenio forzado fue otra de las consecuencias del Tratado de Utrecht (véase 1713), una más de las compensaciones que hubo que dar a Inglaterra para que dejaran reinar al Borbón tras la guerra de Sucesión (1701-1713). Porque Felipe V se encajó en el trono, vale, pero nos salió carísimo, y los que sacaron más tajada fueron los británicos, que no paraban de hacer trampas para rebañar aún más de lo que legalmente les correspondía. El contrabando era tan descarado que traía broncas constantes con los españoles, hasta que un día un guardacostas español que vigilaba por el Caribe dio el alto a un barco inglés, lo inspeccionó, lo pilló hasta arriba de mercadería ilegal, lo requisó todo y al corsario que capitaneaba, que se llamaba Robert Jenkins, le cortaron una oreja para que escarmentara. Los españoles le devolvieron a su pueblo con un mensajito: le llevas la oreja a tu rey y le dices que «lo mismo le haré si a lo mismo se atreve».

Jenkins cumplió y llevó el recado al Parlamento británico junto con su oreja conservada en un tarro con alcohol. Los ingleses se agarraron un mosqueo tremendo y declararon la guerra. Ya tenían ellos a un almirante británico dando la lata por el Caribe y atacando donde podía, al almirante Edward Vernon, al que ordenaron que reclutara por la zona a todo bicho viviente que hablara inglés para, con el apoyo de una flota que ya estaba en camino, planificara un ataque a las plazas españolas. Buscaban venganza por haberle cortado la oreja a uno de los suyos, pero también estaban adelantándose a la que se les venía encima: sabían que España pretendía rescindir el contrato del asiento de negros.

El tal Vernon se lio la manta a la cabeza y comenzó a atacar a lo loco, por todas partes, y se vino arriba porque empezó ganando. Tanto se creció, que se atrevió a ir a por Cartagena de Indias, a por la joya española en el Caribe, la plaza estratégica más importante. Si caía Cartagena, se acabó.

Pero allí estaba ya Blas de Lezo. Esperando. Atento.

Pobre Blas. Los británicos plantaron 195 barcos frente a Cartagena de Indias, la mayor flota que jamás habían armado, mientras que Lezo solo disponía de seis naves para defenderse. Los británicos contaban con treinta mil hombres armados hasta los dientes, pero el guipuzcoano tenía que apañarse con dos mil quinientos y seiscientos nativos que tiraban con flecha. Estaba cantado que aquello iba a ser una escabechina si no empleaban más maña que fuerza. Y Blas de Lezo para la maña tenía mucho ojo; solo uno, pero valía por cuatro.

No es necesario entretenerse en desmenuzar la batalla, pero fue magistral. El estratega hundió los seis únicos barcos de los que disponía para dificultar la entrada de los ingleses a la bahía, a la vez que ordenó que los españoles fueran retrocediendo para ganar tiempo y concentrarse todos en uno solo de los fuertes, en el castillo de San Felipe. Cuando el enemigo vio a los españoles acogotados en el castillo dieron por consumada su victoria, y ahí la pifiaron. Pocas veces ha habido un ejemplo más claro de lo que significa vender la piel del oso antes de cazarlo, pero porque los británicos no podían sospechar que tres mil hombres fueran a merendarse a treinta mil.

Al almirante Vernon, nerviosito perdido por comunicar un triunfo que daba por hecho, no se le ocurrió otra cosa que enviar un mensaje a Inglaterra diciendo que Cartagena ya era británica. La noticia llegó a Londres y todos como locos; el rey, el Parlamento, los británicos; fiesta en las calles, gloria a Vernon, jajá, jijí, Cartagena ha caído... ¡A tomar vientos el imperio español!

Se les fue tanto la cabeza y tan rápidamente, que ordenaron acuñar monedas en donde en la cara aparecía Vernon con bastón de mando y barbilla alzada y la leyenda: «El almirante Vernon, conquistador de la ciudad de Cartagena»; y en la cruz, en el anverso, se veía a Blas de Lezo arrodillado, entregando su espada, y con otra frasecita que decía «El orgullo de España humillado por el almirante Vernon».

Es lo que tenían las comunicaciones de hace tres siglos, que eran lentas, porque mientras en Londres andaban revolcados en la juerga, en Cartagena continuaba la batalla.

Vernon, seguro de la victoria, lanzó el ataque definitivo: la toma del castillo donde estaban concentrados los españoles y los indios que quedaban. Pero Blas de Lezo había estado preparándose: ordenó hacer los fosos de la fortaleza más hondos y cuando los británicos pusieron sus escaleras para subir y tomar el castillo, las escaleras no llegaban. Y ahí, en los muros del castillo, hubo una masacre de ingleses. Después de la masacre, el desánimo, la depre, la incredulidad, la desbandada... diez mil muertos, siete mil heridos... Vernon se quedó sin los suficientes hombres para maniobrar sus naves y tuvo que abandonar cincuenta barcos en la huida. En resumidas cuentas, un soberano bofetón al orgullo británico y la mayor derrota naval de la historia de Gran Bretaña comandada por un medio hombre con pata de palo.

Cuando las malas nuevas llegaron a Londres, se les descolgó el labio. No podían cerrar la boca. El rey ordenó retirar las monedas, echó un manto de silencio sobre el asunto, todos actuaron como si nada hubiera pasado, como si aquello hubiera sido un asuntillo sin importancia.

Desde entonces, la batalla de Cartagena es un incidente nimio sobre el que Gran Bretaña ha preferido correr un estúpido velo. Pese a todo, el almirante Vernon fue recibido en Londres como un héroe. En España, a Blas de Lezo se le regaló el más estruendoso de los silencios. Vernon acabó enterrado en la abadía de Westminster. Blas de Lezo, en una fosa común.

Para la inmensa mayoría, el marino guipuzcoano ha sido un gran desconocido, pero al menos la Armada española mantuvo viva su memoria. A veces con mucho arte, sin perder la oportunidad de meter el dedo en el ojo, como cuando en el año 2005 los británicos celebraron por todo lo alto el bicentenario de la batalla de Trafalgar, donde nos dieron una soberana paliza a los españoles y a los franceses en las costas de Cádiz. El que nos dio por los cuatro costados fue el famoso Horatio Nelson, ese héroe que tienen sobre una gigantesca columna en Trafalgar Square, en Londres. Para conmemorar la gesta, los británicos organizaron un tremendo sarao al que invitaron a varios países a participar enviando un buque.

¿Qué buque envió España? La fragata *Blas de Lezo*, que se paseó en aquella romería por aguas británicas diciendo, «he vuelto». Vosotros ganasteis en Trafalgar, pero Blas de Lezo os humilló en Cartagena.

1752
Hiperactivo Benjamin Franklin

Pocas imperfecciones tiene el hombre que viene a continuación: Benjamin Franklin, el hombre que dominó el rayo.

Lo del rayo es por decir algo, porque lo hizo todo. No paraba quieto. Cuando no estaba inventando las gafas bifocales, estaba creando una biblioteca o el cuerpo de bomberos, y si no, estaba redactando la Declaración de Independencia de Estados Unidos. O estudiando el contagio de los resfriados o descubriendo que el color negro retiene el calor y el blanco lo repele o inventando un artilugio para expulsar las piedras del riñón... Y todo esto por su cuenta, porque nadie le enseñó nada.

A los diez años tuvo que dejar de estudiar para ayudar en casa, así que está claro que el chaval salió muy listo y, sobre todo, muy racional. Franklin, que venía de una familia muy religiosa, incrustado en una sociedad puritana, con dios presidiéndolo todo, comprobó enseguida que el progreso de la humanidad estaba en manos de los hombres, porque si fuera por dios, íbamos listos.

Pero por elegir alguno de sus logros, elijamos el que culminó con éxito el 15 de junio de 1752. El famoso experimento de su cometa, el que llevó a que ahora no haya edificio en el mundo sin un pararrayos en la punta.

Ahora no se concibe un edificio sin pararrayos, pero tiene guasa que los últimos edificios que aceptaron poner pararrayos fueron precisamente los más castigados: las iglesias.

Y la estúpida explicación que encontraron los creyentes para explicar el fenómeno era la siguiente: ¿de dónde vienen los rayos? Del cielo. ¿Dónde caían sobre todo los rayos? En las iglesias ¿Quién los envía? Quién va a ser, el demonio. Por eso las iglesias eran la más castigadas por los rayos.

La superstición y la irracionalidad religiosa les impedía deducir que todos los rayos caían en las iglesias porque eran los edificios más altos de los pueblos. Y lo peor es que no ganaban para campaneros, porque ni se sabe los que cayeron fulminados por los rayos. En cuanto se metía tormenta había que subir al campanario a tocar las campanas de la fe para espantar la borrasca. Hace falta ser cerril.

Los religiosos tenían razón solo en una cosa: en que el rayo viene del cielo, de las nubes del cielo, pero es imposible que los envíe el demonio porque, de ser así, la Agencia Estatal de Meteorología contrataría exorcistas, no físicos. Pero es que hasta Tomás de Aquino, ese que ha pasado a la historia con fama de listo, en su célebre *Suma teológica* dijo que era «dogma de fe que los demonios pueden producir vientos, tormentas y lluvia de fuego desde el cielo».

Los rayos vienen de algunas nubes, no todas. De las nubes que se convierten en una gran pila cargada de electricidad. Cuando se enredan en una bronca dos nubes bien cargaditas, se lía la tormenta y a correr para que no te parta un rayo.

Esto de que algunas nubes llevaban electricidad lo sabía Benjamin Franklin, pero primero había que demostrarlo y luego buscar una solución para domesticar esas descargas. Así que, nada, después de cavilar, se sentó a esperar que hubiera tormenta en Filadelfia. Y la tormenta ideal llegó el 15 de junio.

Franklin agarró una cometa con estructura de metal y puntiaguda y la hizo volar. Al metal de la cometa iba atado un hilo de seda, y al hilo de seda ató a su vez una llave grande de metal. La cometa empezó a recibir rayos y cuando el señor Benjamin acercaba su mano a la llave, saltaban chispas. Solo rozándola, porque, de agarrarla, se hubiera quedado pegado. Pero ya le quedó todo claro: el rayo atacaba el metal de la cometa, el hilo de seda conducía esa electricidad, y esa electricidad pasaba a la llave. Es decir, si el rayo que salía de las nubes encontraba en su camino hacia la tierra un conducto metálico en el que meterse, ahí se quedaba, con lo cual se acabó buscar víctimas al tuntún. Aquel día de junio, en Filadelfia, quedó demostrado que el «fuego eléctrico», como Franklin lo llamaba, podía dirigirse.

Siguiente paso: inventar algún artilugio para domesticar el rayo.

Antes de que terminara aquel año de 1752 ya tenía su pararrayos, que entonces no se llamaba pararrayos. Se llamó Punta Franklin, pero para inventarla primero tuvo que observar. Después del experimento de la cometa empezó a fijarse en que los objetos puntiagudos atraían y transmitían mucho mejor el fuego eléctrico que los que no tenían punta. La solución era fácil: una simple vara de hierro colocada en lo alto de un edificio atraería el rayo, y luego un cable unido a esa vara de hierro y que llegara hasta la tierra húmeda descargaría toda esa energía en el suelo por el camino marcado sin llevarse a nadie por delante. Se trataba de engañar al rayo.

En aquella época todos los techos de los edificios eran de madera, por eso salían ardiendo cada dos por tres como consecuencia de los rayos que les caían, así que todo el mundo empezó a plantar pararrayos en Filadelfia. Menos las iglesias, católicas y protestantes, que en este asunto estaban de acuerdo: si el rayo era algo sobrenatural había que aguantarse, rezar para que se fuera o esperar a que dios enviara al anticiclón de las Azores.

Decían los clérigos que eso de los rayos eran cuestiones divinas en las que el hombre no debía intervenir, porque la única y legítima forma de ahuyentarlos era tocando las campanas de la fe. Les costó décadas entender que los rayos eran consecuencia de la física, no los enviaba ningún dios.

Al final tragaron, y la Ilustración le fue comiendo un poco más de terreno a la superstición. Sobre todo cuando en Filadelfia ya había cuatrocientos edificios con pararrayos instalados y las iglesias eran las únicas que seguían ardiendo. Fue entonces cuando se animaron a instalarlos en algún templo por si acaso el pecador de Franklin tenía razón. Y la tenía. Cuarenta años después del invento, miles de pararrayos salpicaban las colonias americanas.

Europa, sin embargo, seguía rezando. Y España rezaba aún más.

En algunos países de Europa se seguía creyendo a finales del siglo XVIII que los pararrayos eran un invento diabólico, por eso las iglesias seguían en sus trece. Países como Polonia, Rusia o Dinamarca comenzaron a instalarlos, pero en Francia y España seguían diciendo las autoridades eclesiásticas pensantes que nanay. En París el primero que se instaló fue en el palacio del Louvre, antes de que fuera museo, y en España se colocó el primero en 1786, en los almacenes de pólvora que había en Montjuïc, en Barcelona, y porque se empeñó un científico que se llamó Antonio Inglá y Font. Fue él quien vio el riesgo de que, ante la caída de un rayo en aquel polvorín, saltara por los aires Barcelona entera. En el resto del país, sin embargo, seguían acordándose de santa Bárbara cuando tronaba, y las iglesias dándole a las campanas con un toque que se llamaba «tente nublo», que viene a ser lo mismo que pedirle al nublado que se detuviera y a la tormenta que se largase.

Todo muy racional.

A finales del XVIII en toda España se seguía confiando en las rogativas para que lloviera, y tocando las campanas para espantar tormentas. Todavía hay muchos lugares en el país que conservan unas curiosas construcciones que la inmensa mayoría de los viajeros desconoce para qué sirvieron. Se llaman conjuraderos o conjuratorios en Castilla; en Aragón también los llaman esconjuraderos, y en Cataluña, comunidors. Son una especie de templete cuadrado que se construía muy cerca de la parroquia y que estaba abierto con arcos a los cuatro puntos cardinales. Cuando se veía la borrasca a lo lejos, el cura se metía en el conjuradero con todo el pueblo alrededor, salpicaba con agua bendita en dirección al sur, al norte, al este y al oeste y soltaba su conjuro para espantar rayos, truenos, pedrisco y tormentas. En ese plan seguía España cuando el pararrayos de Franklin ya estaba instalado en medio mundo.

Y hemos avanzado lo justo, porque las rogativas para que llueva o deje de llover siguen celebrándose. En pleno siglo XXI varios pueblos siguen paseando estatuas de santos patronos para que llueva o para que deje de llover… y la que suscribe oyó de boca de un concejal de Cultura de un ayuntamiento extremeño que empieza por «Almen» y termina por «dralejo» que el consistorio estaba pensando en pedirle al párroco que sacara al santo para que dejara de llover. Le pregunté si me estaba tomando el pelo. «No», fue su respuesta. Y lo decía un concejal al que seguramente le hicieron responsable cultural por error. También es cierto que esto no pasa de la mera anécdota, como cuando una ministra de Empleo le pide a una virgen que baje el paro.

Benjamin Franklin llevó con mucha dignidad la oposición de la Iglesia a su invento, porque las supersticiones religiosas cayeron por su propio peso. Cuando Franklin se encontró a la Iglesia en contra e intentando espantar los rayos a campanazos, les contestó que los rayos no eran más sobrenaturales que la lluvia, el granizo o el sol, y bien que los curas se protegían de ellos con sombrillas y techos. Entonces, ¿por qué no protegerse de los rayos? «¡Porque no!», le decían.

Franklin era presbiteriano, protestante, pero en cuanto se puso a pensar, la religión dejó de encajarle con sus experimentos y con su idea de progreso. Se hizo deísta. El deísmo es una corriente filosófica que acepta a dios, pero no acepta ni sus supuestas revelaciones divinas ni los dogmas de fe ni las tradiciones. Es como decir, vale, dios creó el mundo, pero luego se fue y a partir de ahora les toca los hombres seguir construyendo a golpe de razón.

De no haber tomado Franklin ese camino habríamos perdido un gran hombre, y sobre todo muy generoso, porque sus inventos los ponía al servicio de la sociedad. Es cierto que se hizo rico trabajando, porque su oficio era en realidad el de impresor y de su imprenta salió el primer papel moneda de las trece primeras colonias que formaron Estados Unidos. Pero luego empleaba su dinero en inventar y en experimentar, y la mayoría de sus inventos los regaló, no los patentaba; los ponía al servicio de todo el mundo sin cobrar ni un centavo.

Cierto también que tuvo sus contradicciones, porque luchó por la abolición de la esclavitud, pero tuvo muchos esclavos a su servicio. Y ni siquiera hay tiempo de contar todo lo que inventó y todas las pistas tecnológicas que dio. Se fijaba en todo, lo probaba todo, escribía, tocaba el arpa, el violín... al final resulta que lo del pararrayos fue lo de menos. Cruzó ocho veces el Atlántico, y mientras viajaba estudiaba a los delfines o mejoraba el diseño de los barcos... o le daba un revolcón a la moda. Eso ocurrió en 1776, mientras navegaba con destino Francia en misión diplomática. En mitad de aquel viaje se quitó la peluca y la tiró al mar. No fue un arrebato. No fue un descuido. Fue un gesto muy medido, premeditado.

Fue una declaración de intenciones, por eso lo hizo en público y ante el pasmo de todos los que le acompañaban en cubierta. Estaba marcando, sin saberlo, la nueva tendencia en moda del futuro ciudadano americano. Franklin iba camino de Francia, hacia la cursi y encorsetada corte de Luis XVI, en busca de apoyo político para la nación recién nacida, Estados Unidos. Por aquella época, mediados del siglo XVIII, las gentes de alto *standing* no salían de casa sin peluca porque era un signo de distinción. Benjamin Franklin también la usaba, porque él, como todo hijo de vecino, se ajustaba a las convenciones sociales y seguía las mismas modas. Pero si Estados Unidos pretendía ser un país de hombres libres e iguales no tenía sentido llevar esos pelucones que marcaban la distancia con los ciudadanos de a pie. A la porra la peluca. Por eso la tiró al mar.

Durante su estancia en Francia, Franklin desterró las chaquetas con brocados, las camisas con encajes y las pelucas empolvadas. Se presentó ante los reyes de Francia vestido con unos pantalones y una levita burdeos, con su frente despejada y su melenita suelta.Y en los sucesivos encuentros con la aristocracia versallesca, toda ella insoportablemente cursi, siguió luciendo trajes sobrios y oscuros, camisas sin puntillas y melena al viento. Ese era el nuevo ciudadano del nuevo país.Virtuoso, sencillo, trabajador y sobrio. La historia también la escriben los pequeños gestos.

La de Franklin fue una vida plena y útil. Murió con ochenta y cuatro años, en 1790, cuando todavía en España nos negábamos a instalar pararrayos.Y una vez sabido todo esto se entiende muy bien por qué la cara del gran Benjamin está en los billetes de 100 dólares; porque, como dijo alguien, arrebató el rayo a los cielos y el cetro a los tiranos. Pero fue mucho más que un hombre que persiguió rayos con una cometa. Fue la razón en su estado más puro.

En el tiempo que han tardado en leer esta resumidísima reseña de Franklin han caído sobre la Tierra alrededor de 120.000 rayos, a razón de 100 por segundo, y cada día se producen en el mundo unas 40.000 tormentas que provocan 8 millones y medio de rayos.

Ninguno los manda el diablo.

1759
El máster homologado del rey

El 17 de octubre de 1759 el puerto de Barcelona era una fiesta. Lujosos carruajes, caballos engalanados como repollos, toda la aristocracia vestida de domingo, la plebe arremolinada un poco más allá para que no molestase... Todos esperaban a los diecisiete navíos y las cuatro fragatas que traían a la nueva familia real procedente de Nápoles.

Nadie conoce al nuevo rey de España porque no ha pisado por aquí desde hace casi tres décadas, pero todos saben quién es. Cuando por fin se deja ver... hombre... pues no es que fuera un adonis. Tiene cuarenta y tres años, sencillo en el vestir, feúcho, bajito, con una gran narizota y los hombros caídos. Bajo la peluca trae una experiencia de veintiséis años de reinado y un olfato finísimo para detectar pelotas y aduladores. Uno de los primeros en llevarse un zasca en toda la boca fue el obispo de Lérida, que como regalo de bienvenida le entregó varias joyas de diamantes. El rey se indignó, le montó un pollo al obispo por tan vergonzoso derroche, ordenó que se vendieran las joyas y que se repartiera el dinero entre los necesitados.

Carlos III había vuelto a casa. Y venía aprendido. Lo nunca visto en España y lo que nunca más se ha vuelto a ver.

A principios del año 2016 se cumplieron tres siglos del natalicio de Carlos III, celebración que pasó con mucha pena y poca gloria porque se decidió retrasar el evento lo más posible para que no se solapara con lo que se supone iba a ser el acontecimiento cultural por excelencia de aquel año: el cuarto centenario de la muerte de Miguel de Cervantes. Y total, para que todo quedara en desastre, porque la celebración cervantina, además de empezar tarde y empezar mal, ofreció una programación cutre, pobretona y triste. A decir de los expertos, fue uno de los mayores acontecimientos culturales de las últimas décadas y también uno de los peor planificados. Por eso Carlos III se quedó sin su celebración en tiempo y forma, y por eso en 2017 decenas de conferencias, eventos, actividades en museos y exposiciones celebraron el tricentenario, y un año, del rey más polifacético e hiperactivo que ha encajado su trasero en el trono español.

Pero ¿quién era Carlos III antes de ser Carlos III? ¿De dónde había salido don Carlos de Borbón y Farnesio? ¿Por qué llegó al trono español si era un segundón y no le tocaba? ¿Cómo era posible que siendo hijo del mismo padre saliera más listo, más aplicado, más talentoso, más sano y con menos tontunas que sus hermanos? Pues porque no era hijo de la misma madre. Menuda era doña Isabel.

Vamos a la previa del partido.

Ya sabemos todos que el gabacho Felipe V fue el primer Borbón que se instaló en el trono de España porque ganó la guerra de Sucesión, y en cuanto ya tuvo el trono en el bolsillo, lo siguiente era casarse para asegurar descendencia y perpetuar la nueva dinastía. Se casó Felipe V con María Luisa Gabriela de Saboya y la pareja tuvo a cuatro varones de los que solo cuajaron tres. Y la que se cuajó del todo fue la reina, que se murió de una calentura y que dejó al rey triste y lloroso. Como Felipe V enviudó siendo todavía muy joven, con solo treinta y un años, no era bueno dejarle ahí aguantándose las ganas, porque al parecer el señor era un ansioso sexual.

Hubo que buscarle otra esposa para, como se dijo entonces, «satisfacer la masculinidad del monarca», que andaba nervioso perdido porque su moralidad le impedía desahogarse con alguien que no fuera una esposa legal. Se eligió a distancia a una tal Isabel de Farnesio, italiana ella, procedente del ducado de Parma y a la que enseguida apodaron con muy mala leche «La parmesana», como si fuera una pizza, porque empezó a correr el bulo de que era una tragaldabas interesada solo en comer queso grasiento.

Se la encasquetaron como segunda esposa al rey porque se supone que era una muchacha manejable, de físico insignificante, comilona, ignorante y con pocas luces. Pero cuando Isabel de Farnesio asomó por la corte, resulta que era más lista que los ratones coloraos, hablaba varios idiomas, era melómana, culta, refinada... metidita en carnes, cierto, pero sin exagerar; estaba atenta a todo, sabía cómo calcular su suerte y nadie fue capaz de mangonearla. Y supo enganchar a Felipe V por donde más le gustaba, porque dicen que no había forma de sacar al rey de la cama.

El primer vástago de este segundo matrimonio del rey fue Carlitos. Carletto, lo llamaban en casa. Nació en enero de 1716, y no estaba previsto que Carletto pasara de infante del montón en la línea sucesoria al trono de España porque por delante de él había tres medio hermanos varones, hijos del primer matrimonio de Felipe V. A saber: Luis, Felipe Pedro y Fernando.

Como parecía claro que el infante Carlitos se iba a quedar a verlas venir, su madre, la reina Isabel, no paró hasta conseguir colocarlo en otra corona europea. El niño tenía que pillar algo, y lo que pilló fue un par de reinos. Con casi veinte años, Carletto fue coronado rey y pasó a ser Carlos VII de Nápoles y V de Sicilia. Más conocido por aquellos pagos como Carlo di Borbone.

El rey puso manos a la obra y no paró. Modernizó, reformó, apostó por la cultura con la fundación de museos y academias, se casó, pasó de echarse novias, tuvo trece hijos, se le murieron cinco, no era ostentoso, del protocolo se ocupaba lo justo y de mala gana, era austero en el vestir, de trato sencillo y llevaba fatal la vanidad y el postureo. Dejo el reino de Nápoles y Sicilia, «niquelao».

¿Y qué pasaba en España mientras Carletto se hacía un máster de reinado en Italia? Un máster de los de verdad, oficial y homologado.

Pues de todo. Pasaba de todo.

Pasó que el rey de España Felipe V acabó con la cabeza perdida. Tenía graves desequilibrios mentales y se convirtió en un maniaco depresivo, así que decidió pasarle la corona al siguiente en la fila, su hijo Luis, que duró menos que una Play en la puerta de un colegio. Antes de cumplir un año en el trono, el rey Luis I cascó, y aún no está claro qué le sentó peor a Felipe V, que se le muriera el hijo o tener que volver a reinar, y encima con las neuronas del revés. Pero es que no había otro remedio, porque el siguiente en la línea de sucesión debería haber sido Felipe Pedro, pero resulta que había cascado unos años antes, y el otro repuesto que le quedaba, Fernando, solo tenía diez años. Este aún no servía.

Felipe V retomó el reinado y lo sobrellevó gracias a Farinelli, *Il castrato*, contratado por la reina Isabel de Farnesio a costa de los presupuestos generales del Estado. Andaba ella francamente preocupada por la salud mental de su marido y pensó que quizás con la musicoterapia al rey se le arreglaría lo suyo. Y algo se le aplacaban las crisis de ansiedad al rey depre, pero nos salió caro el tratamiento porque tuvimos alojado a Farinelli en España y a gastos pagados casi veinticinco años. Su sueldo anual como músico de Cámara de Su Majestad era de 135.000 reales de vellón, una pasta gansa en la época. El sueldo más alto de la corte.

Felipe V aguantó el tirón en su segunda etapa de reinado, y cuando por fin murió ya estaba crecidito el sucesor, aquel que llegó al trono con el nombre de Fernando VI y que heredó de su padre la mala cabeza. Angustioso, melancólico, agonías y violento a veces. Farinelli fue renovado en el cargo para seguir entreteniendo y animando al nuevo rey con sus trinos y sus gorgoritos, porque este artista era como el Lexatín de los primeros Borbones españoles.

Pero llegó un mal día en el que el rey enviudó. Se murió su mujer, Bárbara de Braganza, y encima sin dejar descendencia. Fernando VI se hundió en la miseria. Porque el rey y Bárbara, Bárbara y el rey tenían muy buen rollo. Hace dos siglos y medio, también.

Pero el caso es que otra vez España sin monarca. Con la tabarra que dieron los Borbones para quedarse con el trono y luego no hacían más que morirse. Cascaron tres reyes en poco más de cincuenta años.

Así fue como el infante Carletto, aquel que estaba en el puesto tropecientos de la línea de sucesión al trono de España, el que fue enviado veintitantos años atrás a reinar en Nápoles y Sicilia para que pillara algo, acabó siendo el único heredero disponible porque sus dos hermanos se murieron con prisas y encima sin dejar descendencia. Ni bastarda ni adoptada.

Y la mamá de Carletto, la reina madre Isabel de Farnesio, como unas castañuelas. No se lo podía creer. Si lo llega a planear, no le sale. Llamó a su ojito derecho a Nápoles, y le dijo... «Niño, no te vas a creer lo que ha pasado. Suelta la corona de Nápoles y Sicilia, que subes a primera división. Vente para España, que te toca ser rey».

Carlos VII de Nápoles y Sicilia tuvo que abdicar el trono en uno de sus hijos para venir a reinar a España, porque los tratados internacionales impedían que se reunieran ambas coronas en una misma cabeza. Renunció con pena, la verdad, porque se había currado mucho el reinado y dejó un país ilustrado y mucho más moderno de como lo encontró. Se cargó los privilegios eclesiásticos, relanzó el comercio exterior, mejoró la agricultura y la ganadería, creó la universidad y fue el que dio comienzo a las excavaciones de Pompeya y Herculano. Dicen los que saben que no tenía un gran talento político, pero que lo sustituyó con un acusado sentido del deber y una enorme capacidad de trabajo.

Carlos se fue de Italia con la satisfacción del deber cumplido, y desde que puso el pie en el puerto de Barcelona se dispuso a aplicar la principal norma que había regido sus anteriores veintiséis años de reinado: la ejemplaridad de la monarquía, mostrando comportamientos y conductas intachables. Esa integridad la exigió a toda la familia real, y al que se salía de la linde, colleja. Urdangarín y la infanta hubieran durado al amparo de Carlos III minuto y medio.

Al que se le acabó el chollo fue a Farinelli, porque Carlos III ni estaba deprimido ni sufría crisis de ansiedad y encima le esperaba mucho trabajo. Entre las primeras cosas que hizo el rey nada más pisar la corte y ver la hoja de gastos fue llamar a capítulo a Farinelli y despedirle con viento fresco: «Tu sueldo es muy alto, tus óperas muy caras y yo no tengo tiempo, porque lo único que tengo es mucho curro para meter la Ilustración a los españoles debajo de la boina», debió decirle.

Carlos III le invitó a irse de muy buenas maneras y Farinelli recogió las inmensas ganancias que había reunido a lo largo de veinticinco años, se largó a Bolonia y se hizo un *resort* con edificio principal, casa de campo, capilla privada con capellán a sueldo, un jardinero, carruaje, conductor y dos caballos.

Y todo eso lo pagamos nosotros porque tuvimos dos reyes depres.

Por todo lo dicho y dados los antecesores y sucesores en el trono, Carlos III se salva de la quema a la hora de sacarle defectos como monarca; pero ojo, que también está pelín mitificado. Era rey en un periodo ilustrado, vale, pero un rey déspota, absoluto y dictador porque era lo que tocaba en el contexto del que hablamos.

No era tan campechano como nos han hecho creer. Nunca lo son. Ninguno.

Hay tres mitos en torno a la figura del rey Carlos III que el historiador Carlos Seco Serrano definió como «las tres paradojas».

La primera se refiere a esa afirmación que dice que Carlos III fue el mejor alcalde de Madrid. Muy discutible porque el rey no daba abasto a disfrutar del campo y la caza en tantos reales sitios: Aranjuez, El Pardo, La Granja, El Escorial... Madrid estaba bien, pero para un rato. En El Pardo estaba Carlos III desde el 7 de enero hasta la víspera de Semana Santa. Volvía entonces a Madrid, donde aguantaba solo un rato, porque el primer miércoles después de Pascua se piraba a Aranjuez y allí se quedaba hasta finales de junio. Vuelta a Madrid, pero dos semanas después ya se estaba yendo a La Granja, de donde no había quien lo moviera hasta principios de octubre, mes en el que se trasladaba a El Escorial para volver luego otro rato a Madrid.

Así que tenemos que las tres paradojas a las que se refiere Seco Serrano son: que se ha señalado a Carlos III como el mejor alcalde, pero solo pasaba ocho semanas al año en Madrid; que se le considera un rey ilustrado, pero no leía nada; y que se le supone un rey religiosísimo, pero también fue el que expulsó a los jesuitas.

Por lo demás, era un tipo bastante aburrido y rutinario. Todos los días lo despertaba su ayuda de cámara a las seis de la mañana. Se aseaba, se vestía y rezaba durante un cuarto de hora. Hablaba un rato con sus médicos y boticarios para ver si todo estaba en orden, y a eso de las siete se sentaba a desayunar una taza de chocolate, que su repostero rellenaba discretamente en cuanto se vaciaba. Nunca más de dos tazas. Inmediatamente después del chocolate, el rey se bebía un vaso de agua fría siempre y cuando no tuviera que salir de palacio (para evitar tener que bajarse del coche deprisa y corriendo por culpa de un apretón).

A las ocho de la mañana ya estaba trabajando y no paraba hasta las once, cuando dedicaba un ratito a sus hijos y otro al confesor. Luego recibía al presidente del Consejo de Castilla y a veces a algún ministro. Charlaba luego con embajadores, cardenales, generales, cuerpo diplomático y grandes de España, y así, en alegre reunión, se le echaba la hora de comer. El almuerzo lo hacía siempre solo, pero en público. Una costumbre tonta que trajeron de la corte francesa los

Borbones, esa de estar zampando rodeado de veinte o treinta cortesanos mirones que, por supuesto, permanecían de pie.

Después de comer echaba una siesta en verano, pero nunca en invierno, porque no podía caer la tarde sin que le diera tiempo a salir a cazar. Aunque lo de salir a cazar es un decir: se apostaba en un lugar y los ojeadores achuchaban a venados y jabalíes hasta que pasaban por delante de la escopeta del rey. Ese era su único entretenimiento, cazar. Ni teatro ni bailes ni lecturas. Y lo hacía todos los días del año salvo el Viernes Santo.

Cuando volvía de cazar iba a ver a sus hijos y nietos, atendía cosas pendientes en su despacho y a las nueve y media en punto, esta vez sin mirones, se sentaba a cenar lo de todas las noches: su sopa, un pedazo de asado, un huevo crudo y una ensalada con agua, azúcar y vinagre. Y una cosa que le pirraba era mojar miga de pan tostado en una copa de vino dulce de Canarias. A mediodía, sin embargo, era más de Borgoña.

Terminaba de cenar como mucho en veinte minutos, se iba a su cuarto, rezaba un rato, se plantaba un camisón y a dormir. Si en mitad de la noche se le revolucionaban los instintos carnales, se tiraba de la cama y se daba unos paseos hasta que se le bajaba la calentura. Y esto se hizo demasiado habitual desde que enviudó.

El conde de Fernán Núñez, contemporáneo de Carlos III, en la exhaustiva biografía que escribió, dijo: «Su castidad era extrema (...) y para minorar y resistir las tentaciones de la carne dormía siempre sobre una cama dura como una piedra, y si de noche se hallaba agitado, salía fuera de ella y paseaba descalzo por el cuarto». Fin de la cita. Si hubiera tenido una ducha fría a mano la habría usado. Y la mano, también.

O sea, que sí, que vale, que eso que tanto repetía el monarca de «Antes Carlos que rey» para recordar a su entorno que, por delante del boato y las tonterías ceremoniosas él se sabía un hombre como otro cualquiera, ha quedado bonito para la posteridad, pero Carlos III fue un hombre que vivió a cuerpo de rey.

No conocía otra vida. Nació en un palacio rodeado de comodidades y sirvientes y murió en otro sin que le faltara bienestar y asistentes. Porque el que nace lechón, muere cochino.

1762
El glamur y la mala leche de la duquesa de Alba

El 10 de junio de 1762, en aquel Madrid de la Ilustración, nació una niña de la más alta aristocracia a la que impusieron veintisiete nombres. Esa niña derivó en mujer independiente, poderosa, descarada, mundana y rica. Muy, muy rica. Y ligona. Muy, muy ligona. Solo vivió cuarenta años, pero no se dejó nada por vivir. Fue la decimotercera duquesa de Alba, la que iba a su bola, la que se pasaba todo por la peineta; por eso, aunque vivió poco, no dejó nada por probar.

Siempre se sospechó que la habían envenenado porque le tenían ganas los Borbones, las otras duquesas, baronesas, marquesas, condesas y media clase política, y todavía hoy muchas fábulas salpican la biografía de María del Pilar Teresa Cayetana Manuela Margarita y bla, bla, bla, la XIII duquesa de Alba. En realidad, ¿qué hizo para pasar a la historia? ¿Tuvo tantos novios como dicen? ¿Hubo lío con Goya? ¿Qué hacían Zapatero, Rajoy, Sánchez… viviendo en su casa?

Sí. El Palacio de La Moncloa era de la duquesa.

Por allí retozó mucho. Menudas juergas se montaron en el palacio de La Moncloa, no como ahora. En su otro palacio, el de Buenavista, que es donde ahora está el Cuartel General del Ejército, en plena plaza de Cibeles, ahí las reuniones eran más de etiqueta y de más nivel intelectual. Pero tanto en el de Moncloa como en el de Buenavista había recitales de poesía y de música, lecturas dramatizadas, juegos, fiestas con cómicos, tonadilleras, toreros, juergas…

Vamos al principio.

María del Pilar y sus veintitantos nombres restantes nació, se quedó en hija única, tuvo una fina educación y, finalmente, remataron su adolescencia con un adecuado matrimonio de conveniencia. La casaron a los catorce años con un primo hermano para que todo quedara en la familia, porque ella llevaba puestos treinta títulos nobiliarios cuando matrimonió, y su marido otros veintiséis. Una orgía de condados, marquesados, ducados y señoríos. Sus títulos no se los sabían ni ellos.

Una vez casada, empezó la fiesta, y conste que todos sus amantes están documentados. Por aquel entonces, finales del XVIII, las chicas casadas de la alta aristocracia eran mucho más libres y estaban más sueltas de cintura que las solteras. Las casadas, guardando una mínima apariencia, con un poquito de disimulo, iban y venían con quien les daba la gana. Las solteras no, porque antes tenían que pillar marido, y si corría algún rumor sobre devaneos ya no había noble que se dejara trincar. Lo importante era casarse, asentarse socialmente y luego ya, venga, al disfrute.

Para entender el exitazo social que tuvo la duquesa, hay que situar el momento que le tocó vivir. Estaba en pleno auge en la corte madrileña una moda que llegó de París y que solo podía seguir la ociosa clase alta: los salones de lectura o literarios, que llamaban. Con la excusa de disfrutar y compartir arte, cultura, música, teatro y tertulias las señoras condesas, marquesas y duquesas abrían sus salones, y los más beneficiados eran los intelectuales, que eran reclamados para todos esos encuentros. Además de pasárselo bien, conseguían mecenazgos.

Los salones más famosos eran los de la duquesa de Benavente, que tenían un nivelazo cultural bestial, y los de la duquesa de Alba, que reunía a los mismos intelectuales, aunque acudían con un talante más desahogado. Porque los salones de la duquesa, además de proporcionar el intercambio cultural, también facilitaban el intercambio de fluidos.

Respecto a si la duquesa mantuvo una relación con el pintor Francisco de Goya, pues, la verdad, confirmado no está, pero ¿por qué no? Hay más indicios a favor que en contra. No de una relación amorosa, sino de algún que otro apretón de los muchos que ella alternaba con toreros, escritores, nobles, artistas y políticos. La famosa pintura de la duquesa con mantilla negra, en la que ella está señalando hacia abajo con el dedo la firma del pintor, escondió un secretito hasta 1960, que fue cuando se restauró la obra. Delante de la firma *Goya* se descubrió la palabra solo. «Solo Goya». Dicen que eso es una prueba más del *affaire*, pero no se sabe.

Sí se sabe, en cambio, que estuvo con el torero Pedro Romero y que por él hubo sus tiranteces con la duquesa de Benavente, la rival del salón intelectual. Y eso lo sabía todo el mundo:

Dos duquesas se disputan
los amores de un torero.
No se llama Pepe Hillo,
se llama Pedro Romero.

Pero esa rivalidad era una bromita comparada con la que la de Alba mantenía con la reina María Luisa de Parma, la esposa del pánfilo de Carlos IV, porque lo de estas dos no eran tiranteces, eran patadas en la espinilla.

Se declararon la guerra a cuenta de un jovenzuelo que era amigo entrañable tanto de una como de otra, y no repararon en gastos a la hora de hacerse mil perrerías. Cuentan que en una ocasión la reina hizo traer uno de sus modelitos de París y que la duquesa ordenó que lo copiaran para que toda su servidumbre femenina luciera el mismo vestido. Se llevaban a matar.

Por eso cuando Cayetana de Alba murió con cuarenta años, de forma rarita y muy de repente, todo el mundo miró a palacio en busca de la responsable. El mosqueo era lógico, porque no habían enterrado aún a la duquesa cuando la reina, aprovechándose de que no había herederos directos, ordenó que confiscaran todas sus joyas para elegir y quedarse con las mejores. Lo mismo ocurrió con sus propiedades: el palacio de La Moncloa se lo quedó la reina por dos duros y con el palacio de Buenavista hubo una maniobra magistral en la que estuvo involucrado Manolito Godoy, primer ministro, amigo del rey y amante de la reina. Lo quería, pero por el morro, sin pagar, así que consiguió que lo comprara el Ayuntamiento de Madrid, y que la municipalidad luego se lo cediera a él.

Parece probable que el mal rollito de los sucesivos duques con los Borbones viene de entonces, desde que los reyes Carlos IV y María Luisa expoliaran el patrimonio de la Casa de Alba.

Resumiendo, que la famosa duquesa ha pasado a la historia por haberse pegado la vida padre y porque la plebe es muy de admirar estas cosas. Se muere una duquesa que vive como una reina y se van a aplaudir el cortejo fúnebre. Ocurrió hace dos siglos con la decimotercera y volvió a suceder en 2014 con la decimoctava.

Su gran logro fue saber disfrutar, aunque mientras ella transitaba por una vida frívola y ociosa, el pueblo se deslomaba en jornadas de doce horas y con sueldos míseros, el mismo pueblo que intentaba localizar dónde se celebraban las mejores fiestas para concentrarse y pedir limosna a los señoritos.

La duquesa de Alba, la de los veintisiete nombres, la que nunca usó el de Cayetana porque siempre firmó María del Pilar Teresa de Silva, ha pasado a la historia por su garbo y su carisma. Y porque la pintó Goya de todos los colores y en todas las posturas. Pero ya está.

Y nadie la envenenó. La reina María Luisa no la mató, solo se alegró de que se muriera. En 1945 se hizo una autopsia porque sus descendientes quisieron aclarar si fue asesinada, y no. Murió de una meningitis tuberculosa y no se dejó nada por vivir.

1776

Trece colonias, un presidente y dos asnos zamoranos

Cada 4 de julio Estados Unidos celebra su gran fiesta nacional porque ese día de 1776 se firmó su Declaración de Independencia, el mismo día en el que, por mucho que les pesara a los británicos, Estados Unidos nació como país.

No hay estadounidense que no se sepa esto, porque si no se lo saben, lo deportan. No celebran la fiesta todos a la vez porque no pueden, por la hora; porque cuando en la parte que da al Atlántico son las doce del mediodía, para los que viven en la otra punta, en la costa del Pacífico, son las nueve de la mañana. O sea, que cada uno tira sus fuegos artificiales a horas distintas, y cuando las *majorettes* ya están haciendo su numerito por miles de pueblos y ciudades estadounidenses, en otros miles todavía se están vistiendo para salir en esos desfiles repletos de banderitas.

Es una fiesta famosa en el mundo, no porque sea de Estados Unidos, sino porque remite a un acontecimiento histórico que dio un tremendo revolcón al orden mundial.

Cada 4 de julio el país amanece empapelado de barras y estrellas y retumba por cada pueblo la lectura de aquella declaración que se saben de memoria y en la que se recoge que «todos los hombres son creados iguales» y que «nacen con ciertos derechos inalienables como la vida, la libertad y la búsqueda de la felicidad». Que dicho así es muy bonito, pero también muy embustero, sobre todo en aquel lejano 1776, porque en esa declaración no especificaron que tales derechos no afectaban a los negros.

Hay que irse a aquel siglo XVIII para saber lo que pasó, por qué pasó, cómo pasó y, sobre todo, por qué han llegado hasta hoy con semejante poderío económico. El resumen de la explicación es sencillo: porque la unión hace la fuerza, sin necesidad de entrar en más honduras; basta pasar por encima para entender de qué va el asunto patrio estadounidense y por qué tienen motivos más que sobrados para estar orgullosos del trabajo hecho.

Primero, ¿por qué empieza a liarse este asunto de la independencia? ¿Por qué los británicos de América acaban cabreados con los británicos de Gran Bretaña? Y este detalle no hay que perderlo de vista: todos eran británicos, solo que unos vivían en el viejo continente y otros en el nuevo. Pues los británicos de América se cabrean porque la madre patria los empezó a freír a impuestos. Allá por mil setecientos setenta y tantos, Inglaterra acababa de salir de una guerra con Francia, las arcas se quedaron tiritando y cayeron en la cuenta de que los ciudadanos de allende los mares vivían como curas, sin apenas contribuir con impuestos a la corona. Se decidió, pues, que empezaran a pagar igual que pagaban los británicos de Gran Bretaña. Los ingleses de América se mosquearon ante las nuevas imposiciones fiscales, y utilizando como coartada los indeseados impuestos, aprovecharon el cabreo para revolucionarse y, de paso, independizarse.

Es fundamental, por otra parte, visualizar sobre el mapa las primitivas trece colonias. Estaban todas juntitas, una debajo de otra, en una franja de norte a sur pegada al Atlántico, a la costa este. Nadie vaya a creer que Estados Unidos era la enormidad que es ahora. No. El resto lo fueron comprando o invadiendo hasta llegar al mapa de hoy.

Tuvieron que organizarse muy bien, porque, por no tener, no tenían ni ejército. Empezaron por buscar a un oficial alto y guapo al que nombraron comandante en jefe de los revolucionarios y que atendía por George Washington.

Así empezó la guerra por la independencia, británicos contra británicos, y así se tiraron unos años, pegándose entre ellos.

Las trece colonias británicas de América se unieron y decidieron que le dieran morcilla a la corona y a su graciosa majestad, porque, encima, Inglaterra estaba muy lejos como para estar pendiente de ella.

Y llegamos al 4 de julio de 1776, cuando los representantes de esas trece colonias se juntaron, aprobaron la Declaración de Independencia que había redactado el famoso comité de los cinco, la firmaron y a tomar vientos el imperio británico en aquella parte del mundo. Para ellos, había un nuevo país en el mapa. Continuaron hablando inglés, pero mascando chicle para que sonara americano.

Que se declararan independientes no quiere decir que llegara la paz, ni mucho menos. Y tampoco a partir de aquel 4 de julio todo le fue de perlas al nuevo país. Aún quedaban seis años de guerra, pues hasta 1783 los ingleses no reconocieron la independencia de las colonias.

Aquel proceso de independencia alcanzó fama mundial y el nacimiento de la nueva nación entró en la historia por la puerta grande de la mano de George Washington. Su fama era merecida, y se la ganó por la actitud que tuvo cuando terminó la guerra. Tuvo claro que no deseaba apoltronarse en el poder, por eso cuando la independencia estuvo conseguida dijo que se retiraba. El trabajo estaba hecho y, por tanto, se largó.

Pero faltaba por hacer lo más difícil. Organizarse.

Ocurrió que, después de liberarse del yugo inglés, de ese poder superior y central que rechazaban de plano, pensaron los representantes de las trece colonias que se iban a organizar estupendamente si todas mandaban un poco y ninguna mandaba mucho. Error. Aquello fue un desbarajuste y acabaron a guantazos entre ellas, por eso le pidieron a George Washington que dejara las vacaciones y que volviera a poner orden; y así fue como acabó siendo nombrado primer presidente de Estados Unidos.

George Washington llegó, vio, organizó y dijo que no todo el mundo podía ni sabía ni estaba en condiciones de mandar. En ese plan nunca iban a conseguir ser un país potente y fuerte. Aunque les pesara, era necesario un poder central. Esto se entiende enseguida si se echa un vistazo a todo el cono sur americano: cuando las colonias de España iniciaron su independencia en el siglo XIX no se unieron contra el poder español. Cada una tiró por su cuenta y en momentos distintos; puede que si hubieran copiado el modelo de sus vecinos del norte ahora podríamos hablar de los Estados Unidos de Suramérica.

El caso es que George Washington dejó su retiro e inauguró su presidencia con un plan: lo primero, una constitución para todos y todos de acuerdo con ella. Después, una capital, porque el presidente tenía que estar en un sitio donde instalar un despacho. Esa capital fue Nueva York, aunque para tener a todas las colonias contentas se decidió que la capital sería itinerante, y por ello después de Nueva York fue declarada capital Filadelfia.

Estar de la ceca a la meca, sin embargo, no era plan, así que decidieron entre todos y después de mucho negociar que la capital estaría en el territorio de Virginia. Vale, pero en qué parte de Virginia. Y le dicen a Washington, pues ya que vas a vivir tú, elige tú el sitio. Y dice él, aquí mismo, al lado del río Potomac.

Es evidente por qué la ciudad de Washington se llama Washington. Puesto que él eligió, todos empezaron a llamar Washington al lugar, pero él nunca llamó así a la capital de la Confederación. La llamaba Federal City, y para que esa capital federal no estuviera ni en una ni en otra colonia, porque enseguida habría tiranteces, se creó un pequeño territorio autónomo que se llamó Distrito de Columbia. Columbia, de Columbus... de Christopher Columbus... de Colón. Y por eso ahora Washington se llama Washington DC. Así que, que nadie confunda la capital de Estados Unidos, con el estado de Washington, que está en la otra punta del país.

A lo que vamos. Que ya tenemos presidente, constitución y capital. ¿Qué nos falta? La Casa Blanca, porque la bandera ya la tenían desde un año después de la declaración de independencia, desde 1777. Trece rayas alternas rojas y blancas y trece estrellas blancas sobre un campo azul. Tanto trece, evidentemente, era por las trece colonias.

La primera piedra de la Casa Blanca la puso George Washington, pero no llegó a ocuparla. Y tampoco se llamaba la Casa Blanca. El nombre oficial era Mansión Presidencial, pero como todo el mundo decía «voy a la Casa Blanca», acabaron cambiándole el nombre. Y el despacho no era oval, era cuadrado, pero es que cada vez que aterrizaba un presidente se empeñaba en hacer obras, y la esposa, en redecorar la choza.

El primer presidente que habitó la Mansión Presidencial fue el segundo, el que sucedió a Washington, John Adams, que dejó una frasecita para la posteridad grabada encima de la chimenea. «Que solo hombres honestos y sabios gobiernen siempre debajo de este techo». Nixon no entraba en los planes honestos. Bush no entraba en los sabios, y Trump ni en unos ni en otros.

John Adams, por cierto (y qué casualidad), murió un 4 de julio; pero es que el tercer presidente, Thomas Jefferson, también. Adams y Jefferson murieron el mismo día del mismo año (1826) con solo cinco horas de diferencia. No acaba aquí la cosa. El quinto presidente, James Monroe, también se murió otro 4 de julio. Es como si a los primeros presidentes del país la emoción del día les provocara una hipertensión.

Menos conocida es, sin embargo, la curiosa relación que, aun sin conocerse, mantuvieron George Washington y Carlos III. El rey de España tuvo el suficiente ojo para ver que aquel tipo que estaba liderando la independencia de Estados Unidos acabaría mandando mucho y convenía tenerle contento. Por eso Carlos III fue, probablemente, el mandatario que realizó el primer regalo de Estado al que acabaría siendo el primer presidente de Estados Unidos: dos burros.

Ocurrió que George Washington, después de conseguida la independencia, se retiró a su granja para disfrutarla y dedicarse a criar mulas. Los burros sementales españoles tenían mucha fama, y Washington intentó conseguir uno. Carlos III se enteró y le mandó dos asnos. Y zamoranos, que son los mejores. Y también le mando un pastor; también zamorano. Uno de los burros se murió en el viaje, pero el otro llegó vivo, y el pastor también. Las mejores mulas estadounidenses fueron descendientes de un asno español que vivió como un rey en casa de Washington.

1783

Cuando los bacalaos iban con bufanda

Entre los siglos XVI y XVIII los europeos vivieron lo que los meteorólogos llaman la Pequeña Edad de Hielo. Fue un cambio climático con inviernos muy largos y muy fríos que sometieron a los europeos a condiciones extremas. Cambió la agricultura, cambió la pesca, hubo hambrunas, enfermedades, deshielos, sequías, inundaciones… y sobre todo frío, mucho frío. ¿Qué demonios pasó?

Los que de verdad saben de esto siguen recogiendo datos, aunque coinciden en señalar a los culpables: los volcanes. Por algo lo llamaron también invierno volcánico. Sabemos perfectamente de qué va esto porque nadie ha olvidado la que lio en abril de 2010 el volcán islandés Eyjafjallajökull, cuya erupción provocó el cierre del espacio aéreo europeo. Pues esto fue una broma comparado con la que liaron dos y tres siglos atrás.

La Pequeña Edad de Hielo no se puede encorsetar de tal a cual año ni situarla solo en tales o cuales países. Fue un cambio climático general, que se alargó durante mucho tiempo, especialmente duro durante ciento cincuenta años y cuyas consecuencias se dejaron sentir en países más allá del sur de Europa. A Egipto, por ejemplo, la erupción del volcán islandés Laki le hizo bien la puñeta, porque la humanidad somos piezas de dominó en fila. Cae la primera y vamos todos detrás. Y resulta que, cuando erupcionó el Laki, los polvos y los gases nocivos cubrieron gran parte de Europa, el sol dejó de calentar, las temperaturas cayeron, se produjo una diferencia térmica anómala en los océanos, se alteraron los monzones asiáticos y se vieron afectados cursos fluviales como el del Nilo: al no tener su crecida generosa y puntual, fue imposible sembrar y millones de egipcios murieron de hambre por culpa del cambio climático que provocó aquel volcán islandés en 1783. Su erupción se cuenta entre una de las mayores que ha registrado la historia, diez veces más potente que la del Eyjafjallajökull. El Laki fue el culpable, pero eso se sabe ahora. En su momento nadie supo qué pasaba, nadie relacionó una cosa con la otra porque casi nadie tenía la suficiente capacidad científica para sacar conclusiones. Casi nadie.

Solo una persona, que más que persona era un cerebro que le pillaba todo el cuerpo, relacionó el volcán Laki con el frío helador que se instaló en el hemisferio norte. Benjamin Franklin fue el único que observó, relacionó y concluyó que los gases nocivos que salen por una chimenea, y da igual que sean de un volcán, de una fábrica o de un tubo de escape, provocan un cambio climático; provocan muerte y destrucción.

El cambio climático en Europa había empezado dos siglos antes, y desde entonces se sabe que nuestra cadena vital es muy frágil si el clima no cumple con sus plazos. En la Pequeña Edad de Hielo los glaciares avanzaron a velocidad de vértigo, comiéndole el terreno a las zonas de cultivo; los animales de corral se morían de frío, las cosechas se perdían enteras o menguaban a menos de la mitad, como ocurrió con el vino; la falta de alimentos provocaba hambruna y enfermedades, y todo ello a la vez empujaba a la revolución.

La actividad volcánica de aquel periodo estuvo desatada: el Fuji en Japón, el Santorini en Grecia, el Vesubio en Italia... La erupción más grave, sin embargo, fue la del Huaynaputina, en Perú, en 1600, y está directamente relacionada con la mayor hambruna que recuerda Rusia durante los tres siguientes años. Una tercera parte de los rusos murió por los crudísimos inviernos que provocaron millones de toneladas de partículas en suspensión.

Cuando se producía una erupción de las gordas, de las que duraban meses, sus consecuencias no se veían hasta pasados dos o tres años. Solo entonces empezaban a notarse cambios en el clima, pero nadie relacionaba la erupción en una parte del mundo (ni siquiera tenían noticias de ella) con una climatología extraña en la otra punta. El clima se alteraba a tales niveles que pasaba mucho tiempo hasta que todo se recolocaba de nuevo. Además de las consecuencias trágicas evidentes como las hambrunas y el frío, también hubo otros efectos que, por extravagantes, son difíciles de imaginar. Por ejemplo, durante la Pequeña Edad de Hielo, hasta los bacalaos iban con bufanda. Qué frío no tendrían estas criaturas con aletas, que se tuvieron que largar a otras aguas. Y los pescadores detrás, persiguiéndolos, porque si algo no podía faltar en la Europa cristiana era el bacalao: sin cereales, sin apenas vino, el único alimento proteínico de Cuaresma, un periodo en el que no se podía consumir carne, era, precisamente, el pescado.

Y hablando de cristianos, otra consecuencia: los peores inviernos de la Pequeña Edad de Hielo coincidían en el tiempo con el mayor número de acusaciones y la mayor quema de brujas. Había que buscar culpables del cambio climático, y las brujas cuadraban. De paso ya montaban una hoguera y entraban en calor. En este momento es cuando viene a la cabeza el negacionista Donald Trump y se echa de menos una buena fogata.

Aquella edad helada y heladora provocó que todos los inviernos fueran fríos y largos. Algunos, incluso, peores que malos. El del año 1709 en concreto fue devastador. El mar Báltico se solidificó durante cuatro meses y podía cruzarse andando o a caballo desde Dinamarca hasta Suecia o Noruega. En Venecia iban en patines por los canales; de góndolas, ni hablar. En Londres se lo pasaban en grande en el Támesis, que estuvo congelado varios meses y pudieron instalarse teatrillos, títeres, puestos de comida... La cara menos divertía la ponía la contaminación, que se disparó hasta niveles mortales: el aire tan frío impedía que el humo de las chimeneas subiera y se disipara, lo que provocaba que Londres se cubriera de una boina de humo de carbón que no dejaba respirar.

España no se libró, y las consecuencias no fueron mucho más graves por muy poco. Al margen de los efectos climatológicos que sufrieron todos los países de nuestro entorno, la situación de España pudo agravarse con una derivación que ahora ni sabríamos medir, pero que estuvo a punto de producirse. En aquel 1709 estábamos en lo peor de la guerra de Sucesión, una bronca europea en la que se estaban pegando por la dirección general de esta multinacional llamada España los Borbones y los Austrias. El frío de aquel invierno golpeó con tanta virulencia a Francia, que allí se quedaron a vivir los cuatro jinetes del apocalipsis. Fue el peor año de todo el reinado de Luis XIV, el Rey Sol (qué apodo tan paradójico justo en estas circunstancias). Tan malo fue aquel 1709, que el rey pidió la paz a Inglaterra para poder retirarse de la guerra de Sucesión española, pero las exigencias inglesas fueron tan exageradas que Francia aguantó como pudo, se recuperó y al final acabó ganando y encajándonos al Borbón.

En fin, que un cambio climático tiene consecuencias sociales y económicas, y por tanto, repercusiones políticas. Ya es hora de invertir este orden de factores: los políticos, las sociedades y los agentes económicos tienen que reaccionar juntos para evitar un cambio climático que nos mandará al garete. Sería un suicidio.

1786

¿A qué hora se ora?

15 de septiembre de 1786. Konigsberg, antigua ciudad de Prusia; hoy, la ciudad rusa de Kaliningrado. El filósofo ilustrado Immanuel Kant se levanta a las cinco en punto de la mañana, a las siete en punto ha comenzado a dar clase a sus alumnos, a las nueve en punto ha con-

tinuado corrigiendo la segunda edición de su *Crítica de la razón pura*, hasta la una en punto en que se ha sentado a comer con un grupo escogido de invitados: nunca más de ocho, como las musas, y nunca menos de tres, como las gracias.

A las dos y media en punto ha salido a dar su paseo, que, como siempre, le ha llevado hasta la casa de su amigo Joseph Green. Con él pasará la tarde hasta las siete en punto, momento en el que regresará a su casa, leerá y se meterá en la cama a las diez en punto.

¿Sucedió esto el 15 de septiembre de 1786? Da igual, podría haber sido el 3 de junio o el 9 de octubre. Su rutina y su puntualidad eran tan estrictas, que los vecinos de Konigsberg ponían en hora sus relojes aprovechando los paseos vespertinos de Kant. Eso cuentan.

El autor de *Crítica de la razón pura* habría entrado en parada cardiorrespiratoria si le hubieran quitado su reloj, un artilugio sin el que ya no sabríamos vivir porque marca el ritmo de nuestra vida. Están por todas partes y en todos lados. En nuestra muñeca, en nuestros teléfonos, en los ordenadores, en los edificios, en los autobuses, en el AVE... los hay de arena, de sol, de agua, de candela, de mercurio, mecánicos, digitales, atómicos, astronómicos...

Para hacerse una idea de cómo, cuándo y por qué nacieron esos ingenios llamados relojes, ayuda tomar como punto de partida una época: más o menos el siglo XI, pleno mogollón de la Edad Media. Hay que ubicarse en un lugar, que va a ser la Europa central y occidental. Conviene también partir de un tipo de reloj concreto, el mecánico, y limitarse a unos edificios muy concretos, los monasterios y las catedrales.

La esencia de la Regla de San Benito está contenida en la célebre locución latina *Ora et labora*. Ora sin hache, ora de orar, de rezar. *Ora et labora* significa reza y trabaja, pero llegó el momento en que para orar sin hache se hizo imprescindible una hora con hache para saber cuándo es la hora de orar. Precisamente por eso los primeros relojes mecánicos se instalaron en los monasterios; porque allí se pasaban la vida rezando de hora en hora.

Y no solo por eso. También porque los primeros relojes que se construyeron hace diez siglos, los carrillones, tenían unos mecanismos enormes y pesadísimos que necesitaban de elementos arquitectónicos lo suficientemente fuertes y de cierta envergadura que los sustentaran. O sea, campanarios, torres, fachadas de grandes edificios. Los monasterios y las iglesias eran los lugares perfectos.

Tampoco hay que imaginarse un reloj con su esfera y sus manillas dando armoniosamente las horas, ni mucho menos. Al principio los relojes no tenían esfera, no daban la cara, no se veían. Solo se oían, por eso se decía que «daban» la hora gracias a un mecanismo gigantesco cuya función era mover las campanas para que marcasen las horas. ¿Que eran las dos? Pues sonaban dos campanazos. Cuando eran las tres, pues habían «dado» las tres.

Y antes de seguir, un paréntesis simpático que tiene que ver con esto de los campanazos y los idiomas. En castellano decimos reloj, pero ¿por qué en inglés reloj se dice *clock*? Pues por simple imitación sonora de otras lenguas. En alemán, campana se dice *glocke*, y en francés se dice *cloche*. Como las campanas eran las que daban las horas, las campanas quedaron asociadas a los relojes, y cuando los ingleses tuvieron que buscar una palabra para definir a esos artilugios que daban las horas, se fijaron en que los alemanes y los franceses llamaban *glocke* y *cloche* a las campanas. Por eso buscaron un sonido similar. He ahí *clock*. *Glocke*, *cloche*, *clock*. Curioso.

Fin del paréntesis.

Los primeros relojes se instalaron en los monasterios porque allí se pasaban la vida rezando, y como no valía orar a cualquier hora, hubo que ajustar las oraciones a un determinado momento del día para no liarse. Eso de *Ora et labora* es la base de la regla benedictina, aquella que redactó Benito en el siglo VI antes de ser elevado a santo y con la que se empeñó en controlarlo todo. Y conste que con esto de la Regla de San Benito nos hemos quedado solo con eso de los rezos, pero este hombre no dejó asunto sin regular a lo largo de los 73 capítulos. Desde cómo tenían que dormir los monjes (todos vestidos y siempre con un fraile anciano intercalado entre dos jóvenes, porque Benito se conocía el percal) hasta el vino que un monje se podía beber al día (véase 610).

Y puesto que el fraile lo reguló todo, no iba a dejar de regular el tiempo para imponer las horas canónicas. Dividió el día marcando lo que se debía rezar en cada momento: maitines antes del amanecer; después, laudes; luego, prima; seguían con tercia, sexta, nona, vísperas y completas. Y cada uno de estos rezos duraba lo suyo. No está claro si Benito sufría insomnio o si solo tenía mala leche, pero desde luego organizó los rezos para que ni dios descansara dos horas seguidas.

La cuestión es cómo se apañaban para organizar todo este lío de rezos con una cadencia tan estricta y sin tener reloj. De día, cuando el sol marcaba el tiempo, más o menos se apañaban, pero por la noche se complicaba un poco la cosa, y en algunos monasterios se les juntaban maitines con laudes porque el encargado de dar el queo para avisar de que tocaba rezo había calculado mal. Era muy difícil regular el tiempo con precisión y con lo único que acertaban era con la salida y la puesta de sol. El resto, a ojo. Encima, durante la Edad Media, las órdenes religiosas proliferaron como setas y se vieron en la necesidad de inventar algún artilugio que marcara con la mayor exactitud posible los horarios de los rezos, por eso se cree que fue en torno al año 1000 cuando se construyeron los primeros relojes mecánicos, aunque ninguno de ellos se conserva.

Entre los siglos XI y XIII todos los monasterios quisieron tener su reloj, y el invento también se hizo necesario en unas incipientes ciudades que empezaban a prosperar. Los urbanitas, por tanto, necesitaban también organizar su trabajo. Cierre y apertura de comercios, quedadas para tomar cañas... En el campo no les hacía falta porque se medía el tiempo de forma natural. Mandaba el sol. Cuando salía, todo el mundo a trabajar; cuando se iba, cada mochuelo a su olivo. Se comía cuando había hambre y se trabajaba mientras hubiera luz. Se aprovechaban los momentos del día más frescos para trabajar, y cuando subía mucho el calor se paraba de currar. ¿Qué más daba si eran las doce, la una o las dos?

Pero en los monasterios y en las primeras ciudades el ritmo de trabajo era artificial. Se rezaba también de noche, se trabajaba también de noche. Los mercaderes y los artesanos necesitaban regirse por un horario, y también las catedrales advertían a la clientela de que debían acudir a rezar a base de campanazos. Por eso en los siglos XIV y XV se produjo una fiebre «relojil» en Europa central y occidental. Decenas de relojes públicos instalados en ayuntamientos y templos tenían montado un auténtico guirigay cada vez que daban una hora en punto, porque no sonaban todos a la vez. La tecnología aún no daba para que todos fueran perfectamente acompasados.

Y otra cosa, no hay que imaginar un reloj con su esfera dividida en doce horas, con sus dos agujas y su segundero. Cuando dieron la cara, cuando los relojes mecánicos ya pudieron verse en las torres de edificios e iglesias, solo tenían una manecilla que tardaba todo el día en dar la vuelta: la mitad de la esfera reflejaba doce horas, y la otra mitad, las otras doce. Esa aguja indicaba cuándo eran las tres y cuándo las cuatro, pero no era importante saber si eran las tres y diez o las cuatro menos cuarto. No hacía falta ir corriendo a todas partes.

Ay, el reloj, ese artilugio fascinante que por un lado nos dio precisión y eficacia para regular nuestra vida y por otro nos ha convertido en sus esclavos. Y también en unos tiquismiquis; vaya como prueba algo que afecta al Big Ben londinense: son tres los empleados que se encargan de darle cuerda los lunes, miércoles y viernes, y los tres se quejan de que esto de dar cuerda tiene un valor más simbólico que de utilidad. Porque antes la gente comprobaba si sus relojes iban bien mirando al Big Ben y ahora lo que hacen es vigilar si el Big Ben va bien mirando a sus relojes.

Y encima algunos llaman para quejarse de que va mal.

1798

Una aventura extraordinaria

19 de mayo de 1798. El puerto de Tolón, al sur de Francia, está petado. Una gran flota que supera los trescientos barcos está a punto de zarpar para trasladar a treinta y dos mil y pico soldados de élite, caballos, artillería, municiones, víveres y todo lo necesario para una invasión.

Solo esperan para partir a que embarque el tipo que está al mando de todo aquel tinglado, un joven y ambicioso general.

A media mañana llegó Napoleón Bonaparte y la flota zarpó rumbo al levante. Su destino era un secreto. Los objetivos, varios: políticos, estratégicos, territoriales, económicos y culturales.

Nada salió según lo planeado en Egipto, porque nadie esperaba tal fracaso de la expedición militar ni tantísimo éxito de la científica.

La famosa campaña de Egipto es una de las más cacareadas de la biografía napoleónica porque tuvo muchas consecuencias. Para bien y para mal. Desde el punto de vista cultural salió estupendo sin esperarlo; pero el sueño francés de expandirse por Oriente, conquistando Egipto y birlándoles la India a los británicos, se quedó en eso, en un sueño. ¿Por qué se metió Francia en ese berenjenal? ¿Por qué le encargaron precisamente a Napoleón semejante empresa? No es fácil orientarse, porque este episodio fue muy loco.

Primero, el contexto, que es importante.

Después de la Revolución francesa, con la monarquía decapitada y ya en marcha la Primera República, Francia estaba gobernada por el Directorio, un órgano político formado por cinco miembros a cual más inepto y a cual más corrupto. Resumiendo mucho su gestión, el Directorio funcionaba de pena, llevó a Francia a la quiebra y había insurrecciones por todas partes. Ruina total. Para asegurarse sus poltronas, a los miembros del Directorio no se les ocurrió otra que dar más poder al ejército, porque teniendo contentos a los militares también los tendrían de su parte para sofocar revueltas internas y para conseguir conquistas en el extranjero que trajeran dinerito fresco al país. Entre esos militares a los que contentaron había un general muy ansioso: Napoleón.

Napoleón era en aquel 1798 que nos ocupa una *celebrity*, un tipo de moda, un *instagramer* de haber sido nuestro contemporáneo. Tenía solo veintiocho años y un pico de oro; era mono, culto, y con un extraordinario genio estratégico y militar que le llevó a conquistar Italia para Francia. Al Directorio le venía de perlas aquel ídolo de masas, porque así los franceses estaban embobados con él y sus triunfos. Pero el monstruo les creció de más, y un monstruo aburrido es muy peligroso. Es famosa la frase de Paul Barras, uno de los miembros del Directorio, cuando, refiriéndose al chulito Bonaparte les dijo a sus colegas: «Promocionad a este, o se promocionará a sí mismo». Qué bien lo conocía.

A Napoleón había que mantenerlo entretenido, ocupado en batallitas en el extranjero que engrandecieran su fama, porque en cuanto lo dejaran en Francia mano sobre mano podría liarla. Y lo cierto es que su cabecita ya estaba bullendo con ideas golpistas, visto que el Directorio la pifiaba a cada paso y que cada vez provocaba más rechazo entre los franceses. «Debería derrocarlos y proclamarme rey», le confesó a alguien aquel jovenzuelo general.

Este era el panorama interno francés cuando el Directorio, envalentonado por los triunfos napoleónicos en Italia, retomó una idea nunca abandonada de invadir a su eterno enemigo, Gran Bretaña. El único que podría conseguirlo era el general Bonaparte, y nada le ponía más al ambicioso Napoleón que invadir a los británicos; pero no era tonto y sabía que eso, de momento, era imposible. A cambio hizo otra propuesta: dar a los ingleses donde más dolía, en el bolsillo. El plan que puso sobre la mesa era conquistar Egipto y desde allí amenazar la ruta comercial británica hacia la India, primero, y quitarles la India, después.

Genial, dijo el Directorio. Ponte a ello.

Con el beneplácito a la expedición, los miembros del Directorio conseguían, por su lado, alejar de Francia al poderoso y cada vez más incontrolable Bonaparte. Y Napoleón, por el suyo, tan contento, porque estaba desesperadito por culpa de la inactividad. Montar aquella campaña militar, con una flota de más de trescientos barcos y treinta y dos mil hombres, lo puso como una moto. Por fin un poco de marcha, y no solo militar, porque Napoleón, hay que reconocérselo, tenía ojo, tenía genio e ingenio, sabía que vivía en plena Ilustración y que Francia tenía que colocarse también en la vanguardia cultural del mundo.

Para el general, Egipto sonaba exótico y apetecible; sonaba a faraones, a héroes de la antigüedad. Había leído una obra muy popular entonces, *El viaje a Egipto y Siria*, de Constantin Volney, hasta entonces la mejor fuente de información sobre esa zona oriental. Si Alejandro Magno, su héroe, había conquistado Egipto, Napoleón también podría.

Por eso aquella expedición guerrera tenía un segundo objetivo científico. Ciento sesenta y siete sabios, desde biólogos a ingenieros, desde zoólogos a geógrafos, matemáticos, químicos, astrónomos, filólogos, cartógrafos, médicos... aceptaron embarcarse en aquella campaña sin saber a dónde iban ni a lo que iban. Solo se les prometió una aventura extraordinaria. Y vaya si lo fue.

Era importante mantener el secreto del destino para que los británicos no estuvieran al loro; más que nada porque el almirante Horatio Nelson buscaba a Napoleón como loco y a ciegas por el Mediterráneo con una gran flota. Sabía que andaba por allí, pero no sabía por dónde.

Y eso que Napoleón se entretuvo en el camino. Cómo sería este hombre —que no perdía oportunidad de incordiar ni cuando estaba de viaje— que dijo, pues ya que pasamos al lado, invadamos la isla de Malta. Y la invadió y se la quedó para Francia.

El caso es que Napoleón llegó a Alejandría, desembarcó y aquello fue relativamente fácil. Un poco de bronca, pelín de resistencia y la ciudad tomada en un pispás. Listo como era, se marcó un discurso conciliador: dijo que el islam era estupendo y que podían seguir a su bola. Les vendió la milonga de que aquello no era una invasión; los franceses estaban allí para librar a Egipto del yugo de los mamelucos, unos guerreros muy bestias que mandaban mucho, con malas formas, y descendientes de antiguos esclavos que acabaron haciéndose con el control del país.

Se supone que Egipto estaba bajo dominio otomano, pero en realidad los que mandaban eran los mamelucos, guerreros fieros y excelentes jinetes, que vestían con colores chillones y siempre con las armas resplandecientes. A ellos tuvieron que ir enfrentándose las tropas napoleónicas en su avance desde Alejandría hasta El Cairo. Y los ganaron, claro, porque los franceses llevaban cañones y fusiles, y los mamelucos solo manejaban espadas y lanzas. Pero su bravura y su coraje provocaron una profunda admiración en el general Bonaparte. Por eso cuando volvió a Francia se llevó con él a doscientos mamelucos que se convirtieron en una unidad de élite en el ejército napoleónico. Cada vez que los franceses iban a invadir algo o a pegarse con alguien, los mamelucos iban por delante porque daban mucho miedito.

Así se explica que cuando los madrileños se alborotaron aquel 2 de mayo de 1808, tuvieran que enfrentarse a franceses y a unos mamelucos bestias con sus bombachos rojo chillón, sus turbantes, con sus afilados alfanjes y gumías. Madrileños contra egipcios. Como aquello debió de ser muy extravagante, Goya fue y pintó *La lucha con los mamelucos*.

Para no enredarnos mucho con cuestiones guerreras, mejor resumir diciendo que aquella campaña militar de Napoleón en Oriente duró año y pico y fue un completo fracaso. El británico Horatio Nelson acabó dando con la flota francesa y la dejó medio destrozada, con lo cual Napoleón se quedó encerrado en Egipto y no pudo ir ni para atrás ni hacia delante. No importa, dijo Bonaparte, tiramos hacia Palestina, nos la quedamos y luego seguimos a por Siria; solo que en Siria pinchó en hueso y tuvo que volver por donde había ido.

¿Y mientras, qué hacía el grupito de sabios? Pues ellos, a sus anchas. Se instalaron en un palacio de El Cairo donde crearon una especie de Instituto, un cuartel general con biblioteca, laboratorio y sala de reuniones donde ponían sus investigaciones en común. Estudiaron Egipto de arriba abajo, iban y venían por el Nilo tomando apuntes, recogiendo muestras y birlando todo lo que podían. Tuvieron mucho mérito, porque a veces no era fácil tomar notas sorteando emboscadas y esquivando ataques. Aquel ejército pluridisciplinar de científicos no paró Nilo arriba, Nilo abajo. Lo dibujaron todo, con una precisión a veces casi fotográfica; levantaron planos, descubrieron el brillante Egipto preislámico, rescataron joyas arquitectónicas apabulladas entre construcciones modernas, y a partir de templos medio derruidos y pirámides semienterradas, imaginaron y rescataron el antiguo esplendor.

Aquellos 167 sabios redescubrieron un Egipto impresionante al que los gobernantes árabes llevaban siglos sin hacer puñetero caso porque todo lo que no fuera dios, Mahoma y el islam lo consideraban despreciable. Las pirámides eran construcciones tontas terminadas en pico; las tumbas, un lugar donde rapiñar los antiguos tesoros faraónicos; los templos, lugares maléficos; la pobre gran esfinge de Guiza estaba de arena hasta las cejas... Por cierto, no es verdad que la nariz de la gran esfinge la volara Napoleón de un cañonazo. Estaba desnarigada desde mucho antes.

La expedición científica enseñó al mundo los grandes centros religiosos de Karnak y Luxor, los obeliscos, las esfinges, los impresionantes templos, los jeroglíficos; encontraron la Piedra de Rosetta, descubrieron el misterioso zodiaco de Dendera y la liaron parda, muy parda, cuando dedujeron que aquella antigua civilización egipcia era mucho más antigua de lo que decía la Biblia. El hombre existía desde antes de que, supuestamente, lo creara dios. Las cuentas no salían.

Si no hubiera sido porque la expedición científica salvó la cara de la militar, de aquella campaña de Napoleón en Egipto solo se podrían recordar los desastres. Porque Bonaparte, así de claro, la cagó, pero como sabía ponerse de perfil, cuando regresó a El Cairo tras su funesta incursión en Siria y Palestina intentó disfrazarlo, como si allí no hubiera pasado nada; pero la cruda realidad es que los soldados hicieron intentos de amotinarse y lo abucheaban e insultaban cuando se presentaba ante ellos.

Así fue como, visto que en Egipto no había nada más que rascar, Napoleón decidió salir pitando porque en Francia se estaba liando una muy gorda. Dejó a las tropas tiradas, literalmente, y abandonó Egipto con todo el disimulo que pudo.

Y es que al Directorio le quedaban dos telediarios, iba a haber nuevo reparto de poder y Napoleón quería pillar cacho. Al mes de llegar a París ya estaba dando un golpe de Estado e instalándose como primer cónsul de Francia. A partir de ahí ya fue un no parar.

Mientras, un vendaval de egiptomanía empezó a recorrer Europa, y llegó un momento en que hubo más obeliscos fuera que dentro de Egipto.

1808
Un motín de pacotilla...

Con el asunto de la cacareada guerra de la Independencia española es aconsejable asumir la verdad desde el principio: si los franceses estaban instalados en España es porque les invitamos a entrar. Así de claro.

El 2 de mayo madrileño es muy mítico y está repleto de tintes heroicos, pero conviene desprenderse de orgullos patrios que solo sirven para adornarnos la realidad y despistarnos con presuntas proezas. Bastaría hacer una encuesta entre los más cercanos preguntándoles si saben por qué pasó lo que pasó y quién tuvo la culpa de lo que pasó, para comprobar que la inmensa mayoría de las respuestas se quedarían en una simpleza: pues que Napoleón nos invadió.

Bueno... ni sí ni no ni todo lo contrario.

Los representantes de la corona española nos metieron al enemigo en casa, lo dejaron mangonear a sus anchas y luego se largaron y nos dejaron todo empantanado. Así que, mejor entender primero qué nos condujo a aquel 2 de mayo dejando a un lado las heroicidades populares. Y hay un par de certezas que es mejor aceptar desde el principio: Napoleón era muy listo y en España reinaba una familia muy tonta.

Como esto tiene tintes de folletín, mejor empezar por presentar al elenco protagonista.

El rey Carlos IV, flojito, talento bajo mínimos, simplón, manejable; él quería su campo, su caza y que le dejaran de líos.

La reina María Luisa de Parma, ambiciosa y marimandona, a sus lujos y a sus joyas; le gustaba más el primer ministro que su marido.

Manuel Godoy, el primer ministro, con una carrera política que ni un Porsche 918 Spyder; de cero a cien en 2,6 segundos. Mangoneaba el reino, mangoneaba al rey y se lo pasaba en grande con la reina. Ocho de cada diez cortesanos no le soportaban, y, como curiosidad, fue el primero en este país que tuvo el título de generalísimo. Franco se lo copió.

Cuarto prota: Fernando, el príncipe de Asturias, el que luego acabó siendo el cretino de Fernando VII. Odiaba a su padre el rey porque le parecía un flojo; odiaba a su madre la reina por los líos que se traía con el primer ministro, y odiaba al primer ministro porque mandaba mucho; el príncipe Fernandito lo único que quería era darle un codazo a su padre y encajarse la corona cuanto antes.

Y por último, la estrella invitada, Napoleón, que dijo, si estos cuatro pavos están al frente del país, yo me meriendo España en menos de lo que tardo en decir *bonjour*.

España llevaba años en tratos con Napoleón. Nos metimos en la batalla de Trafalgar contra los ingleses por darle gusto, y le abrimos la frontera para que pasara a invadir Portugal también para tenerlo contento. El rey y Godoy iban cayendo en todas las trampas que les ponía, pero en cuanto Napoleón ya tuvo Portugal en sus manos y a sus tropas pululando libremente por España, se destapó diciendo que, ya que el rey le había ayudado a invadir, entregaría a España un trocito de Portugal, pero a cambio de quedarse él con un trocito de España. La exigencia, eso lo sabía todo el mundo, no se iba a quedar en un «trocito», porque cuando a Napoleón le dabas la mano, se tomaba el brazo. El primer ministro Manuel Godoy se percató justo en ese momento de que la amistad, si es que la hubo en algún momento, se había ido a tomar vientos. El interés de Napoleón estaba en quedarse con la península entera, de Finisterre al Cabo de Gata y del Cabo de Creus al de San Vicente.

Ese fue el plan desde el principio, pero aquí no se enteraron hasta que ya estuvieron las tropas gabachas empadronadas. Godoy se acongojó y vio como única solución largarse. Intentó convencer al rey de que había que alejarse de los franceses, camino del sur, y, si era necesario, embarcar y huir de España. Godoy se plantó en Aranjuez y le dijo a Carlos IV: «Vámonos, que esto se está poniendo fatal».

«Anda ya, Manolo, que se te están figurando los dedos huéspedes. Cómo vamos a salir huyendo… si Napoleón es amiguete». Godoy insistía: «Majestad, vámonos»; y su majestad, que no. Y así se tiraron tres días en Aranjuez. Vámonos, no nos vamos, vámonos, no nos vamos… Godoy intentando conseguir apoyos de algunos ministros y del Consejo de Castilla para que le ayudaran a convencer al rey de que había que huir hacia el sur; y los partidarios de Fernandito evitando que Godoy convenciera a Carlos IV de que había que largarse de Aranjuez.

En esos días de tiras y aflojas comenzaron a aparecer en el Real Sitio pasquines poniendo a Godoy de traidor para arriba, a la vez que se propagaban rumores por calles y tabernas sobre que Godoy quería convencer al rey para que huyera y abandonara a su pueblo en manos de los franceses. Estaban calentando el ambiente contra el ministro, y menos mal que el estulto de Fernando VII todavía no se había abierto cuenta en Twitter, porque en sus manos habría sido como una bomba de racimo.

Así se llegó al famoso 18 de marzo. Apenas pasaban unos minutos de las doce de la noche, cuando se oyó un tiro. Era la señal. Empezaron a aparecer paisanos de repente y todos a una se fueron a la casa de Godoy y la asaltaron. Arrasaron y saquearon también las viviendas de los políticos partidarios de Godoy, todo Aranjuez boca abajo, follón en las calles, contenedores ardiendo, rumores de que Godoy había huido...

Cuando amaneció se fueron a por el rey y le dijeron, ¿ves la que se ha montado por culpa de Godoy y por tu empeño de darle tanto poder? ¿Ves como el pueblo se ha amotinado contra tu primer ministro, que te lo venimos diciendo? ¿Y ves que encima el tío ha huido y te ha dejado tirado?

El pavo de Carlos IV, totalmente abatido y presionado por el ceporro de Fernandito y sus seguidores, firmó el decreto con la destitución de Manuel Godoy en la mañana de aquel 18 de marzo de 1808, que pasó a la historia como la del Motín de Aranjuez.

A Godoy, sin embargo, los amotinados no lo encontraron. Estuvo desde la medianoche del día 18 hasta el 19 por la mañana, escondido dentro de una alfombra enrollada en las habitaciones de servicio de su casa. Día y medio aguantando el hambre y la sed hasta que salió suplicando agua.

Quede claro, pues, que el Motín de Aranjuez estuvo perfectamente dirigido desde las alturas, orquestado por el príncipe heredero y sus partidarios. Al principio Fernandito solo tenía previsto cargarse a Godoy, pero al final le salió como una oferta dos por uno del Carrefour, porque Carlos IV se vio perdido sin su querido Godoy y aquel 19 de marzo abdicó la corona en su hijo traidor. La jugada le salió redonda al cenutrio: Godoy defenestrado y la corona en su poder.

El 23 de marzo de 1808, Fernando VII entró en Madrid saludando a las masas, y mientras, Napoleón pendiente de todo, sin perder ripio; esperando a ver si se mataban entre ellos para entrar él.

En cuanto se enteró de lo del motín, de la abdicación y de que Fernando VII se había proclamado rey, le dijo a uno de sus generales, a Murat, vete para Madrid y estate atento, que esto se empieza a poner interesante.

Casi a la vez que Fernando VII llegaron a Madrid y alrededores 36.000 soldados napoleónicos en plan muy tranquilito, sin dar la bronca, y se instalaron con el beneplácito real y con el ejército español dispuesto hasta a llevarles unos cafelitos.

El recién estrenado rey, quieto en palacio, porque lo último que quería era enfrentarse a Napoleón; lo necesitaba a su lado para que le reconociera como soberano. Ya negociaría lo que fuera y como fuera, pero primero tenía que asegurarse su aprobación para ser rey. Los españoles, mientras, diciendo, ¿aquí qué está pasando? Cada vez hay más franceses. Había cierta tensión de glúteos, pero todo se mantenía más o menos tranquilo, salvo pequeños roces aislados de los madrileños con los soldados napoleónicos.

A mediados de abril fue cuando Napoleón reclamó la presencia de Fernando VII en Bayona, en el sur de Francia, para tener una charla con él. Y al emérito Carlos IV, le dijo «vente tú también. Reunión familiar. Y te traes a Godoy y a tu señora». Y con toda la familia reunida en Bayona llegamos a la escena más absurda del folletín, la doble abdicación. Merece la pena imaginar el momento:

«Veréis lo que vamos a hacer. Fernando, ya le estás devolviendo la corona a tu padre. Y tú, Carlos, en cuanto la tengas, me la vas a dar a mí, que yo se la voy a pasar a mi hermano José».

Fernando VII abdicó en Carlos IV, Carlos IV fue rey otro ratito, abdicó en Napoleón y Napoleón después hizo rey a José I de la dinastía Bonaparte. No hay nada como un buen árbitro.

En Bayona, las broncas de la familia real delante de Napoleón fueron para verlas. Carlos IV llamando a su hijo tonto del capirote por la que había liado; Fernandito poniendo a parir a su padre, insultando a su madre y a Godoy; la reina arreándole un guantazo a su niño y llamándolo bastardo... Napoleón estaba como los bancos, que no daba crédito. ¿Hacia dónde pretendía ir España comandada por semejante tropa?

Y mientras, el país como pollo sin cabeza y sin dirección. Estaban todos en Francia.

En Madrid quedó una Junta de Gobierno presidida por el tío de Fernando VII, el pánfilo Antonio Pascual de Borbón que ni pinchaba ni cortaba, solo figuraba. A Napoleón le faltaba su última maniobra: sacar de Madrid a los dos miembros de la familia real que aún seguían aquí, los dos hermanos de Fernando VII que quedaban en palacio, la infanta María Luisa y el infante Francisco de Paula (por cierto, este muchachillo se parecía muchísimo a Godoy, era clavadito). Bonaparte tenía que sacar al resto de la familia y llevársela a Francia para no dejar aquí a nadie que pudiera ser proclamado rey ante la ausencia de los otros dos cabezas de chorlito.

... *las falacias del 2 de mayo...*

En este plan llegó el 2 de mayo de 1808, el día señalado para que abandonaran el Palacio Real de Madrid los últimos miembros de la familia camino de Bayona.

Los madrileños llevaban mosqueados más de un mes y planteándose preguntas para las que no tenían respuestas satisfactorias. El rey se fue el 10 de abril y no ha vuelto, cada vez los franceses mandan más, el capitán general de Madrid ya va diciendo por ahí «Oh la la» pese a que es de Colmenarejo... aquí pasa algo, se decía la mayoría.

A las nueve de la mañana del 2 de mayo dos carruajes salieron de palacio. Primero uno con la infanta, y cuando fue a salir el segundo con el chaval, un grupito de revoltosos que andaba por allí montó un follón, cortó los correajes y el carruaje no salió. Desde dentro de palacio salieron los primeros gritos de: «¡Traición!». «¡Vasallos, a las armas!».

¿A las armas? ¿Cómo que a las armas? ¿Nos habéis metido a los franceses en España y ahora los tenemos que echar los vasallos?

Pero como el populacho es obediente, pues nada, a las armas. El grupo de revoltosos comenzó a gritar: «¡Muerte a los franceses!» y la cosa empezó a liarse. ¿Pudo ser que aquello tuviera poco de revuelta popular? ¿Que estuviera todo tan orquestado como lo estuvo el Motín de Aranjuez? Sí, pudo ser, pero los historiadores, que son los que saben, no se han puesto de acuerdo. Para unos, el 2 de mayo fue un levantamiento popular espontáneo y para otros una conspiración animada desde dentro de palacio para hacerlo pasar por una revolución callejera. Solo había que prender la mecha para que el cabreo se extendiera y la gente se levantara. Lo mismo que se hizo en Aranjuez. Al zopenco de Fernando VII y su pandilla no les interesaba levantarse en armas contra Napoleón, por eso preferían hacerlo pasar como algo surgido espontáneamente en la calle; una reacción del pueblo en defensa de su rey.

En realidad, uno se pregunta qué hacía en las puertas de palacio aquel grupo de revoltosos. ¿Quién les avisó para que fueran a montar el pollo con la salida de los carruajes? Alguien tuvo que hacerlo. Uno de aquellos agitadores fue José Blas Molina, que fue el cabecilla que arrastró al primer grupo de madrileños al palacio real al grito de «¡Que nos lo llevan!».

Todo esto ocurrió a las nueve de la mañana, y media hora después el grupo cogió carrerilla y se plantó en la Puerta del Sol; allí se enredó más la cosa, los franceses pegaron los primeros tiros, la bronca se extendió por las calles de alrededor y la voz corrió por Madrid. La mecha ya estaba encendida. Los madrileños se liaron en el cuerpo a cuerpo y a navajazos contra los franceses, y los que no bajaron a la calle les tiraban tiestos desde las ventanas. Pero cinco horas después, a las dos de la tarde del 2 de mayo, la revuelta estaba sofocada; ya solo quedaba detener y fusilar al día siguiente.

La primera pregunta que viene a la cabeza cuando a uno lo dejan reflexionar sin entretenerle con supuestas hazañas y heroicidades varias, es: ¿y qué hacían los soldados españoles mientras el pueblo se partía la cara? Enseguida nos acordamos de los famosos Daoíz y Velarde, pero se echa de menos al grueso de la tropa, porque el grueso de la tropa estaba acuartelado. Tres mil soldados en Madrid silbando el pío, pío y mirando a Cuenca. No es que los franceses les cayeran bien, pero los generales españoles, los jefes, desconfiaban más de un escrache del populacho cabreado que de los franceses, por eso la orden fue que ningún soldado se moviese de su acuartelamiento; que los madrileños se apañaran como pudieran. Solo cuatro gatos uniformados desobedecieron. Luis Daoíz, Pedro Velarde, el teniente Jacinto Ruiz y setenta soldados más, que fueron aplastados como cucarachas por los franceses.

Alguien se había encargado de que la bronca del día 2 pareciera una revuelta popular. ¿Que salía bien? Estupendo; el pueblo había dado la cara y los de arriba recuperaban el mando. ¿Que salía mal? Pues qué se le va a hacer, que los maten a ellos que son los que se han levantado.

Cierto que, al margen de que sean tan sospechosamente espontáneos, los sucesos del 2 de mayo madrileño provocaron el levantamiento del resto de España, pero porque los españoles salieron a defender lo que no defendían ni los políticos ni los militares. Comenzaron a crearse juntas provinciales para plantar cara a los franceses y llenar el vacío de poder que había en el país.

Y ya está, seis años de guerra para echar a los franceses y que volviera el pérfido de Fernandito. Aquí lo correcto sería decir que, reclamando su vuelta, los españoles estuvieron un poco tontos, pero no; mejor dejar los eufemismos y decir directamente que hace falta ser muy gilipollas. Porque salir a recibir al mamandurrias del rey al grito de «¡Vivan las cadenas!» no tiene disculpa.

Seguramente Napoleón nos devolvió al rey porque no lo aguantaba ni un minuto más. Era servil, pelota, adulador, rastrero, y mientras los españoles se desangraban en mil batallas para que volviera, Fernando VII felicitaba a Napoleón por sus triunfos desde su prisión dorada. Intentó hasta que Bonaparte lo adoptara como hijo, y en sus cartas lo llamaba «primo». ¿Este es el tipo que quieren los españoles como rey?, se dijo Napoleón, pues que se lo queden.

Y así nos fue.

Llegó el 4 de mayo de 1808, momento en el que Madrid enterraba las consecuencias de su heroicidad: cuatrocientos muertos. Y entre ellos, ni un duque ni un humilde conde, ni un intelectual, ni siquiera un simple señorito. Curioso. Basta revisar la lista de víctimas para comprobar que, salvo tres oficiales y el puñado de soldados que los apoyaron, todos los muertos eran albañiles, criadas, carboneros, barberos.

Francisco de Goya fue uno de aquellos intelectuales que se quedó en la retaguardia y, la verdad, deseando que ganara el francés. El pintor era un afrancesado, y de hecho la famosa pintura de *Los fusilamientos del 3 de mayo* fue una forma de hacerle la pelota a Fernando VII cuando volvió a solicitar la hoja del padrón en España. Nadie crea que la pintó Goya cuando ocurrieron los hechos y movido por un sentimiento patriótico, por el sentimiento hacia las víctimas. No. Los fusilamientos pasaron al lienzo seis años después, cuando el rey felón retomó el poder, en 1814. En ese momento Goya escribió al gobierno español mostrando «el deseo ferviente de perpetuar por medio del pincel las escenas de nuestra gloriosa insurrección contra el tirano de Europa». El mismo tirano con el que Goya se había ido de cañas durante seis años.

Hay que entenderlo. Ese fervor patriótico le brotó de golpe para salvar el cuello, porque estaba señalado como traidor y su vida no valía un duro. Así que reaccionó y dijo, voy a ver cómo me camelo a Fernando VII y le pinto unos fusilamientos antes de que me fusilen a mí. Goya se libró porque, al fin y al cabo, era un pintor consagrado y le permitieron que se luciera.

Se esmeró en pintar dos obras que quedaron como símbolo de la resistencia contra el francés. Uno fue *La lucha con los mamelucos* (véase 1798). Y el otro, *El 3 de mayo de 1808. Los fusilamientos en la montaña del Príncipe Pío*. Lo fundamental es que, gracias al agobio de Goya por salvar su reputación patriótica, realizó la primera pintura antibelicista de la historia, porque por primera vez se mostraba la guerra como el mayor de los horrores. Ni ejércitos épicos, ni soldados heroicos. Solo hombres, vecinos del pueblo, con el espanto en el rostro.

... y las bondades de Napoleón

Porque de Napoleón se puede decir de todo y casi todo malo. Dictador, megalómano, invasor compulsivo... Pero también hay que aplaudirle por la decisión que tomó el 4 de diciembre de 1808. Aquel día, a un paso de plantarse en Madrid, se llevó el honor de ser el primero en prohibir la Inquisición en España. Terminaba, al menos de momento, un reinado de terror que ya duraba cuatrocientos treinta años.

De momento. Porque cuando Napoleón se largó, la Inquisición volvió.

Es normal que Napoleón nos caiga mal, porque si viene un tipo y te invade lo lógico es que te cabrees; pero analizado con reposo, quién sabe, lo mismo no nos habría venido mal que se quedara.

Si algo odiaba Napoleón eran la intolerancia, el fanatismo y la superstición religiosas, y esos eran, precisamente, los tres pilares de la Inquisición. No es que el Santo Oficio estuviera muy activo a principios del XIX, al menos no tanto como en los siglos anteriores, cuando casi te ponían el capirote de hereje por estornudar en misa, pero Napoleón ya traía metido entre ceja y ceja cargarse la Inquisición y ponerle freno a la castradora religión. Lo hizo con los famosos Decretos de Chamartín; unas órdenes que pretendían ser el primer intento modernizador de este país, aunque luego quedaran en papel mojado. Porque, claro, no íbamos a permitir nosotros que nos modernizara un extranjero. Aquellos decretos vinieron a cargarse de un plumazo la paletería española y el Antiguo Régimen, e intentaban reformar radicalmente la administración española.

El que ahora viene al caso es el segundo de esos decretos, el que abolió la Inquisición, aunque el tercero tampoco tenía desperdicio, porque suprimió dos tercios de los conventos existentes. En este país había casi más frailes y monjas que población civil.

Napoleón utilizó argumentos indiscutibles en su decisión para cargarse el diabólico Santo Oficio. Dijo él: «He abolido el tribunal contra el cual estaban reclamando el siglo y Europa. Los sacerdotes deben guiar las conciencias, pero no deben ejercer jurisdicción ninguna sobre los ciudadanos». Sería francés, pero tenía razón. Porque pese a que la Inquisición no estuviera muy activa, mejor rematarla; era un virus latente con suficiente autoridad para hacer la puñeta cuando le viniera en gana. A la Inquisición había que aplastarla sin miramientos, y tuvo que venir Napoleón a hacerlo.

Carlos III le puso freno unos años antes, pero no tuvo los suficientes arrestos para cargársela del todo. Solo hay que contar el bajón de los procesos inquisitoriales. Durante el reinado de Felipe V, el primer Borbón, se registraron setecientos autos de fe. Durante el reinado de Carlos III, solo diez; una presencia casi testimonial como para no preguntarse por qué demonios no acabó del todo con ella. Pues porque a todos los reyes les venía bien la Inquisición. A Carlos III también. Ha sido el brazo armado de la corona desde los Reyes Católicos hasta Fernando VII. Servía tanto para asesinar a los que ellos llamaban herejes, para quemar brujas y a Sandro Rey si lo hubieran encontrado, como para vigilar la educación, para aplicar censura y para impedir la entrada de locos liberalismos europeos. La Inquisición era como la Gestapo de la ultraortodoxia española, la cooperante necesaria de los reyes para que nadie les tocara las coronas. Les interesaba mantenerla, por mucho que alguno fuera vacilando de ilustrado.

A principios del siglo XIX, sin embargo, la Inquisición solo se ocupaba de perseguir delitos menores, pero porque ya no tenían a quien quemar. Los herejes prácticamente habían desaparecido del mapa. A los judíos los echaron, a los moriscos también y el resto aprendió a disimular. La Inquisición quedó para juzgar a los blasfemos, a los curanderos y a los bígamos. De vez en cuando mataban a alguien para no oxidarse y ponían unos cuantos sambenitos.

Pero había un delito muy curioso que también traía de cabeza a la Inquisición y que afectaba a los propios curas. El delito de solicitación, y esto tiene guasa. La solicitación eran los requerimientos sexuales que hacían los curas a las feligresas aprovechando la intimidad de la confesión. Tócame y te perdono, diría alguno. La Inquisición animaba a denunciar estos acosos, pero a la Iglesia siempre le ha dado no sé qué condenar a los suyos, y la mayor parte de las veces salía escaldada la denunciante. Es curioso que el Concilio de Trento impusiera el uso obligatorio del confesionario para evitar el contacto físico entre el cura y la penitente o los penitentes pequeños, y al final resultó que ese cubículo también era muy útil para la intimidad. En fin, que para eso quedó la Inquisición, para vigilar el *crimen sollicitationis*.

A lo que vamos es a saber si fue efectivo el decreto napoleónico para que los inquisidores se estuvieran quietos. Y de entrada, sí, funcionó. Primero los dejó desconcertados, y un rato después el emperador francés ya los estaba deteniendo a todos y clausurando todos los tribunales que pudo. En Madrid no quedó libre ni un solo miembro del Consejo de la Suprema Inquisición. Todos a la cárcel. Y en el resto de España, allí donde ya mandaban los franceses, fueron todos para la trena. Los únicos tribunales e inquisidores que se libraron fueron los de Mallorca y Canarias, porque las islas les pillaban a trasmano.

Pero la abolición de la Inquisición duró lo que duró Napoleón, aunque hay que agradecerle que la dejara herida de muerte. Luego llegaron las Cortes de Cádiz, que se tiraron meses y con mucha bronca por en medio, decidiendo si abolían o no la Inquisición, aunque al final la Constitución de 1812 salió sin un solo artículo referido a ello. Tardaron un año más en aprobar un decreto muy ambiguo que la suprimía, pero estableciendo los Tribunales Protectores de la Fe, que venían a ser los mismos perros con distinto collar. También es cierto que al final dio igual lo que hicieran, porque a las Cortes les quedaba poco tiempo de vida. Estaba a punto de entrar en escena el rufián de Fernando VII.

El rey mastuerzo declaró todos los decretos de las Cortes «nulos, de ningún valor y efecto, como si no hubieran pasado jamás tales actos».

Y otra vez la Inquisición volvió a dar la vara. Hasta que llegó Riego, con su himno y su pronunciamiento, y por tercera vez la Inquisición fue abolida. Pero regresó Fernando VII gracias a la madre que parió a los Cien Mil Hijos de San Luis, y volvió a ponerla, aunque se llamaran Juntas de Fe. Después de este regreso, la Inquisición tuvo tiempo de ejecutar a la que se ha llevado el honor de ser su última víctima. Cayetano Ripoll, un maestro valenciano que se negaba a llevar a sus alumnos a misa. Lo ahorcaron en 1826.

Parecía que la abolición definitiva no iba a llegar nunca, pero a la cuarta fue la vencida, con la viuda del zoquete Fernando VII, María Cristina de Borbón, y porque no le quedó otra. Como necesitaba el apoyo de los liberales contra los carlistas, le pusieron como condición que enviara a la porra al Santo Oficio. Por eso tragó.

En 1834 terminó la negra historia de la maldita Santa Inquisición. Pero no es para estar orgullosos. Mariano José de Larra acertó cuando le dedicó un epitafio: «Aquí yace la Inquisición, hija de la fe y el fanatismo. Murió de vejez». Como Franco.

1815

Frankenstein y el volcán

5 de abril de 1815. En la lejana Indonesia, el volcán Tambora entra en erupción. Al principio solo fueron un par de pedetes, pero cinco días después la cosa se puso seria. El estallido fue de tal calibre que la columna de humo y cenizas alcanzó la estratosfera. Primero subió hasta llegar a los 43 kilómetros de altura, y después esa cortina tupida y gris se extendió y oscureció el hemisferio norte del mundo durante los siguientes meses. El sol se nubló y 1816 pasó a la historia como el año sin verano.

En realidad pasó a la historia por algo más. Porque aquel verano destemplado, grisáceo y lluvioso trajo consigo el nacimiento de una criatura extraordinaria que parió la mente de Mary Godwin. Un moderno Prometeo, un ser a veces monstruoso y a ratos tierno que se convirtió dos años después, en 1818, en el protagonista del más célebre relato de terror. Para entonces, Mary ya había cambiado su apellido de soltera por el de Shelley.

La historia de Frankenstein la conocemos todos gracias al cine. La del jovencito, la del mayorcito, versiones nuevas, versiones viejas, en color y en blanco y negro, así que no se trata de hablar del relato, sino de conocer todos los cotilleos que provocaron que aquel año sin verano un grupo de cinco bohemios veinteañeros se reuniera en un pedazo de villa suiza. Se trata de conocer a esos jóvenes intelectuales pelín pijos; se trata de saber por qué Mary Godwin pasó a ser Mary Shelley, y se trata de saber si todo fue producto de la imaginación de la autora o si se fumó algo.

Quien haya visto la película *Remando al viento*, la que Gonzalo Suárez dirigió en 1987, ya sabe de qué va la cosa. Y para quien no lo sepa, se va a enterar. Pero antes, mejor presentar a los personajes y conocer sus circunstancias, situando el escenario y la atmósfera, porque si no llega a ser por aquella erupción del volcán indonesio en 1815; si no llega a ser porque en 1816 no hubo verano; si no llega a ser porque aquellos cinco personajes coincidieron a orillas de un lago suizo... Mary Shelley no hubiera publicado su relato dos años después. Era necesario un marco adecuado e incomparable como el que brindaron Villa Diodati, el entorno y la meteorología.

Vayamos al planteamiento, nudo y desenlace de esta historia.

Planteamiento. Primero hay que conocer a los cinco amigotes que fueron a pasar aquellos días de junio de 1816 a la Riviera Suiza. Y empezamos con las chicas:

Mary Godwin, diecinueve años. Hija de filósofos. La madre, feminista, y el padre, anarquista. O sea, que la niña salió suelta, lista, muy leída... y un poquito intensa, todo sea dicho. Mary creció admirando a una madre que no conoció porque murió once días después de haberla parido; una faena, porque la pobre Mary cargó toda su vida con un tremendo sentimiento de culpabilidad.

Estaba también Claire, dieciocho años, hermanastra de Mary, también lista y no menos intensa.

Y ahora vienen los tres chicos. Percy Bysshe Shelley era uno de ellos: veintirés años, niño aristócrata, rebelde sin causa y expulsado de Oxford por respondón, no por vago. Acabó siendo un poeta romántico y depresivo. Estaba casado y tenía dos niños, pero andaba en tratos carnales con Mary Godwin.

John William Polidori, veintiún años. Era médico, pero aspiraba a ser gran escritor. Siempre acompañaba a su paciente para cuidarle allá a donde viajara porque era de salud quebradiza. Y sobre todo para aprender algo de él, porque ese paciente debilucho al que cuidaba Polidori era la gran estrella invitada del asunto que nos ocupa, el que aglutinaba en torno a sí aquel complejo grupo humano:

George Gordon Byron, veintiocho años, muy famoso en Inglaterra desde bien jovencito, gran poeta, vanidoso, le gustaban ellos y ellas, saciaba todos sus apetitos cuando le apetecía y con quien le apetecía. También con esposa e hija a las que abandonó. En los momentos de los que hablamos estaba liado con Claire, la hermanastra de Mary.

El escenario lo puso Villa Diodati, alquilada por lord Byron para él y para su médico. Había salido huyendo de Inglaterra porque la sodomía estaba castigada con la pena de muerte, y como sus paisanos cada vez lo tenían más acorralado, decidió salir por pies, aunque él lo disfrazara de «me voy porque no os aguanto más, que sois muy cansinos». Aquellos días en Suiza con sus colegas románticos fue la primera parada de un largo periplo. Byron ya no volvió a Inglaterra. Bueno, sí, volvió, pero con los pies por delante.

Vamos llegando al nudo de esta historia. Tenemos a lord Byron y a su médico Polidori instalados en su casoplón, en Villa Diodati; y a los otros tres, a Mary, Claire y Percy, también de alquiler en una casita cercana, más modesta. Quedaban los cinco para pasear, para remar, para charlar y para lo que se terciara. No hay que perder de vista los líos entre ellos, que son importantes. Mary Godwin enredada con el poeta Percy, lord Byron achuchándose de vez en cuando con Claire, y el médico Polidori, sin perrito que le ladrara salvo su paciente, que era bastante borde con él.

Alguien definió aquella reunión en Villa Diodati como «el círculo más brillante y romántico de poetas, escritores y personalidades que Suiza jamás haya visto». Pues, la verdad, según se mire. Todos eran muy listos, cierto, pero con mucho aceite en la sartén cualquiera fríe bien. Tenían posibles, posibilidades y facilidades para ir a su bola.

El caso es que en esas andaban, con el tiempo feo y la climatología del revés por culpa del volcán indonesio, cuando, a mediados de junio de 1816, la cosa empeoró. Se metieron unas tormentas y unos vendavales que dejaron al grupito de amiguetes intelectuales, todos juntos, encerrados en la villa de Byron durante tres o cuatro días. No tenían WhatsApp ni tele ni radio ni Twitter ni Facebook. Solo tiempo.

Hace años, algunos bares pusieron de moda colocar un cartel que decía: «No tenemos wifi, hablen entre ustedes». Pues eso es lo que hicieron Mary, Percy, Polidori, Byron y Claire durante sus días de encierro forzado. Charlaron, leyeron, y como los cinco eran amantes de lo gótico, jugaron a meterse miedo contando relatos fantásticos y repasando cuentos de terror mientras la lluvia arreciando fuera, el retumbar de los truenos y el golpeteo de las ramas en los ventanales ponían el decorado perfecto.

Lord Byron propuso entonces que, aprovechando que estaban todos sugestionados por el entorno y por las lecturas, y mientras el tiempo no mejorara, ¿por qué no escribir cada uno un relato de terror, a ver qué salía de ahí? Curiosamente, a ninguno de los dos poetas famosetes, Shelley y Byron, les salió una buena historia. Los dos que armaron un buen relato de terror fueron Mary Godwin y el médico, John Polidori.

Mary escribió la historia de un doctor llamado Frankenstein que, por dar vida a un muerto, acabó creando un monstruo. Y Polidori escribió *El vampiro*, que va de un aristócrata inglés muy pijo, muy culto, muy vanidoso y muy borde que se dedicaba a seducir a jovencitas para chuparles la sangre. Y no hay que ser malpensado, porque Bram Stocker todavía no había ni nacido, y por tanto su *Drácula*, tampoco. Ya se puede deducir quién copió a quién.

Según contó años más tarde la propia Mary, la inspiración para el relato del monstruo le vino por una horrible pesadilla que tuvo una de aquellas noches de tormenta encerrada en Villa Diodati. Y es que ese grupito de veinteañeros le pegaba a los opiáceos; al láudano en concreto. Lord Byron para sus dolencias, Mary porque le ayudaba a dormir, la otra porque estaba depre, y el otro porque sí.

No hay que extrañarse, pues, de que Mary contara que soñó «con un estudiante de artes impías, de rodillas junto al objeto que había armado». Y que vio «el horrible fantasma de un hombre extendido que por obra de algún motor poderoso cobraba vida y se ponía de pie con un movimiento tenso y poco natural». Pues claro, si te acuestas hasta las cejas de láudano sueñas cosas raras.

El doctor Polidori, sin embargo, puso menos ensoñación y más mala leche. Porque el protagonista de su relato *El vampiro*, el aristócrata chulo, borde, vanidoso y seductor era clavadito a su paciente, a lord Byron, al que únicamente soportaba porque su compañía le permitía estar en la pomada de la intelectualidad.

Y ya llega el desenlace. La violenta tormenta que mantuvo al grupo encerrado aquellos cuatro días se fue con viento fresco, todos continuaron con su plácido descanso suizo y, cuando terminó agosto, para Mary, Percy y Claire también llegó el final de aquellas vacaciones de 1816, el año sin verano. Lord Byron no podía volver a Inglaterra, así que continuó un par de meses más en Villa Diodati y luego siguió viaje por Europa con John William Polidori.

Claire tuvo meses después una hija de la que, por supuesto, el papá Byron se desentendió. John Polidori acabó suicidándose con cianuro, seguramente harto de aguantar a su insoportable paciente, pero no sin antes ver publicado *El vampiro*.

Percy y Mary pudieron casarse porque la esposa de él también se suicidó, de ahí que cuando el relato *Frankenstein o el moderno Prometeo* se publicara firmado por su autora (inicialmente fue anónimo), apareciera ya Mary Shelley, no Mary Godwin.

Ese fue el apellido que se llevó a la tumba Mary, pero no fue lo único que conservó hasta el final la viuda de Percy B. Shelley. Aquel matrimonio duró poco, hasta 1822, cuando el poeta murió ahogado y acabó teatralmente cremado en una playa italiana (esperpéntico episodio que no viene al caso). Su viuda recibió el hígado o el corazón a la brasa (nunca quedó claro qué fue exactamente lo que se rescató de aquella pira funeraria) y con ella lo conservó toda su vida. Y con ella sigue, porque se lo llevó a la tumba.

Aquí se quedó, con nosotros, la genial criatura que creció en su mente aquel año sin verano.

1839
¿Opio o plomo?

Agosto de 1839. El político chino Lin Zexu envía una carta a la reina Victoria de Inglaterra exigiendo que los británicos dejen de introducir el opio en su país. La carta a la poderosa soberana europea decía en uno de sus párrafos: «Sé que en vuestro país está prohibido fumar opio. Ello significa que no ignoráis hasta qué punto resulta nocivo. Pero en lugar de prohibir el consumo de opio, valdría más que prohibieseis su venta; o mejor aún, su producción». Fin de la cita.

A doña Victoria, con todo su golpe finolis y su estricta moral, no se le movió una pestaña cuando terminó de leer la carta. Y es que, casi con total seguridad, el mayor narcotraficante de la historia no ha sido Colombia, ha sido Reino Unido. El cártel de Medellín no ha sido la más eficaz organización delictiva, lo fue la Compañía Británica de las Indias Orientales. Y si se trata de capos, Pablo Escobar no le llegaba a la reina Victoria ni a la suela del zapato.

La estrategia de cualquiera para hacerse de oro con el narcotráfico no ha cambiado en los últimos dos siglos. Consiste en introducir la droga, crear adicción y dejar que el negocio crezca solo. Cuanta más adicción, más demanda. Cuanta más demanda, más negocio. Y cuando Gran Bretaña decidió convertir en drogodependientes a cuantos más chinos mejor, lo hizo por venganza, por intereses económicos y por soberbia. Porque fue una época en la que los británicos no permitían que nadie les tosiera. Mucho menos ese imperio hermético y tradicional repleto de gentes con ojos rasgados.

El opio es más antiguo que el hilo negro. Se extrae de la adormidera, cultivada sobre todo en Oriente, una amapola muy bonica que guarda un juguillo blanco y lechoso. Esto luego se seca, se procesa y de ahí sale el opio. En Mesopotamia y Egipto se usaba como analgésico; en Persia, como anestésico; romanos y griegos le daban un uso medicinal, pero si querían tener una charla con algún dios, pues también le daban. Y en muchos otros lugares el opio servía a soldados y ciudadanos para mitigar el miedo a la guerra.

Con el paso de los siglos, con el avance de la investigación, se fue descubriendo que todo lo que tuviera que ver con el opio, ya fuera en plan jarabe, en grageas, como linimento o en enemas, ayudaba a los enfermos. Aunque intentaban vender que lo curaba prácticamente todo, en realidad no curaba absolutamente nada.

El opio ayudaba a sobrellevar el dolor, suministraba placer, relajaba, quitaba la angustia, serenaba el ánimo... muy bonito todo. Sí, ya.

Hasta que empezó a ser palpable que aquello generaba una dependencia del copón.

Los enfermos ya no buscaban opio para el alivio de su mal. Se hacían los enfermos para conseguir la droga y provocaron la peor de las enfermedades, la adicción.

Los que empezaron a fumarse el opio fueron los chinos, que se inventaron un aparatejo con una pipa larga. Al principio fumaban con moderación, sin pasarse, y buscando un supuesto beneficio medicinal. Hasta que llegaron los británicos y pensaron que sería muy fácil desestabilizar el país si convertían a los chinos en adictos. Exactamente lo mismo que hizo Pablo Escobar en Estados Unidos: inundar el mercado estadounidense con cocaína y convertir a los yanquis en adictos. Pues Pablito no inventó nada. Estaba inventado. Eso ya lo hicieron los británicos con los chinos en el siglo XVIII.

Allá por 1773, Gran Bretaña tenía el monopolio del opio que se cultivaba en la India. Los británicos controlaban las plantaciones, el procesamiento, el almacenaje, la venta... o sea, unos narcos en toda regla. Y resulta que ya a finales de aquel siglo XVIII la economía británica pasaba por serias dificultades, por no decir que el país estaba prácticamente en bancarrota. La razón era que Gran Bretaña había perdido un lucrativo negocio en América porque se acababan de independizar las famosas trece colonias.

Estados Unidos empezó a andar solito y la corona británica perdió aquel gran pedazo de pastel que sustentaba su economía. Por ejemplo, ya no se podían llevar a Reino Unido tan alegremente el algodón americano. Ahora tenían que comprarlo. ¿Qué hicieron? Volcarse en el comercio con China, pero dieron con la horma de su zapato. Los británicos quisieron imponer sus reglas de juego comerciales, y los chinos les dijeron que tararí que te vi, que en China se jugaba con las reglas de los chinos.

Gran Bretaña necesitaba de ellos mucho té, mucha seda, mucha porcelana y mucho algodón. Los chinos querían que les pagaran con oro y plata, sobre todo plata, pero eso no les venía bien a los británicos porque les desequilibraba su balanza comercial. Los ingleses no querían estar soltando plata y más plata, sobre todo porque no la tenían. Querían conseguir que el gigante asiático se abriera al comercio, que los chinos no solo les vendieran, que también compraran productos a Reino Unido. Y los chinos, que no; que no compraban, que solo vendían.

Muy bien, dijeron los británicos ya metidos en el siglo XIX. Pues si no queréis por las buenas, lo haremos por las malas. Y tenían tanta producción de opio en la India, que empezaron a introducirlo en el mercado chino. Nadie pudo imaginar la velocidad a la que se iba a extender el contrabando y el consumo del opio. Empezaron a proliferar los fumaderos y millones de chinos acabaron colgados. Ya les importaban un pito las supuestas bondades medicinales. Ya fumaban por fumar.

Había tanta demanda de opio, y se convirtió en un producto tan competitivo, que lo que no habían conseguido los encuentros diplomáticos para equilibrar la balanza comercial lo estaba consiguiendo la adicción. China estaba hincando la rodilla económicamente, no solo porque estaba entrando el opio británico a espuertas sin tenerlo previsto, también estaba arruinándose socialmente por un número imparable de adictos que andaban tirados por las esquinas, y con la economía familiar arruinada porque el opio se llevaba dos tercios del jornal.

A las autoridades chinas el asunto se les fue de las manos. No sabían cómo atajar aquel desorden moral, y tenían una tremenda bronca interna porque unos apostaban por prohibir totalmente el consumo y perseguir a los narcotraficantes sin tregua, mientras otros apostaban por la legalización para acabar con el mercado negro. Y hablamos de 1834. Resulta que llevamos doscientos años discutiendo sobre lo mismo.

Al final optaron por prohibir el consumo, perseguir a los traficantes de opio y plantar cara a los británicos. Ahí fue cuando el comisario imperial Lin Zexu escribió a la reina Victoria de Inglaterra la carta que abría este texto, exigiendo que sus chicos dejaran de introducir opio en China y amenazando con tomar medidas si no cesaba el narcotráfico. No hace falta insistir por dónde se pasó la soberana el ultimátum.

El comisario Lin cumplió. Bloqueó el puerto de Cantón, confiscó veinte mil cajas de opio valorado en 5 millones de libras que aguardaban a ser desembarcadas y las destruyó. ¿¡Cómo!? Se sorprendieron en Londres. ¿¡Que han hecho qué!? ¿¡Que han destruido nuestra droga!? Y enviaron a China cuatro mil hombres en unos cuantos barcos de guerra para exigir por las bravas que se legalizara el comercio del opio y que les indemnizaran por la droga destruida.

Así fue como empezó la primera guerra del opio en 1840. Británicos y chinos no se pusieron de acuerdo y acabaron intercambiando plomo. Un año estuvieron a tiros, hasta que China capituló, y esta rendición les trajo pésimas consecuencias: no solo que los británicos siguieron metiendo opio a espuertas y enganchando a los chinos a la droga, también China tuvo que pagar una factura de guerra tremenda y abrir cinco de sus grandes puertos para que Gran Bretaña comerciara libremente con los productos que le vinieran bien.

Y una consecuencia más: China tuvo que dar pleno dominio a los británicos de la isla de Hong Kong durante 155 años. Seguro que muchos recuerdan aquel año de 1997, con infinidad de actos que ofrecieron todos los informativos cuando los británicos tuvieron que devolver Hong Kong a China. Ya habían pasado los 155 años y muchos, la inmensa mayoría, no tenía ni idea de que Reino Unido se hubiera quedado con la isla durante siglo y medio gracias a la droga; gracias al opio.

Pero si estamos hablando de la primera guerra del opio entre Gran Bretaña y China, está claro que, como mínimo, hubo otra más. Y es que en China se juntaron el hambre con las ganas de comer. Tras la primera guerra del opio, con la mitad de los chinos fumados, con la economía maltrecha, con el ejército deprimido porque no estaban acostumbrados a perder, con protestas sociales por todo el imperio, y con una tremenda crisis política porque el mundo había cambiado y los chinos andaban estancados en una maquinaria estatal tradicional y antigua, los británicos vieron la oportunidad de seguir apretando las tuercas para sacar más rendimiento.

Y como el resto del mundo estaba ojo avizor a ver qué pasaba, en cuanto vieron a China debilitada, también se presentaron en sus puertos diciendo ¿qué hay de lo mío? Estados Unidos y Francia fueron dos de las potencias que quisieron meter cuchara en el mercado chino.

China que no, y los demás que sí, y en 1856 se lio la segunda guerra del opio, quince años después de que hubiera terminado la primera.

Y también perdió China. Tuvo que firmar otro tratado con tan pésimas consecuencias como el primero. China era un perro flaco, y todo eran pulgas.

El país quedó tan debilitado que todo el que pasaba por ahí pegaba un mordisco. Japón, España, Portugal se unieron a franceses, estadounidenses y británicos para sacar tajada. Y todo gracias al opio.

Tiene guasa la cosa. Lo de plata o plomo no lo inventó Pablo Escobar. Antes ya dijeron los británicos eso de opio o plomo.

1844
El mundial negocio del fin del mundo

Qué agobio aquellas Navidades de 2012 en las que algunos se empeñaron en que el mundo se iba a acabar coincidiendo con el fin del calendario maya. Íbamos a morir todos.

Esa catástrofe que nunca llegó solo fue la última de una larga lista de vaticinios fallidos. Como el que hizo William Miller, aquel predicador que inició el movimiento millerista con el que medio Estados Unidos acabó convencido de que el 22 de octubre de 1844 se produciría la segunda venida de Jesús y, con él, el fin del mundo.

Lo malo es que siempre que alguien dice que el mundo se va a acabar, hay alguien dispuesto a creérselo. Como si algunos sintieran la imperiosa necesidad de que el mundo se acabe. Lo que pasa es que el tal William Miller la lio muy gorda, y menos mal que el mal augurio no saltó las fronteras de Estados Unidos. El mundo no se acabó y siguieron los yanquis con sus angustias, que dicho así suena raro, porque poco tiene de angustioso el hecho de que el mundo no se acabara. Se supone que era una buena noticia, pero solo para alguien con dos dedos de frente, no para los milleristas.

Cuando dieron las 12 de la noche de aquel 22 de octubre sin que el mundo reventara, el día pasó a la historia como el de «la gran decepción». Pese a que no se cumplió nada de lo vaticinado, aquel movimiento millerista en el siglo XIX ha dejado importantes secuelas, aún hoy muy palpables. Los adventistas, por ejemplo. En el mundo hay unos catorce millones de estos cristianos, y son los que siguen empeñados en que venga Jesús y envíe el mundo a hacer gárgaras.

Y esto, que no debería haber pasado de ser la chorrada que dijo un loco hace casi doscientos años sin que se saliera de los límites del anecdotario histórico, resulta que no, que los adventistas siguen esperando la segunda venida de su líder, momento en el que los malos volaremos por los aires. No han especificado qué prefieren primero, si que venga Jesús o que los demás caigamos fulminados.

Pero conozcamos al que armó todo este lío, William Miller. No parecía un mal tipo. Fue un estudioso de la Biblia que empolló de más y se la aprendió al pie de la letra. Él quería entenderla, aplicando la razón, versículo por versículo. Empezó por el Génesis, y línea a línea se propuso entender y asimilar todo lo que se decía y lo que significaba, sin dejar espacio a la metáfora y la ficción bíblica, que ocupa el 99,9 por ciento de sus páginas. Se desconoce qué razonamiento aplicó cuando llegó a donde se dice que Matusalén celebró 969 cumpleaños.

Leyendo y razonando, razonando y leyendo, Miller se enfrascó en el Libro de Daniel, capítulo 8 versículo 14, donde se dice, con una redacción tremendamente enrevesada, que el gran santuario se purificaría después de dos mil trescientas tardes y mañanas, así que cogió papel y lápiz y se puso a echar cuentas.

Pero, claro, ¿desde dónde empezar a contar? ¿A partir de cuándo? ¿Cuál era ese gran santuario que tenía que purificarse?

Esos son los típicos problemas que surgen cuando uno se pone a pensar de más. Primera presunción: el gran santuario que se iba a purificar, pensó Miller, era Jerusalén, aunque también dedujo él, en segundo lugar, que se refería a todo el planeta Tierra. Esa purificación iba a consistir, tercera deducción, en grandes llamas que bajarían del cielo y en el inicio del Juicio Final, ese fatal momento en el que alguien dirá «tú sí, tú no, tú sí, tú no…».

Cuarta deducción: esas dos mil trescientas mañanas y tardes en realidad eran años, y después de echar muchas cuentas que serían un poco peñazo de relatar porque hay que partir de un año hebreo, William Miller concluyó, literalmente, que «Jesucristo vendrá otra vez a esta tierra, limpiará, purificará, y tomará posesión de la misma, con todos los santos, en algún momento entre el 21 de marzo de 1843 y el 21 de marzo de 1844».

Pero Jesús dio plantón.

Aquellos doce meses pasaron sin pena ni gloria para desgracia de todos sus seguidores, que dejaron sus trabajos, abandonaron sus cosechas y donaron sus bienes. ¿Cómo era posible que las locas predicciones de semejante visionario de pacotilla hubieran llegado a tanta gente? Y, peor aún, ¿de dónde salió tanto iluso dispuesto a creérselas?

Sus seguidores se concentraron sobre todo en la costa este y se enteró todo el mundo porque los pronósticos se publicaron y corrió el boca a boca. Y además había un caldo de cultivo muy propicio: por esa zona se había instalado el puritanismo desde que llegaron un par de siglos antes los famosos peregrinos a bordo del *Mayflower*, aquellos fundamentalistas que, además de empezar la tradición de comerse un pavo como acción de gracias, se dedicaron a perseguir brujas en Salem. Con los años, lo de las brujas se les pasó un poco, pero el fundamentalismo no, y había muchos dispuestos a creerse cualquier idea sacada directamente de la Biblia y a seguir a cualquier tipo que la enarbolara.

Tras la fallida predicción y el decepcionante resultado de la cita divina, algunos enviaron a freír espárragos a Miller, pero otros decidieron poner la otra mejilla. Aquel chasco se conoció por los milleristas como «la primera desilusión». Jesús no vino y los malos no ardieron en el fuego bíblico. Cachis.

Pero muchos siguieron convencidos de que en algún momento el crucificado volvería, que tarde o temprano vendría a cargarse el mundo y a llevarse a los buenos con él. William Miller aceptó haber cometido un error de cálculo y así lo dejó escrito: «Confieso mi error y reconozco mi decepción; pero aún creo que el día del Señor está cerca, casi a la puerta».

Esta vez no se puso él solo a rehacer las cuentas; se sumaron muchos más, y de nuevo se volvió a poner fecha en el calendario: el día fetén en el que todo se iría al garete sería el 22 de octubre de 1844.

Pues nada, venga, otra vez a esperar el desastre.

Los que lo esperaban estaban convencidos de que ellos eran los buenos, que Jesucristo los iba a declarar inocentes en el Juicio Final. Y mientras, los incrédulos, los que se supone eran los malos, siguieron a lo suyo. Para ellos el 22 de octubre se presentaba como un día más, pero no lo fue.

En la costa este se montó la marimorena. Aquel día miles de personas se lo pasaron rezando y mirando al cielo esperando que cayeran chuzos de punta ardiendo. Pero amaneció el día 23, y nada. ¿Qué? ¿Otro fallito de cálculo?

El cachondeo empezó en los periódicos, con burlas en la calle a costa de los incautos y con broncas muy gordas según se encajara mejor o peor el fiasco. Los exaltados quemaron y saquearon varias iglesias milleristas, apalearon a varios seguidores de Miller y a otros los embadurnaron con alquitrán y plumas. Lo que para los milleristas fue «la gran decepción», para los que no picaron fue la fiesta padre.

Pero muchos no dieron su brazo a torcer. Jesucristo iba a venir sí o sí; algún fallo habría, algún detalle se les había escapado, pero ¿cuál?

Como William Miller dejó de echar cuentas, otros tomaron el relevo y encontraron, según ellos, dónde había estado el error. Aquel 22 de octubre de 1844 Jesucristo no tenía previsto venir al planeta Tierra, lo que en realidad hizo fue comenzar un «juicio investigador» de todas y cada una de las personas que habitan este mundo para decidir cuántas de ellas se salvarán. Después de ese juicio, Jesús se dará un garbeo por el planeta, sin fecha concreta.

Esto, evidentemente, es un timo y el cuento de nunca acabar, porque si sigue naciendo gente y cada vez somos más humanos (vamos ya por siete mil millones), siempre habrá alguien nuevo a quien investigar. Alguien tendrá que decir ¡hasta aquí! Mientras, un puñadito de millones de adventistas sigue esperando que Jesús acuda a la cita.

Casualmente, hay otros dieciséis millones de humanos que se agrupan en otra secta que no comulga con la de los milleristas en cuanto a idas y venidas de Jesucristo, pero sí están de acuerdo en lo fundamental (con esta y con todas las demás iglesias, ya sean monoteístas o politeístas): se creen en posesión de la verdad y están seguras de tener a dios de su parte. Son los mormones, cuyas peculiares creencias se remontan también a la misma época, en la misma zona y teniendo como protagonista también a un tipo visionario. Tanta coincidencia seguro que tiene una sesuda explicación, pero seguramente baste decir «sacacuartos» para entender cuál era y es el verdadero objetivo.

Todos los hemos visto por la calle, siempre de dos en dos. Pantalón negro, camisa blanca, corbata, buenos modales, gesto angelical y, si te descuidas, te lo cuentan. Son jóvenes misioneros que intentan captar fieles para la Iglesia de Jesucristo de los Santos de los Últimos Días, nombre rebuscado a cuyo amparo se reúne un grupito humano desde que, en 1830, un tal Joseph Smith decidiera fundar esta nueva empresa. Smith fue un hombre de imaginación agitada y bendecido con el don de las visiones, gracias a las cuales sentó las bases del tinglado mormón.

Todo empezó en un bosque de Nueva York, cuando un jovencito Joseph Smith se adentró en la espesura buscando respuestas. A qué iglesia seguir, dónde estaba la verdadera fe, qué cenaré esta noche... Y en estas que se le aparecieron dios y su hijo, que le dijeron: «Joseph, ninguna iglesia es guay; todas se han corrompido. Tienes que fundar una renovada». Probablemente le apremiarían diciéndole «y hazlo ya, que los adventistas se te van a echar encima».

El joven Smith aceptó el encargo, aunque no sabía muy bien por dónde tirar ni cómo hacerlo. Menos mal que siguió recibiendo visitas que le orientaron en su misión. Primero un ángel, luego san Juan Bautista, después san Pedro, Santiago vino después... Y así, a base de revelaciones divinas e inspiración propia, supo Smith cómo ir dando forma al *Libro de Mormón*. Mormón era un antiguo profeta; Smith, el elegido; y el libro, una especie de Biblia en donde se dice, entre otras cosas, que Jesucristo estuvo en América tras haber resucitado. Lo de Colón fue después.

Y si ya tenemos libro, profeta y representante de dios en la tierra, solo faltaba que Smith reuniera a suficiente personal dispuesto a decir amén a su doctrina.

Al principio Smith tuvo mucho tirón, pero luego se le fue la mano con eso de la poligamia, porque se agenció cuarenta esposas. Lo que para él fue una revelación divina, para las autoridades federales fue escándalo público, así que su ajetreo sexual lo llevó a la cárcel, donde una turba de ciudadanos que lo tenían por un caradura, lo linchó. Ahí se acabó Joseph Smith, fundador de la Iglesia de Jesucristo de los Santos de los Últimos Días.

Pero su doctrina sigue aquí, alimentando almas y alimentándose de los dueños de las almas dispuestos a dar el 10 por ciento de sus ingresos para la causa.

1849
Toro de Benjumea contra tigre de Bengala

Asunto tan imperfecto como vergonzoso el que viene a continuación. El 12 de mayo de 1849, en la antigua plaza de toros de Madrid, se enfrentaron un tigre de Bengala y un toro de lidia para entretener a un público que, lejos de merecer el adjetivo de respetable, se pirraba por estos espectáculos sangrientos de luchas de fieras contra toros.

Aquella tarde ganó el toro, y lo malo es que se merendó a la fiera tan rápido que se lio una muy gorda. El público quería sangre y que el sufrimiento de los animales se alargara cuanto más tiempo, mejor. Pagaban por ver matarse a zarpazos y cornadas a dos bichos poderosos.

Por eso cabe preguntarse qué pasa por la cabeza de un supuesto ser humano que disfruta viendo cómo se enzarzan en una pelea a muerte dos animales solo para entretenimiento de alimañas de dos patas. Da igual que sean dos gallos, dos perros, un tigre y un toro, un toro y un elefante... o uno oso, una pantera y un león contra un toro... Porque todas estas circunstancias se han dado desde hace cuatro siglos y hasta principios del XX en España. Tenemos la barbarie incrustada en los genes.

Los animales solo luchan cuando es estrictamente necesario; por su territorio, por aparearse o por la comida... Hasta que entran en el juego otros animales, los humanos, y deciden que tienen que pegarse porque sí, por disfrute. Lo que ocurrió aquel 12 de mayo de 1849 entre un toro de nombre *Señorito*, y un tigre de Bengala sirve para conocernos un poquito mejor.

Como era costumbre, aquella tarde se levantó en el centro del ruedo una jaula para encerrar a los dos animales. Porque la barrera de una plaza sirve para frenar a los toros, y no siempre, pero un tigre se la salta a la torera y se puede zampar a dos espectadores sin miramientos. Y en aquella jaula se juntaron *Señorito*, de la ganadería sevillana de José María Benjumea, con divisa azul y rosa, y un real tigre de Bengala sin divisa. Los dos bichos se miraron, *Señorito* se fue a por el tigre y diez minutos después, el de Bengala ya era historia. Gran mosqueo en los tendidos porque el espectáculo se había quedado en nada. El público se amotinó, a *Señorito* se lo llevaron a punta de capote a chiqueros y el empresario tuvo que prometer otro encierro de toro y fiera para que no le quemaran la plaza.

Meses después se organizó otro espectáculo en desagravio por el frustrado de mayo, porque no era fácil montar estos saraos. En España no había ganaderías de tigres y no era tan fácil conseguir otro. Tampoco interesaba que volviera a salir *Señorito*, porque era más fiero que las fieras, así que hubo que tentar a otras reses que estuvieran más por la labor de dar espectáculo. Se eligió a *Caramelo*, un cinqueño colorado y bragado, y como enemigo se optó por un león de nombre *Julio* y un tigre que hizo de sobrero. Al final, el toro también ganó, pero hubo espectáculo y, sobre todo, duró más. *Caramelo* volvió a chiqueros entre aplausos. No lo sacaron a hombros.

Este asunto se registró a mediados del siglo XIX, pero no era ninguna modernez. El gusto de enfrentar a toros contra fieras ya le pirraba a Felipe II, y era una de las principales aficiones del rey y su mujer de entonces, Isabel de Valois: ver enfrentamientos de toros y fieras. Al rey le enviaban como regalo bichos exóticos y en el Alcázar de Madrid, lo que hoy es el Palacio Real, había un patio que llamaban la leonera, donde los guardaban hasta que se organizaba algún espectáculo con toros. El entretenimiento continuó con Felipe III y alcanzó su máximo apogeo con Felipe IV, cuya afición merece atención especial.

Visualicemos la siguiente escena: una plaza atestada de un público vociferante, excitadísimo, encaramado en gradas y protegido por talanqueras; en el centro de la plaza, encerrados todos juntos, un león, un tigre, un oso, una zorra, dos gatos monteses, una mona, un camello salvaje, un caballo desbocado, una mula, un toro y dos gallos (lo de los gallos es lo más desconcertante). Los trece animales, despistados perdidos porque no entienden qué hacen allí con esa fauna y entre tanta bestia de dos patas, están siendo azuzados por seis hombres armados con pinchos que los hostigan para que se enfrenten entre ellos.

Adivinen cuál de los animales se hizo el dueño de la plaza y mató a todos los demás. El toro.

Corría el año de 1631 y era uno de esos festejos sangrientos con los que los reyes entretenían a la plebe de vez en cuando para ganarse su favor. El espectáculo que nos ocupa, con el toro, el león, el oso, la mona, los gallos... lo organizó el ministro conde duque de Olivares en el Retiro de Madrid para celebrar que el príncipe de Asturias, el hijo de su señor el rey Felipe IV, cumplía dos añitos.

Porque toros y reyes han ido en este país íntimamente unidos, sobre todo con los Austrias y los últimos Borbones, que eran y son taurófilos. A los primeros, en cambio, no les gustaban nada los toros: a Felipe V le ponían malo, a Fernando VI le horrorizaban y Carlos III no le veía la diversión por ninguna parte, así que tan pronto financiaban una plaza de toros como paralizaban la construcción de otra; o tan pronto sacaban reales órdenes que prohibían las corridas como abrían la mano y autorizaban espectáculos con la excusa de financiar un puente, una muralla o un hospital porque los españoles echaban de menos la sangre. Pan y circo.

Pero volvamos al jolgorio del Retiro con el rey disfrutón Felipe IV, que consiguió reunir en un solo espectáculo dos de sus grandes pasiones, los toros y la caza (las otras dos eran las mujeres y el teatro). En aquel espectáculo que le montó su valido el conde duque de Olivares se convocó al personal en el parque del Retiro de Madrid, y todos se lo pasaron en grande gracias a la carnicería que montó el toro. Lo malo es que cuando el astado quedó dueño del coso no había quien se hiciera con él. Menos mal que allí estaba Felipe IV, que solucionó el asunto en un pispás. La crónica de la época no tiene desperdicio: «Viendo nuestro César [el rey] que era imposible despejar el circo de aquel monstruo español [el toro] pidió el arcabuz y sin perder la mesura real ni alterar la majestad del semblante, hizo la puntería con tanta destreza que la muerte del toro fue instantánea».

¡Qué tío!

Porque fue Felipe IV el que innovó la fiesta introduciendo esa variante de disparar al toro, al oso o al león desde el palco real cada vez que acudía a un festejo a lo largo y ancho de todos sus reinos. Se convirtió en un lucimiento personal para hacer alarde de su puntería, y se hizo costumbre que el respetable se lo pidiera como remate del espectáculo. Algunos poetas, como Lope de Vega sin ir más lejos (y pelota como él solo), ensalzaban al toro por haber tenido el enorme privilegio de haber sido fulminado por el mismísimo monarca:

> Dichosa y desdichada fue tu suerte,
> pues, como no te dio razón la vida,
> no sabes lo que debes a tu muerte.

Ahí está ese Lope, encima tratando como estúpido al toro por no enterarse de que lo ha matado todo un rey.

Y era el conde duque de Olivares, el mayor mangoneador del reino, el que no paraba de organizarle a Felipe IV corridas de toros o luchas de toros con fieras. Sabía que la debilidad del rey era cazar, y si lo mantenía entretenido en el campo o en la plaza, disparando a jabalíes o a toros, a Felipe IV solo le quedaría tiempo para firmar lo que le ponían delante. De este detalle se percató todo el mundo. El embajador de Venecia escribió en una ocasión que Felipe IV mostraba tanto gusto por la equitación y la caza, «que el conde de Olivares procura entregarle todo el día a esos ejercicios, no dejándole sino el tiempo necesario para firmar las decisiones del Consejo».

Pero llegó el momento en el que al valido se le acabó el chollo porque todo el mundo acabo calándolo. Ahora bien, tiene guasa que cuando el rey lo apartó de su lado, lo desterrara a una bonita ciudad de Zamora. A Toro. Qué cosas…

Y una curiosidad: los animales salvajes que le regalaban a Felipe IV se guardaban en el Real Sitio del Retiro, en lo que se llamaba la Casa de Fieras, que acabó siendo el germen del primer zoo de Madrid. Allí había osos, elefantes, panteras, tigres, leones… y cada vez que el rey quería juerga porque se ganaba una batalla o porque nacía una infantita o un principito, utilizaban a esas fieras para montar espectáculos y contentar a la plebe.

Hay infinidad de festejos documentados en los que se enfrentaban fieras contra toros, y fueron los reyes los que pusieron estos espectáculos de moda para que el populacho se fuera aficionando. Por eso esta salvajada llegó hasta el siglo XX y se continuaron celebrando, oficialmente, hasta 1904.

Ese año, en plena Semana Grande de San Sebastián, y después de una novillada de la feria, se organizó un espectáculo añadido que consistió en enfrentar a un toro de la ganadería sevillana de Antonio López Plata con un tigre de Bengala. El festejo se anunciaba así en la prensa: «Mañana tendrá lugar en la plaza de toros el sugestionador, atrayente y esperado espectáculo de la lucha del tigre y el toro». El toro se llamaba *Hurón*, cárdeno, astifino y con trapío; el tigre, *César*; rayado, bajo de agujas y bien armado. Comenzó la lucha y *Hurón* se fue a por *César*; le arreó y el tigre, un poco manso, tras recibir la primera embestida se hizo el muerto pegado a los barrotes de la jaula. Al público le supo a poco la pelea y protestó, así que los asistentes en el albero azuzaron a *César* para que se levantara y plantara cara a *Hurón*. *César* se fue a por el toro y el toro volvió a arrearle, con tan mala fortuna que el golpe del tigre justo contra la puerta de la jaula, la abrió.

El tigre y el toro salieron al ruedo y allí siguió la pelea ante el espanto de los donostiarras. Tuvo que intervenir la autoridad armada, los miqueletes, que acabó con las dos fieras a tiros en mitad de un caos impresionante. Entre los nervios, el rebote de los disparos, el pánico en los tendidos y que algunos espectadores también sacaron sus armas, aquella tarde cayeron bajo las balas el toro *Hurón*, el tigre *César* y el humano Juan Pedro Lizarriturry. Otros veinte acabaron heridos por disparos o pisoteados y aquello sirvió para que la autoridad competente prohibiera atrocidades de este calibre.

Pero el público siguió reclamando sangre. Todavía en los años sesenta del siglo pasado exigían poder ver toros contra osos, panteras y elefantes... El respetable, la mayor parte de las veces, es, simplemente, la peor de las alimañas.

1851
Isaac Peral, tocado y hundido

El 1 de junio de 1851 nació Isaac Peral, un nombre que va irremediablemente unido a un invento: el submarino torpedero. Peral fue un gran oficial, gran marino, gran ingeniero, gran investigador, gran inventor. Grande en todo lo confesable. Entonces, ¿por qué demonios abandonó la Armada, por qué diablos mandó al gobierno español a freír espárragos y por qué acabó hasta el gorro de su propio país?

El refrán ese que dice nadie es profeta en su tierra lo debió de inventar Isaac Peral, un hombre al que no le entraban más berrinches en el cuerpo ni pudo esquivar más zancadillas de las que esquivó. Solo le faltó pedir perdón por haber inventado el primer submarino moderno, estable en la navegación como ningún otro y seguro para sus ocupantes. Peral diseñó el submarino definitivo, el que lo tenía todo; puso la guinda, porque el ingenio no era nuevo, ya estaba inventado, pero Peral lo redondeó en 1885.

Diseñó una máquina muy avanzada a su tiempo, y la construyó a pulso, porque en España no había tecnología adecuada para llevar a cabo sus planes. El submarino de Peral en realidad era un puzle europeo. Tuvo que comprar los motores eléctricos y las hélices a los británicos, los instrumentos de óptica a los franceses, las baterías a los belgas y los torpedos a Alemania. Con todo ello construyó el primer submarino que reunía lo que nadie había logrado unir. Dos potentes motores eléctricos para desplazarse, un periscopio de alta tecnología para que no se escapara ni un enemigo y un tubo lanzatorpedos con el que donde ponías el ojo, ponías la bala. Todo eso junto, y funcionando como debía funcionar, convertía al submarino de Peral en la perfecta arma de guerra. Manejable, rápido, subía, bajaba, a la izquierda, a la derecha... lo nunca visto, porque hasta entonces los submarinos se desplazaban a pedales. Literalmente. Como los patinetes de playa.

En los primeros sumergibles, el movimiento lo generaban ocho tíos que, dentro de la nave, no paraban dale que te pego con las manos o con los pies. Pero si parece prehistórico lo de desplazar un submarino a pedales, hay que intentar imaginar cómo funcionaba lo de los torpedos antes de que se pudieran disparar apretando un botón. Se llamaban torpedos de pértiga y eran de chiste. Por supuesto, fallaban más que una escopeta de feria. Hay que visualizar un submarino, al que del morro le sale una pértiga muy larga; en la punta, una bomba con una especie de garfio. El submarino avanzaba —a pedales, no lo olvidemos— sigilosamente por debajo hasta el barco enemigo, tocaba con la pértiga en el casco de madera y la bomba se quedaba enganchada gracias al garfio. Esa bomba estaba además atada al submarino con una cuerda muy larga, de tal manera que cuando el sumergible retrocedía una vez que había dejado la bomba agarrada al casco y estaba lo suficientemente lejos, se tiraba de la cuerda, se activaba la espoleta y la bomba explotaba.

En esa situación tecnológica estábamos cuando Peral presentó su máquina.

El proyecto gustó a la primera, y así debía de ser porque lo que diseñó y construyó no consiguieron desarrollarlo los ingenieros de otros países hasta muchos años después. Todas las pruebas que le pidieron a Peral las superó. «Queremos que navegues una hora sin salir a la superficie». Y lo hacía. «Ahora queremos que emerjas justo en tal punto». Y emergía. «Ahora baja, ahora sube, ahora dispara…». Y cuantas más pruebas superaba, más se acongojaban algunos países, sobre todo Gran Bretaña.

Cuando los británicos supieron que la siguiente prueba estaba prevista en el Estrecho, para que las maniobras se pudieran ver muy bien desde las costas de Gibraltar, pensaron: «Ya está; con ese trasto nos van a quitar el Peñón y vienen a vacilarnos en nuestras narices». El submarino era el arma soñada de cualquier país. Llegar a un sitio por debajo, sin que te vea nadie, soltar un petardazo, dar media vuelta y largarte sin que ni dios sepa por dónde le han venido los tiros. El submarino era el guerrillero del mar.

Ahora vienen los planteamientos lógicos. Si todo funcionaba bien, si pasó todas las pruebas, ¿qué falló? ¿Por qué el submarino de Isaac Peral se quedó en prototipo?

La política, la maldita política.

Porque Peral pudo desarrollar su proyecto durante el gobierno del progresista Práxedes Mateo Sagasta, entre 1885 y mediados de 1890, pero justo cuando había que empezar a construirlo llegó al poder el conservador Antonio Cánovas del Castillo (por cierto, el culpable de traerse a los Borbones de nuevo a España, momento más conocido eufemísticamente como Restauración borbónica), y con él el submarino se fue al garete.

A Peral se le compuso un vals, varios productos llevaban su nombre, cada vez que venía a Madrid lo paseaban en carroza, las masas le hacían salir al balcón del hotel a saludar, pero en solo cinco meses, los transcurridos desde que se demostró el éxito del submarino, se pasó de sacar a hombros a Peral, de proponerle para tropecientas condecoraciones, de señalarle en toda la prensa como el hombre que devolvería la hegemonía naval a España, a decirle: «Mira, chavalote, que nos lo hemos pensado mejor y este artefacto, además de ser muy grande y muy caro, es una quijotada. Mejor lo desmontas, haces uno más pequeño y que nos salga más baratito; porque, total, para lo que va a servir». Eso fue lo que hizo el gobierno del conservador Cánovas del Castillo con el submarino de Peral, hundirlo.

El ingeniero luchó hasta donde pudo, pero fue imposible llegar a nada y por eso Peral envió a España a hacer gárgaras, se dio de baja en la Armada y dijo ahí os quedáis, paletos, que sois todos una pandilla de paletos. Así murió el primer submarino moderno de la historia.

Isaac Peral solo fue uno más, porque con el asunto de los submarinos los inventores españoles no han tenido suerte. Varios ingenieros se quebraron la cabeza en proyectar y poner en funcionamiento semejante artefacto, pero a todos la Marina y el gobierno les acababan dando un golpecito en la espalda para decirles, muy bien, os ha quedado un juguete muy mono, pero no lo queremos. Ahí está el ingeniero Narcís Monturiol, que veinte años antes que Peral presentó el primer sumergible a vapor. Y Cosme García, que diseñó otro antes de Monturiol. Pero a los gobiernos eso del submarino les parecía entretenimiento para inventores ociosos.

Isaac Peral podría haber vendido su prototipo a otro gobierno, pero no quiso. Dijo que eso era de todos los españoles, porque el proyecto lo creó para su país y se utilizó dinero público en el proyecto, en el prototipo y en las pruebas. Era un invento español y no quiso ofrecérselo a otra nación.

Lástima que el «visionario» de Cánovas muriera un año antes del desastre colonial de 1898 sin poder escuchar lo que dijo George Dewey, el almirante estadounidense que nos ganó en la guerra de Cuba: «Si España hubiese tenido un solo submarino de los inventados por Peral, yo no hubiese podido sostener el bloqueo en Santiago de Cuba ni veinticuatro horas».

Ahora resulta que Peral es un genio, y su submarino, la repera. En este país es que somos de aplauso póstumo. Muy póstumo.

1859

Darwin y el origen de los percebes

El 24 de noviembre de 1859 la editorial John Murray de Londres sacó a la venta 1.250 ejemplares de un libro que puso el mundo boca abajo. A unos les provocó un ataque de nervios y a otros los dejó boquiabiertos. Hace más de siglo y medio que *El origen de las especies* se asomó a las librerías, mientras su autor, Charles Darwin, permanecía escondido en su casa por la que se le podía venir encima. Aquel día se vendió toda la edición.

El libró marcó el punto de inflexión del razonamiento científico frente al dogma religioso. Su teoría dinamitaba la fábula bíblica de la creación, pero como Darwin sabía la que se iba a liar, a la vez que lanzaba su proposición evolutiva se contradecía diciendo que bueno, que a lo mejor dios tendría algo que ver. Si las pasaría mal este hombre con el libro, que algunos expertos aseguran que la enfermedad que tuvo a Darwin hecho polvo, vomitando y fatigado durante años, era psicosomática, producto solo de la angustia que le producía dar a conocer su libro. Fueron 155.000 palabras que pusieron el mundo del revés y de las que muchos aún no han entendido ni papa. Les dices que venimos del mono y se les pone cara de iguana de las Galápagos.

Charles Darwin tardó veintitrés años en escribir el libro, aunque, más que escribiendo, estuvo mareando la perdiz. Desde que volvió en 1836 de su viaje con el bergantín *Beagle* se dedicó a ordenar el material de sus cuadernos, pero no se decidía a empezar. Seis años después de volver de su viaje ya tenía listo un borrador, pero le parecía poco. Como científico que era, creía que tenía que publicar un sesudo tocho donde describiera muchas especies; un libraco monumental, porque si no lo hacía así, los colegas no le iban a tomar en serio. Se dedicó a describir especie a especie, y se detuvo particularmente en los percebes. Se dedicó a clasificar y describir los cientos de percebes recogidos durante su viaje. Otro se los hubiera comido. Darwin los clasificó.

Pero ¿por qué los percebes? Pues porque Darwin quería especializarse en el estudio de algo, porque temía pasar por ser un naturalista que hablara de todo sin centrarse en nada y porque los percebes eran unos bichos poco estudiados, muy feos, tenían una biología muy enrevesada y pensó que podría pasar a la historia de la ciencia unido a este crustáceo filtrador: *Darwin y el origen de los percebes.*

La ventaja de centrarse en estos bichejos es que son pequeñajos y podía recopilar muchos por correo, porque se los enviaban desde todas las partes del mundo. Reunió miles y miles, para poner una cadena de marisquerías. El percebe le dio a Darwin un campo de acción concreto y estuvo ocho años estudiándolos (por cierto, y ya que estamos, el percebe es el bicho con el pene más largo del mundo respecto a su tamaño; un pene de percebe mide 40 veces lo que el percebe). Darwin al final hizo dos monografías sobre este crustáceo y se convirtió en la primera autoridad mundial percebera.

También se dedicó a criar plantas a partir de semillas que mantuvo meses en agua de mar para ver si podían sobrevivir a una travesía. Y luego estuvo entretenido otro largo periodo con las palomas. Y venga a estudiar palomas. Era como si buscase constantes excusas para no atacar lo importante, para no agarrar el toro por los cuernos y decir lo que tenía que decir sobre la evolución de las especies: que venimos del mono.

Algunos amigos comenzaron a advertirle que o publicaba ya o alguien se le iba a adelantar. «Cuece los percebes y hazte un estofado con las palomas, pero ponte a escribir ya». Y los temores eran ciertos, porque otro investigador naturalista llamado Alfred Russel Wallace llevaba años en Indonesia estudiando lo mismo y sospechando lo mismo: que la evolución de las especies se debía a una selección natural. Pero Wallace quiso poner sus ideas en común con alguien antes de publicar su teoría, y ese alguien fue Darwin. Le escribió, le contó su teoría de la evolución, le dijo que a ver qué le parecía y le adelantó que lo iba a publicar con el título *Sobre la tendencia de las especies a desviarse indefinidamente del tipo original.*

A Charles Darwin se le pusieron por corbata.

La teoría de aquel tipo era exactamente igual a la suya. Sus conclusiones, idénticas; sus deducciones, iguales. ¿Y qué hacía ahora? Qué desastre. Veintitrés años trabajando y resulta que había otro tipo que estaba haciendo el mismo trabajo en paralelo.

Fue como si a Darwin le hubieran puesto un petardo en el trasero. Escribió en trece meses lo que no había escrito en dos décadas.

Charles Darwin entró en pánico porque alguien podría pensar que le había robado el trabajo al otro naturalista, por eso pidió ayuda a un par de amiguetes científicos de Londres que conocían perfectamente su trabajo y a los que jamás se les pasaría por la cabeza que Darwin hubiera plagiado a Wallace. Los dos colegas prepararon lo que se conoció como «un arreglo delicado», un apaño. A través de una de las más importantes sociedades científicas se organizó una publicación precipitada, en apenas un mes, donde se recogían extractos del trabajo de Darwin y extractos del trabajo de Wallace. De esta publicación se hizo a toda prisa una lectura para la comunidad científica, de forma que los dos naturalistas, Darwin y Wallace, fueron presentados como codescubridores de la teoría de la evolución por selección natural.

¿Qué opinaría Wallace de este apaño? Pues nadie le preguntó, o al menos lo hicieron con trampa. Le escribieron a Indonesia, donde andaba él estudiando a sus especies, y en la carta le preguntaban suavemente, como disimulando, qué le parecía el plan. Pero, claro, el correo Londres-Indonesia no era precisamente veloz. Es decir, la carta le llegó a Wallace cuando ya se había hecho todo lo que le anunciaban que se iba a hacer. Y Wallace se comportó como un caballero. Siempre consideró a Darwin como el verdadero autor de la teoría de la evolución. «Es suya y solo suya», dijo.

Después de esa publicación resumidísima y atropellada, por fin, aquel día de noviembre de 1859 salió a la calle un resumen del libro que todavía Charles Darwin pensaba hacer. De ahí el título *Extracto del origen de las especies por medio de la selección natural, o la preservación de las razas favorecidas en la lucha por la vida*. Para ediciones posteriores le sugirieron que lo dejara en *El origen de las especies* y punto pelota. Para que la gente se quedara con el título, más que nada.

Evidentemente, nunca llegó a terminar su gran libro. Tardó veintitrés años en escribir un resumen, como para escribir la enciclopedia que pretendía.

El origen de las especies empezó a editarse en España en 1872, trece años después de que Darwin lo sacara en Londres. Por supuesto que trajo polémica (dónde no), pero el libro pudo penetrar en España relativamente pronto porque antes había salido la reina Isabel II camino del exilio y el país entró en un periodo liberal que facilitó, entre otras cosas, la Ley de Libertad de Enseñanza. Los curas necesitaban desfibrilador cada vez que oían eso de que los humanos somos producto de una evolución de cientos de miles de años, y lucharon contra semejante aberración y con todas sus ganas durante poco más de medio siglo, pero les dio igual. *El origen de las especies* continuó publicándose hasta que se metió por medio la guerra civil.

Los últimos ejemplares salieron de imprenta el 14 de septiembre de 1936 y apenas se distribuyeron, porque, dada la fecha, no estaba el horno para bollos. Y encima unos meses más tarde los almacenes que la librería y editorial Bergua tenía en Getafe (Madrid) fueron asaltados e incendiados y se perdió gran parte de la edición.

Y si la cosa se puso chunga el año que empezó la guerra, en cuanto la ganaron los golpistas se puso peor. A finales de 1939 la Cámara Oficial del Libro emitió una circular con «una nueva relación confidencial de autores y obras prohibidas». Entre los autores censurados, por supuesto, estaba ese pecador de la pradera llamado Darwin. Tuvo que llegar la década de los sesenta para que volviera a permitirse la impresión de ese diabólico libro que se empeña en derrumbar el cuento del monigote de barro y la costillita bíblica. Con lo bonito que es...

1860

Guantazos entre creacionistas y evolucionistas

Mañana del 30 de junio de 1860. Sábado. En un salón abarrotado del Museo Universitario de Historia Natural de Oxford (Reino Unido) un fanático religioso enarbola por encima de su cabeza una inmensa Biblia que sujeta con las dos manos. En mitad de un apasionado debate entre hombres de fe y hombres de ciencia, el fanático se dirige muy alterado a los cientos de espectadores que allí se apelotonan y pide a voces, sin dejar de agitar la Biblia en alto, que crean en dios, no en el hombre.

Ese fanático es Robert FitzRoy, el comandante del bergantín *Beagle*, el jefe de la expedición que treinta años antes había llevado al joven científico Charles Darwin alrededor del mundo. FitzRoy, un creyente inquebrantable, se sintió traicionado por aquel maldito pasajero que acababa de publicar aquel maldito libro que ponía en duda la maldita creación divina. Y, lo peor, se sintió culpable de la blasfemia evolucionista por haber llevado a Darwin a bordo de su barco.

Aquella tarde en el Museo de Historia Natural de Oxford se estaba produciendo el primer gran debate entre creacionistas y evolucionistas. Ha pasado más de siglo y medio y todavía los supersticiosos siguen embroncados con la ciencia.

Y es que los creacionistas tienen mucha fe, y los evolucionistas solo tienen pruebas.

Cuando Darwin nos explicó que los humanos venimos del mono dejó liada una muy gorda, pero también muy divertida visto con la distancia del siglo XXI. Cuando se montó en Oxford aquel debate que abre esta historia, hacía siete meses que se había publicado *El origen de las especies*, y en Inglaterra algunos se pusieron de los nervios.

A los que defendían que dios creó el mundo en seis días les enfermaba oír que los humanos, como todo bicho viviente, somos producto de la evolución. A los científicos, sin embargo, lo que les enfermaba era que les contaran pamplinas bíblicas sin pies ni cabeza sobre barro y costillas.

Para no correr el riesgo de hablar de oídas, conviene recordar lo que dice la Biblia sobre este asunto. Génesis, capítulo 2, versículo 7: «Formó dios al hombre del polvo de la tierra y le inspiró en el rostro aliento de vida». Si ahora saltamos al versículo 21 del mismo capítulo del Génesis, ahí dice: «Hizo dios caer sobre Adán un profundo sopor, y dormido tomó una de sus costillas, cerrando en su lugar la carne, y de la costilla formó dios a la mujer. Y Adán exclamó: esto sí que es ya hueso de mi hueso y carne de mi carne». Tremenda frase machista, por cierto.

Esa era prácticamente la única verdad aceptada, y cuando apareció Darwin con sus teorías evolucionistas a los fanáticos les subió el azúcar y empezó el debate.

Desde principios del siglo XIX, antes de que Darwin publicara su teoría, ya había un debate extendido entre biólogos. Se empezaban a plantear lo que llamaban la transmutación de las especies; es decir, los fósiles estaban empezando a dar más explicaciones que la Biblia, y cada vez había más pruebas de que los animalitos de la Tierra habían ido evolucionando a lo largo de milenios. El obispo de Oxford, un tipo muy bronquista llamado Samuel Wilberforce, enseguida sacó las uñas y empezó a soltar sermones dominicales contra esas paparruchadas supuestamente científicas.

Y en estas andábamos cuando en 1859 Darwin publicó *El origen de las especies.* Surgieron partidarios y detractores, unos más apasionados que otros, y, por supuesto, el obispo de Oxford se puso fuera de sí. En el otro extremo se situó el científico Thomas Huxley, al que llamaban «el bulldog de Darwin» porque prácticamente lo defendía a «bocaos».

Pero había de todo en los dos bandos. Hubo teólogos liberales que se atrevieron a plantear que en este asunto de la creación había cosas que no había quien se tragara, de la misma forma que hubo científicos que defendieron la versión bíblica.

Sea como fuere, la discusión fue subiendo de tono en tertulias, púlpitos y sociedades científicas, y alguien planteó organizar una reunión pública para debatir sobre el asunto. Así fue como se celebró el que ha pasado a la historia como el «Debate de la evolución en Oxford 1860». Darwin no acudió porque estaba malito, pero estuvo muy bien defendido.

Al margen de ese episodio inicial de Robert FitzRoy, el comandante del *Beagle*, agitando la Biblia como un poseso sobre su cabeza reclamando que se creyera en dios y no en el hombre, la principal batalla dialéctica se dio entre el obispo de Oxford, creacionista, y el biólogo Huxley, evolucionista. Cuentan que en aquella atestada sala del Museo Universitario de Historia Natural se produjo el momento más violento cuando el obispo pretendió hacerse el graciosillo y le preguntó al biólogo si él descendía del mono «por parte de madre o por parte de padre». Huxley respondió que prefería descender del mono antes que de un hombre como el obispo.

Aquel debate solo fue el principio. Los creacionistas siguieron atacando sin pruebas las teorías evolucionistas y los evolucionistas no paraban de disparar pruebas contra las fantasías creacionistas. El transcurrir de los años siempre ha jugado a favor de la evolución, porque cuanto más tiempo pasaba, más afinaba la ciencia, más avanzaba la tecnología y el conocimiento humano, más se desarrollaban la antropología, la biología, la paleontología, la geología, la zoología... Y frente a todas las pruebas acumuladas por las distintas disciplinas científicas estaban los detractores de Darwin, que seguían encasquillados en su verdad improbable: dios hizo al hombre de barro y a la mujer de una costilla del hombre. Sanseacabó.

Era inevitable que, ya metidos en el siglo XX, las teorías evolucionistas llegaran a las escuelas de la mano de los maestros de ciencias naturales. Fueron entrando en las aulas poquito a poco, dependiendo del valor que le echaran los profesores para decirles a los niños eso de que los humanos han evolucionado a partir de los primates. Cuando los defensores de la creación divina se quisieron dar cuenta, las teorías evolutivas de Darwin ya eran materia educativa y en algunos lugares hicieron lo único que se les ocurrió. Lo único que se les ocurre en estos casos. Prohibirlo.

Atentos a la orden que se publicó en un estado de la América profunda en 1925. En Tennessee se declaró «ilegal en todo establecimiento educativo la enseñanza de cualquier teoría que niegue la historia de la Divina Creación del hombre tal como se encuentra explicada en la Biblia». Y declaraba igualmente ilegal reemplazar eso de la creación «por la enseñanza de que el hombre desciende de un orden de animales inferiores». Seguro que hubiera bastado mirar al que redactó la prohibición para comprobar que lo del mono tenía que ser verdad. Por narices.

Pero hubo un profesor de Dover, un pueblo de Tennessee, un joven maestro de veinticuatro años llamado John Scopes, que se negó a acatar la prohibición y dedicó una clase monográfica a enseñar a sus alumnos la teoría de la evolución. El profesor solo explicó en clase que la historia bíblica no debía ser tomada de forma literal, porque la vida animal sobre la Tierra había evolucionado a través de un largo y complejo proceso de desarrollo celular. Lo hizo aposta, sabiendo que se iba a liar. Pero tenía que hacerlo para montar un pollo y que la historia trascendiera más allá del pueblo de Dover y más allá del estado de Tennessee.

Tal y como estaba previsto, se fueron a por él y lo acusaron de «desmoralizar la paz y la dignidad del Estado». El que redactó esta acusación no descendía del mono, descendía de un mosquito zoquete.

Aquella rebeldía del profesor desembocó en lo que se llamó «El juicio del mono» y que el profesor perdió en primera instancia. Tuvo que pagar cien dólares de multa, pero la publicidad del caso hizo mucho daño a los creacionistas.

Alguien podría pensar, vale, pero eso fue en 1925. Ya está, ya pasó. Pues no.

En el siglo XXI, en el año 2005, con la evolución de las especies ya más que demostrada, hubo otro juicio del mono, esta vez en Pensilvania. Resulta que en una escuela de ese estado los creacionistas estaban volviendo a meter en las esponjosas mentes infantiles el creacionismo, pero disfrazado de una cosa que ahora llaman «teoría del diseño inteligente», una careta que le pusieron en los años noventa a la fábula del barro y la costilla, porque como ya no hay quien se la crea tienen que justificarla de otra manera.

No merece la pena entretenerse en resumir qué es eso de que el mundo es producto del diseño inteligente de dios, porque hasta los que se lo han inventado se han hecho un lío indescifrable con la explicación. Lo importante es que un juez federal dio la razón a once padres que denunciaron a la escuela de Pensilvania que estaba volviendo a meter el creacionismo en las aulas. El magistrado echó una tremenda bronca en la sentencia a los creacionistas demandados, llamándolos poco menos que hipócritas por intentar ocultar sus convicciones religiosas bajo un maquillaje ridículo y palabrería moderna. El juez fue muy duro, porque sabía que al menos treinta estados estaban pendientes de que la sentencia fuera favorable a los creacionistas para empezar a entrar a saco en las escuelas.

Aquel plan de 2005 se fastidió, pero no se rinden ni paran de dar la matraca. Aunque no pueden evitar la enseñanza de la evolución de las especies, hay constantes intentos en distintos lugares de Estados Unidos de colocar el cuento de la creación en la enseñanza al mismo nivel que la evolucionista.

Porque para ellos, los creacionistas, la única verdad es que dios hizo un monigote de barro, que luego le arrancó una costilla al monigote y salió Eva. Y luego ya… que si una cenita, que si un vinito, que si una manzanita de postre... y hala... ahora somos más de siete mil millones de humanos sobre un planeta que se fabricó en menos de una semana. Así, a lo tonto.

Y uno de los asuntos que más altera a los creacionistas, incluso mucho más que cuando les mientas a Darwin, es el tema de los dinosaurios. No les cuadra. Cuando se les explica que está demostrado científicamente que los dinosaurios habitaron la Tierra hace ciento y pico millones de años, ellos dicen: «¡Imposible!». Porque dios creó el mundo hace menos de seis mil años y los velocirráptores, los iguanodontes, también son criaturas de dios. Pero entonces, ¿Noé también los subió al arca, verdad? Y a esto responden los creacionistas... manzanas traigo.

En fin, que, como diría Einstein, «es más fácil desintegrar un átomo que un preconcepto».

En los cementerios judíos, los años de los fallecimientos inscritos en las lápidas nada tienen que ver con el calendario gregoriano (véase año 45 antes de nuestra era). Ahí pone, fulanito, fallecido en 5620, o en 5745, o en 5760. Esa es la edad que tenía el mundo en el momento de la muerte y desde que su dios creó supuestamente todo este tinglado. El año 2019 es el año 5779 de la creación. Las preguntas que se plantean son miles, pero nos vamos a conformar con hacernos solo un par de ellas.

Primera, ¿de dónde salen esas cuentas? Pues sumando lo que dice la Biblia, porque en ella se dan las edades de todos los protagonistas. Si ahí dice que Adán vivió 930 años, Set 912 y Matusalén 969; que de Adán al diluvio pasaron mil seiscientos y pico años, otros mil y pico hasta el éxodo, pues resulta que sumando, sumando, los creacionistas han fijado la edad de la Tierra en el momento de poner punto final a este libro en 5.778 años. Y esto no es ningún chiste. Así está recogido en el Génesis, capítulo 5, del versículo 1 al 31.

Pero los creacionistas, tan abiertos ellos, también aceptan de vez en cuando alguna revisión, y algunos han consentido en retrasar la antigüedad del planeta Tierra, como mucho, a 10.000 años. Pero no rebajan ni uno más.

Y segunda cuestión, ¿qué pasó por sus cabezas cuando empezaron a encontrar enormes huesos del todo desconocidos? Dientes enormes, vértebras como sandías, restos que no encajaban con ningún bicho conocido... Si esos huesos aparecían en territorios lejos de cristianos y judíos, daban por hecho que pertenecían a dragones, pero en Europa solo tuvieron que abrir la Biblia para encontrar las respuestas. Génesis, capítulo 6, versículo 4. Ahí dice que en la Tierra había gigantes, luego si aparecía un fémur kilométrico no era de ningún bicho desconocido. Sería de un gigante.

Así, cada vez que en los siglos XVII y XVIII se encontraba un fósil muy grande, le daban mil vueltas porque en sus mentes no entraban los dinosaurios, ni mucho menos los imaginaban sobre la Tierra millones de años atrás. Si la única verdad aceptada era que dios había inventado el mundo hace cinco mil y pico años, ningún bicho viviente pudo correr sobre la faz de la Tierra antes de ese momento porque, evidentemente, la Tierra no existía.

Y ocurrió que a finales del siglo XVII se hallaron en una cantera de Inglaterra unos testículos fosilizados. Descomunales, enormes, mucho más grandes de lo que se están imaginando. Más de medio metro, vistos de frente. El primero que los estudió, el reverendo Robert Plot, después de cavilar mucho y de que aquello no le encajara con ningún bicharraco, concluyó, apoyándose en el texto sagrado, que ese par de testículos solo pudo llevarlos puestos uno de esos gigantes que menciona la Biblia.

Ahí quedó la cosa, pero pasaron cien años y otro investigador, Richard Brookes, documentó gráficamente esas supuestas criadillas petrificadas, dibujándolas y adjudicándole un nombre científico. Lo llamó *Scrotum humanum*, siguiendo las normas de nomenclatura binomial que estableció el naturalista Carlos Linneo. Así que tenemos el *scrotum* como nombre genérico de esa útil envoltura testicular, de la especie *humanum* de la familia de los gigantes. Está claro que esto acabó borrado del mapa científico porque los gigantes no existen, pero Brookes pasó a ser el primer naturalista en poner nombre científico a un fósil de dinosaurio, pese a que aún desconocía que eso era de un dinosaurio, que no eran unos testículos, y que ni mucho menos eran de un gigante. El *Scrotum humanum* era en realidad el extremo inferior del fémur de un bicho muy grande al que después llamaron megalosaurus.

Te partes.

Pero como esto de razonar no va con los creyentes acérrimos, si alguien se da una vuelta por Petersburg, una ciudad de la América, más que profunda, honda, en el estado de Kentucky, eviten ir al Museo del Creacionismo, sobre todo para no tirar los treinta dólares que cuesta entrar, porque no hay museo en el mundo con más idioteces juntas. En la entrada recuerdan con un cartelito que se ingresa en un recinto cristiano y que se debe guardar el debido respeto, pero la risa se escapa cuando se ve a Adán y Eva entre tiranosaurios y diplodocus.

Porque *quod Natura non dat, Salmanticat no praestat.* Los creacionistas, sencillamente, se han quedado en los Picapiedra. Si ellos tenían en la caseta del jardín un dino en vez de un perro, eso va a misa. Hombre ya, tanta teoría evolutiva y tanta tontería…

1869

¿Quién mató al gobernador? El arzobispo, señor

20 de marzo de 1869. Interior de la catedral de Burgos. El arzobispo, ante todo el clero de la ciudad, autoridades civiles y militares y un inmenso gentío, preside la ceremonia de purificación de la catedral. Dos meses antes, el gobernador civil de Burgos, Isidoro Gutiérrez, había sido asesinado entre aquellos sagrados muros por una muchedumbre ignorante y enfurecida. Aunque esto de asesinado suena demasiado flojo. El gobernador fue apaleado, desorejado, arrastrado y pateado. Lo dejaron, literalmente, hecho un guiñapo.

¿Qué había pasado? ¿Quiénes azuzaron a las masas para que lincharan al político? ¿Quién fue el instigador de aquel crimen? ¿Tendría algo que ver el asesinato en la catedral de Burgos con los expolios artísticos?

Todo que ver. ¿Quién mató al gobernador? El arzobispo, señor.

Centrémonos en el año 1869, uno de los momentos políticos más locos de España. Fue el principio de aquel periodo que nos enseñaban en el cole como el Sexenio Democrático. Otros lo llaman el Sexenio Liberal, otros el Sexenio Revolucionario. También lo podemos llamar el Sexenio Desquiciado, porque todos los políticos estaban de los nervios, intentando algunos de ellos que España se subiera al carro de la modernidad para pillar el ritmo europeo, mientras otros ponían palos en las ruedas para que el carro no avanzara, porque cuanta menos modernidad y menos progreso, más fácil manejar al populacho. Nunca hay que perder de vista que los ciudadanos ignorantes y desinformados son los preferidos de muchos políticos. Antes, ahora y siempre.

El famoso Sexenio arrancó después de que la reina Isabel II fuera enviada al exilio con viento fresco por su mal gobierno. Fue entonces cuando empezó a sonar más insistentemente la palabra república, cuando se intentó democratizar el país, establecer la libertad de culto y la separación de la Iglesia y el Estado. Y este era el principal escollo, que la Iglesia no aceptaba perder poder. Mangoneaban la educación, gestionaban la cultura a su antojo y hacían con el patrimonio lo que les salía a unos de la mitra y a otros de la peineta.

Así estaba la empanada política cuando en enero de aquel año 1869 el ministro de Fomento, Manuel Ruiz Zorrilla, firmó un decreto que decía lo siguiente:

> Artículo primero. El Estado se incautará de todos los archivos, bibliotecas, gabinetes y demás colecciones de objetos de ciencia, arte o literatura que con cualquier nombre estén hoy a cargo de catedrales, cabildos, monasterios u órdenes militares.
>
> Artículo segundo. Esta riqueza será considerada como nacional y puesta al servicio del público, en cuanto se clasifique en las bibliotecas, archivos y museos nacionales.
>
> Artículo tercero. Continuarán en poder del clero las bibliotecas de los seminarios.

Fin del decreto.

El gobierno tomó medida tan enérgica debido al descontrol que había con el patrimonio cultural español, porque algunos conventos y cabildos estaban esquilmando ese patrimonio y vendiendo objetos de arte y códices a colecciones privadas. Y eso cuando directamente no mandaban al reciclaje auténticas joyas literarias y documentales.

Y es que casi todo estaba en manos del clero. Los archivos y las bibliotecas de los conventos, de las iglesias, de las catedrales guardaban mucho material histórico y científico; mucho arte, tanto objetos como documentos que, además de no poder ser estudiados ni contemplados por los civiles, carecían de la protección necesaria ante robos, incendios, humedades y desmanes del propio clero.

Ejemplo práctico: en la catedral de Sevilla se guardaba la famosa Biblioteca Colombina, la que fundó Hernando Colón, el hijo del almirante, pero nadie tenía acceso a ella. Allí se guardaba gran parte de la historia de España y en cualquier momento podría desaparecer.

Los argumentos del ministro Ruiz Zorrilla para promulgar el decreto estaban más que justificados, y los explicó con todas las palabras. Dijo que en su Ministerio de Fomento existían expedientes en los que, por ejemplo, constaba el pago de 1.000 reales para salvar del fuego de una fábrica varias arrobas de riquísimos pergaminos de las bibliotecas y archivos eclesiásticos de Aragón; que sabían que los libros que sirvieron al cardenal Cisneros para crear la famosa Biblia Políglota Complutense se habían empleado para hacer petardos y cohetes en una función de fuegos artificiales; que un funcionario encontró por casualidad en una fábrica de cartones gran parte de los papeles de la Inquisición de Valencia; que un cura había cambiado un incunable por un reloj y una escopeta, el mismo incunable que luego adquirió el Museo Británico por 45.000 reales.

Y como estos, había casos para dar y tomar.

Así que, cuando no venían de fuera a saquear nuestro patrimonio, como hicieron los franceses durante la invasión napoleónica, eran los particulares los que vendían el patrimonio cultural español al mejor postor, y si no era la propia Iglesia la que se deshacía de todo aquello que le pudiera reportar ingresos o enviaba a destruir todo lo que no consideraba interesante. Por eso, en un intento de empezar a poner orden en semejante desbarajuste patrimonial, el gobierno publicó el decreto que nos ocupa: atención a la fecha, el 26 de enero de 1869. Es importante. 26 de enero.

El gobierno sabía que se iba a montar un follón muy gordo en cuanto se conociera la orden de confiscar a la Iglesia los archivos y los objetos de ciencia, arte y literatura que no fueran de culto. Y como lo sabían, el Ministerio de la Gobernación ordenó que el 25 de enero, un día antes de la publicación del decreto, los gobernadores civiles y los alcaldes, discretamente, se personaran en edificios religiosos para hacer inventario.

Por eso aquel día 25 de enero de 1869 el gobernador civil de Burgos, Isidoro Gutiérrez, se acercó a la catedral y allí se encontró un panorama chungo. Si se suponía que aquella visita era una sorpresa, ¿qué hacían tantos burgaleses con martillos, navajas y garrotes en la puerta de la catedral?

La turba intentó frenar el paso del gobernador, pero Isidoro Gutiérrez no se arredró y consiguió acceder al templo. Desde dentro ordenó que cerraran las puertas tras él y pidió al deán que lo acompañara hasta el archivo catedralicio. No habían llegado a destino cuando una masa enfurecida irrumpió en el claustro gritando: «¡Viva la religión!», «¡Abajo el gobierno!», «¡Viva Cristo Rey!», «¡Muerte al gobernador!». Alguien les había dejado pasar. El deán hizo mutis por el foro y la muchedumbre hizo papilla al pobre Isidoro.

Lo machacaron a palos junto al claustro; lo llevaron, ya gravemente herido, a empujones y a patadas hasta las naves de la catedral, y de allí, inconsciente, lo sacaron hasta la Puerta del Sarmental, la que da a la plaza y por donde entran ahora todos los turistas tras pagar 7 euros. En la puerta desnudaron al gobernador, le cortaron las orejas, lo ataron por los pies y lo arrastraron escaleras abajo hasta la plaza. Allí lo dejaron tirado, muerto.

¿Por qué aquel día 25 de enero estaba esperando al gobernador aquella turba enfurecida? ¿Por qué la Guardia Civil miraba hacia otro lado mientras lo linchaban? ¿Quién había calentado los cascos a los burgaleses para que hicieran de brazo armado? ¿Cómo es posible que todos los obispados españoles estuvieran al tanto del decreto si aún no se había publicado? ¿Por qué sabían que el 25 de enero los gobernadores harían inventario?

Todas las preguntas tienen respuesta.

Resulta que un maldito funcionario del Ministerio de Fomento le contó a un cura en secreto de confesión la fecha en la que los gobernadores civiles comenzarían a hacer inventario; el cura se lo contó al nuncio apostólico en Madrid, o sea, el embajador del Vaticano en España, y el nuncio apostólico avisó a todos los obispos. De ahí que el 25 de enero todas las diócesis estuvieran prevenidas y todas hubieran puesto a buen recaudo sus posesiones.

Los obispos organizaron a las masas para que impidieran el inventario de bienes, pero en ningún lugar se llegó al extremo de hacer papilla a la autoridad civil. Porque el arzobispo de Burgos, Anastasio Rodrigo, se pasó tres pueblos. Aleccionó a todos sus subordinados eclesiásticos para que calentaran el ambiente y soliviantaran a los ciudadanos diciéndoles que el gobierno venía a robarles. A los burgaleses, así de claro, los manipularon y los engañaron como a bobos.

La realidad era que el gobierno intentaba poner a salvo los archivos que se estaban pudriendo por la humedad, que sufrían riesgo de incendios o que acababan vendidos al peso a las fábricas de cartones. Se trataba de que la población civil, los investigadores, pudieran tener acceso a esos archivos y de que los objetos fueran a los museos. Y por supuesto, se intentaba frenar el continuo expolio de bienes que los propios deanes, obispos, cardenales y curas vendían a coleccionistas extranjeros. Joyas artísticas que ahora lucen en el Louvre, en el Museo Británico o en el Metropolitan de Nueva York.

Al final pagaron el pato de aquel crimen cuatro ignorantes. Un criado, un frutero y unos cuantos jornaleros, todos analfabetos, que en un juicio celebrado deprisa y corriendo reconocieron que aquella emboscada al gobernador no fue espontánea; que habían sido avisados de que un gobierno ateo, traidor y revolucionario ordenó robar todo lo que había en la catedral de Burgos, que los convocaron allí para defenderla, que les abrieron las puertas para que se fueran a por el gobernador y que les dijeron lo que tenían que gritar... todo eso de viva la religión, abajo el gobierno y bla, bla, bla...

Las penas fueron muy duras, pero solo sobre el papel, porque muy poco tiempo después todos quedaron en libertad. Ni un solo eclesiástico fue condenado y el asesinato del gobernador civil Isidoro Gutiérrez quedó impune.

La catedral se cerró al culto durante dos meses porque era el escenario de un crimen, pero a finales de marzo de 1869 se produjo su reapertura porque se acercaba la Semana Santa. El mismo arzobispo que había instigado el linchamiento presidía ahora la ceremonia de purificación del principal templo de Burgos. Se limpió la sangre seca del desdichado gobernador en mitad de aquel solemne rito y aquí paz y después gloria.

Un gobernador linchado y, total, para qué; para nada, porque el saqueo patrimonial continuó a buen ritmo, tanto por parte de particulares nobles como de la propia Iglesia, que a veces se mostró dispuesta hasta a vender piezas artísticas de culto. Fue el caso de la Copa de Santa Inés, «autoexpoliada» por las propias monjas del convento de Santa Clara de Medina de Pomar (Burgos).

En el Museo Británico de Londres, en la sala dedicada al arte gótico europeo, hay una pieza considerada la joya de esa sala; un cáliz de oro y perlas que durante tres siglos estuvo donde tenía que estar, en Medina de Pomar. Así que, ¿qué demonios hace en Londres? Pues porque lo vendió un cura, que hizo un pan con buenas hostias porque lo dio tirado de precio cuando aquello valía un pastizal. Una cosa es que aparezca un guiri con mala fe para aprovecharse de que tiene enfrente a un ignorante y comprarle algo por cuatro perras, y otra muy distinta que un listo se acerque al guiri para venderle algo que no debería vender con la intención de sacar dinero. A este último caso se ajusta la Copa de Santa Inés que ahora luce en mitad de una sala del Museo Británico.

El copón llegó a Medina de Pomar desde Inglaterra en el siglo XVII de la mano del VI condestable de Castilla, Juan Fernández de Velasco.

El rey Jacobo I de Inglaterra y VI de Escocia regaló el cáliz de oro y perlas al condestable por su labor diplomática a la hora de acabar con la guerra anglo-española que tuvo a las dos naciones a tortas entre 1585 y 1604. Como pieza religiosa que era, Juan Fernández de Velasco depositó en el convento de Santa Clara el copón, a la vez que en el acta de donación dejó especificado que era un regalo de la corona inglesa y que jamás podría ser enajenado. Es decir, ni vendido ni regalado ni cedido.

En 1882, sin embargo, las monjas necesitaron dinero y decidieron vender la Copa de Santa Inés. Buscaron a un cura para que hiciera de intermediario, el cura se fue a Francia con el copón para buscar comprador y lo vendió por 6.500 francos, cuando en realidad valía 300.000.

Un miembro de la familia Velasco, descendiente del condestable, se enteró del desastre e intentó recuperar el cáliz, o al menos que pagaran lo que valía, pero perdió en los tribunales porque la venta había sido legal. Indecente, pero legal. La Copa de Santa Inés la compró después Gran Bretaña y ahora la lucen en su museo como una de las más preciadas joyas del gótico europeo. Porque, santa Rita, Rita, lo que se da no se quita.

1869
Corrupción a la española y olé

Primero de diciembre de 1869. El hemiciclo estaba de bote en bote. Todos en su escaño. Por allí andaban Castelar, Sagasta, Pi y Margall, Cánovas, el general Prim... conservadores, liberales, republicanos, monárquicos... pero casi todos de acuerdo en algo. Han saqueado España. Se sospechaba desde hacía años, se lo olían, pero por fin se proclama en sede parlamentaria el nombre de la saqueadora: María Cristina de Borbón.

Nunca se ha llamado tan descaradamente choriza y sinvergüenza a una reina de España como a Cristina de Borbón. Pese a todo, ahí está ella, en una estatua junto al Museo del Prado, con una leyenda en el pedestal que dice «España, reconocida».

Alguien debería hacer una pintada debajo que dijera: «Y los españoles, muuu tontos».

Las corruptelas en España no son asunto de nuestro tiempo, hace siglos que esta lacra nos abofetea, pero uno de los momentos más escandalosos, con pelotazos que llenaron los bolsillos de reinas y consortes, de políticos, marqueses y demás fauna gobernante está documentado a mediados del siglo XIX. Fue aquella época tan rentable para la reina María Cristina de Borbón y su segundo marido, y luego para Isabel II y el rey consorte Francisco de Asís. De entre estos cuatro personajes es muy difícil destacar al más corrupto. Probablemente sea la reina María Cristina de Borbón, de la que su propio biógrafo dijo que tenía un defecto: el acuciante deseo de enriquecerse.

Pillaba subvenciones y comisiones de aquí y de allí, de las concesiones del ferrocarril, de las navieras y del servicio de correos, de la canalización del Ebro, de las obras del puerto de Valencia, del estanco de la sal, del comercio negrero... Perdió tanto el pudor a la hora de enriquecerse a costa del Estado y se sentía tan impune por su condición de reina, que ya no quedó otra que expulsarla del país. Nada más y nada menos que en dos ocasiones.

Por qué demonios no nos contarían esto en el colegio; por qué nos hurtaron la doble vida de María Cristina de Borbón, la reina que solo aparecía en los libros de texto del cole como la viuda del mostrenco de Fernando VII, madre de Isabel II, abuela de Alfonso XII, bisabuela de Alfonso XIII, tatarabuela de Juan de Borbón, tatatarabuela del emérito y tatatatarabuela del actual Felipe VI. No se nos explicaba, en cambio, que también era la reina del pelotazo, de las comisiones, la deshonradora mayor del reino. Porque si nos hubieran educado en la verdad, las simpatías hacia la corona tendrían notables variaciones.

No se trata de enumerar aquí las muchas y variadas corruptelas probadas de la reina María Cristina de Borbón, porque el relato se haría tedioso. En el fondo siempre era lo mismo: trinques, untes y comisiones. «La corte de los milagros», llaman algunos expertos a la regencia de María Cristina de Borbón, porque todos los que se arrimaban a ella se hacían ricos a la vez que la iban haciendo rica a ella.

Así que, para no aburrir con detalles económicos, subvenciones estatales y concesiones administrativas, mejor tirar del hilo para conocer al personaje.

María Cristina de Borbón-Dos Sicilias fue la cuarta esposa, a la vez que su sobrina, de Fernando VII. Cuando por fin cascó el ceporro, en 1833, fue nombrada reina regente porque la heredera, Isabelita, solo tenía tres años y alguien tenía que mangonear el país. Y resultó que dejar a la reina al frente de España fue como meter al zorro en el gallinero.

María Cristina era muy joven cuando enviudó, veintisiete años, y ya le había echado el ojo a uno de sus guardaespaldas, a Fernando Muñoz, conquense, veinticuatro añitos, hijo del estanquero de Tarancón. Pero había un problema, no podían casarse oficialmente porque eso era un matrimonio morganático, desigual. Ella era muy reina, y encima regente, y él era muy plebeyo, y encima de Cuenca. María Cristina necesitaba permiso del gobierno para matrimoniar con su guardaespaldas, y como no lo tenía, se saltó a la torera la prohibición.

Así fue como tres meses después de haber enterrado al cenutrio se casó en secreto con Fernando Muñoz. Todo el mundo lo sabía, pero la situación era tan insólita que nadie sabía qué decir. Así que, mientras de cara a la galería la regente del reino mantenía la farsa de viuda doliente, lloriqueando por Fernando VII, se presentaba sin pudor en las Cortes luciendo un embarazo tras otro. Algún Consejo de Ministros llegó incluso a suspenderse porque María Cristina se puso de parto. Dio igual. La reina seguía negando sus embarazos y su matrimonio (viene de antiguo eso de que los españoles estemos viendo cómo nos mienten en nuestras narices, pero el mentiroso nos diga que es mentira lo que vemos). Lo de María Cristina eran embarazos en diferido en forma de simulación, o algo así diría su portavoz.

La regente, que a duras penas había tenido dos hijas con el rey, que ni siquiera dejó un varón que por lo menos hubiera librado al país de la sangría de las guerras carlistas, no hacía más que parir hijos con la alegría de una jovenzuela con su segundo marido. Por eso le sacaron coplas como esa que decía:

Lloraban los liberales
que la reina no paría,
y ha parido más muñoces
que liberales había.

Y efectivamente, porque la reina y Fernando Muñoz tuvieron ocho churumbeles.

Y por cierto, como la reina de España no podía estar casada solo con el hijo del estanquero de Tarancón, le dio el título de duque de Riánsares, grande de España, caballero del Toisón de Oro, senador del reino y teniente general de los Reales Ejércitos. ¡Chupa del frasco, Carrasco! Y todo por el artículo 33. Por algo lo llamaron hidalgo de teta y bragueta.

Queden estos detallitos íntimos y personales solo a modo de resumen para entender que este matrimonio carecía de escrúpulos y que la niña que acabaría siendo reina de España, Isabel II, también iba a salir rana porque se crio en un entorno donde la corrupción era su medio ambiente. También es cierto que lo que para el común de los mortales es corrupción, para los corruptos es lo normal. Lo que pasa es que nos ponemos muy tiquismiquis. Cuestión de perspectiva.

La primera vez que la reina María Cristina y su «no» marido con sus «no» hijos fueron invitados amablemente a que se largaran de España fue en 1840. Y fue el general Espartero, el que se quedó con la regencia de España mientras la niña Isabel II siguiera siendo menor de edad, quien amenazó a la regente con desvelar oficialmente su boda y los hijos paridos si no entregaba el poder y dejaba de molestar. Famoso episodio aquel en el que la reina le soltó a Espartero la famosa frase de «te hice duque, pero no conseguí hacerte caballero». Y lo decía ella, que nunca alcanzó a ser una dama.

La reina María Cristina no se fue con el estanquero de Tarancón y su prole con las manos vacías. En palacio se encontraron setecientos estuches vacíos que en su momento albergaron joyas por valor de 78 millones de reales; los valiosísimos muebles renacentistas y obras artísticas ya irrecuperables volaron de palacio y la mayoría fueron subastadas.

Y también dejó vacía la hucha que ella misma creó cuando murió el mostrenco en 1833. Lo llamó «bolsillo secreto» de Patrimonio Nacional, donde ella, como reina previsora, fue metiendo cantidades para reunir unos ahorrillos por si acaso venían mal dadas. Unas decenas de miles de realillos un día, otros cientos de miles otro día, que si mañana meto un millón, que si pasado meto otro… y así durante veinte años haciendo hucha, ahorrando para su cuerpo serrano.

Cuando, recién expulsada de España, el nuevo responsable de la Intendencia Nacional, Martín de los Heros, fue a hacer cuentas de lo que quedaba en Patrimonio Nacional y en el conocido bolsillo secreto de la reina, resultó que María Cristina se lo había llevado todo. Todo. En total, otros 37 millones de reales; estos en efectivo. Una pasta insultante si se hiciera la equivalencia a los actuales euros.

Con los bolsillos llenos, literalmente forrada, la exreina regente no paró de intrigar desde el exilio hasta derrocar a su enemigo Espartero, y cuatro años después consiguió regresar a España, no sin antes aprovechar la excursión por el extranjero para que el papa de Roma legitimara divinamente su matrimonio con Fernando Muñoz.

Cuando regresó, no a su país, sino a su empresa, vino sin disimulos, a saco. Reinaba ya en España su hija Isabel II con solo trece años, lo que le permitió mangonear a diestro y siniestro. A partir de ese momento no hubo negocio en España en el que no estuvieran involucrados María Cristina de Borbón, su marido y amiguetes como el marqués de Salamanca, el general Narváez o el presidente del Gobierno Luis José Sartorius.

Hablamos de un momento, a partir de 1843, en que no había control parlamentario, no había libertad de prensa, jueces y fiscales estaban comprados… España era el paraíso de la corrupción, y en ese plan estuvimos hasta 1854, cuando se montó la revolución con la famosa Vicalvarada porque España se estaba yendo por un agujero negro.

La Vicalvarada fue un pronunciamiento militar para apear del gobierno a un tipo que no se iba ni con agua caliente: Luis José Sartorius, un incapaz que llegó a presidente del Gobierno. A quién no le ha pasado. Su principal labor al frente del ejecutivo era tapar las corruptelas de María Cristina de Borbón y su camarilla, especialmente los turbios negocios con el monopolio del ferrocarril. Y este asunto ferroviario fue precisamente el detonante de la Vicalvarada.

Sartorius quiso rectificar la Ley de Ferrocarriles en el Senado para que las subvenciones fueran más transparentes, pero con una condición: que no se tocara lo hecho hasta entonces. Es decir, que se confirmaran las subvenciones dadas y que no se investigara ni a quién ni cómo se habían concedido. El Senado contestó que nones, que querían conocer los números y los nombres de los que habían trincado. ¿Qué hizo Sartorius? Cerró el Congreso, cerró el Senado y siguió gobernando a su aire. Con un par.

El escándalo fue de órdago, pero Isabel II mantuvo en el poder al presidente. «El favorito imbécil», lo llamaban en la calle.

La paciencia ciudadana parecía haber tocado techo, así que, en mitad de un ambiente ya muy calentito, los ciudadanos se hartaron y se fueron de escrache a las casas de Sartorius y de María Cristina de Borbón, que acabaron asaltadas y ardiendo, y el ejército se pronunció para derrocar al gobierno en el pueblo de Vicálvaro, de ahí lo de Vicalvarada.

Aquello quedó en agua de borrajas en un primer momento, porque los sublevados no derrocaron al gobierno ni el gobierno sofocó la sublevación, pero fue el principio del fin de la famosa Década Moderada y corrupta y el principio del Bienio Progresista. María Cristina de Borbón se tuvo que largar expulsada otra vez del país. Pero que nadie se apure por ella, que se llevó sus ahorrillos.

Es fácil entender por qué han seguido riéndose en nuestra cara. Porque llevan siglos entrenándose para hacerlo. Los mismos siglos que nosotros llevamos a por uvas. Porque cuando nos engañan por primera vez, la culpa es del que nos engaña. Pero ya no. Hace ya mucho tiempo que la culpa también es nuestra.

1870
El mosqueo de Pío Nono

¿Se han comido alguna vez un pionono? Es un pastelito borrachín y exquisito que les sale especialmente bueno en Granada, que fue donde se los inventaron. Pues el pionono, antes de ser pastelito fue papa: el papa Pío IX, conocido como Pío Nono y el mismo que adquirió fama por haberse pillado uno de los mayores cabreos que recoge la historia del papado. Se agarró tal enfado, que el 20 de septiembre de 1870 se encerró en su palacio y le retiró la palabra al mundo. Su motivo era poderoso: el recién nacido Reino de Italia acababa de birlarle la ciudad de Roma.

Es lógico que se cabreara, y para entenderlo hay que meterse en su sotana: uno tiene un pedazo de latifundio desde diez siglos atrás y ves cómo te van expropiando… te van expropiando… te van expropiando… así, poquito a poco, y cuando te das cuenta te han dejado una porquería de parcela.

Vamos al principio, porque tirando del hilo se entiende muy fácilmente cómo y por qué nació el estado del Vaticano en 1929. Nadie se vaya a creer que el Vaticano lleva ahí toda la vida de dios.

En el cole siempre hemos oído hablar de los Estados Pontificios, un enorme territorio propiedad de la Iglesia que ocupaba gran parte de la bota italiana. Desde el siglo VIII, los papas eran los reyes de este territorio, por el que guerreaban para ampliarlo y por el que mataban para defenderlo. Ellos decían que su única preocupación era el reino de los cielos, pero el terrenal lo ampliaban todo lo que podían sin reparar en gastos. Es una fea y codiciosa costumbre que no han perdido con el paso del tiempo, porque han seguido inscribiendo a su nombre propiedades que no son suyas.

Para poder comparar, hagamos un ejercicio visual para saber cómo de amplios llegaron a ser los Estados Pontificios: si miramos el mapa de la actual Italia, los Estados Pontificios ocupaban la franja central de la bota. Más o menos la parte de la espinilla y la pantorrilla, y subiendo por detrás hasta la corva. Ese gran territorio fue reduciéndose en el siglo XIX, y el momento más trágico para los intereses parcelarios de los papas llegó con la unificación de la nación: la bota era un puzle de territorios que fueron uniéndose hasta crear un nuevo país que hoy conocemos como Italia. El avance de esa unificación fue arrinconando a los papas hasta dejarlos solo con Roma; que tampoco es que fuera moco de pavo, pero comparado con lo que habían tenido, pues sí, era una birria.

Y llegó aquel 20 de septiembre de 1870 en el que las tropas del rey Víctor Manuel II llegaron a la última finca que le quedaba al papa, a Roma, con la maligna intención de convertir la ciudad en capital de Italia. Y lo iban a hacer se pusiera como se pusiera el papa. A Pío Nono se le ofreció negociar, y la oferta para que se rindiera sin plantear batalla fue un terrenito con su palacete, una asignación para que viviera sin estrecheces, protección, derecho a recibir delegaciones diplomáticas... Una vida cómoda haciendo nada.

Pero Pío Nono dijo que nones. Que Roma era suya y que no iba a permitir que se la quitara ni dios. Y para protestar ante la amenaza no se le ocurrió otra que encerrarse.

—¡Me declaro prisionero en el Vaticano!

—Pues muy bien... si no quieres no salgas, pero esto es lo que hay.

—¡Pues os excomulgo a todos! ¡Todo el gobierno italiano queda excomulgado!

—Pues también vale. Excomulga, pero tú te quedas sin Roma como te quedaste sin abuela.

Y como lo de la excomunión se quedó en nada, porque eso al fin y al cabo ni se nota ni duele, Pío Nono continuó añadiendo castigos tan divinos como poco efectivos: castigó al mundo entero negándose a impartir la bendición *urbi et orbi* desde el balcón de San Pedro. Decidió darla solo para los suyos y en el patio de su casa para que no lo viera nadie.

La repercusión entre los romanos y en el exterior por medidas tan ridículamente drásticas, pues, la verdad, fue escasa. Los católicos más ortodoxos lo apoyaron, sí, pero solo moralmente; algunos romanos iban a darle ánimos a su casa, pero no hicieron nada más.

Y respecto al respaldo diplomático recibido, pues tampoco mucho, porque Pío Nono no discurrió por el papado precisamente haciendo amigos. Tenía cabreada a parte de la Iglesia por su exagerado conservadurismo.

El origen hay que buscarlo unos años antes de su autoencierro, cuando montó una muy gorda al publicar su famosa encíclica *Quanta cura* sobre los errores del mundo moderno, en la que incluyó un listado con esas supuestas faltas. Y hasta las numeró: ochenta, exactamente; los ochenta errores del mundo moderno. Tampoco era para que se molestaran tanto con el Pontífice, porque, al fin y al cabo, Pío Nono era papa y pensaba como un papa. No esperarían que publicara una encíclica progre...

Entre aquellos ochenta errores del mundo moderno el papa señaló la separación Iglesia-Estado, que los países no aceptaran someterse a la moral católica, la libertad de culto, la libertad de prensa, la libertad de pensamiento... Obviedades tan propias de la mentalidad de un papa que se las podría haber ahorrado. Pero Pío Nono no paró ahí: arremetió contra la razón porque dijo que era incompatible con la fe. Otra absurda evidencia, porque, por lo general, en cuanto un ser muy racional se para a pensar, la fe suele evaporarse.

Las reacciones de los países a aquel listado de los ochenta errores fueron de todo tipo. Algunos prohibieron que se publicara la encíclica porque atacaba directamente los principios en los que se basaban sus leyes constitucionales. Otros países, en cambio, se lo tomaron a guasa, y en el seno de la Iglesia se produjo mucha bronca porque algunos llevaban tiempo intentando conciliar modernidad y fe y vino el papa a fastidiarlo todo.

Lo difícil vino después. Hubo que preparar toda una estrategia para explicar que, en fin, que la encíclica solo era una reflexión, que las cosas no debían de entenderse al pie de la letra, que había muchos matices. Por eso cuando Pío Nono se encerró, la mayoría dijo, vale, pues ahí te quedas hasta que te hartes.

El enfado papal duró sesenta años, porque esto no paró en Pío Nono. Como los papas no suelen llevarse la contraria entre ellos, los cuatro siguientes continuaron con el autoarresto domiciliario. Después de Pío Nono, que se tiró sin salir hasta que se murió, León XIII, Pío X, Benedicto XV y Pío XI también se enclaustraron. Este último Pío fue el que no aguantó el aburrimiento y decidió acabar con aquella pataleta que ya duraba demasiado. Vio la oportunidad de llegar a un acuerdo con un chico calvo y musculado al que conocían en el barrio como *Il Duce*, para acabar con aquel paripé absurdo. Mussolini y Pío XI se sentaron a negociar y en 1929 se firmaron los Pactos de Letrán.

Il Duce obligó al papa a conformarse con la basílica de San Pedro, los Museos Vaticanos y el Palacio de Castel Gandolfo para que pasaran las vacaciones. Con eso tuvieron que apañarse y con esas cuatro parcelas mal contadas, además de una pasta gansa, se montaron un estado con un superávit eternamente asegurado.

El papa también puso sus condiciones: quiso que el catolicismo se declarara la religión oficial de Italia, meter mano en el sistema educativo del país y que los curas no hicieran la mili. Da igual que se libren por estrechos de pecho, por pies planos o por bajitos, pero que no la hagan. Sea, dijo Mussolini.

Y ya está. He ahí el Vaticano, el residuo de los Estados Pontificios.

1873

Los españoles, ingobernables

Mañana del 9 de febrero de 1873. Madrid. La villa y corte era un hervidero de rumores, y en los cafés solo hay un tema de conversación: la exclusiva que ha sacado aquel domingo *El Diario Español*. El rey dimite, abdica, abandona, se larga. ¿Será verdad?

Horas después confirmó la noticia el vespertino *La Correspondencia de España*: Amadeo I de Saboya, después de dos años y tres meses en el trono, no aguanta más ni a España ni a los españoles. Es cierto, se va.

El Consejo de Ministros se reunió con carácter de urgencia hasta en dos ocasiones y con pocas horas de diferencia para acordar cómo intentar disuadirle, pero no hay tutía. Dice que se va, y se va.

El telégrafo echaba humo para llevar la noticia a provincias, los chistes empezaron a circular y las chuflas contra el rey extranjero corrieron de boca en boca mientras Amadeo I de Saboya hacía las maletas al grito de, suponemos, «quién me mandaría a mí meterme en semejante berenjenal».

Y tenía razón.

España era un gran berenjenal desde varios años atrás, y tanto sus gobernantes como los aspirantes a serlo, una pandilla de desquiciados que no sabían cómo ponerse de acuerdo para acabar con la crisis económica, institucional y social que vivía el país. Y no pactaban porque no les preocupaba tanto la situación de España como alcanzar el poder.

Todo había empezado cinco años antes, con la gloriosa revolución de 1868, a la que bautizaron precisamente así, La Gloriosa, aquella que arrancó con ímpetu y con un objetivo primordial: echar a Isabel II del trono y acabar con la corrupta e inoperante dinastía de los Borbones que impedía la regeneración del país. Cómo sería de desastre aquel reinado y aquella reina, que de los tres partidos liberales que se unieron para montar la revolución, dos de ellos eran monárquicos. Así de rara era la cosa. Hasta los monárquicos querían echar a la reina, pero, sobre todo, querían deshacerse de la dinastía.

El grito común de aquella gloriosa revolución fue «¡viva España con honra!», que parece un lema un poco flojeras para la que se iba a montar, pero que sirvió para unir a casi todo el país contra la deshonra de la monarquía. El levantamiento triunfó en minuto y medio, aunque, para no exagerar, digamos que en realidad fueron diez días. Pueden parecer muy pocos para una revolución que iba a derrocar a todo un régimen encastrado en este país desde hacía siglos, pero es que estaba muy bien organizada, por tres razones.

Primera, que los dos partidos monárquicos y liberales involucrados tenían en sus filas a militares, luego hubo cierta facilidad para arrastrar a parte del ejército al pronunciamiento. Segunda, que el tercer partido, el de mayoría republicana, no tenía mano con los militares, pero sí con la población civil, así que animó fácilmente al personal para que apoyara el alzamiento. Y la tercera razón que ayudó al triunfo de La Gloriosa la dio, paradójicamente, la propia Isabel II. Porque no hizo nada. Se quedó más parada que una señal de tráfico.

Estaba en Lequeitio (Vizcaya) cuando se enteró de que había un poco de jaleo revolucionario a mediados de septiembre de 1868, pero, pensó ella, pues ya se les pasará. Lo suyo hubiera sido viajar de inmediato a Madrid para frenar la bronca y ponerse al frente del gobierno; dicen que hizo intención, pero que al final, por unas cosas o por otras, decidió esperar. Porque entre frenar una revolución en Madrid o seguir de *pintxos* por el País Vasco... en fin, hay que entenderla.

La Gloriosa había estallado en Cádiz, en la otra punta del país, y quizás doña Isabel calculó que hasta que todo el lío llegara a Madrid, quedaría tiempo de reaccionar. Es más, si acaso hubiera que salir zumbando estaba en el sitio ideal, con la frontera a un paso. ¿Y quién había al otro lado si había que irse pitando a Francia? El colega Napoleón III, el emperador. Y su señora la emperatriz Eugenia de Montijo, encima española. Nadie la iba a recibir mejor que ellos.

Y el momento llegó el 29 de septiembre, que fue cuando le dijeron: «Oye, reina, que te tienes que ir yendo. Que resulta que la juerga flamenca de Cádiz ya está aquí y mañana mismo, a las doce en punto del mediodía del 30 de septiembre, en la casa consistorial de San Sebastián, vamos a nombrar la Junta Local Revolucionaria. Tú misma, pero igual aquí ya no pintas nada; que nos hemos "revolucionao"».

Esa última noche la pasó en la fonda de Matheu y Balda (en el mismo solar está ahora el famoso Hotel de Londres). Por la mañana pidió varios taxis de la época (landós), porque eran muchos, y directos a la Estación del Norte. Se subieron todos a un tren a las diez y media de la mañana, atravesaron la frontera por Irún y tiraron luego a Biarritz. Allí estaba esperando Eugenia y Napo a toda la familia real y a la enorme *troupe* de sirvientes, pero si llegan a saber que iba tanta gente lo mismo se hubieran hecho los desentendidos. Es que no llegó la reina con la peluquera, el marido y los cuatro niños; es que llegaron sirvientes por un tubo, además de los cortesanos, que decidieron que si la reina no acudía a Madrid, ellos tampoco; iban también asistentes personales, tanto de servicio como administrativos, algún que otro duque, algún que otro marqués... y todos con sus respectivas familias, claro. Iba hasta el padre Claret, el confesor de la reina (qué no haría esa mujer, que tenía que viajar con su confesor). Al parecer, mezclado con toda esta tropa también iba Antonio, el novio del rey.

El tren llegó, sin exagerar, petado, y con la reina sin dar crédito a todo lo que estaba pasando. Acostumbrada como estaba a ser reina desde que tuvo uso de razón, ni se le pasó por la cabeza que aquella bronca revolucionaria pasara a mayores. Pero pasó, y lo único que se le ocurrió fue hacer un manifiesto protestando enérgicamente por su expulsión. Su estado natural desde que cumplió los tres años era reinar, jamás se planteó que por muy mal que lo hiciera, eso le pudiera costar el trono.

Más de uno se ha confiado.

La Gloriosa había triunfado, y el pacto de los tres partidos revolucionarios coaligados era que, una vez se alcanzara la victoria, no se impondría ninguna forma de gobierno. Acordaron dejar que unas futuras Cortes Constituyentes elegidas por sufragio universal (entiéndase ese «universal» como exclusivamente masculino) decidieran entre monarquía y república.

Estaban de acuerdo en que el país tenía que pillar el paso europeo; había que modernizarse, y eso pasaba por declarar la libertad de prensa, de reunión, de culto y de enseñanza; por abolir la pena de muerte, por expulsar a los jesuitas y por separar la Iglesia del Estado. Mucha modernidad junta y de golpe. Demasiada.

No hay que olvidar, sin embargo, que de los tres partidos que se revolucionaron, dos eran monárquicos y uno republicano. Este dato es suficiente para ponerse en lo peor: cuando hubo que formar un gobierno provisional, los monárquicos dieron un codazo a los republicanos y a tomar vientos la coalición. Se quedaron mandando los tradicionalistas antidinásticos. Es decir, los que querían un rey, pero que bajo ningún concepto fuera Borbón.

Como dijo el general Prim: «¡Los Borbones, jamás, jamás, jamás!».

Y pusieron manos a la obra: había que crear un sistema de partidos; de dos partidos, uno conservador y otro reformista que se alternaran en el poder; había que aprobar una Constitución, por supuesto; y había que buscar un príncipe por los mercadillos europeos para sentarlo en el trono de España. Sin olvidar que, aunque el príncipe fuera extranjero y de segunda mano, estaría más preparado intelectualmente y sería más demócrata y más progresista que cualquiera de primera mano que pudiéramos tener en este país.

España no era una perita en dulce, y no había precisamente tortas entre los príncipes extranjeros por venirse a vivir aquí. Éramos el culo de Europa, y, además, las monarquías europeas también ponían sus inconvenientes para que el elegido fuera fulanito o menganito. Cada uno barría para casa y buscaba sus propios intereses. La nueva etapa con pretensiones modernas, pues, se atascó en el asunto real. Unos no querían rey ni en pintura, otros querían un rey solo para un rato, otros cuantos proponían para rey a príncipes extranjeros, y otros más se proponían a sí mismos para ser rey. Las Cortes españolas eran un frenopático.

Aquí va la lista de los preseleccionados por los parlamentarios para ser rey de España:

Fernando Coburgo, el que había sido regente de Portugal; cuando una delegación oficial se acercó hasta Lisboa para proponérselo la respuesta fue que ni de coña. La negativa debió de retumbar hasta en Moscú.

Otro aspirante fue el duque de Génova, pero es que el chaval tenía trece años y su madre no lo dejó. «Tú no te vas a España en plan Erasmus —debió de decirle—, que se te van los estudios».

También había un alemán en la lista, el príncipe Leopoldo Hohenzollern-Sigmaringen, y resulta que este aceptó, pero Francia, concretamente el emperador Napoleón III, metió cuchara para entorpecer el acuerdo y al final la cosa se frustró. Y encima, cuando los españoles se enteraron de que el futuro rey de España podría ser un tipo apellidado Hohenzollern-Sigmaringen, empezaron a pitorrearse y a llamarlo «ole, ole si me eligen». Este tampoco valía.

Otro candidato era español, el general Espartero, que tenía experiencia porque había sido regente treinta años atrás. Este era el favorito de los republicanos, porque al ser muy mayor y no tener hijos, en cuanto se muriera, que no sería tardando mucho, fin de la monarquía y a por la república. Pero el general Espartero, cuando recibió la oferta tenía setenta y siete años, estaba feliz y contento en Logroño, y respondió con una pregunta: «¿Estáis tontos, o qué? ¿Cómo me voy a meter yo, a mis años, en ese jardín?».

Quedaba una última esperanza, el duque italiano Amadeo Fernando María de Saboya, que si al Hohenzollern-Sigmaringen le sacaron rima, es fácil deducir la que le podrían haber sacado a este. Amadeo era elegante, educado y moderadamente culto (sin exagerar); era demócrata, era progresista y tenía a su lado a la mejor reina posible: solidaria, dispuesta, curranta y exquisitamente culta, María Victoria dal Pozzo.

En noviembre de 1870, la candidatura de Amadeo de Saboya al trono de España se sometió a votación en las Cortes y una mayoría votó a favor.

El rey Amadeo I, de los Saboya de toda la vida, esa dinastía que llegó y se fue con él, se encontró una España caótica y empobrecida, con una bronca política monumental; con la aristocracia mirándole de reojo y con desprecio por ser un europeo ilustrado; con la Iglesia en su contra por si venía a modernizarnos de más, y con la ignorante ciudadanía sacando chistes y dispuesta a no prosperar porque no hay peor ciego que el que no quiere ver.

Y lo peor. Amadeo había tenido en la figura del general Prim su mayor apoyo, y lo primero que hizo el nuevo rey cuando llegó a la estación de Atocha fue ir a su velatorio. Se lo acababan de cargar.

Amadeo I de Saboya lo tuvo todo en contra, pero lo intentó. Hasta que dos años y tres meses después nos envió a todos a freír espárragos, porque (tenía razón) «los españoles somos ingobernables».

1876
¿Dígame?

El viernes 14 de enero de 1876 se presentó en la oficina de patentes de Boston (Estados Unidos) un tal Alexander Graham Bell que pretendía patentar un artilugio al que llamó teléfono y con el que, a la postre, entró de cabeza en las enciclopedias. Desde entonces y hasta el año 2002, ese aparato quedó asociado a su nombre, pero esa gloria le duró al señor Bell 126 años, los mismos que otro hombre llamado Antonio Meucci tardó en ver reconocida la autoría de su invento.

Y es que con los inventores hay que tener mucho cuidado, porque cuando se trata de atribuirse una idea no conocen ni a su padre. Son muy choris. Marconi le birló a Nikola Tesla la radio (véase 1938) y Graham Bell utilizó las mismas malas artes para robarle el invento del teléfono a Antonio Meucci.

En realidad, aquel 14 de enero otro inventor de nombre Elisha Gray, y solo dos horas después que Graham Bell, presentó en Chicago otra solicitud para patentar el teléfono. Huele muy mal que dos tipos presenten la misma petición el mismo día y con solo dos horas de diferencia, para patentar un aparatejo igual. Al final fue Graham Bell el que se llevó el gato al agua, y la patente también.

Y es que Meucci no había patentado su invento, porque hacerlo costaba 250 dólares, que no tenía. Lo que hizo fue registrar la descripción del invento, y lo hizo en Nueva York, seis años antes que Graham Bell. Todo, sin embargo, se le puso en contra: le faltaba dinero para ir renovando el registro, los abogados que le tenían que defender se pasaron al enemigo porque pagaban mejor, a los funcionarios de la oficina de patentes les untaron para que miraran hacia otro lado... Meucci, en resumidas cuentas, se estrelló.

Vamos al principio de la historia, porque aquí se juntaron el hambre con las ganas de comer y tiene cierta guasa cómo se produjo la invención del teléfono.

Antonio Meucci lo llamó teletrófono o telégrafo parlante, y en realidad lo descubrió de chiripa. Fue una serendipia, palabra incluida en una de las recientes revisiones del Diccionario de la Real Academia Española (DRAE); es decir, un descubrimiento que se produce de forma accidental o casual, por lo general, cuando estás buscando una cosa y se te presenta otra y siempre y cuando tengas la suficiente agudeza para saber que has descubierto algo. Y eso le pasó a Antonio Meucci, que estaba intentando curarle el dolor de cabeza a un tipo y acabó descubriendo el teléfono. Meucci era un emigrante italiano que trabajaba en un teatro de La Habana como mecánico (por eso en Cuba presumen de ser la cuna de la telefonía). Meucci era el manitas, el que lo arreglaba todo, y muy interesado, además, en la electroterapia, un intento de curar lesiones por medio de la electricidad. Así fue como un día un empleado del teatro acudió a Meucci diciendo que le dolía mucho la cabeza, y el manitas aprovechó la circunstancia para utilizar al doliente como conejillo de indias, a ver si funcionaba la electroterapia. Sin entretenernos mucho en la anécdota, vino a decirle que sujetara una lengüeta de cobre en una mano, unida por un alambre a otra lengüeta que le dijo que se metiera en la boca. Le arreó entonces una descarga eléctrica mediante una batería y, lógicamente, el tipo del dolor de cabeza pegó un grito. Ahora, además del dolor de cabeza, el conejillo sufría un tembleque por la descarga. El efecto colateral que observó Antonio Meucci fue que el grito, le pareció a él, se escuchó especialmente nítido. Le hizo gritar otra vez, se acercó a su oído el alambre y, efectivamente, otra vez se oyó muy claro. «Este fue —escribió Meucci— el origen de mi idea de la transmisión de la voz humana por medio de la electricidad». Ahí fue cuando Meucci empezó a investigar lo que acabaría siendo su teletrófono.

Sucedió en 1849, cuando Alexander Graham Bell tenía dos añitos y solo acertaba a pedir, como mucho, teta.

De Cuba, Meucci se trasladó a Estados Unidos, y allí continuó mejorando su invento hasta registrarlo en 1870, seis años antes que Graham Bell. Pero el pobre Meucci estaba canino, sin un centavo, y encima con su esposa enferma. Defender la autoría de un invento costaba dinero y además necesitaba algo fundamental: una empresa que lo comercializara. Y eso fue lo que hizo, contactar con un empresario, Edward B. Grant, vicepresidente de una filial de la Western Union Telegraph Company, al que le entregó sus investigaciones para ver si le compraba su invento y lo colocaba en el mercado. La Western Union respondió que aquel artilugio no le interesa para nada y que adiós muy buenas. «Pues vale —dijo Meucci—, pero devolvedme mis papeles con la descripción del invento». «Uy, qué tontería, pues no te lo vas a creer, pero se nos han perdido».

Y es cierto, se perdieron. Aunque sería más exacto decir que alguien los había birlado. Meucci siguió renovando el registro de su invento, que no llegaba a ser una patente en toda regla, hasta 1873, pero al año siguiente ya no disponía ni de un solo centavo más para prolongarlo. Dos años después Alexander Graham Bell presentó su solicitud en Boston para patentar el teléfono, y el mismo día, dos horas después, hizo la misma solicitud Elisha Gray en Chicago. Durante esos dos años tuvieron tiempo los dos inventores de estudiar y mejorar el aparatejo del pobre Antonio Meucci.

Se haría muy tedioso y enrevesado intentar relatar aquí cómo se comprobó que estos dos espabilados de Bell y Gray tuvieron acceso al teletrófono de Meucci utilizando malas artes, trapicheos y corruptelas para robarle la autoría. Y hasta la Western Union, que dijo que el teléfono no pasaba de ser un mero juguete, acabó litigando por hacerse con la patente. Todos contra todos. La justicia estadounidense condenó a Graham Bell por fraude y falsedad diez años después de darle la patente, pero el condenado recurrió. Antonio Meucci, cuando parecía tener el triunfo en su mano, se murió, y con él murió también el proceso judicial.

Así, de forma tan injustamente estúpida, Alexander Graham Bell pasó a la historia como el inventor del teléfono, por todo el morro. Pero solo hasta el año 2002, en el que el Congreso de Estados Unidos aprobó la resolución 269 por la que se reconocía que el verdadero inventor del teléfono se llamaba Antonio Meucci. Nunca, nunca más, repitan como loros eso de que Alexander Graham Bell inventó el teléfono.

Y Marconi tampoco inventó la radio.

1897

Zoos humanos: «No lancen comida a los negros»

Exposición Universal de Bruselas. Año 1897. El país anfitrión, Bélgica, promociona entre los visitantes una amplia variedad de productos exóticos traídos del Congo. Entre todo ese género tan peculiar hay 267 congoleños que cocinan y comen delante del hombre blanco, danzan sin ganas para entretenimiento del hombre blanco y posan muertos de frío delante de sus chozas para que los observe el hombre blanco.

Junto al recinto de la exhibición, un cartel advierte: «No lancen comida. Los negros son alimentados por el comité organizador».

Y es que hubo un tiempo en el que el civilizado hombre blanco no solo exhibía leones en los zoos; también exhibía humanos. Ver a un congoleño comer con las manos, a un inuit escenificar el despiece de una foca, a un aborigen australiano decorarse la cara con pinturas o a cualquier otro indígena meterse y sacarse un colmillo de su nariz perforada fue uno de los entretenimientos favoritos de los ilustrados y finolis europeos.

Los zoos humanos empezaron a extenderse por Europa y Estados Unidos durante la segunda mitad del siglo XIX, pero el asunto empezó a triunfar antes, a finales del XVIII, cuando algunos empresarios de circo se percataron de que exhibiendo indígenas se sacaban más cuartos que enseñando solo a la mujer barbuda o a un león sarnoso. Por supuesto, no los llamaban indígenas ni nativos. Negros y salvajes era lo más cariñoso que les decían, pero oficialmente se les conocía con una palabra que nos suena mucho. Eran espectáculos de *freaks*. Los friquis de ahora.

A los indígenas se supone que los contrataban en origen para venir a Europa de forma voluntaria y enseñar a los europeos en vivo y en directo sus costumbres, su modo de vida, sus habilidades para fabricarse desde una lanza a un penacho de plumas. Pero eso era solo la teoría. La cruda y vergonzosa realidad es que la mayor parte de las veces los zoos humanos montados para jolgorio del hombre blanco se nutrían de personas sacadas a la fuerza de sus aldeas, que acababan esclavizadas viajando de país en país y que se iban muriendo por el camino. El que no sucumbía a la gripe lo hacía a cualquier otra enfermedad para la que no tenía defensas; otros acabaron directamente alcoholizados para sobrellevar su calvario y otros muchos optaron por el suicidio para morir antes de perder del todo la dignidad.

Así que, mejor no preguntarse cuántos volvían a su tribu, a su aldea o a su pueblo cuando terminaban las exhibiciones. Entre otras cosas, porque nadie se molestaba en pagarles el pasaje de vuelta.

Pero todo esto de los zoos humanos empezó poco a poco. Antes de que los empresarios se especializaran en la exhibición de decenas o cientos de indígenas en grandes decorados creados para dar el ambientillo adecuado, los trajeron de uno en uno, para ir viendo cómo funcionaba la cosa. Aquel primer nativo, al menos el primero documentado, tiene nombre y apellido. Se llamaba Saartjie Baartman, africana. En Europa comenzaron a llamarla Sara hasta que encontraron un nombre más exótico y más comercial: la venus hotentote.

Lo de venus, porque era un prodigio físico de mujer. Lo de hotentote, porque pertenecía a la tribu de los khoi-khoi, también llamados despectivamente así, hotentotes. No era una belleza al uso occidental. Sara era una venus de enormes formas redondeadas, con un gran trasero y unos muslos gordos y prietos, como tenían que ser las mujeres de su tribu. Redonditas. Vivía en Sudáfrica cuando un europeo finolis y con estudios pensó que aquella mujer sería una rentable atracción de feria.

Fue sacada de su tierra hacia 1810, con solo veintiún años, porque era un ejemplo de esteatopigia, una palabreja científica que en lenguaje vulgar viene a decir que tenía unas nalgas enormes y unos muslos extremadamente desarrollados por la acumulación controlada de grasa. La vida se la destrozaron paseándola por cabarés y convirtiéndola en un reclamo sexual, hasta que la pobre Sara murió con apenas veintiséis años, alcoholizada y derrumbada. Aquí empezó su segundo calvario. La buena noticia es que de este ya no se enteró.

El cuerpo de Sara cayó entonces en manos del seudocientífico Georges Cuvier, un famoso paleontólogo, anatomista y zoólogo, aunque por lo que de verdad se pirraba era por disecar humanos. Naturalizarlos, decía él. Cuvier reclamó el cuerpo de Sara en nombre del «progreso del conocimiento humano», y tras disecarla, la dejó expuesta en las vitrinas del Museo del Hombre de París; exhibida, otra vez, ante los ojos europeos. Pero pasaron los años, muchos, y Sara acabó arrumbada en los sótanos del museo, hasta que el gobierno sudafricano, con Nelson Mandela a la cabeza, se enteró, y reclamó de inmediato el regreso de Sara.

En pleno siglo XXI Sudáfrica solicitó oficialmente la devolución de los restos de Sara para enterrarla entre los suyos, en su tierra. Allí regresó en el año 2002, y en aquella tierra yace, medio desmembrada por la cantidad de perrerías que la hicieron, pero tras haber recuperado parte de la dignidad que le arrebató Europa. Está claro que cuando nos sale la superioridad de raza nos convertimos en el más silvestre de los monos.

Todo aquello fue el principio: la exhibición, la explotación indecente de una, dos o tres criaturas exóticas en números teatrales, en cabarés y en circos, pero faltaba por llegar lo peor, el espectáculo al por mayor, el montaje de hábitats artificiales en los jardines de grandes ciudades europeas; algo parecido a un parque temático por donde deambulaban hombres, mujeres, niños y ancianos. Ejemplo de ello es la exhibición que abría esta historia, la de 1897 en la Exposición Universal de Bruselas, el Fitur de entonces. Aquellos 267 congoleños, sacados por la fuerza de su clima tropical para instalarlos en la humedad y el frío de Bruselas, tiritaban, pero tenían que bailar, sentarse durante horas y horas delante de las chozas que les habían construido y remar en el estanque con sus canoas típicas. O sea, lo mismo que hacían en el Congo libremente, tenían que hacerlo en Bruselas, pero esclavizados. Los belgas que se acercaron a verlos y otros europeos que fueron de visita a la Exposición Universal les tiraban comida, como si fueran monos en un zoo, ante unas miradas tan incrédulas como acusatorias de los congoleños, con las que estaban llamando salvajes a los rostros pálidos.

Los cálculos son aproximados, pero se cree que unos 35.000 indígenas sufrieron la humillación de ser mostrados como vulgares objetos entre 1800 y 1958. Sioux, inuits, masáis, pigmeos, indígenas amazónicos, cingaleses, somoanos... No dejaron tranquila ni a una tribu.

Desde el foso donde eran exhibidos, desde el estanque en el que les hacían remar con sus canoas tradicionales, desde la puerta de sus artificiales chozas, mientras los indígenas observaban a quienes les observaban, ¿qué pensarían? Pues qué van a pensar, que aquí los únicos friquis éramos nosotros, el hombre blanco. El canalla hombre blanco.

1904
¡Exijo una satisfacción!

Vicente Blasco Ibáñez era muy, pero que muy republicano; escribía muy, pero que muy bien; y tenía muy, pero que muy mala leche. El episodio que sigue a continuación puede que a muchos les descubra otra cara del famoso autor.

El 29 de febrero de 1904, Vicente Blasco Ibáñez, no como escritor, sino como diputado, se batió en duelo a pistola con un policía. Suena extraño eso de que un diputado y un policía se batan en duelo, pero es que resulta que en este país hasta 1920 muchos se citaban en el campo del honor con relativa frecuencia.

Sobre todo periodistas y políticos. En algunas redacciones había hasta salas de esgrima para entrenar e ir preparado por si te caía un duelo en vez de una demanda.

Pero lo de Blasco Ibáñez pasó de castaño oscuro. Bastaba toserle para que aceptara el desafío. Le perdieron la cuenta. Doce o quince veces se batió, y dos veces salió herido, una de ellas de gravedad justo tres meses antes de escribir *La barraca.*

Era un diputado republicano muy visceral, y por la mínima ya estaba liada. Nunca esquivaba un duelo, nunca decía que no, cosa que no se entiende porque no tenía puntería con la pistola y con el florete se enredaba. Es un milagro que llegara a escribir *Los cuatro jinetes del apocalipsis*, porque le podrían haber matado en varias ocasiones. El duelo de aquel 29 de febrero fue el último y de él salió muy mosqueado, que siempre es mejor que salir herido o muerto.

La cosa se complicó por una idiotez. Hubo una movida ciudadana por el nombramiento de un arzobispo que era un impresentable y que llegó al cargo por presiones del gobierno del conservador Antonio

Maura. Los republicanos se soliviantaron, hubo bronca en las afueras del Congreso y un par de cargas policiales. El diputado Blasco Ibáñez estaba en el lío y se vio zarandeado por un policía. Cuando al día siguiente intervino desde la tribuna del Congreso, además de poner a parir al gobierno y al ministro de turno, dijo que el poli que le había zarandeado era un «tenientillo desvergonzado». Esto ofendió mucho a todo el cuerpo, y como la mitad de los policías quería matar a Blasco Ibáñez, hubo que seleccionar a un oficial por sorteo.

El agraciado fue un tal teniente Alestuei. Se citaron aquel 29 de febrero cerca de Atocha para un duelo a pistola, a muerte (no a primera sangre), con dos balas en la recámara, a veinticinco pasos de distancia y con un tiempo de treinta segundos para apuntar y disparar. Dicho a las claras, aquel duelo era un suicidio para Blasco Ibáñez.

Si el policía se supone que sabía disparar y Blasco no daba una, el escritor tenía todas las papeletas para caer a la primera. De hecho, a Blasco le costó mucho encontrar padrinos porque las condiciones del duelo eran muy duras; ninguno quería participar en lo que creían que iba a ser la muerte segura del escritor.

Pero pasó lo siguiente: disparó Blasco Ibáñez. Nada. Disparó el teniente, y la bala mordió el polvo. Segundo disparo de Blasco, y otra vez al aire. Nuevo tiro del teniente, y el escritor abatido.

Ya está, a tomar vientos el diputado Blasco Ibáñez, pensaron todos. Pero no. La bala impactó en la hebilla de acero de su cinturón. El tiro solo le tumbó. El duelo quedó en tablas y las dos partes dieron por satisfecho su honor, pero no todo el mundo salió contento. Porque unos albañiles que trabajaban por allí y entretenidos con el espectáculo, cuando vieron que no había corrido la sangre, abuchearon y silbaron a Blasco.

El escritor soltó un par de tacos de los suyos y dijo aquello de «¿y por estos que me silban me juego yo el pellejo? ¿Por esta gentuza me pego en el Congreso?». Aquel fue su último duelo y ahí se planteó ir abandonando poco a poco la política.

Todo esto se produjo a principios del siglo XX, lo que lleva a preguntarse cómo es posible que todavía los duelos estuvieran a la orden del día. Hay varias explicaciones: socialmente estaban aceptados, la legislación era muy blandita y los envolvía un halo de romanticismo y de valor. Lo cierto es que estaban prohibidos y penados, pero como si nada; ni los gobiernos ni la ley acabaron con el duelo. Fue muriendo poco a poco gracias a la presión social, a las ligas antiduelistas que se crearon por toda Europa y a la celebración de congresos internacionales.

El Código Penal, el de 1870, era muy flojito, porque los políticos no acababan de aprobar reformas para agravar las penas y a la ciudadanía de a pie le traía al pairo que los señoritos se liaran a tiros entre ellos. Al fin y al cabo, la plebe pasaba de duelos, padrinos y protocolos. Un par de guantazos en el momento de la ofensa y solucionado. Nada de quedar para luego.

La buena noticia de este asunto duelista es que, si todos los duelos eran como los de Blasco, muertos había más bien pocos. Eso sí, cuando se producía alguno, sonaba mucho y traía consecuencias. Después del de Blasco, hubo uno sonadísimo en Sevilla, en el que murió el marqués de Pickman, el de la fábrica de cerámica La Cartuja, por disparo de un guardia civil. Y además con mucho escándalo por en medio, porque la Iglesia impidió el entierro en sagrado, el gobernador civil acabó destituido, el alcalde dimitió… en fin, un lío.

Y hubo otro duelo en 1906, muy grave y con el que comenzó de verdad el declive. Se retaron el director del semanario católico *El Evangelio* y el del diario republicano *Aragón*, enfrentados por defender si mandaba más dios o el Parlamento. El duelista católico se adelantó a la señal del juez, disparó antes de tiempo y se cargó a su colega periodista. También es cierto que la mayor parte de las veces, como en el fondo nadie quería morir, los duelos acababan siendo un paripé con mucha escenificación, mucho ritual, mucho protocolo previo que casi siempre quedaban en un cruce de frases redichas del tipo «¡exijo una satisfacción!» o, en caso de que el reto fuera dirigido a un periodista, «¡A ver si su pecho es capaz de defender lo que dice su tintero!».

Los duelos a veces se solucionaban en lo que llamaban tribunales del honor, una especie de árbitros (los periodistas tenían su propio tribunal del honor y los políticos el suyo) que intentaban mediar para evitar llegar a mayores. Otras veces se solucionaba la disputa en el mismo sitio del duelo antes de empezar a pegarse, y otras se paraba al más mínimo rasguño, porque la mayoría de los duelos eran a primera sangre. Una heridita, y alto el fuego.

Cabe preguntarse por qué había tantos periodistas y políticos dispuestos a batirse en duelo. Pues seguramente porque no existía el debate de *La Sexta noche* para desfogarse. En aquel momento, y en este también, muchos periodistas eran el brazo armado de los partidos, y las broncas entre redactores de una u otra cuerda, o contra políticos que los retaban porque les habían ofendido con algún artículo, se daban constantemente. En algunos periódicos, como por ejemplo en la redacción de *La Correspondencia de España*, había un cuartito destinado a sala de esgrima donde todos los días los redactores practicaban con un profesor.

El propio diario publicó en 1900 que «la profesión de periodista está expuesta a los lances de honor y hay que saber manejar la espada y el sable por si llega el caso de batirse».

1904
Y el séptimo día descansó

El 11 de septiembre de 1904 era domingo, el primer domingo en el que, por imperativo legal, se prohibió trabajar en España porque entró en vigor la Ley del Descanso Dominical. A favor, la Iglesia, por supuesto, y Pablo Iglesias, el fundador del sindicato UGT, aunque, evidentemente, por razones bien distintas. En contra, también por supuesto, los empresarios.

La Iglesia, como loca porque tendría más clientela en domingo, y el sindicato UGT, el único que existía por aquel entonces, feliz porque era un paso más en la defensa de los derechos de los trabajadores. Cada uno por lo suyo, pero todos contentos. Los más cabreados, en cambio, los empresarios, que tenían que pagar lo mismo por trabajar un día menos y encima bajaba la producción. Y tampoco les gustó la norma a algunos trabajadores que cobraban por horas, porque si el domingo no se trabajaba, tampoco se cobraba.

Hasta aquel momento en España se trabajaba siete días a la semana. Salvo mujeres y niños menores de trece años, que tenían prohibido trabajar en domingo y fiestas de guardar, los que trabajaban lo hacían todos los días. El currito, el asalariado, no descansaba, o al menos no tenía una ley que le asegurara el descanso. Dicho de otra manera, en España la única institución que durante siglos ha señalado los días que había que parar de trabajar era la Iglesia, que era la que marcaba las fiestas, no para que los trabajadores descansaran, sino para que pudieran acudir a misas, vigilias, procesiones, rogativas y rezos varios.

Ocurrió, sin embargo, que se pasaron tanto poniendo fiestas religiosas que hubo que empezar a suprimir algunas. Si a ello se le añade que en la segunda etapa de la revolución industrial del siglo XIX España inició un despegue y se pusieron todos manos a la obra como locos, resulta que se pasó de trabajar poco a no parar de trabajar.

Este país a veces es Juanín o Juanón.

Hagamos un recorrido ordenado para entender por qué hubo que señalar un día de descanso laboral en este país. Cierto que fue uno de los primeros grandes logros sociales, pero no se pueden pasar por alto los inconvenientes que trajo, que los hubo, porque si llevas todos los días de tu vida trabajando y te dicen que tienes que descansar uno por narices, a ver qué haces. Aburrirte y largarte a la taberna.

A principios del siglo XIX España era el país con más fiestas de Europa. A saber, 52 domingos, más 17 fiestas de guardar, más otras 20 medias fiestas en las que te dejaban trabajar (pero solo después de ir a misa), más las fiestas de los patrones locales, más las fiestas improvisadas que le salían de la peineta al obispo de turno para organizar una rogativa… en total, noventa y tantos días, más de tres meses en los que no se pegaba sello.

Bien es cierto que tampoco es que hubiera mucho ocio disponible para estar tres meses de vacaciones sin trabajar, aunque fueran días alternos. Y encima, como las fiestas eran religiosas, estaba prohibido tener sexo. Sin redes sociales, sin cines, sin monologuistas... y sin olvidar que casi nadie leía porque el 80 por ciento de la población era analfabeta, ¿qué hacías con tanta fiesta? Lo de darse un paseíto estaba bien para un domingo, para dos... para tres como mucho.

En este plan se llegó a 1867, cuando el presidente del Gobierno, el general Narváez, le hizo un ruego al papa, a Pío Nono, probablemente en estos términos: «Verá usted, su santidad, que resulta que en España no trabajamos tres días seguidos y estamos viendo algunos brotes verdes que habría que aprovechar para llegar a tener unas raíces vigorosas».

El papa aceptó eliminar un puñadito de fiestas y suprimir también la obligación de oír misa en las medias fiestas de veinte días al año. Permitió que cada diócesis pudiera tener un patrón al que festejar, pero las fiestas de los patrones locales ordenó trasladarlas al domingo siguiente; nada de que cayeran ni en martes ni en jueves. Y Pío Nono eliminó también dos fiestas de guardar. Con todo y con eso, España siguió teniendo más fiestas que nadie, pero al menos se alcanzó el estándar moderno de trescientos días laborables al año que otros países habían instaurado un siglo antes.

Pero resultó que, casi de repente y en muy poco tiempo, se pasó de tener trescientos días laborables a trabajar todos los días, lo que llevó a promulgar una ley que obligara a descansar en domingo. Y es que después de reducir las fiestas religiosas se pasó de un extremo al otro, sobre todo en las ciudades. Llegó la industria, las máquinas se pusieron en marcha, el comercio empezó a moverse y se necesitaba mano de obra todos los días. El empresario quería producir y producir, y al asalariado no le quedaba otra que trabajar y trabajar. Hubiera misa o se celebrara san Pitopato.

La ley de 1904, que estuvo décadas discutiéndose porque nadie se atrevía a meter mano al asunto, aspiraba a dar un poco de reposo al trabajador y que pudiera acceder a alguna distracción. De paso se dio una concesión a la Iglesia, porque lo del descanso dominical tenía una connotación confesional. Tenía que ser en domingo para que la gente fuera a misa, que tampoco es que se pueda considerar una distracción como para partirse de la risa.

En algunos oficios, sin embargo, no se podía parar la producción, aunque no por ello los obreros debían trabajar los siete días. La ley contemplaba que, si por necesidades de la industria, un trabajador tenía que currar en domingo, su día de descanso tenía que pasar a otro de la semana.

Consecuencia directa de aquella Ley de Descanso Dominical fue la prohibición expresa de trabajar los domingos en los periódicos (los jóvenes con más años recordarán que hasta finales de los años setenta del siglo XX los lunes no había periódicos). Los comercios también tuvieron prohibido trabajar, e igualmente los funcionarios. Lo malo para muchos es que también se prohibieron las corridas de toros en domingo, y se montó tal pelotera que hubo que derogar la norma meses después.

Al margen de que matar toros por distracción esté igual de feo sea domingo o miércoles, bien es cierto que las corridas eran uno de los principales entretenimientos para el respetable a principios del siglo XX. Prohibirlas precisamente los domingos, el día de descanso, no parece que fuera un buen plan para mantener la paz social. Los que más presionaron fueron ganaderos, empresarios, toreros y periodistas, que le dedicaron unas cuantas lindezas al presidente del Gobierno, el conservador Antonio Maura, que fue el que puso en marcha la Ley del Descanso Dominical. Mariano de Cavia, el periodista aragonés, compuso el *Himno a la libertad torera*, con música del *Himno de Riego*, muy cabreado por la prohibición de las corridas en domingo.

Cuando el arte de Montes y El Tato
hasta en Francia se ve prosperar,
en España un puñado de ilusos
con el arte pretende acabar.
Pero el chasco que van a llevarse
los del figle va a ser de chipén;
por un cuerno que ahora nos quiten
la afición les pondrá más de cien.

No alcanza la calidad poética que le puso Marta Sánchez al himno nacional, pero en aquel momento sirvió para la causa.

También tenían prohibido abrir en domingo las barberías, y las tabernas que solo despacharan bebidas debían igualmente permanecer cerradas. Las que también eran casas de comida podían abrir, pero en realidad abrieron todas porque a los taberneros no les ganaba nadie a pícaros. Pusieron unos bocatas en el mostrador y el negocio pasó de un minuto para el siguiente de ser taberna a casa de comidas.

El primer domingo de descanso obligatorio puede decirse que la ley se cumplió a rajatabla en los trabajos donde se podía cumplir. Es decir, comercios cerrados, fábricas cerradas (menos minería y siderurgia), ministerios cerrados... pero todas las tabernas abiertas y mucho aburrimiento por delante, porque, conviene insistir, seguían sin Facebook, sin cine y sin fútbol. Una vez que el currito obligado a parar en domingo se había dado un paseo con su señora después de misa, ¿qué hacer? Pues a la taberna.

Ese fue un grave problema añadido, porque el españolito currante no sabía (nadie le había enseñado) cómo ocupar su ocio ni dónde estaba el entretenimiento. Cada lugar se encontró con sus propios problemas el primer domingo que se aplicó la ley. Las ciudades se quedaron inactivas, con los cierres echados en todos los comercios y mucha gente por la calle, aunque donde trabajaron como locos fue en las casas de socorro y en los juzgados de Madrid. Al menos eso relató en su crónica el periódico *El Liberal*, que estuvo en contra de la ley desde el principio y destacó que nunca se habían registrado tantas borracheras, peleas y detenciones como aquel domingo.

Defendía este diario que la nueva ley convertía los domingos en el día de la borrachera y la inmoralidad porque la clase obrera no tenía en qué invertir su tiempo libre. Así veían algunos a los trabajadores, como un cacho carne con ojos.

Aquel descanso era necesario física, económica e intelectualmente. Los socialistas la defendieron, los empleados de los comercios la apoyaron y la Iglesia nunca estuvo tan de acuerdo con los trabajadores, con el PSOE y con UGT, porque encima era moralmente oportuna. Con tal de que fueran a misa en domingo, lo que fuera.

Una ley que, sin duda, fue todo un acierto, aunque no se supiera apreciar en su momento.

1906
Nace el reporterismo gráfico

El 2 de junio de 1906 Mateo Morral, el hombre que dos días antes había atentado contra el cortejo nupcial de Alfonso XIII y Victoria Eugenia, se descerrajó un tiro en el pecho cuando se vio acorralado en Torrejón de Ardoz (Madrid) por la Guardia Civil. Eso, al menos, dice la versión oficial, porque todavía hoy no se ha aclarado si se suicidó o si lo suicidaron.

Las imágenes del cadáver y los detalles de la autopsia no encajan muy bien para los forenses modernos con un suicidio, pero tampoco puede descartarse que no sea una teoría de los conspiranoicos. Como esto ya no lo vamos a saber, mejor ir a lo que sabemos. Y lo sabemos todo. Es un suceso del que se conocen todos los detallitos de los días en torno al atentado, hasta los más absurdos: que si compró un paraguas en una tienda de la calle del Carmen, que si lo último que cenó en la venta de Torrejón de Ardoz fue una tajada de bacalao frito y una tortilla francesa de tres huevos, que si en tal farmacia compró un remedio contra la gonorrea... el de Mateo Morral es uno de los sumarios más completos, y el atentado a Alfonso XIII uno de los hechos más célebres y machacados, con montones de información por todas partes.

Lo archiconocido es que Mateo Morral era anarquista, que tiró desde un balcón de la calle Mayor de Madrid una bomba camuflada en un ramo de flores al paso de la carroza real y que hubo una masacre, pero los novios salieron sin un rasguño.

Esa carroza no podía traer nada bueno porque perteneció al tarugo de Fernando VII. Ese matrimonio nació gafado.

Los anarquistas por aquel entonces andaban disparatados, y Mateo Morral era uno de aquellos pirados. Un chaval culto, de Sabadell (Barcelona), con buena formación, viajado, y al que le dio un brote y se pasó al lado oscuro de los que creían que por cada gobernante muerto se solucionaba un problema obrero. Y no. La cosa no es tan matemática. Debía de tener un carácter de mil demonios, porque tuvo bronca con medio Madrid en los días previos al atentado, como si anduviera con ganas de que lo detuvieran. Montó tantos pollos, que cuando salió en los papeles todo el mundo se acordaba de haberlo visto.

Y lo vieron Leandro Oroz, un pintor famoso en aquel momento; media generación del 98, Gómez de la Serna, un ciudadano con el que discutió en El Retiro... Mateo Morral no pasó a la historia por ser un joven discreto. Estuvo recorriendo tertulias por varios locales, metiéndose en discusiones, y tuvo una pelotera el día antes del atentado, el 30 de mayo, en una horchatería cerca de la Puerta del Sol con el pintor Leandro Oroz cuando le oyó decir en mitad de la tertulia que mantenía que los anarquistas dejaban de serlo en cuanto tenían cinco duros en el bolsillo. Mateo Morral saltó como un resorte y le dijo: «Sepa usted que yo tengo más de cinco duros y soy anarquista». «Pues será usted una excepción», le dijo el pintor, «porque yo conozco...». «¡Usted no conoce nada! —le increpó el aspirante a regicida—. ¡Usted se calla si no quiere que le rompa la cabeza!». Y esta escena la presencian Pío Baroja y Gómez de la Serna. Como se habían quedado con su cara, en cuanto se publicó la descripción y la foto, dijeron todos: «¡Leches! ¡El de la horchatería!». Casi todos esos autores editaron posteriormente textos relacionados con Mateo Morral porque lo tuvieron a un metro. Pío Baroja, incluso, se fue con su hermano Ricardo a la morgue el día 3 de junio porque quisieron ver el cadáver de Mateo Morral, pero solo autorizaron la entrada a Ricardo Baroja, que era pintor y grabador, para que dibujara a Mateo Morral dentro del féretro.

La discusión que mantuvo con el ciudadano en El Retiro cinco días antes del atentado tampoco tuvo desperdicio: se enganchó con él porque se le quedó mirando mientras Mateo Morral y otro colega anarquista estaban grabando algo en un árbol con una navaja. Como no quitaba la vista de esos dos tíos gansos escribiendo en el tronco, intentó acercarse y Mateó Morral le dijo: «¿A usted qué le importa lo que estemos haciendo?». Al día siguiente el hombre volvió y leyó en el tronco: «Ejecutado será Alfonso XIII el día de su enlace. Un irredento». En un lado ponía «dinamita», que era uno de los gritos de guerra de los anarquistas. El paisano no hizo caso y solo comprobó la importancia del mensaje tras enterarse del bombazo. Tan extravagante historia quedó recogida en el diario *ABC*, en la página 9 de la edición del 15 de junio de 1906.

Y otro asunto poco conocido: el atentado a Alfonso XIII marcó el antes y el después del reporterismo gráfico. Se publicó la primera gran exclusiva de la prensa española y, por supuesto, la publicó *ABC*.

Se trata de la única foto que existe y tomada cinco segundos después del atentado. Era tan impactante que algunos creyeron que era un grabado. Impresionó porque nunca antes se había publicado una imagen con tanta fuerza como aquella, puesto que, hasta entonces, la prensa solo publicaba poses y actos oficiales. De la misma manera que la famosa foto del miliciano de Robert Capa se consideró la mejor imagen de guerra del mundo porque por primera vez se captó la muerte en movimiento, justo en el momento de producirse (aunque ya esté casi del todo claro que fue una escena preparada), pues la imagen que publicó el *ABC* del atentado, con el caos en la calle, el humo y los caballos encabritados, era la primera que captaba el drama en el momento.

Para tener una buena cobertura gráfica, el diario organizó un concurso de fotografías de la boda, pagando 25 pesetas por cada una de las que acabaran publicadas. Entre esas fotos de aficionados estuvo la que los expertos consideran la primera exclusiva de la prensa española. La tomó desde un balcón de la calle Mayor un estudiante de Medicina llamado Eugenio Mesonero Romanos, nieto del famoso escritor. Le dieron 300 pesetas por aquella foto. La foto mejor pagada de la época.

Aunque se haya quedado para el final, esta historia no puede acabarse sin recordar que en aquel atentado murieron veinticinco personas y más de cien quedaron heridas. Fue una masacre. Hubo un gran monumento a la altura del número 88 de la calle Mayor para recordar a las víctimas, pero a las autoridades republicanas de Madrid se les fue tanto la pinza, obcecadas en borrar el pasado monárquico de la ciudad, que dinamitaron la escultura. La que hay ahora es posterior.

Y hubo algo peor, porque durante la República la calle Mayor pasó a llamarse calle Mateo Morral. Un tipo que se había cargado a veinticinco personas y había dejado a cien heridas, y le ponen una calle. Esa leyenda urbana que dice que en su afán por cambiar el callejero los republicanos sustituyeron la calle San José de la Montaña por Pepe el alpinista se sabe falsa, pero el cambio de calle Mayor por Mateo Morral está documentado. Hace falta ser muy bruto.

1917
Adivina quién se nos aparece esta noche

Lo ocurrido aquel día de mayo de 1917 fue, para unos, un milagro; para otros, una milagrosa coincidencia; y para la mayoría racional un enorme y teatral montaje que ha derivado en un monumental y millonario negocio. Tal y como dice la canción: «El 13 de mayo la Virgen María bajó de los cielos a Cova de Iría», y aquella pedanía portuguesa de Fátima nunca volvió a ser la misma.

En una tiendecita de Plasencia tienen (al menos tenían hace unos años) un cartel que decía: «Nada es casualidad. Estás aquí por algo». Pues lo mismo se puede aplicar a la Virgen de Fátima. No se plantó allí por las buenas, apareció por algo. Las apariciones marianas casi siempre se producían en contextos sociopolíticos muy concretos; ya fueran en países republicanos o durante conflictos bélicos o revolucionarios. Un asunto este muy estudiado y desmenuzado por antropólogos, sacerdotes e investigadores católicos que no tragan con el invento de las apariciones.

La Virgen de Fátima llegó cuando tenía que llegar y se apareció a quien se tenía que aparecer: a tres pastorcillos de entre siete y diez años. Ignorantes los tres; los tres influenciables. Teniendo en cuenta que eran muy pequeñitos, que estaban trabajando y que eran analfabetos, lo que debería haber hecho la virgen es mandarlos inmediatamente a la escuela en vez de encargarles que congregaran a la gente para una catarsis colectiva.

La supuesta aparición fue pausada. La virgen no apareció de golpe. De hecho, un año antes de su visita, en 1916, apareció un telonero, un ángel, que fue el que empezó a dar instrucciones a los tres chavales en mitad de un campo de olivos. Este ángel se presentó como el ángel de la paz, y volvió un par de veces más, hasta que desapareció de escena y la que irrumpió en lo alto de una encina aquel 13 de mayo fue una señora brillante, con manto blanco de bordes dorados y un rosario en las manos. La virgen les dijo a los pastorcillos: «Atentos, niños: a partir de hoy y durante los siguientes cinco meses, volveré todos los días 13. Cuanta más gente traigáis, mejor». Eso fue todo. A partir de ahí se lio la madeja.

Entretenerse más de lo que merece con el invento de las apariciones y los tres misterios y los supuestos milagros, no tiene mucho sentido cuando lo que hay que aclarar es por qué pasó lo que pasó precisamente en el momento que pasó.

El mundo estaba en plena Gran Guerra aquel 1917, y en concreto Portugal hacía siete años que se había deshecho de la monarquía e instaurado la Primera República Portuguesa, un nuevo contexto político en el que los urdidores de historias empezaron a manejar hábilmente los tiempos de las apariciones. Primero el ángel con sus mensajitos y después la virgen con los suyos. Los hechos que movilizaron a los disconformes con la nueva situación laica del país vienen a continuación. Portugal había proclamado la república en 1910 y decretó una estricta separación de Iglesia y Estado tras haber permanecido las dos instituciones a partir un piñón durante ocho siglos. Esta ruptura del matrimonio Iglesia-Estado es el primer detalle importante a tener en cuenta, y el segundo tiene que ver con la guerra global que asolaba el mundo. Coincidiendo con la irrupción del ángel, Alemania le declaró la guerra a Portugal y el país entró de cabeza en la gran contienda mundial. Y tercer detallito clave: Rusia estaba muy revolucionada, el zar había abdicado y los socialistas se habían instalado en el poder. El triunfo bolchevique estaba a un paso y a punto de surgir la Unión Soviética.

La reunión de esos tres detallitos aparentemente desconectados es lo que empuja a algunos a reforzar la fe católica para luchar contra tanto ateo impresentable. Exactamente igual a la táctica empleada en Francia a lo largo del siglo XIX en Lourdes. Si allí habían triunfado los supuestos milagros de una supuesta virgen, por qué no iban a triunfar los de Fátima en Portugal.

Las apariciones marianas, desde que el mundo es mundo, han sido un recurso habitual en según qué escenarios políticos y dependiendo de los movimientos intelectuales que predominaran en cada momento. Es decir, en cuanto el populacho se paraba a pensar, solía aparecer una virgen para quitarle la idea. Esto iba por épocas. Por ejemplo, y volviendo a Francia, ni se sabe las marías que se aparecieron a lo largo del siglo XIX, aunque la que triunfó fue la de Lourdes. Y que tampoco llegó por casualidad, estaba allí por algo.

Llegó la de Lourdes porque tres años antes el papa había aprobado el dogma de la Inmaculada Concepción, un dogma que acarreó (y aún acarrea) mucha bronca interna porque no todos en la Iglesia están de acuerdo con sus fundamentos. Para unos, el único ser humano concebido libre de pecado fue Jesucristo, y no todos estaban a favor de otorgar esa prerrogativa también a su madre. Y lo que era aún más desconcertante: si otro dogma ya decía que Jesucristo fue el que redimió a su madre del pecado original y ahora se sacaban de la manga la novedad de que María también nació libre de la mancha... entonces... ¿de qué diablos la redimió su hijo? Y en mitad de esta polémica se apareció la Virgen de Lourdes y dijo a la humilde pastorcilla que recogía leña: «Yo soy la Inmaculada Concepción». Se acabó la discusión sobre si el dogma era o no oportuno. Si ya había venido la virgen a decir que sí, el dogma iba a misa.

En España también se dieron casos parecidos y hubo una explosión de apariciones en 1931. Qué curioso. Fue proclamarse la República y la virgen no daba abasto. Se apareció en Cantabria, en dos pueblos de Navarra, en otro de Toledo, en otro de Huesca... pero la aparición más famosa y la mejor orquestada fue la de la Virgen de Ezquioga, un pueblo de Guipúzcoa. Allí había videntes que entraban en trance con los ojos volteados, mujeres que se privaban mirando al cielo, otros dos pastorcillos vascos que escenificaban como podían sus trances en lo alto de la colina de Ezquioga... entre unos y otros consiguieron que más de un millón de incautos acabaran peregrinando a la colina.

Pero no cuajó como lo de Lourdes y lo de Fátima... de hecho, desde el Vaticano les dijeron tres años después a los de Ezquioga que se estuvieran ya quietecitos con la virgen, que no colaba. Se conoce que los esfuerzos estaban centrados en Lourdes y Fátima, que estaban generando unos ingresos absolutamente escandalosos. Mejor no diversificar el negocio.

El gran santuario de Fátima empezó a crecer como la espuma y hoy en día es imposible calcular cuánto ingresan. Mucho, muchísimo, pero no dicen cuánto. Ni siquiera los recaudadores lo saben. Jamás han rendido cuentas de los ingresos, nunca han publicado un balance y encima están exentos de impuestos. El negocio es redondo.

La Virgen de Fátima pidió, es cierto, que allá donde se citaba ella con los niños construyeran una capilla. Humilde, se supone. Pero ya se sabe que contra el vicio de pedir está la virtud de no dar, porque lo que allí hay es un pedazo de complejo urbanístico a base de basílicas, iglesias, capillas, hoteles, restaurantes y quinientos comercios. En fin, todo lo necesario para generar unos ingresos imposibles de calcular a ojo. Van unos cinco millones de peregrinos al año. Eso sí se sabe.

En Portugal siguen triunfando las tres efes sagradas: fútbol, fado y Fátima.

1919

Empezó con un golpe de pico...

No está entre los más antiguos del mundo, porque lo superan en solera Londres, París o Nueva York, pero el metro de Madrid arrastra ya un siglo de historia. Cien años desde aquel día en el que la primera máquina de la Compañía Metropolitano Alfonso XIII arrancó motores.

Fue el 17 de octubre de 1919. A las cuatro menos veinte de la tarde, el rey Alfonso XIII, rodeado de tropecientos duques, marqueses, autoridades civiles y militares, prensa y hasta un obispo inauguraron la línea 1 del metro madrileño. El prelado que no faltara, porque cada vez que se inauguraba algo tenía que haber uno que repartiera bendiciones a tontas y a locas. El obispo de este caso se llamaba Prudencio, que es un nombre muy propio para inaugurar un endiablado artefacto que alcanzaba los 50 kilómetros por hora. No hay datos a mano sobre si en las posteriores inauguraciones de líneas también continuaron yendo obispos, pero sepa quien le interese que al menos la línea 1 del metro de Madrid está bendecida entre Cuatro Caminos y Sol. Las ampliaciones no se sabe.

Aquel primer viaje, además de multitudinario, requirió que más de uno hiciera el trayecto de pie porque la máquina arrastraba un remolque con capacidad solo para doscientos pasajeros, pocos de ellos sentados, y como nadie de la alta sociedad quiso perderse el viajecito con el rey, tuvieron que apañarse como mejor pudieron. El recorrido se hizo sin incidentes y a toda leche. Había un periodista en el vagón, Rufino Blanco, que iba, cronómetro en mano, cantando los tiempos entre estación y estación. «¡Cuarenta segundos hasta Ríos Rosas! ¡Cincuenta segundos desde Red de San Luis a Sol!». Estaban entusiasmados, como niños. La comitiva real se subió en la estación de Cuatro Caminos, nadie pagó los 15 céntimos que costaba el billete, el ingeniero señor Zapata condujo la máquina, también bendecida, y en un pispás se plantaron en la estación de la Puerta del Sol. Lo que un tranvía hacía en superficie en media hora, el metro lo hacía en diez minutos. En Sol se bajaron todos, inauguraron una placa de recuerdo, se volvieron a subir, regresaron a Cuatro Caminos sin parar, en el andén derecho les estaba esperando un espléndido *lunch*, comieron y cada uno a su casa. Esa fue la inauguración oficial del 17 de octubre. La plebe no pudo estrenar el metro hasta finales de mes.

Y los ciudadanos de a pie lo esperaban con ganas, con muchas ganas, porque Madrid era un caos de tráfico en aquel 1919. Entre carros, carretas, tranvías... cada uno circulando por donde le daba la gana, sin semáforos y con miles de peatones cruzando por donde mejor les venía, tener un transporte que te llevaba sin atascos a lo largo de 4 kilómetros sí que era una bendición. El 31 de octubre se abrió al público y ese día viajaron 56.220 personas, que a 15 céntimos por cabeza dieron una recaudación de 8.433 pesetas. Lo primero que hicieron también los madrileños fue sacar chistes. Allá va uno que, más que malo, es doloroso. Decía: «¿Cuál es la distancia más corta en Madrid? De Sol a Cuatro Caminos, porque hay un metro». Ustedes disculpen.

El metro se abría a las seis y veinte de la mañana, y cuentan las crónicas que a las cinco y media había colas larguísimas para entrar, en parte por el capricho de subirse, porque nadie en su sano juicio haría una hora de cola para ir de Sol a Cuatro Caminos en metro cuando andando se llegaba antes.

Y efectivamente, hacía mucha ilusión subirse al metro, aunque, bien analizado, no es exacto que se llegara antes dependiendo del medio de transporte que se eligiera. Si se producía algún percance con un carro o se moría la mula en mitad de las calles estrechas, se organizaban atascos de seis y siete tranvías de ida y vuelta, todos atestados de gente, que no llegaban a destino hasta dos horas después. Y otro asunto que no es chiste, pero tiene su guasa; lo sucedido en aquel viaje inaugural con la foto oficial que se hizo el rey justo antes de subir al vagón, la que se iba a distribuir a la prensa y realizada con aquellas mastodónticas máquinas sobre un trípode. Por lo general se hacía una única foto, y listo, pero en esa única foto Alfonso XIII salió con los ojos cerrados. Tuvieron que retocar la imagen y pintárselos abiertos. El resultado fue un monarca con cara de desquiciado que confirma eso de que el remedio fue peor que la enfermedad.

La idea de que Madrid tuviera metro es de mil ochocientos ochenta y tantos, y bullía en cabeza de visionarios que no hacían más que presentar proyectos que no terminaban de cuajar. En los años noventa del siglo XIX, el arquitecto y urbanista Arturo Soria presentó proyecto, y el ingeniero Manuel Becerra, también, pero ninguno prosperó. Hasta que ya metidos en el siglo XX se unieron tres técnicos que tuvieron más suerte con su idea. Consiguieron la concesión por parte del Ministerio de Fomento y se pusieron a buscar los 8 millones de pesetas que necesitaban para poner en marcha su plan.

El Banco de Vizcaya les dio 4 millones, consiguieron otros tres a duras penas, y faltaba un millón más que no había forma de encontrar. Pero el millón llegó, por eso la empresa que al principio se llamaba Ferrocarril Central Metropolitano de Madrid pasó a llamarse Compañía Metropolitano Alfonso XIII. A punto de abandonar el proyecto, el rey llegó con la chequera y se hizo accionista. Conste que era una empresa privada, o sea, que no puso el dinero a fondo perdido. Recogió beneficios.

Y empezaron las obras. Nadie piense en tuneladoras ni material sofisticado. Es más, las obras del metro empezaron sin licencia municipal.

Una noche de julio de 1917, justo al principio de la calle de Alcalá, en la misma Puerta del Sol, llegó una carreta de bueyes con una grúa de madera muy rudimentaria, un torniquete, picos y palas. Pusieron una valla y a golpe de pico se abrió el primer agujero. Cuentan que por allí pasó un guardia aquella noche de julio que en tono chulesco preguntó:

—¿Tendrán permiso, no?

—¡Hombre, por supuesto! —contestó el ingeniero al mando.

—Ah... bueno —se conformó el guardia, que dio media vuelta y se fue.

Y no. No había permiso de obras. Estaba en trámite.

Algo que sorprende a muchos viajeros es por qué el Metro de Madrid circula por la izquierda, siguiendo la costumbre británica. La respuesta es tan simple como absurda: se decidió así al principio como se podría haber decidido lo contrario. No existía una norma que indicara por dónde había que circular. Y como el proyecto en el que se fijaron los ingenieros fue el del Metro de Londres, así lo hicieron, circulando por la izquierda.

En Madrid, en aquel 1919, la circulación en superficie era caótica, no había nada que regulara el tráfico, y por tanto tampoco había norma que indicara el sentido de circulación del metro. En la calle uno se subía a su carreta y tiraba por donde quería, por donde hubiera hueco.

El primer intento de regular el tráfico lo hizo un tipo que estaba muy loco y que atendía por Millán de Priego, responsable de la Seguridad del Estado. Le dio por regularlo todo en Madrid, emitiendo bandos cada dos por tres. Lanzó uno en 1921 que intentaba ordenar la circulación tanto de personas como de vehículos, y para ello puso a los humanos a caminar en el mismo sentido y les prohibió pararse en mitad de las aceras. Impuso que los tranvías tuvieran paradas, nada de que los viajeros se bajaran y se subieran en marcha ni parar en cualquier sitio, y prohibido también que cada uno tirara por donde quisiera. Esto era una buena idea, la verdad, pero le hicieron el caso justo; o sea, ninguno. Hasta que en 1930 llegó una orden estatal, no municipal, que obligaba a circular por la derecha.

El suburbano, sin embargo, no cambió el sentido. Siguió por la izquierda. Y es que en 1930 ya había dos líneas, se habían ampliado estaciones y costaba una pasta cambiar toda la señalización de los andenes y los túneles. Decidieron que, como el metro iba por abajo, la circulación continuaría por la izquierda y sanseacabó. El metro, en Madrid, es de izquierdas de toda la vida. Barcelona, en cambio, planeó su metro circulando por la derecha, y por la derecha sigue.

Ha llovido mucho desde aquella primera línea con ocho estaciones, hasta las casi trescientas que hay ahora repartidas en doce líneas. Porque Madrid está hueco. El día que se haga un socavón de los gordos, acabamos en el subsuelo. Y muchas más cosas han cambiado. Entre otras, que el Metro de Madrid dejó de ver a su majestad porque la República le invitó a irse y el nombre de Alfonso XIII desapareció de la empresa, que pasó a llamarse Compañía Metropolitana de Madrid. También se aprovechó y la estación de Isabel II pasó a llamarse Ópera. Los reyes no eran bien recibidos ni en las estaciones del metro. Luego llegó la guerra y el metro, además de transportar vidas, se dedicó a salvarlas, porque era el mejor refugio durante los bombardeos y el medio más rápido y seguro para trasladar heridos en vagones-ambulancia.

Y ahí está. Cien años después, si nos lo quitan, nos da algo.

1923

Conchita Piquer se merienda al cantor de jazz

El cantor de jazz es la película que para muchos sigue siendo la primera sonora de la historia. Pues bien, a esos «muchos» hay que sacarles de su error. *El cantor de jazz* no fue la primera. A Conchita Piquer se la vio y se la oyó antes, aunque, ya se sabe, unos cardan la lana y otros se llevan la fama.

Al Jolson, aquel actor que salía pintado de negro y con los morros blancos cantando jazz, no fue el que enterró el cine mudo; no fue el primero al que se le vio y se le oyó a la vez, sincronizados la imagen y el sonido, en una gran pantalla, pero como era yanqui se llevó la fama. Lo más tonto de todo esto es que el primer director que consiguió la sincronización de voz e imagen también era yanqui, pero por lo que fuera, no le echaron cuentas al hombre. Se llamaba Lee DeForest y fue él quien rodó a Conchita Piquer cantando, bailando y hablando. Sucedió en 1923, cuatro años antes del estreno de *El cantor de jazz*. Parece, sin embargo, que si no cantas en inglés, no cuenta.

Conchita Piquer tenía diecisiete años cuando rodó su película, pero se mueve en ella con un desparpajo que parece que tiene cuarenta. Conchita se marca delante de la cámara un cuplé, un recitado en plan maño, un fado en portugués con castañuelas, una copla vestida de flamenca... en total, once minutos en donde el sonido está perfectamente sincronizado con la imagen. La peliculita se proyectó en el cine Rivoli de Nueva York en 1923, en un intento del ingeniero DeForest de conseguir inversores para el sistema que inventó, el Phonofilm. Lo que pasa es que los humanos somos animales de costumbres, a veces de bellota, y parece que no gustó que el cine se oyera; al menos no gustaba que se oyera bien.

Antes de que llegara el Phonofilm, las películas se sonorizaban de dos maneras.

Una: un tipo tocaba el piano en la misma sala de cine para poner ritmillo o tensión o drama, mientras en la pantalla se proyectaba la peli con cartelitos que se insertaban de vez en cuando entre los planos.

Y dos: se colocaba en el gramófono un disco de pizarra que se pinchaba cuando el actor salía cantando en la pantalla. Evidentemente, esto no lo cuadraban nunca. El actor movía la boca por un lado y la voz iba por delante o por detrás.

Lo raro es que, aunque DeForest inventó en 1920 el sistema que permitía grabar en la misma banda voz e imagen, y que el hombre se desgañitaba por las salas de cine intentando promocionar su invento, nadie le hizo puñetero caso durante varios años. Hasta que llegó *El cantor de jazz* y todos se pasmaron. Se podían oír las pelis, y eso les pareció la revolución tecnológica.

Cómo que revolución... si ya se podían oír desde cuatro años antes. Y lo peor es que siguen sin apearse del burro, porque en la Wikipedia de Estados Unidos *El cantor de jazz* sigue siendo la primera grabación de voz y sonido del mundo.

Pero si han llevado las cuentas hasta aquí, resulta que si DeForest inventó su artilugio en 1920 y la película de Conchita Piquer se rodó en el año 1923, tampoco fue la primera. En realidad, fue la primera que se realizó en español, pero no la primera sonora, porque DeForest rodó dieciocho cortos con gente hablando y cantando.

Y para rodar la primera película sonora en español, el realizador eligió a Conchita Piquer porque la niña llevaba un año arrasando en los teatros de Manhattan. Tenía dieciséis años cuando llegó con la compañía que estrenó en Nueva York la ópera *El gato montés*, allí conocida como *The Wild Cat*, e interpretaba una piececita en el entreacto de la obra para entretener al personal durante el descanso. Cantaba vestida de chico, y el primer día el público hizo que repitiera cinco veces la canción. Las críticas fueron fantásticas, llegó la fama y por eso DeForest se fijó en ella para rodar su peliculita con su invento.

Pero el mérito del revolcón a *El cantor de jazz* tiene nombre y apellido. Fue el guionista Agustín Tena quien descubrió que, cuatro años antes que el cantor, Conchita Piquer ya fue grabada, con la voz y la imagen perfectamente sincronizadas.

Agustín Tena era un ratón de biblioteca en el sentido más literal del término, porque la prueba la consiguió en la Biblioteca del Congreso de Washington cuando andaba preparando un documental para La 2 de TVE, de la serie *Imprescindibles* y dedicado a la Piquer, dirigido por Jorge Martínez Reverte. Intentaba confirmar un dato que no aparecía por ninguna parte, porque, aunque Agustín Tena sabía que Conchita Piquer había rodado en Nueva York unos bailes y unos cantes, el año en el que se situaba este rodaje era 1927; o sea, el mismo año de la revolución de *El cantor de jazz*. Esas imágenes eran importantes para el documental, pero no daba con ellas. Cómo las iba a encontrar si estaban archivadas y escondidas en Washington.

Lo que todavía estaba por descubrir era que la película de Conchita no era de 1927, sino de 1923. El 27 fue el año en el que se proyectó en España.

Agustín Tena, el que fuera agente cultural al frente del Festival de Otoño de la Comunidad de Madrid a principios de los noventa y, una década antes, «el agitador que prendió la mecha de la movida», tal y como lo halagó en su necrológica Juan Cruz, falleció cuando aún no tocaba, en mayo de 2015, con solo cincuenta y siete años. Se fue discretamente, no sin antes desempolvar de la Biblioteca del Congreso de Washington esa joya sonora que guardaban celosamente para que no nos enteráramos de que Conchita Piquer se marcó unos cuantos cantes en el cine cuatro años antes que el sobrevalorado cantor de jazz.

1926
¿Ande andas, Agatha Christie?

El mayor misterio de Agatha Christie no lo encontramos en ninguno de sus libros. El mayor misterio de Agatha Christie lo protagonizó la propia escritora en diciembre de 1926. El día 3 desapareció y no la encontraron hasta once días después. Ni ella pudo explicar qué pasó ni nadie ha podido explicarlo aún hoy.

¿Pudo ser víctima de un estado de fuga psicogénica o disociativa? Pues, sí, eso pudo ser según sospechan los que saben. Es un síndrome que contempla la psiquiatría desde hace más de un siglo, pero que no se tomó en serio, no se catalogó, hasta los años cincuenta. Consiste en que la persona afectada sufre una especie de amnesia que le hace olvidar quién es, pero a la vez se fabrica una nueva personalidad para escapar de una situación dolorosa. Todo ello, evidentemente, de forma inconsciente. Es como si la mente regateara a su propietario para fugarse de sí mismo.

Esa es una de las conjeturas psiquiátricas para explicar aquella desaparición de la escritora que durante once días trajo locos a los británicos, a Scotland Yard, a la prensa y a su familia. Sigue sin saberse exactamente qué pasó, aunque sí se sabe por qué pasó.

Y la culpa la tuvo su apellido.

El apellido de Agatha no era Christie. Ese era el de su marido, su primer marido. El típico esposo que deja a su mujer por su secretaria, en este caso una chica muy mona llamada Nancy Neele. Por las infidelidades de Archibald Christie se le fue la pinza a su esposa Agatha.

1926 fue un mal año para la escritora. Murió su madre, y ella estaba muy enmadrada; llegó su primer gran éxito, y a ella el éxito la estresaba; y su marido remató la faena pidiéndole el divorcio. Se puede decir que Agatha Christie gestionó malamente tanta calamidad junta y todo desembocó en la extravagante historia que viene a continuación.

La noche del 3 de diciembre Agatha dejó una nota a su secretaria que decía: «No estaré en casa esta noche. Mañana ya te diré dónde estoy», pero la escritora ya no volvió a dar señales de vida. El día 4 la policía encontró un coche en mitad de una colina de la campiña inglesa, abandonado cuesta abajo y fuera del camino. Dentro, un abrigo de piel y un carné de conducir a nombre de Agatha Christie. Saltaron las alarmas y comenzó la búsqueda.

Fueron a preguntar al marido, a quien, por cierto, pillaron en pleno enredo con Nancy, y el señor Archibald quitó importancia al asunto diciendo que probablemente esa desaparición fuera producto de la naturaleza dramática de su mujer. Se preocupó lo justo, pero no así la policía, que se entregó a la búsqueda de la reina del crimen destinando mil guardias que por primera vez emplearon aviones en la localización de una persona desaparecida. A los policías se sumaron quince mil voluntarios, y cazadores con sabuesos peinaron la campiña inglesa, pero nada.

Durante los once días que estuvo desaparecida no hubo la más mínima pista. Ni una. La solución al misterio se presentaría sola el 14 de diciembre, cuando dos músicos de un hotel balneario al norte de Inglaterra, en Harrogate, creían haber identificado a Agatha Christie gracias a las fotos que reproducían los periódicos porque la prensa estaba volcada con el caso de la desaparición de la escritora más famosa del momento, un misterio absolutamente apasionante.

Lo curioso es que esos periódicos era los mismos que leía Agatha Christie en el hotel, pero ella no se reconocía en las noticias. Se había desasociado tanto de sí misma que ya no sabía ni quién era.

Los músicos llamaron a la policía diciendo que en el hotel se alojaba una señora muy simpática y alegre que llevaba allí diez días, que bailaba el charlestón, tocaba el piano, jugaba al billar y cantaba. Hacía todo lo que no hacía Agatha Christie en su vida olvidada. Los músicos dijeron que esa señora se parecía mucho a la de los periódicos, pero ella decía llamarse Teresa Neele. Y Neele era el apellido de la amante de su marido.

La cabecita loca de Agatha creó unas cuantas fantasías que mezcló con su cruda realidad para fabricarse una nueva vida. Pero a la poli aún le faltaba hacer la prueba del algodón: acudir con alguien que identificara a la escritora cara a cara, y el único posible y más adecuado era precisamente el marido, el descastado del tal Archibald. Cuando avisaron a la señora Neele de que una visita la esperaba en recepción, ella bajó, se fue hacia su marido, extendió su mano y dijo: «Hola, me llamo Neele. Señorita Teresa Neele». Y el marido, cuajado. No le dijo eso de «anda, tira pa'casa», porque no tenía gran interés en recuperarla, pero ahí terminó un misterio que tuvo al país en vilo y comenzó otro que la psiquiatría sigue intentando explicar.

La policía reconstruyó los hechos a toro pasado, a base de testigos que fueron localizando o descubriendo que se habían cruzado, sin saberlo, con la escritora más famosa del momento. Uno que la vio en una estación, otro que la ayudó a arrancar el coche, otro que vio a una mujer andando sin abrigo y sin sombrero sola por el campo.

Su periplo se pudo reconstruir casi kilómetro a kilómetro, y el móvil de su desaparición también se averiguó, porque se supo que aquel 3 de diciembre, que era viernes, además de dejar la nota a su secretaria diciendo que esa noche no dormiría en casa, Agatha Christie dejó en casa su anillo de casada. Fue la misma noche en la que su marido le había pedido el divorcio para inmediatamente después salir de casa a pasar el fin de semana con su amante. Agatha no lo encajó.

Estuvo toda la madrugada conduciendo, deambulando, hasta que subió con el coche a una colina, soltó los frenos y lo dejó caer. Se sospecha que fue un intento de suicidio, pero el vehículo se frenó contra unos arbustos y ahí lo dejó. Cuando salió del coche iba tocada, por eso encontraron su abrigo dentro. Nadie en su sano juicio, con el biruji que hace en Inglaterra en diciembre, se deja el abrigo.

Desde allí llegó a una estación de ferrocarril, se subió a un tren, se bajó en otra estación, se subió a otro tren, llegó a Harrogate, tomó un taxi, pidió ir al hotel balneario y cuando se bajó de aquel coche ya era Teresa Neele. Parecía saber a dónde iba, o al menos su instinto lo sabía, porque días antes había pensado en ir a ese balneario con su marido.

La escritora hizo un tótum revolútum de realidad y fantasía, en algún momento abandonó a la infeliz Agatha Christie y nació la alegre Teresa Neele. Ese es el misterio que sigue intentando explicar la psiquiatría, porque no estaba diagnosticado. Era una semiamnesia que sonaba a pitorreo. Mucha gente se mosqueó con ella. Once días buscándola, todo dios preocupado y resulta que la señora estaba en un hotel de lujo bailando el charlestón. Ahora se considera una fuga disociativa, algo así como «yo me piro de mi vida, que no me gusta».

Por fortuna, no perdimos a Agatha Christie, porque aún estaban por llegar sus novelas más famosas. Volvió a la realidad y recuperó su capacidad para escribir. Estuvo en tratamiento psiquiátrico, con hipnosis, y fue recuperando su vida. Su marido, por aquello del qué dirán, aguantó sin divorciarse un año y pico más, pero acabó largándose con Nancy Neele.

De aquellos once días Agatha Christie nunca pudo explicar nada. Ella no estuvo en este mundo, pero se lo pasó en grande sin saberlo. Lo que da pena de toda esta historia es que Agatha Christie se hizo inmensamente famosa, se convirtió en la escritora más traducida del planeta, en la más leída de todos los tiempos, y resulta que inmortalizó el apellido del tipo que se la pegaba con otra.

Su segundo esposo, un tipo muy majo y muy cariñoso, el arqueólogo junto al que recorrió Oriente, junto al que se inspiró para sus más famosas novelas, habría merecido más prestar su apellido: Mallowan. Agatha Mallowan también le hubiera quedado muy bien a la reina del crimen.

1927

La genial obscenidad de Mae West

Ser pionera en algo tiene sus riesgos, y la actriz Mae West los sufrió. Se saltó las normas, toreó a los puritanos y sacaba la lengua a pasear cada dos por tres. Tarde o temprano tenía que ocurrir lo que ocurrió el 19 de abril de 1927, que fue condenada por «corromper la moral de la juventud» con su obra de teatro *Sex*. Le cayeron 500 dólares de multa y diez días de prisión, pero la soltaron al octavo por buena conducta. Salió de la cárcel diciendo que era la primera vez en su vida que la premiaban por comportarse bien, por eso en cuanto la soltaron volvió a portarse mal.

Porque, ya se sabe, cuando era buena, era muy buena, pero cuando era mala, era aún mejor.

La imagen que nos ha llegado de ella es la de una rubia platino bajita, comehombres, con un bamboleo mareante de caderas y con una boquita que era una pistola ametralladora. Mae West soltando citas célebres está al nivel de Oscar Wilde y muy por encima del cursi de Rabindranath Tagore.

Sin embargo, lo menos conocido de ella es precisamente lo más interesante: fue una excelente guionista, muy creativa, una empresaria arriesgada, muy buena directora de escena y una pésima actriz porque se pasaba de excesiva y provocadora, pero es que ese era precisamente su papel. Y tenía un inigualable ojo para destapar talentos. Fue Mae West la que descubrió, por ejemplo, a Cary Grant y la que lo puso en órbita.

Por partes, porque antes de llegar a Hollywood hay que pasar por Broadway, que es donde la liaba habitualmente.

Allí se estaba representando la obra *Sex* cuando la detuvieron; una obra en la que no pasaba nada nuevo que no hubiera pasado ya en las 325 representaciones anteriores, porque hacía un año que estaba en cartel. Era un musical picantón, subidito de tono, con un guion descarado y divertido de la propia Mae West, aunque firmaba con seudónimo.

El espectáculo se anunciaba diciendo «Historia de una chica mala, pero buena para la Marina», y se advertía de que, si alguien no estaba preparado para soportar la excitación, consultara con su médico antes de ir a ver a Mae West. Ya había pasado medio Nueva York por el patio de butacas cuando un día irrumpió la policía en mitad de la representación y se llevó detenida a Mae West y a todo el elenco. Hasta los policías que la detuvieron habían visto la obra.

No pudieron hacerle mayor favor a Mae West que aquella detención. Una de sus grandes frases, de hecho, fue aquella de «Creo en la censura; al fin y al cabo, he conseguido una fortuna a su costa». Y es que supo sacar partido a su detención. Tomó muchas notas para sus siguientes guiones mientras estuvo encarcelada y se sintió muy bien tratada. Hasta la mujer del alcaide de la prisión de Roosevelt Island se empeñó en conocerla y al marido no le quedó otra que organizar un almuerzo en su despacho para que su señora esposa conociera a Mae West.

En cuanto salió de la cárcel lo primero que hizo la empresaria fue montar otro musical, pero esta vez no la dejaron ni estrenarlo (porque apuntó más alto y la homosexualidad dominaba el argumento), pero sí consiguió estrenar uno que se llamaba *Diamon Lil*, y ese es el que le abrió las puertas de Hollywood justo cuando Hollywood necesitaba a alguien como Mae West. Fue en un momento gravísimo en la historia de Estados Unidos, la gran depresión, el crack del 29, y nadie como Mae West para levantar los ánimos o lo que hubiera que levantar.

Cuando empezó la década de los treinta la industria cinematográfica se fue al garete, al igual que se fueron gran parte de los negocios. Y la crisis del cine se agravó, entre otras cosas porque los puritanos ultracatólicos se pusieron muy plastas presionando a la patronal del cine para que endureciera la censura. Para ellos todos los males del país eran producto del pecado y el libertinaje.

Al frente de esa patronal estaba un exministro republicano que se llamaba Will Hays, el creador del famoso Código Hays. No lo redactó él, lo hizo un jesuita, pero el político era el ideólogo. Este código de censura recogía todo lo que no se podía hacer en el cine: no se podía decir dios, los curas no podían ser nunca los malos de la película, no se podía ver a una mujer quitándose las medias, ni se podía enseñar el ombligo ni las axilas con pelo. El cine se volvió un auténtico peñazo y las productoras no levantaban cabeza.

La Paramount se fijó entonces en una rubia bajita que escribía y dirigía sus propios espectáculos y que triunfaba en Nueva York con una obra donde ella hacía el papel de una cantante en un antro de prostitución, liada con un matón, al que a su vez engañaba con uno del Ejército de Salvación. Ese es el guion que le interesó a la Paramount para llevarlo al cine. Pero también le interesaron el culo y el escote de Mae West. Y así, con treinta y ocho años, comenzó su carrera en Hollywood.

Muy optimistas eran sus productores si pretendían saltarse la censura con ese guion tan loco y con esa guionista tan descocada. Creyeron que con retocarlo un poquito serviría, pero no coló y la oficina censora de Hays rechazó el guion. La Paramount volvió a la carga, aceptó hacer más cambios, entre ellos sacar de la trama al tipo del Ejército de Salvación, y al final se pudo estrenar. Lo peor no era el guion; lo más libidinoso era Mae West evolucionando por la pantalla y soltando dobles sentidos («¿Llevas pistola o es que te alegras de verme?»), porque la actriz solo aceptaba papeles si le permitían reescribirse sus frases y dirigirse sus escenas. Lo que ella decía tenía que decirlo como ella quería, si no, no sería Mae West.

La primera peli recaudó en tres meses más de 2 millones de dólares y sacó del agujero a la Paramount. Con la segunda la productora se hizo de oro, aunque el descoco duró lo que duró. Las otras productoras protestaron, la prensa conservadora atacó duro, los ultracatólicos acabaron con las existencias de desfibriladores y todos a por Mae West.

La carrera de la actriz en Hollywood duró diez años, hasta que se cansó de pegarse con la censura y con el tal Hays, del que decía que era un predicador que «solo había catado su mano derecha». Regresó a los escenarios, pero al menos lo hizo convertida ya en la primera *sex symbol* del cine. Eso ya no se lo podría quitar nadie.

Quede constancia, sin embargo, de que Mary Jane West no fue la frívola cabeza hueca que salía en pantalla. Era lista y tenía mucho coco. Hay que tener mucho ingenio y mucho descaro para que se te acerque un tipo que te dice que mide seis pies y ocho pulgadas, y contestarle «pues muy bien, chico, pero olvídate de los seis pies y hablemos de las ocho pulgadas».

1932
Santísima republicana

En marzo de 1932 España celebró la primera Semana Santa tras la proclamación de la Segunda República. Las cofradías de algunas ciudades, sin embargo, estaban tan cabreadas con el nuevo régimen político que decidieron suspender sus procesiones. Entre ellas, Sevilla, que dio especialmente la nota: todas las cofradías sevillanas acordaron no sacar los pasos. Bueno, todas no. El 24 de marzo de 1932, Jueves Santo, la Virgen de la Estrella se paseó por Sevilla en lo que aún se recuerda como la estación de penitencia más solitaria y ajetreada de toda su historia. Fue un jueves entretenido. Hubo hasta tiros.

Lo absurdo de este asunto es que la Semana Santa sevillana del 32 la reventaran las propias cofradías de la ciudad con un objetivo de lo más retorcido: si conseguían que no salieran las procesiones, los sevillanos se rebotarían mucho porque se quedarían sin su principal fiesta, y la plebe, siempre tan manejable, acabaría culpando a la República por quedarse sin Semana Santa. Hace falta tener una mente torticera.

Nada deben tener en común la política y la religión, y esto, tan razonable, tan de cajón, no entra en cabezas clericales, que exigen estar metiendo cuchara en asuntos que no les competen. Y menos que nada tenía que ver la República con las procesiones de la Semana Santa, pero los responsables de las cofradías y el clero sevillano decidieron mezclar churras con merinas para buscar gresca.

Lo que les cabreó fue el artículo tercero de la nueva Constitución, un artículo con solo siete palabras que puso de los nervios a los fundamentalistas: «El Estado español no tiene religión oficial». Ya está. Así de dramático era el asunto.

No prohibía a nadie ser católico, solo decía que el Estado no lo era. Es más, el artículo 27 de la misma Constitución garantizaba el derecho de los españoles a profesar y practicar libremente cualquier religión. Y más aún, el presidente de la República, Niceto Alcalá Zamora, era católico practicante, pero dio igual. Quisieron liarla y la liaron sin ni siquiera molestarse en buscar una excusa. Y la más gorda la liaron en Sevilla, pese a que nada ni nadie trató de impedir la celebración de la Semana Santa con normalidad.

Dijeron los jefazos cofrades sevillanos, apoyados por el arzobispo de la ciudad, que «cuando la religión católica ocupe otra vez el puesto que le corresponde, saldrán las procesiones». Y el puesto que le correspondía a la religión católica, según ellos, era que volviera a ser la religión oficial del país. Treinta y cuatro cofradías sevillanas votaron no salir; tres más dijeron, «hombre... vamos a pensarlo... que lo mismo no es para tanto...», y una sola, la de la Virgen de la Estrella, dijo por boca de sus responsables que sí, que ellos salían; que se negaban a autoboicotearse. El argumento que manejaron en el comunicado que hicieron público fue de lo más razonable: «Esta cofradía, que es el pueblo, al pueblo se debe, que es tanto como decir que se debe al régimen constituido legalmente». Es decir, a la República. Por eso la Estrella salió aquel Jueves Santo para hacer su estación de penitencia; la única que lo hizo de las treinta y ocho que había en Sevilla, pese a las amenazas y pese a las presiones. La mala noticia es que las otras treinta y siete cofradías acabaron saliéndose con la suya. Se empeñaron en instalar el mal rollito en las calles de Sevilla, y lo consiguieron.

Por supuesto, tanto las autoridades sevillanas como nacionales intentaron solucionar aquel conflicto provocado unilateralmente, porque suprimir la fiesta era un desastre para la ciudad. Se intentó que las cofradías entraran en razón y hasta se plegaron a aumentarles la subvención para que no dejaran a los sevillanos sin sus procesiones. El presidente Alcalá Zamora se ofreció a acudir al palco para ver el paso de las procesiones, el Consejo de Ministros en pleno se comprometió a ir a la Semana Santa de Sevilla para demostrar que el gobierno de la República no estaba en contra de la celebración, pero nada, las cofradías no se bajaron del burro porque lo que querían era bronca.

Como las desgracias nunca vienen solas, resulta que unos días antes de aquel 24 de marzo se había celebrado en Sevilla el IV Congreso del PCE, y que, encima, para aquellos días de Semana Santa estaba convocada una huelga de camareros.

Así que tenemos a las cofradías que se niegan a salir, los bares sin servicio y Sevilla con comunistas pululando por doquier a cuenta de su cuarto congreso. La cosa pintaba mal cuando llegó la tarde de aquel Jueves Santo, 24 de marzo.

El paso de la Estrella salió del convento de San Jacinto caminito de la catedral. En el puente de Triana se encontró con un grupillo de jovenzuelos que hicieron un amago como de tirar el paso al Guadalquivir, pero no fue nada más que eso, un amago. Un poco más allá, pitos a la virgen; en una calle, aplausos; en otra, los de ultraderecha gritando «¡Viva Sevilla católica!», luego un par de carreras, después La Niña de la Alfalfa que se arrancó con una saeta que decía:

> Se ha dicho en el banco azul
> que España ya no es cristiana.
> Aunque sea republicana
> aquí quien manda eres tú,
> estrella de la mañana.

Terminó la saeta, más pitos, más aplausos, alguien que lanzó dos cohetes, uno que agujereó el manto de la virgen y el otro que rompió un jarroncillo del paso; gritos, carreras… hasta que terminó de liarse. Se oyeron tiros y los costaleros aceleraron camino de la catedral para refugiar cuanto antes el paso de la Estrella.

Por tanto, misión cumplida. Se empeñaron en que hubiera lío, y lo hubo. Detuvieron a once jovenzuelos de la CNT y condenaron a uno por los disparos. Cuatro años le cayeron al chaval.

Hoy ya se sabe exactamente qué pasó aquel Jueves Santo, y resulta que todo es mucho menos grave de lo que parece. En el año 1980, uno de los que participó en el jolgorio de la Virgen de la Estrella le contó al periodista José Aguilar con pelos y señales para la revista *Triunfo* lo que ocurrió aquella tarde. Y resulta que sí, que fueron unos cuantos jovenzuelos comunistas los que quisieron dar la bulla, y como el único paso que salió fue el de la Estrella, a por él que se fueron. Eran pocos, pero ruidosos. Montaron follón en el puente de Triana, desaparecieron luego y volvieron a aparecer en otra calle. En mitad de la escaramuza se encontraron con la dirigente comunista Dolores Ibárruri y le contaron el bullicio que estaban armando, pero Pasionaria, según contó el directamente implicado a la revista, les puso firmes y les recriminó abiertamente su actuación preguntándoles que por qué hacían semejante cosa: «La Semana Santa —les dijo— es un sentimiento popular que hay que respetar. Si queréis hacer algo, ahí tenéis la huelga de camareros. Apoyadles a ellos en vez de darle la bronca a la virgen». Los alborotadores aceptaron la regañina y la sugerencia y decidieron irse a apedrear bares y tabernas.

Enfilaron hacia el Café de París y allí se volvieron a cruzar con la procesión de la Estrella. La Policía los vio con las piedras, reconocieron a los mismos camorristas que quisieron tirar el paso al Guadalquivir, los trincaron y fueron todos para el cuartelillo. Nada de todo esto habría ocurrido si las cofradías no hubieran boicoteado su propia Semana Santa.

Así fue como la hermandad de la Estrella se hizo un hueco en la historia de la Semana Santa sevillana y por eso empezaron a llamar a la Virgen la republicana y la valiente. Aunque hubo que desmontar algún que otro bulo, como que la llamaron la valiente porque salió a desafiar a la República. Falso. La Estrella salió y desafió a todas las cofradías sevillanas y al propio arzobispo de la ciudad, que fueron los que se boicotearon a sí mismos la Semana Santa de 1932.

1932

Aúpa parias de la tierra

El 2 de octubre de 1932 miles de obreros franceses acudieron al entierro de un hombre en un cementerio de París. Él también fue un obrero, y músico a ratos. Probablemente, del montón, pero compuso una melodía que casi cualquier persona de cualquier rincón del mundo es capaz de tararear. El autor se llamaba Pierre de Geyter, y a continuación viene la historia de esa melodía, de la lucha por su autoría y de un epitafio borrado por orden judicial. El denominador común de estas tres historias tiene título: *La Internacional.*

Es curioso que los dos himnos más famosos del mundo hayan nacido en Francia. *La Marsellesa* y *La Internacional.* En el caso de *La Inter-*

nacional —y quede claro que se trata de la música, porque la letra era anterior y de otro autor—, la melodía ha permanecido intacta desde que Pierre de Geyter la compuso, pero en los versos que escribió el poeta Eugéne Pottier muchos han metido cuchara para cambiarlos a su antojo. Los comunistas ponen una letra, los socialistas otra, y a los anarquistas les gusta otra distinta. Letra original en francés: «En pie, condenados de la Tierra, en pie, esclavos del hambre…». En castellano de España: «Arriba parias de la tierra, en pie famélica legión…». En castellano de Cuba: «Arriba los pobres del mundo, en pie los esclavos sin pan…». Se diga como se diga, los que se levanten tienen que ser de la estirpe de los desgraciados.

El contexto en el que fueron compuestos los versos de *La Internacional* tiene máxima importancia, porque la letra se escribió en 1871, en pleno follón de la Comuna de París, aquel movimiento revolucionario que puso en pie de guerra a los obreros. El autor de la letra, Pottier, fue uno de aquellos bronquistas, y el poema «La Internacional» formaba parte de una obra más extensa que se llamaba *Cantos revolucionarios*. Ahí quedó la cosa hasta diecisiete años después, cuando en 1888 un líder del Partido Obrero de Francia le pidió a un afiliado de su mismo partido, obrero y músico, que si le podía componer una musiquilla para los versos de «La Internacional».

Pierre de Geyter, un belga emigrado, se puso a ello, componiendo a ratos en un café de la ciudad francesa de Lille, y en solo tres días le quedó una partitura muy mona y muy pegadiza. Estupendo, ya tenemos himno revolucionario, pero para evitar que el compañero obrero De Geyter sufriera represalias en su trabajo, se acordó que la partitura se firmara solo con el apellido: De Geyter.

Se editaron 6.000 ejemplares y, efectivamente, allí ponía que la letra era de Eugène Pottier y la música de De Geyter.

La decisión de reducir la autoría a un apellido no parecía grave, porque tampoco habría muchos con ese apellido que fueran músicos. Pero sí, resultó que fue más grave de lo que aparentaba. Con que hubiera dos personas apellidadas De Geyter fue suficiente para sembrar la confusión.

En el partido todos sabían que la música era suya, de Pierre, y encima se hizo tan popular que a finales del XIX y principios del XX *La Internacional* sonó en Francia más que *La Marsellesa*. Pero llegó la bronca.

Pierre de Geyter tuvo una pelotera con su partido y se borró como militante. A quién no le ha pasado. Jorge Verstrynge plantó a Alianza Popular, Jiménez Losantos a los marxistas y Pierre de Geyter al Partido Obrero. Pero a Pierre no se lo perdonaron y decidieron tomarse venganza. No iban a tragar con que el autor del himno revolucionario más famoso de Francia dejara el partido que había puesto de moda ese himno. Y ahí fue cuando hicieron correr la siguiente falacia: el autor de la música de *La Internacional* se llamaba Adolphe de Geyter.

Adolphe y Pierre eran hermanos. Los dos militaban en la misma formación obrera, pero Adolphe prefirió estar a bien con su partido antes que con su pariente, y cuando se lo propusieron aceptó que le atribuyeran la autoría de *La Internacional*, más que nada, para fastidiar a Pierre, por desertor.

Hay que ver, el partido de los obreretes robándole sus derechos al obrerete. Pierre no se estuvo quieto y, por supuesto, plantó cara en los tribunales. Denunció al partido, denunció a su hermano... y perdió el juicio. Todos los derechos de edición pasaron al Partido Obrero de Francia y la partitura de *La Internacional* pasó a ser oficialmente obra de Adolphe de Geyter y así quedó recogido en varias publicaciones. Ten hermanos para esto.

Al principio Pierre se rindió. ¿Qué podía hacer el hombre? Se resignó a que los jueces le hubieran quitado la razón y asumió que su propio hermano era un chorizo, pero de repente se lio la mundial y acabó siendo la Gran Guerra la que puso las cosas en su sitio.

Por no alargar la historia, resulta que Adolphe fue movilizado, las pasó fatal, enfermó, se deprimió y se suicidó en 1916. Pero como tenía él muy mala conciencia por haberle birlado a su hermano la musiquilla, meses antes de quitarse de en medio escribió una carta a Pierre en la que le decía: «Queguido Pieg... pardonne-moi. La música es tuya. Yo no puse ni una cogchea, pego me vi obligado a decig que ega mía».

Pierre agarró esa carta y con la confesión de su hermano se plantó otra vez en los tribunales. La causa se tiró acumulando polvo casi ocho años en el Tribunal del Sena, hasta que, por fin, en 1922, treinta y cuatro años después de haber compuesto *La Internacional*, Pierre fue reconocido mediante sentencia firme como autor de la música.

Por efecto rebote, el partido perdió los derechos de edición, pero aún quedaba un litigio más por resolver. Resultó que durante el tiempo que duró este último proceso alguien a quien nadie le había dado vela en este entierro inscribió en la lápida de Adolphe de Geyter la frasecita «Aquí yace el autor de la música de *La Internacional*», así que hubo que esperar diez años más para que otra orden judicial ordenara que se borrara ese epitafio mentiroso.

Pierre murió en 1932, pero antes tuvo tiempo de emocionarse cuando los bolcheviques le invitaron a Moscú para ver desfilar al Ejército Rojo al paso de *La Internacional*. Stalin le otorgó una pensioncita, porque por algo se pilló la musiquita como himno de la URSS hasta 1944. Ya que se negaba a pagar derechos de autor al mundo capitalista, por lo menos le dio una pensión.

Lo importante es que aquel 2 de octubre de 1932 cincuenta mil personas acompañaron el entierro de Pierre de Geyter en el cementerio de Saint Denis de París y que ya estaba sentenciado que era el autor de *La Internacional*.

Por si alguien se pregunta cómo está actualmente el asunto de los derechos de autor de la música, tranquilidad; cualquiera puede silbarla sin pagar derechos de autor a la SGAE. Muchos se llevaron a engaño pensando que *La Internacional*, por ser un himno obrero, de raíces marxistas, no tenía derechos de autor, pero resultó que no.

Los derechos son los derechos, aunque mucha gente anduviera confundida y solo les sacara de su error la multa que les llegaba por no haberla declarado. Muchos se escaparon de declarar la reproducción porque es un himno tan repetido que fue imposible controlar a todo el mundo, pero pagar, había que pagar. Se conoció incluso alguna que otra situación que rozó el absurdo. Como cuando en Francia, en el año 2005, un director de cine hizo una película que llegó a muy poco público, de las llamadas de arte y ensayo, y que solo consiguió vender 203 entradas. En el film *Insurrection*, el director, que también era el actor, silbaba durante siete segundos *La Internacional.* Pocos días después, el realizador francés Pierre Merejkowsky y su productora, Les Films Sauvages, según informó el diario *Le Monde*, fueron sancionados con una multa de 1.000 euros por no haberla declarado. Le llegó una cartita que decía: «En el curso de un control en las salas de cine, nuestros inspectores musicales han constatado que la obra *La Internacional* ha sido reproducida en su película sin autorización. Firmado, la Sociedad para la Administración de los Derechos de Reproducción Mecánica de los Autores, Compositores y Editores». Debes 1.000 euros. Que lo sepas.

La Internacional pasó a ser de dominio público en 2014. Hasta entonces había que apoquinar a la sociedad de aquí, que luego le pasaba el montante correspondiente a la sociedad de allí, de Francia. Las dos gestoras de derechos de autor tienen un acuerdo de colaboración por el que cada una «vigila» su territorio y entrega a la otra parte la liquidación pertinente. Hasta 2014 reproducir *La Internacional* generaba derechos que iban a los herederos de Pierre de Geyter y a una editorial francesa que se llama Le Chant du Monde.

Pero se acabó. La podemos poner todo lo que queramos que ya no cobran.

1934

Stra(uss)-Per(el)-Lo(wmann)

La siguiente propuesta es un recorrido histórico por una palabra que nos es muy familiar. Una palabra de la que casi todo el mundo conoce su significado, pero de la que muy pocos conocen su origen. La palabra es «estraperlo» y su andadura hasta verse incluida en el diccionario de la Real Academia Española arrancó hace poco menos de un siglo.

Ahora sabemos que sus sílabas esconden un pedazo de la historia de España y uno de los mayores escándalos de corrupción política de la Segunda República.

El 13 de mayo de 1934 comenzó la historia del estraperlo durante un combate de boxeo en Barcelona, en el estadio de Montjuïc; un combate que no tenía un objetivo deportivo, porque los púgiles no se jugaban nada en el ring. Fueron contratados como excusa para ofrecer un espectáculo que, como consecuencia, facilitara un encuentro de determinadas personas entre las que debería haber cuajado un negocio. El juego no estaba sobre la lona del ring, estaba entre las primeras filas de espectadores.

Paulino Uzcudun, el famoso púgil vasco, se estuvo pegando con un excampeón alemán de los pesos pesados, Max Schmeling, sin que ninguno de los dos supiera lo que se estaba cociendo durante aquella pelea. Entre los espectadores vips se encontraban un tipo llamado Daniel Strauss, que era el que había organizado el combate; el presidente de la Generalitat de Cataluña, Lluís Companys, y el alcalde de Barcelona, Carles Pi i Suñer. Y ese primer apellido mencionado, Strauss, ya nos da la primera pista del origen del término estraperlo. Son las dos primeras sílabas: «estra» viene de Strauss.

La palabra estraperlo es un acrónimo. Está formada por las primeras sílabas de tres apellidos alemanes. Estra, de Strauss; Per, de Perel, y Lo, de Lowmann.

Estra-per-lo.

Estos tres personajes, dos hombres y una mujer, eran socios y habían patentado un juego de ruleta que se llamaba así, Ruleta Straperlo, que estuvo funcionando con mucho éxito en Holanda a finales de los años veinte y principios de los treinta, hasta que el gobierno holandés comenzó a poner inconvenientes legales. Fue entonces cuando los tres socios decidieron probar suerte en España a ver si podían conseguir los permisos para colocar su ruleta. Lo tenían difícil, porque el juego estaba prohibido por estos lares. Precisamente ese era el objetivo de aquel combate de boxeo: hacer relaciones para introducir la ruleta en el país. Y decidieron empezar por Cataluña.

El argumento principal que pensaban esgrimir para salirse con la suya y sortear la prohibición era que la Ruleta Straperlo no podía considerarse un juego de azar, porque ganar o perder con esta ruleta no dependía de la suerte, luego no se podía considerar de azar. Ganar dependía de que el jugador hiciera los cálculos necesarios para adivinar en qué número iba a caer la bolita. Era una ruleta mecánica; es decir, no intervenía un humano que, al ponerla en marcha haciéndola girar en una dirección para luego lanzar dentro la bolita en la contraria, podía aplicar una fuerza y un impulso distinto al movimiento. La ruleta del trío Straperlo tenía una especie de tobogán en forma de 8, elevado en el centro, por donde bajaba la bola mientras la ruleta giraba. El jugador observaba la bola descendiendo por el tobogán y tenía que calcular en qué número de casilla iba a caer. Sus creadores publicitaron la ruleta como un juego de habilidad, no de azar.

Pero al presidente de la Generalitat no consiguieron enredarlo. Lo máximo que lograron de Companys fue el permiso para hacer una demostración del funcionamiento de la ruleta en el hotel Terramar de Sitges. En Cataluña gobernaba Esquerra Republicana, y todo lo que sonara a juego les olía mal, así que el presidente de la Generalitat les regaló un rotundo no. Primero, porque el tal Strauss era un tipo bastante turbio, y segundo porque una ruleta mecánica se podría trucar. Companys rechazó la oferta y los largó con viento fresco, pero al menos se llevaron hecho el contacto político con la izquierda radical republicana, y resultó que no todos los miembros del partido estaban en contra de la ruleta. Strauss, hábilmente, había ido prometiendo negocio para todos.

La ruleta viajó a Madrid y apuntaron más alto, al gobierno de la nación. Si Cataluña no tragaba, a lo mejor por Madrid encontraban unos cuantos políticos prevaricadores que quisieran participar del negocio a cambio de legalizar la Ruleta Straperlo.

En aquel 1934 la República estaba manejada por un gobierno esquizofrénico de coalición. Radicales de la Izquierda Republicana por un lado y los ultraconservadores católicos de la CEDA (Confederación Española de Derechas Autónomas), por otro. Estaban a guantazos todos con todos, y el presidente del Gobierno cambiaba cada dos por tres. Pero cuando un corruptor busca a quién corromper, casi siempre encuentra un corrupto a tiro. Luego se puede disfrazar de lo que se quiera, de sueldos en diferido, de sobres, de regalitos sin importancia, de hechos anecdóticos... da igual. Se llama corrupción.

Y ocurrió lo siguiente. No todo el entorno de Companys en Cataluña estuvo en contra de la ruleta ni dispuesto a dejar escapar una jugosa mordida. Convencieron a Strauss para que volviera a hacer una demostración en Madrid, en el hotel Ritz, y a ese evento acudió Aurelio Lerroux, sobrino de Alejandro Lerroux, líder de la izquierda radical y presidente del Gobierno de la República en varias ocasiones.

El sobrinísimo aprovechó su parentesco para maniobrar dentro del partido de su tío y conseguir que se legalizara la Ruleta Straperlo. Se hizo lo habitual: empezar a repartir sobres y unos cuantos relojes de oro. Según la versión de Strauss, que fue el que, al mejor estilo Bárcenas, lo largó todo, Alejandro Lerroux recibiría el 25 por ciento de los beneficios que diera la ruleta; a otro alto funcionario se le dio un sobrecito con 50.000 pesetas para agilizar permisos; el ministro de la Gobernación se llevó 100.000, y el hijo del escritor Vicente Blasco Ibáñez dijo que también echaría una mano a la causa a cambio de otras 400.000. Por fin, en septiembre de aquel año 1934, aparentemente con todas las bendiciones administrativas, se oyó aquello de «hagan juego, señores» en el Gran Casino de San Sebastián. Sin embargo, jugaron solo un rato. Esa misma noche la policía clausuró la ruleta por orden del ministro de Gobernación.

Qué raro, porque también se le habían enviado su sobre y su correspondiente reloj de oro. Algún retraso debió de haber en la entrega, porque después de haber bendecido la ruleta, el ministro anuló su propia autorización.

Fue un ligero contratiempo que se solventó volviendo a repartir prebendas gracias a las cuales se extendieron nuevas autorizaciones. La ruleta volvió a girar, esta vez en el hotel Formentor de Mallorca. Y duró girando un par de semanas, hasta que llegó una nueva orden de clausura. Aquí es cuando Strauss ya se hartó, desesperado por no poder hacer carrera de los políticos. Se fue directamente a por Alejandro Lerroux, en ese momento presidente del Gobierno, y le exigió que le devolviera todo lo invertido en sobres o cantaba hasta *La traviata*. Lerroux se quedó tan pancho. Ni se inmutó.

Está claro que Strauss sacó la lengua de paseo porque por algo se conocen todos los detalles. Preparó un dosier gordísimo y se lo envío al jefe del Estado, al presidente de la República Niceto Alcalá Zamora. No faltaba detalle: tanto dinero a este, tanto al otro, un relojito al de más allá... muy parecido a los estadillos que hacía Bárcenas. Y si todos estos datos salieron a la luz, pone los pelos de punta imaginar los que nunca se han conocido ni se conocerán.

Al presidente Alcalá Zamora, tan honesto él, casi le dio un pasmo en el sillón de su despacho. Destituyó a Alejandro Lerroux, y, como piezas de dominó, fueron cayendo varios altos cargos. Todos dimitían o los dimitían con excusas de cualquier tipo: asuntos personales, rivalidades políticas... pero todos cayeron por el escándalo de la Ruleta Straperlo, aunque inicialmente no se admitieron las verdaderas causas.

El caso, sin embargo, llegó al Tribunal Supremo a finales de 1935. El asunto era gordo, muy gordo, y como la izquierda y la derecha estaban a tortas en la coalición de gobierno, se puso todo en manos de la Justicia antes de que la cosa fuera a peor, porque unos y otros estaban en la guerra del «y tú más».

Dio igual. Todo acabó yendo a peor. La corrupción del juego del Straperlo provocó que se disolvieran las Cortes, que se convocaran elecciones en febrero del 36, que esas elecciones las ganara el Frente Popular, que ese resultado no le gustara a los militares, que llegara el golpe de Estado que acabó con la democracia, que un dictador canalla se instalara en el poder... No todo fue culpa de la ruleta, pero puso su granito de arena.

Y es muy curioso cómo el nombre de la ruleta acabó dando una voz al diccionario para definir el mercado negro en la posguerra. En realidad, fue la calle la que empezó a usar el término estraperlo para definir los chanchullos y los negocios clandestinos y tramposos. La primera vez que la Academia de la Lengua recogió el término fue en el Diccionario Manual de 1950 (los diccionarios manuales son los que van recogiendo las novedades antes de que pasen al Académico) y la palabra subió de categoría en 1970, cuando el Académico la incluyó.

Para entonces todos los españoles sabían perfectamente lo que era el estraperlo, y la mayoría de ellos habían sido estraperlistas, pero casi ninguno sabía por qué demonios se llamaban así.

1938

El día que Franco condecoró a un comunista

El 2 de marzo de 1938 Francisco Franco impuso la Cruz al Mérito Militar con distintivo rojo a un periodista británico. Ocurre, sin embargo, que aquel supuesto periodista era en realidad un agente soviético llamado Kim Philby que espió a todos y para todos. Lo que Franco nunca supo es que el tipo al que estaba condecorando aquel día de marzo había venido a España a matarlo.

Debió de ser para verlo: Franco estrechando la mano con sincero afecto a un comunista. Algunos dicen que lo abrazó. Los demás tampoco hemos sabido que Kim Philby había venido a España para cargarse a Franco hasta el año 2001, cuando se desclasificaron los archivos del KGB, y puede que aquel episodio del espía comunista con el dictador fascista fuera lo más kafkiano que le ocurrió a Kim Philby en toda su carrera.

Philby era un niño pijo británico educado en Cambridge que se hizo anticapitalista y comunista a principios de los años treinta. Lo fichó el KGB (servicios secretos soviéticos) para que espiara a los británicos y a los alemanes; lo captó luego el MI6 (servicios secretos británicos) para que espiara a los alemanes y a los soviéticos; y lo fichó después la CIA (servicios secretos estadounidenses) para que ejerciera de enlace entre británicos y americanos. Fue un malabarista, un *crack*, un agente triple; los tenía a todos al retortero, aunque su gran amor era la Unión Soviética. Empezó a formarse como espía cuando era veinteañero, a husmear por la administración británica y a trabajar como periodista. Y disfrazado de reportero llegó a España en 1937.

Vino para cubrir la guerra civil e informar desde el bando golpista como enviado especial de *The Times*, aunque aquello solo fue una tapadera para la misión que le encargaron los soviéticos: recabar información de los movimientos de Franco para buscar el momento de pegarle un tiro.

Philby estuvo enviando crónicas a su periódico desde mayo a diciembre de 1937, y sus artículos eran los más profranquistas de la prensa inglesa. Hasta que el último día de 1937 la situación tomó unos derroteros insospechados. A la altura de Caudé, un pueblo mínimo que hoy es una pedanía de Teruel, cayó un pepinazo cerca del coche donde estaba Philby con otros tres periodistas; un pepinazo que se supone tenía procedencia republicana porque el convoy en el que viajaban los corresponsales era franquista. Nadie se explica cómo es posible que de los cuatro periodistas que había dentro del coche solo se salvara Kim Philby. Murieron los corresponsales de las agencias Reuters y AP y el fotógrafo de *Newsweek*, además de cinco soldados que estaban cerca del coche. Kim Philby salió un poco descalabrado y con heridas en una mano. Milagroso o muy raro. No se sabe, pero aquello quedó en un daño colateral: tres periodistas muertos en una guerra.

Philby continuó a lo suyo hasta que el 2 de marzo del 38 se le presentó en Bilbao un oficial diciendo que le acompañara a Burgos, que el general Franco quería verle. Le hicieron entrar en una sala, apareció Franco, le impuso solemnemente la cruz al Mérito Militar con distintivo rojo, le arreó un abrazo, dicen, y el comunista Philby se quedó cuajado. Esto lo contó él mismo en su libro *Mi guerra silenciosa*, una autobiografía en la que confiesa que España fue su verdadera universidad, donde aprendió el arte de ocultar sus pensamientos y donde consiguió engañar a todo el mundo, empezando por Franco. Aquella condecoración le fue especialmente útil para desviar sospechas en el contraespionaje británico.

La guasa está en que ni el mismísimo Kim Philby entendió por qué lo condecoró Franco. Y se murió sin saberlo. La explicación era muy tonta, pero fue la que dio la prensa: «La alta condecoración que el Generalísimo le ha impuesto se debe a que fue herido al lanzarse en socorro de sus compañeros alcanzados de muerte por una granada de los rojos».

Mentira. Philby no fue en socorro de nadie. Podrían haber hecho mención a que lo condecoraban por sus extraordinarios artículos en defensa del fascismo en España, pero no. Se conoce que Franco quería condecorar a alguien y le tocó a Philby.

Hubiera estado bonito que, aunque fuera tarde, Franco llegara a enterarse de que tuvo entre sus brazos a un comunista. No sabemos si se enteró, pero al menos no se dio por enterado, porque no iba a reconocer en público semejante ridículo.

Philby publicó su autobiografía a finales de los sesenta, y en 1969 el libro ya estaba traducido y publicado en España. Así que es de suponer que Franco se hizo el loco, pero alguien le tuvo que decir, oye Paco, que sepas que el periodista que condecoraste en Burgos en el 38 era comunista.

Lo que no supo el dictador es que todo el trabajo de informador en España en realidad era una tapadera para matarlo. Cuando en el año 2001 se desclasificaron papeles del KGB, apareció uno que demostraba que Nicolai Lejov, jefe de la policía secreta soviética, había ordenado el envío a España de un «joven inglés, periodista, de buena familia, idealista y fanático antinazi», disfrazado de periodista y con la misión de matar a Franco. Junto a donde ponía joven inglés, estaba escrito a mano *Philby*.

Teniendo en cuenta que Franco se murió en su cama, está claro que la misión se quedó en nada, pero porque la abortaron los propios soviéticos. Visto el punto en el que estaba la guerra civil, matar a Franco no iba a solucionar nada. Otro fascista estaría dispuesto a seguir la guerra. Al final *The Times* trasladó a Philby a Berlín y desde allí siguió trabajando para los soviéticos, pero se hacía pasar tan estupendamente bien por germanófilo, que el MI6 lo captó para que pasara información de la que estaban empezando a liar los nazis. Ahí nació el agente doble Kim Philby; y años después, ya en plena guerra fría, en los años cincuenta, fichó también por la CIA. Agente triple. Hasta que ya empezaron a mosquearse y Philby se refugió en Moscú, donde lo consideraban un héroe nacional y donde vivió a cuerpo de rey hasta 1988.

Murió alcoholizado y, seguramente, con trastorno tripolar.

No se sabe cómo se tomó Franco que lo engañaran, en caso de que se hubiera enterado, pero sí hay noticias de cómo se tomaron los británicos la traición de su compatriota. Fatal. Los famosos servicios británicos tuvieron durante veinticinco años un topo que los hizo quedar muy malamente.

Pero ¿quién vino a lavar la desastrosa imagen que dieron el MI5 y el MI6? Bond, James Bond, el agente 007 empezó a cautivar a las masas en la misma época en la que se destapó que Kim Philby se había pitorreado de todo Reino Unido. Un agente secreto de ficción se convirtió en el mejor embajador de Gran Bretaña y en un aliado inesperado para tapar el desprestigio que les causó Kim Philby, el espía que surgió de Cambridge.

1938

Ha nacido la estrella de la radio

El 30 de octubre de 1938 la radio dejó de ser el hermano tonto de la prensa para imponerse como principal medio de comunicación. Se hizo adulta de repente, por sorpresa. Nunca más, nadie, ha vuelto a toserle.

Entra en estos momentos en escena Orson Welles, el artífice de que se comenzara a tratar de usted a la radio tras dramatizar en la cadena de emisoras de la CBS *La guerra de los mundos*, una novela que el británico H. G. Welles publicó en 1898. Pero más allá del archiconocido y exagerado pánico que se vivió en la costa este de Estados Unidos, aquel día marcó el antes y el después en la historia de la radio. Su poder como medio de comunicación de masas se hizo indiscutible.

Aquel 30 de octubre pasaron muchas cosas, todas de golpe, pero sobre todo quedó señalado el futuro de la radio y catapultó a un chaval muy atrevido y más listo que el hambre que se llamaba Orson Welles. La pregunta que más de ocho décadas después seguimos haciéndonos es si aquello solo fue un trabajo muy bien hecho que pilló desprevenidos a unos cuantos que se dejaron engañar y propagaron el miedo, o si todo ese montaje se les fue de las manos.

Orson Welles, conviene no olvidarlo, no daba puntada sin hilo. Solo tenía veintitrés años, pero también tenía mucho peligro, así que, vista la cantidad de trucos que empleó para confundir a la audiencia, se puede sospechar que calculó muy bien sus pasos para conseguir poner a los oyentes de los nervios.

En su programa de radio en la CBS se dedicaba a adaptar y dramatizar libros famosos con su equipo de actores. Lo había hecho con *Drácula*, de Bram Stoker; con *El conde de Montecristo*, de Alejandro Dumas; con varios relatos de Arthur Conan Doyle... Tenía una compañía de teatro radiofónico que se llamaba Mercury Theathre on the Air, y todos los domingos, a las ocho de la tarde, emitían programas adaptados a radio y basados en libros famosos. O sea, que los oyentes habituales sabían perfectamente de qué iba el programa, y los que leían el periódico también, porque en la página de la programación estaba muy clarito: «Hoy, a las ocho en la CBS, *La guerra de los mundos*, del Teatro Mercurio». Ya está. No había mayor misterio.

La mala noticia, que con el tiempo se demostró buenísima, es que Orson Welles tenía pocos oyentes habituales porque el pastel de la audiencia se lo comía un *show* de la competencia con un ventrílocuo y su muñeco Charly McCarthy, y con varios famosos en directo, que empezaba a la misma hora en la NBC. El programa de teatro de Orson Welles, por traer el asunto a una comparativa de actualidad, se enfrentaba cada domingo con *Carrusel Deportivo* retransmitiendo un Barça-Real Madrid.

Pero aquel día, a los diez minutos de empezar el *show* del ventrílocuo, pusieron unos minutillos musicales en la NBC y algunos oyentes pasaron de la canción, movieron la ruedecita del dial y se encontraron con el programa de Welles en la CBS ya empezado. El joven Orson sabía que eso iba a ocurrir, porque había estudiado muy bien a su enemigo y conocía mejor a la audiencia, por eso convirtió ese inconveniente en su gran ventaja. Supo sacar rendimiento al *zapping* que hicieron los oyentes y pillarlos desprevenidos.

Para conseguir el efecto buscado, utilizó otro truco: cambió la forma de hacer el guion. Es decir, siempre se notaba, se pillara cuando se pillara la emisión, que los textos de las novelas que adaptaba para la radio formaban parte de la lectura de una obra, pero en la de *La guerra de los mundos* no. Armó todo el guion como si fuera un informativo. Hizo creer que la emisión se estaba interrumpiendo por una noticia de última hora. Orson Welles calculó el momento en el que muchos oyentes se pasaban del otro programa al suyo para que los recién llegados oyeran que se estaban produciendo explosiones en la superficie de Marte. Ahí enganchó a la audiencia, pero solo a una minoría, a los que no habían escuchado previamente que aquello era una dramatización.

Se mosquearon solo los que no habían oído el principio del programa, porque las supuestas conexiones con el exterior de la CBS, la entrevista con un falso astrónomo, el reportero-actor nerviosito perdido gritando que les estaban atacando desde el espacio, todo estuvo muy bien hecho. Cuando en las reuniones previas con la cadena Orson Welles explicó cómo iba a ser su programa de ese domingo, la CBS le exigió que advirtiera como mínimo en dos ocasiones que lo que se estaba emitiendo era ficción. Y así lo hizo, pero eligió muy bien los dos momentos en los que decirlo. La primera advertencia llegó cuando sabía que le estaban escuchando cuatro gatos, justo al principio, cuando todos andaban con el ventrílocuo en la NBC. La segunda, cuando ya estaba todo el mundo tan histérico que nadie atendía al programa. Welles avisó, pero ya nadie escuchaba, todo el mundo se había tirado al teléfono o a la calle. Y el momento del segundo aviso fue justo después de que apareciera en antena el supuesto presidente de Estados Unidos, otra trampa que hizo Orson Welles saltándose a la torera las órdenes de la CBS.

Pretendía Welles anunciar en la emisión que conectaban con la Casa Blanca porque el presidente Franklin Delano Roosevelt iba a dar un mensaje en directo a la población ante el ataque marciano. La CBS le dijo que de eso nada, que no se le ocurriera mencionar ni al presidente ni a la Casa Blanca. Nada de nombres, nada de instituciones. Y no lo hizo, pero entró en antena un actor que hablaba exactamente igual que Roosevelt, un imitador. Aunque en ningún momento se dijo que era el presidente, cada oyente sacó sus propias conclusiones. Después de que oyeran al que creyeron que era Roosevelt fue cuando Orson Welles advirtió de que aquello era una dramatización de *La guerra de los mundos*, pero ya nadie hacía maldito caso a la radio.

Y mucho menos escuchó alguien la despedida del programa, donde ya quedaba indiscutiblemente claro que todo era una ficción. Y ese fue precisamente el momento elegido para dar el último y definitivo aviso, pero ya no había ni dios al otro lado. Es más, Orson Welles se permitió regodearse en la despedida. Terminó diciendo más o menos: «Este es Orson Welles, señoras y señores, fuera de personaje para asegurarles que *La guerra de los mundos* no es otra cosa que una diversión para celebrar Halloween. Es la forma radiofónica del Teatro Mercurio de cubrirse con una sábana y aparecer detrás de un arbusto gritando ¡Buu!». He aquí otro gran truco: aprovechar que era víspera de Halloween y que todos estaban predispuestos al miedo.

Ahora bien, ¿cuánta gente oyó de verdad aquella emisión? ¿Hubo tanto pánico como la prensa se empeñó en señalar? Pues no. La propia prensa engordó el pánico. Las calles no eran un caos, no había gente corriendo despavorida ni muertos ni suicidios. La centralita de la CBS colapsó, cierto; la policía no dio abasto a atender llamadas, cierto también, la prensa y los polis se tiraron en plancha hacia el edificio de la CBS y la noticia corrió de este a oeste y hasta Canadá porque las familias y los amigos se llamaban por teléfono, pero en la calle no pasaba nada. El supuesto pánico había durado, en realidad, menos de una hora.

La gente veía y creía lo que estaba oyendo, no lo que estaba ocurriendo. En la calle no había humo ni explosiones ni hombrecillos verdes. Lo que vino después sí fue muy real: un gran cabreo de la audiencia por haber caído en el engaño. Les dio mucha rabia haber picado porque se sintieron unos pánfilos. La prensa escrita se tomó venganza y se cebó con Orson Welles, enfadada como estaba porque el director acababa de demostrar que la radio tenía un poder como medio de comunicación que hasta entonces no habían calculado. Al día siguiente, Orson Welles, en mitad de una rueda de prensa en la que mantuvo una carita de cordero a punto de ser degollado, muy compungido por su travesura, decidió hacerse el arrepentido y pidió mil sentidos perdones por los trastornos causados, mientras se repetía para sus adentros: «¡Soy un genio! ¡Soy el amo!».

Aquella fue su mejor actuación. Y encima consiguió que, a partir de entonces, Sopas Campbell patrocinara su programa.

Lo que también vino a demostrarse tras aquel éxito radiofónico es que segundas partes no suelen ser buenas, y en este caso, encima, con peores consecuencias. Porque eso de «si este lo ha hecho, seguro que a mí también me sale bien», rara vez se concreta en éxito. La experiencia de Orson Welles se repitió en radios de Chile y Ecuador años después. Cambiando escenarios, cambiando la forma de ataque, pero intentando meter el mismo miedo que consiguieron transmitir desde la CBS

Cuando en 1944, en Chile, Radio Vitalicia Cooperativa emitió *La guerra de los mundos*, se montó mucha bronca y se registró un muerto por un ataque al corazón. Fue la primera, y de momento también última, víctima mortal por un ataque de los marcianos, porque este hombre, que se llamaba José Villarroel, murió creyendo que los alienígenas estaban invadiendo Santiago de Chile. Lo peor llegó en 1949, cuando Radio Quito la lio parda en Ecuador. Retransmitió otra invasión ficticia, los quiteños se pusieron de los nervios y cuando se enteraron de que todo era mentira se fueron a la emisora y la quemaron. Cinco muertos, varios heridos y Radio Quito cerrada durante dos años. Un desastre.

Y esto fue una lección más: se aprendió a no menospreciar el poder de la radio, una de las armas más poderosas y efectivas cuando llegaron tiempos bélicos.

Durante la Gran Guerra la radio tuvo solo un uso militar, porque hasta los años veinte del siglo pasado no comenzó a haber aparatos de radio en los hogares. Pero cuando llegó la Segunda Guerra Mundial la radio ya era la reina absoluta para los ejércitos y para los civiles. Hay grandes hitos radiofónicos que no se supieron medir en su momento y que fueron fundamentales en el desarrollo de la contienda. Como cuando el primer ministro británico Winston Churchill le prestó a Charles de Gaulle los micrófonos de la BBC para que llamara desde Londres a la Resistencia francesa. Que al menos se supiera que no toda Francia se había rendido a Hitler.

Y si la radio fue a veces instrumento de guerra, también fue un bálsamo en la batalla, por ejemplo, cuando los soldados oían *Lili Marleen*. Fue una canción popularizada por la radio militar nazi, pero que acabó siendo el himno en todos los frentes, en las filas de los aliados y en las de los alemanes. Joseph Goebbels, el maestro de la propaganda nazi, intentó que dejara de emitirse porque decía que tenía una letra muy triste y la tropa se venía abajo. Pero cuando a los soldados les hurtaron la canción, que se emitía todos los días a las nueve menos cinco de la noche, se montó tal follón que fue una de las pocas veces, si no la única, que Goebbels tuvo que envainársela.

La melodía volvió a sonar, no solo en la radio de los frentes alemanes, sino en todas las radios de todas las trincheras aliadas, sobre todo a partir de que Marlene Dietrich, la actriz alemana que renegó de los nazis, la grabara para la radio estadounidense en plena guerra psicológica radiofónica. Lili Marleen acabó siendo la novia que esperaba en casa a todos los soldados de todos los ejércitos.

Porque todo eso ha sido, es y será la radio. Información, entretenimiento, propaganda, espionaje, libertad de expresión, manipulación, solidaridad, música, palabra, publicidad, humor... Es el medio de comunicación más inmediato y habría que hacerle un monumento al que lo inventó... si supiéramos quién es.

Seguimos sin conocer al padre de la niña. Entre todos la parieron y ella solita nació. Si el lector está pensando en Marconi, pues no. Marconi se llevó la fama mientras otros muchos estaban cardando la lana. Pero antes de localizar a los padres de la criatura, conviene aclarar un asunto con el que todos estamos muy confundidos. Cuando soltamos como loros eso de que Marconi inventó la radio, nos imaginamos que a partir de él ya podíamos tener todos un aparatejo en casa que al encenderlo salía alguien hablando. No. Marconi patentó la telegrafía sin hilos, que es distinta a la telefonía sin hilos. Es decir, la telegrafía sin hilos consiste en transmitir mensajes con pitiditos: pi, pi, pi... La telefonía sin hilos lo que transmite es la voz. Cuando alguien habla por la radio es telefonía.

Lo que patentó Marconi fue el medio para transmitir los pitiditos. Y patentar no significa inventar; significa que has sido el más rápido en llegar a la oficina de patentes. Porque el mundo es de los espabilados, de los que tienen ojo para el negocio y de los que tienen dinero para respaldar ese negocio. Si hay alguien más listo, pero sin visión de negociante y sin un duro, ese se come un mojón.

En esta historia de la radio, si hay que poner nombre al que pringó ese se llama Nikola Tesla, probablemente el mayor y mejor inventor de la historia tecnológica. Ni Edison ni Marconi ni Graham Bell... Nikola Tesla es el padre del siglo XX.

¿Quién sentó las bases del mando a distancia? Nikola Tesla. ¿Quién descubrió la corriente alterna que ilumina el mundo? Nikola Tesla. ¿Quién puso los cimientos del radar, quién inauguró la era de los electrodomésticos, quién sentó las bases de la robótica? Nikola Tesla. ¿Quién fue el más torpe del mundo a la hora de sacar beneficios de sus inventos? Nikola Tesla.

Pues resulta que Nikola Tesla también es uno de los padres de la radio. Era austrohúngaro a principios del siglo XX, pero ahora diríamos que es croata, y cuando este hombre estaba enfrascado y a punto de conseguir su primera transmisión de radio, de telegrafía sin hilos, alguien le advirtió: «Cuidado Niko... que Marconi te la está jugando. Que está también en esto de la radio, pero está usando diecisiete patentes tuyas». El italiano Guglielmo Marconi, del partido fascista, todo sea dicho, juntó su propio talento, que era mucho, con lo que había ido patentando Tesla. A ello pudo sumar sus enormes recursos económicos y mucho apoyo institucional, por eso pudo transmitir sus primeros pitiditos entre Inglaterra y Canadá en 1901 y se llevó el mérito de inventar la radio.

Aunque con la misma alegría que se lo llevó, se le escapó. No le quitaron el Nobel de Física que le habían dado, pero en Estados Unidos le retiraron la patente de la telegrafía sin hilos para dársela a Nikola Tesla. Fue una decisión interesada, más política que de justicia. Resulta que la empresa de Marconi denunció al gobierno estadounidense por usar sus patentes de radiotelegrafía durante la Primera Guerra Mundial sin pagarle lo que tenían que pagar. Así que, en 1943, el Tribunal Supremo le retiró la patente de la telegrafía sin hilos y se la dio a Tesla. Dijeron, encima que te dimos la patente, ¿ahora vas y nos denuncias? Pues se te acabó el invento y, de paso, no ha lugar la denuncia.

Lo primero que transmitió Marconi, lo primero que se oyó de punta a punta con un océano por en medio, fue la letra «S» en código morse: pi-pi-pi. Por primera vez se oía la radio, sin hilos que condujeran el sonido, a 3.000 kilómetros de distancia. Antes lo había hecho con trechos mínimos, pero aquel día de diciembre de 1901 se montó la revolución.

Ahora bien, hasta muchos años después, Marconi no se metió en el asunto de la telefonía sin hilos, en la transmisión de voz, y para entonces eso ya lo había conseguido un español llamado Julio Cervera. El primero que consiguió decir algo, hablando desde Jávea para que se escuchara en Ibiza, fue Cervera en 1902. Esa es la genuina marca España y resulta que ni dios le echó cuentas y que tampoco él se supo vender. ¿Quién iba a hacer caso a un español tal y como estaba el país? Metidos en una guerra con Marruecos, deprimidos con el desastre del 98, un cero a la izquierda en tecnología... y si aparecía uno diciendo, oiga, que mire lo que he inventado... desde las altas instancias le sugerían que se dejara de tonterías. Eso le pasó a Isaac Peral (véase 1851) cuando presentó su sumergible. El presidente conservador Antonio Cánovas del Castillo soltó una de sus perlas: «¡Vaya! Un quijote que ha perdido el seso leyendo la novela de Julio Verne». Ese era el plan en España.

Afortunadamente, el mérito de Julio Cervera ya está más que demostrado, y ahí están los papeles que demuestran sus patentes hallados en Londres y Berlín. Los encontró Ángel Faus, un profesor de la Universidad de Navarra que ya ha dejado las cosas muy claritas.

1939

Diez negritos, Deu negrets, Dez negriños

En noviembre de 1939 salió a la venta *Diez negritos*, la novela más vendida de Agatha Christie. Desde entonces no ha parado de triunfar hasta situarse entre los diez libros más vendidos del mundo, con cien millones de ejemplares. Pero *Diez negritos*, además, guarda una historia políticamente incorrecta. Quizás por eso cambió tantas veces de título.

Aunque, bien mirado, la historia es tan políticamente incorrecta como hipócrita, porque, en fin... que hubiera que cambiar el título de la novela en Estados Unidos porque decir negrito estaba mal visto, aunque a los negros no los dejaran sentarse en la parte de delante de un autobús, acceder a la universidad o entrar en los bares de los blancos es, como poco, hipócrita.

El título de la novela de Agatha Christie en Estados Unidos desde su primera edición fue *Y no quedó ninguno*, que es la última frase de la canción infantil en la que se basó la novelista para escribir el libro. Es decir, *Diez negritos*, antes de dar título a una novela, dio título a una canción, por eso conviene ir al principio de la historia para saber cómo y por qué se inspiró Christie en una canción de 1868 para armar la trama de su novela más aplaudida y para darle título.

La canción se llamaba *Diez inditos*, en referencia a los nativos americanos, pero prescindiendo del sentido cariñoso. Fue compuesta por un tipo llamado Septimus Winner para animar los espectáculos que daban aquellos charlatanes yanquis que iban en carreta de pueblo en pueblo; esos que tan pronto te vendían un crecepelo como un jarabe que te lo curaba todo, hasta lo que no tenías.

Esos charlatanes siempre llevaban consigo un ayudante jovencillo que solía ser indio o negro o blanco pintado de negro, y que hacía eso, el indio, para entretener o atraer a la clientela. Cantaba, bailaba, realizaba cabriolas...

Así nació la canción, pero dado el impenitente racismo de la época en Estados Unidos, la letra, con el paso del tiempo, empezó a cambiar y se convirtió en una canción infantil titulada *Diez negritos*, con una intención ofensiva. Esa fue la melodía que, tras saltar de Estados Unidos a Reino Unido con algún cambio en la letra, conoció Agatha Christie y le inspiró la trama de la novela.

Una vez traducida, en vez de una canción infantil, más parece una canción satánica a ratos, y, en otros momentos, una tontada:

Diez negritos se fueron a cenar,
uno se asfixió y quedaron
nueve.
Nueve negritos trasnocharon,
uno se durmió y quedaron
ocho.
Ocho negritos viajaron a Devon,
uno se escapó y quedaron
siete.
Siete negritos fueron a cortar leña,
uno se cortó en dos y quedaron
seis.
Seis negritos jugaron con una colmena,
a uno le picó una abeja y quedaron
cinco.
Cinco negritos estudiaron Derecho,
uno de ellos se hizo abogado y quedaron
cuatro.
Cuatro negritos fueron a nadar,
uno se ahogó y quedaron
tres.
Tres negritos se fueron al zoo,
un oso les atacó y quedaron
dos.

Dos negritos se sentaron a tomar el sol,
uno se quemó y quedó nada más que
uno. Un negrito estaba solo,
se ahorcó y no quedó
ninguno.

Ahí está, una canción infantil donde el último negrito se suicida. Esa letra es la que inspiró a Agatha Christie a situar la acción de su novela en la Isla Negra, donde un ricachón invita a diez personas que no se conocen entre sí. La conexión entre los invitados es que, aun sin ser conscientes de ello, todos son culpables de una muerte en el pasado. Cada uno de esos invitados encuentra en su habitación, enmarcada y colgada de la pared, la letra de *Diez negritos*, y a partir de ahí empiezan a morir uno a uno en circunstancias parecidas a como relata la canción. Mientras, en el comedor de la mansión hay diez figuritas de negritos que una a una van desapareciendo misteriosamente cada vez que un invitado muere y hasta que el último invitado se ahorca. Igual que el negrito de la canción.

Ese es el final que escribe Agatha Christie, y la novela tuvo tal éxito que un par de meses después de su publicación en Reino Unido se editó en Estados Unidos. Pero los americanos se pusieron muy dignos ellos, y dijeron de eso nada; *Diez negritos* como título es políticamente incorrecto y totalmente inadecuado. Llamar negras a las personas de color está muy feo. Una cosa es que el Ku Klux Klan mate a palos a los negros, y otra muy distinta que los llamemos negros. Hasta ahí podíamos llegar. Por eso la novela se publicó en Estados Unidos con el título *Y no quedó ninguno*, que es la última frase de la cancioncita de marras. Por aquel entonces no se llevaba eso de afroamericano, porque si no, el título habría sido *Diez afroamericanitos*.

Ahora bien, una vez solucionado lo del título, ¿cómo arreglaron asuntos que la isla se llame Negra, que la letra enmarcada de la canción hablara de negritos y que las figuras que van desapareciendo también fueran negritos? Fácil. Cuando se trata de ponerse en plan cínico, los yanquis tienen recursos.

Simplemente volvieron a los orígenes y lo apañaron con indios. Diez inditos o indiecitos. Sustituyeron la palabra negrito por indito y la isla de reunión para los futuros asesinados pasó a llamarse Isla India. Por lo que respecta a las figuritas de porcelana que iban desapareciendo a medida que iban siendo asesinados los invitados, acabaron siendo unos niños con taparrabos y una pluma en la cabeza.

Para comprobar la veracidad de los hechos, nada como revisitar la primera película que adaptó el libro de Agatha Christie. La dirigió René Clair en 1945 en Hollywood, y ahí se habla de inditos, las figuras de porcelana son inditos y la canción que se canta va de inditos. Ahora bien, en esa película doblada al español, unas veces son negritos y otras inditos, y como uno no se sepa esta historia, acabas hecho un lío y no entiendes por qué la película en España se llama *Diez negritos*, pero aparecen inditos.

Los británicos acabaron cediendo a lo políticamente correcto y ya no se encuentra el libro *Diez negritos* con este título. En todo el mercado anglosajón la novela de Agatha Christie se llama *Y solo quedó uno*. En Alemania, hasta el año 2002, el libro mantuvo el título, pero en alemán, claro: *Zehn kleine Negerlein*, aunque ahora se llama *Und dann gab's keines mehr.*

En castellano, sin embargo, no nos moverán. La obra está en catalán, *Deu negrets*, y en gallego, *Dez negriños*. Ahora bien, en euskera se han sumado a lo políticamente correcto y se titula *Eta ez zen alerik ere geratu*.

Yo la hubiera titulado «Vamos a morir todos».

1940

Himmler: seis días, cinco noches

En octubre de 1940 España recibió la visita oficial de Heinrich Himmler, el comandante en jefe de las SS, el gran gendarme del terror nazi. Aquel viaje tenía un objetivo primordial y otro secundario.

El secundario era entrevistarse con Franco en Madrid. El primordial, comprobar si en Barcelona, en Montserrat, guardaban el Santo Grial.

Si no fuera por lo gravísimo que resulta comprobar cuánto tenían en común nazis, franquistas y falangistas, aquella visita oficial a España habría pasado por ser solo una gran payasada: las ciudades repletas de yugos y flechas y de esvásticas, militares yendo y viniendo con abrigos hasta los pies brazo en alto, ciudadanos jaleando a los chicos nazis y los chicos nazis paseando como estrellas de cine.

Y todo esto fue hace nada, entre el 19 y el 24 de octubre de 1940. Fue un *tour* de seis días, cinco noches; a toda leche, como los de Gila.

La visita comenzó, lloviendo, en San Sebastián. El día 19 Himmler se tomó unos *pintxos* en el Club Náutico, se subió al monte Igueldo para admirar La Concha y dijo «¡*Kostbar*! Muy bonico. Hala, vámonos para Burgos». Se subió a un tren, se bajó en Burgos diluviando, fue a ver la catedral (también le pareció muy bonica la tumba del Cid) y dejó con un gran mosqueo a la abadesa del Monasterio de las Huelgas porque el nazi se saltó la visita; las monjas se ofendieron porque, hay que entenderlo, nunca más iban a tener la oportunidad de contar con el honor de disfrutar de la presencia de un personaje de semejante categoría genocida.

Después cenó Himmler con todas las fuerzas vivas burgalesas en el cuartel general desde donde Franco hizo la puñeta a todo el país, se subió a las once de la noche a otro tren, hasta que a las dos de la mañana pararon en Valladolid. Iba frito y nadie se atrevió a despertarlo cuando el gobernador civil de la ciudad dijo que quería saludarlo (otro decepcionado, como la abadesa). El día 20 llegó a Madrid tempranito, recorrió toda la Gran Vía adornada de gigantescas esvásticas, soltó la maleta en el hotel Ritz y directamente a El Pardo, a ver a Franco, a quitarse el marrón de encima cuanto antes.

La visita tenía como objetivo preparar el encuentro de Franco con Hitler tres días después en la estación de Hendaya.

Era un mero trámite para organizar el dispositivo de seguridad, para pasarle la mano por la espalda a Franco soltándole unos cuantos halagos, y para intentar que llegara al encuentro con Hitler convencido de que lo mejor era aliarse con Alemania. Pero ya puestos, el jefe de las SS aprovechó y le dio al dictador algún consejo de cómo debía dirigir esta España fascista que acababa de cumplir año y medio. Tiene guasa que en aquella reunión, Himmler, el mayor experto en represión, aconsejara a Franco que utilizara una política menos represora. Qué estaría haciendo Franco que a Himmler le pareció que se estaba pasando.

Después de cumplir con Franco continuó haciendo el guiri de la peor manera posible: se fue derecho a los toros, a ver una corrida en su honor en Las Ventas. La foto de Himmler, tan alto él, prácticamente rapado, vestido de nazi y al lado del diestro Marcial Lalanda, bajito, con coleta, traje de luces y muleta en el brazo es muy absurda. Tremendamente estrafalaria.

Y el cartel de toros que anunciaba aquella corrida, era, más que absurdo, muy loco, porque estaban juntos el yugo y las flechas, la cabeza de un toro y la esvástica. Y, por supuesto, pasaban de absurdo aquellos toreros brindando los toros a Himmler.

Y ahora viene la pregunta. ¿Disfrutó Himmler con la corrida?

No. Nada.

Las pasó fatal. Dijo que era un espectáculo deleznable y muy sangriento. A él le gustaba matar, pero sin manchar.

Tuvo suerte porque al tercer toro se suspendió la corrida por la lluvia y se libró de ver matar a los otros tres.

Continuó luego con el recorrido turístico durante dos días por El Escorial y por Toledo, se vistió de civil para ir al museo de El Prado y siguió haciendo tiempo visitando el Arqueológico hasta que llegara el momento más anhelado de su visita: la búsqueda del Santo Grial.

El día 23 de octubre, a la vez que Franco partía en tren hacia Hendaya para su cita con Hitler, Himmler voló a Barcelona con la esperanza de hallar la inexistente copa sagrada que solo encontró Indiana Jones en su última cruzada.

Y aquí se impone otra pregunta: ¿de dónde demonios sacó la idea de que el Santo Grial estaba en Montserrat? Ni idea. Las mentes de los nazis son inescrutables. Si fueron capaces de irse a buscar al

Tíbet el origen de la raza aria, lo de menos es que buscaran el grial en Montserrat.

Y a ello hay que añadir el incongruente empeño de los nazis por encontrar la copa en la que bebió un judío. También es cierto que Himmler estaba dislocado de la cabeza y decía que Jesucristo no era judío; que era ario, solo que no lo sabía.

La historia del Santo Grial es un cuento chino que se viene alimentando desde la Edad Media por cátaros y templarios, y propagado con la literatura caballeresca. Es muy laberíntico explicar cómo llegaron hasta Montserrat buscando la dichosa copita, pero todo viene de viejas leyendas que decían que (contado muy a lo loco) en una fortaleza cerca de los Pirineos que se llamaba Montsegur guardaron el grial los cátaros, que luego lo escondieron en una montaña con cuevas, que esa montaña algunos la conocían como Montsalvat (así se la menciona en la ópera *Parsifal*, de Richard Wagner), que luego apareció un nazi lumbrera y dijo «¡Ya está! ¡Ni Montsegur ni Montsalvat! ¡Es Montserrat!». Tiene cuevas, una fortaleza encima, lo custodian monjes... ¡verde y con asas! Ahí está el grial.

No es que Himmler quisiera buscar él mismo la dichosa y mítica copita de túnel en túnel, lo que pretendía era acceder a la documentación que guardaran en Montserrat y a los planos de las cuevas. Quería adentrarse en la montaña y cotillear, pero le dijeron que no, que ni documentación disponible ni visita guiada.

Himmler quería hacerse con el Santo Grial porque lo consideraba el mayor talismán sobre la tierra; tenerlo, según él, le aseguraría ganar la guerra. Y puede que hasta se creyera que beber de esa copa lo convertiría en inmortal. Nadie se extrañe, porque los nazis creían de verdad en estas cosas. Hitler se pasaba las horas muertas en el museo de Viena donde guardan la lanza de Longinos, con la que dicen que el soldado romano atravesó el costado de Jesucristo. Se creía que su mera contemplación le daba poder. También puede que se equivocara de lanza, porque como hay diez o doce y ninguna auténtica...

La conclusión es que en Montserrat le dijeron a Himmler que la única reliquia que tenían allí era la Moreneta, y cuando se la enseñaron, quizás ofuscado por el mosqueo o porque fumó algo, el extraño comentario que hizo fue que los rasgos de la talla «eran claramente arios».

La Moreneta de origen ario. Toma castaña.

1943
Operación Carne Picada

El 1 de mayo de 1943 un pescador encontró en aguas de la bahía de Huelva el cadáver de un militar británico. Llevaba atado a la cintura un maletín con los planes de los aliados para desembarcar en Grecia y Cerdeña. Franco se hizo con los documentos, se los pasó a sus amigos nazis y Hitler tomó buena nota de los planes secretos del enemigo. Pero el militar británico era en realidad un mendigo, los documentos eran una trampa, y Franco y Hitler hicieron exactamente lo que los británicos pretendían que hicieran. El 30 de abril de 1943 se puso en marcha una de las mejores maniobras de distracción de la Segunda Guerra Mundial. Operación Carne Picada.

La farsa alzó el telón aquel 30 de abril, pero los servicios de inteligencia británicos llevaban preparando la producción de la obra en Londres desde tiempo atrás. El objetivo era engañar a Hitler y hacerle creer que las tropas aliadas iban a desembarcar en un sitio cuando en realidad lo iban a hacer en otro. El cebo era un muerto, y los peces tontos que tenían que picar el anzuelo eran Franco y sus chicos, que como eran unos correveidiles de los nazis, les harían llegar esa información falsa. El principal protagonista de esta historia, el héroe que lo fue sin saberlo, el muerto que engañó a Franco y a Hitler, se llamaba Glyndwr Michael y fue cuidadosamente seleccionado en un *casting* celebrado en el depósito de cadáveres de Londres.

No servía cualquier muerto para la causa. Tenía que ser uno que diera el pego, que no hiciera sospechar; un cadáver que no reclamara nadie. Un mendigo sería perfecto. Y teniendo en cuenta que ese muerto iba a ser encontrado en el mar, tenía que parecer ahogado por si les daba por hacer la autopsia a las autoridades españolas. El mendigo Glyndwr Michael podía colar porque murió de neumonía, con los pulmones encharcados, luego pasaría perfectamente por ser un ahogado. (Otras fuentes sostienen que no fue un mendigo, sino uno de los casi cuatrocientos tripulantes muertos en marzo de 1943 en el hundimiento del portaaviones británico *Dasher*).

Siguiente paso, adornarlo, inventarle una identidad. Se peinó y se aseó al cadáver, se le abrieron los ojos para hacerle una foto de carné, se crearon los documentos falsos, se le asignó una familia, se le abrió cuenta en un banco, le metieron en la cartera una foto de su supuesta novia, las entradas de un espectáculo de Londres y bautizaron al muerto como el oficial William Martin, de la Marina Real británica.

El paso siguiente fue vestir al muerto. Sus botas, su traje, su gabardina... hasta su chaleco salvavidas para que cuando lo encontraran pareciera víctima de un accidente aéreo. Y lo más importante, un maletín repleto de supuestos documentos secretos.

Así fue como el cadáver de un mendigo disfrazado de oficial fue soltado desde un submarino frente a las costas de Huelva. Pero ¿por qué en Huelva? Porque allí cerquita están Gibraltar y Portugal, y en esa zona trabajaba uno de los superespías más listos de Hitler, Adolf Clauss, y era fundamental que él se enterara de la aparición del cadáver. Así que, una vez soltado el muerto, el submarino se fugó sigilosamente y ya solo quedaba esperar a que lo encontraran.

No tardaron mucho. El 1 de mayo un pescador pescó un cadáver en vez de unos salmonetes. Lo llevó a tierra, avisó a las autoridades y empezaron los trámites. Como aquel náufrago era inglés, se dio aviso al cónsul británico y dos días después enterraron al pobre «ahogado» en el cementerio de La Soledad de Huelva. Hasta la supuesta novia del muerto envió una corona de flores, y en *The Times* apareció el oficial William Martin en las listas de los caídos de guerra. Todo según lo previsto.

El maletín con los documentos quedó, también según lo previsto, en poder de los militares españoles. Si habían encontrado a un militar británico con un maletín sospechoso, lógico es que quisieran saber lo que guardaba. Pero por si acaso los españoles resultaban no ser lo suficientemente curiosos, los británicos les picaron un poquito reclamando el maletín, aunque disimulando, sin ponerle muchas ganas no se fueran a mosquear. No hay que olvidar que estamos en pleno mogollón de la Segunda Guerra Mundial, donde había espionaje, contraespionaje, agentes dobles y triples, tíos muy listos que sabían engañar, pero también sabían cómo no caer en un engaño o cómo darse por engañados.

Afortunadamente, los españoles picaron. Un maletín atado a un militar británico no lo podían dejar pasar, por eso, antes de devolver los documentos abrieron los sobres, fotografiaron los documentos y volvieron a colocarlo todo muy bien para que no se notara que habían sido manipulados. En esos papeles lo que se recogía eran los planes aliados para desembarcar en Grecia y Cerdeña.

Pero ¿cómo pudieron saber los británicos que los españoles habían caído en la trampa si los documentos les fueron devueltos intactos, sin signos de manipulación? Porque lo tenían todo previsto: colocaron en los documentos unos pelitos de pestañas que se desprenderían en cuanto los manipularan. Si esos pelitos seguían ahí cuando les devolvieran los papeles, malo, eso era que no habían abierto los sobres. Pero las pestañitas no estaban. Hasta aquí todo iba saliendo bien, pero todavía quedaba confiar en que los nazis pidieran a los franquistas ver esos documentos y que Franco se los diera. A ver si iba a resultar que de verdad era neutral.

Ese detalle, sin embargo, no era posible confirmarlo. Imposible saber si los falsos planes llegarían finalmente a su destino, a manos de los nazis. Había que correr el riesgo y esperar, irremediablemente, hasta que llegaran al final del plan, y el plan era desembarcar en Sicilia, no en Cerdeña y Grecia como ponía en los papeles. Si Hitler se llevaba el grueso de sus tropas a Cerdeña y Grecia para esperar allí a los aliados y dejaba más desprotegida Sicilia, significaba que los falsos documentos habían llegado al alto mando alemán. Y así fue. Los aliados tomaron Sicilia mientras los alemanes los estaban esperando en otro sitio.

Los británicos, sin embargo, solo tuvieron la total seguridad de que la Operación Carne Picada había funcionado cuando terminó la

Segunda Guerra Mundial; cuando husmearon en los archivos alemanes y ahí estaban los falsos papeles británicos. Y por cierto, esos papeles los recuperó y los llevó a Gran Bretaña Ian Fleming, el creador de James Bond, que antes de meterse a escritor fue miembro de la inteligencia, por eso le quedaban tan chulos los libros sobre agentes secretos.

La maniobra de distracción funcionó a la perfección, pero también se supo que estuvo en un tris de irse al garete en dos ocasiones. Una, porque los británicos menospreciaron a los forenses españoles. Pensaron que no estaban tan preparados para descubrir que el cadáver del mendigo en realidad no había muerto ahogado, pero se equivocaron. El forense que examinó el cadáver se mosqueó porque el cuerpo, cierto, tenía los pulmones encharcados, aparentemente por un ahogamiento, pero situó el momento de la muerte diez días antes, y era muy raro que un cadáver que llevara en el mar, flotando en agua salada diez días no estuviera picoteado por los peces y que la piel, el pelo y la ropa estuvieran como si ese hombre llevara en el agua solo un día. Pero al lado del forense mosqueado estaba el cónsul británico, que estaba en el ajo y le quitó importancia al asunto. Enredó al forense para que firmara el informe cuanto antes.

La segunda vez que estuvo en riesgo la operación fue cuando la Marina se hizo cargo del caso. Ni la Policía ni la Guardia Civil. Esto era una faena, porque los oficiales de la Marina española eran los que menos simpatizaban con los nazis, estaban más de parte de los aliados, y el juez que se hizo cargo del cadáver y de los documentos era juez de la Marina y además muy honesto; dispuesto, por lo tanto, a hacer lo que debía, entregar el maletín sin abrirlo a sus legítimos dueños, los británicos. Con esto hubo mucho lío, muchas idas y venidas, pero finalmente obligaron al juez a soltar el maletín.

El falso oficial William Martin fue enterrado en el cementerio de Huelva bajo la misma identidad que le endosaron para su misión, solo que después se añadió el nombre del verdadero muerto. La lápida está escrita en inglés y repleta de mentiras en la parte superior, porque dice: William Martin, las dos fechas de nacimiento y muerte inventadas, amado hijo de fulanito y menganita, y una frase en latín, que, traducida, dice: «Es dulce y honroso morir por la patria». Debajo de todo ello pone: «Glyndwr Michael sirvió como el comandante William Martin en la Royal Navy».

El cadáver de aquel mendigo fue el perfecto cebo para una de las más brillantes operaciones de inteligencia de la Segunda Guerra Mundial. La apasionante historia del hombre que nunca existió.

1944
Sombras del desembarco de Normandía

El día D, 6 de junio de 1944, a la hora H, seis y media de la mañana, cinco mil barcos se plantaron ante la costa norte de Francia y comenzó el desembarco de 130.000 soldados aliados. Arrancó la Operación Neptuno, el desembarco de Normandía.

Fue una operación militar descomunal, la mayor incursión desde el mar en dos mil años, desde que Julio César invadió Britannia. Y eso que Julio César llevó solo 27.000 hombres, una absoluta birria comparado con todos los aliados que acabaron en aquella costa normanda.

La espectacularidad del desembarco de Normandía, el cine y el romanticismo bélico puede que hagan creer a los menos avisados que aquello salió de lujo; rapidito y efectivo. Que desembarcaron, se pegaron, ganaron a los alemanes y ya está. No. Aquello duró una sangrienta eternidad con 440.000 muertos.

En la historia ha quedado fijado aquel 6 de junio, pero ese día solo fue el principio. Los chicos de Hitler no se rindieron hasta el 25 de agosto, y durante dos meses el desembarco de Normandía no paró. Dos millones de soldados tocaron aquellas playas en la mayor invasión por mar conocida.

Metámonos en la piel de aquel primer día para ver cómo pasó todo, porque casi fue un milagro que aquello saliera bien. El jefe del Estado Mayor británico dijo: «Esto puede ser el mayor desastre de toda la guerra». Y tenía razón, había muchas papeletas para que lo fuera, porque todo eso que en el cine parece muy heroico y con una planificación tan perfecta, tuvo muchas meteduras de pata por parte de los aliados y muchos errores de bulto que provocaron la muerte de miles de civiles. Ese es, precisamente, el punto más oscuro del mítico desembarco de Normandía, los quince mil civiles muertos.

La Operación Neptuno tenía que haberse producido el día 5 de junio, lo que pasa es que la meteorología andaba revoltosa. Es más, los alemanes no esperaban un desembarco ni el 5 ni el 6 porque hacía un tiempo de perros en el Canal de la Mancha.

El día 5 de junio, efectivamente, se metió temporal, pero los meteorólogos aliados supieron predecir, gracias a las estaciones que tenían salpicadas por el Atlántico, que el tiempo mejoraría al día siguiente. La predicción funcionó, y se decidió que el desembarco tenía que ser el 6 de junio o ya habría que esperar dos semanas, porque se metió un tormentón que acabó siendo el peor temporal de los últimos cuarenta años. Los alemanes, que andaban sobrados de mala leche pero flojos de meteorólogos, no sabían que el tiempo iba a dar una tregua solo el día 6, y el mariscal que estaba al mando de las defensas alemanas, Rommel —ese al que llamaron el zorro del desierto porque allí, en el desierto, tenía mucho ojo, pero desde luego en Normandía le faltó tener instinto de pingüino—, miró primero el mar embravecido, miró después al cielo con nubarrones y dijo, tranquilos, que así no hay quien nos ataque.

Porque, eso sí, los alemanes no eran bobos y esperaban un ataque de un momento a otro; sabían que los aliados estaban tramando algo, por eso tenían toda la costa norte de Francia fortificada y con sus defensas listas. Aquello se llamó el Muro Atlántico, y no se trataba solo de cañones y armamento de tierra, sino de la que tenían montada también dentro del agua: las entradas a aquellas playas parecían una chatarrería. Los nazis colocaron las famosas puertas belgas (unas estructuras de metal terminadas en pico que servían para rasgar el fondo de las barcazas), vigas de acero cruzadas que rompían los tanques anfibios, y más vigas clavadas en el fondo con bombas en la punta de arriba. Todas estas trampas quedaban ocultas con la marea alta y fueron muy efectivas contra el desembarco de los aliados.

Pero si aquella invasión pilló tan de sorpresa no fue solo porque los alemanes se confiaran con el tiempo, es que también les desinformaron muy bien. Si no llega a ser por la habilidad de los espías la cosa no habría funcionado igual, y en esto no se puede dejar de mencionar a uno de los nuestros, al célebre agente doble Joan Pujol.

Su seudónimo era Garbo y trabajaba para los británicos, aunque los nazis creían que trabajaba para ellos. Gracias a Joan Pujol salió de lujo la que está considerada otra brillante maniobra de distracción al enemigo. Los alemanes esperaban un ataque de los gordos, y sospechaban que podría ser por Normandía, pero lo descartaron por el mal tiempo y porque Garbo les insistió en que por ahí ni de coña. «Va a ser 250 kilómetros más allá, en el Paso de Calais», les engañó el espía; esa zona donde están más cerca Francia e Inglaterra y en la que los alemanes detectaron mucho movimiento, mucho cruce de mensajitos y la presencia del famoso general Patton. Pensaron los nazis que si por el Paso de Calais andaba el famoso estratega estadounidense, era porque por allí pensaban liarla. Esa era la trampa. Los alemanes picaron, dejaron desprotegido Normandía y concentraron sus divisiones en la otra punta.

Una vez que supieron que la habían pifiado, el siguiente problema fue quién iba a ser el valiente que se lo contara a Hitler. Nadie se atrevía a despertarlo. Cuando en la madrugada del 6 de junio los chicos de Hitler vieron aparecer los primeros aviones aliados para bombardear la zona y dejar terreno libre al desembarco, los nazis pensaron que era una vulgar maniobra de distracción, pero cuando comprobaron que detrás de los aviones llegaba una flota de cinco mil barcos acercándose a la costa, se percataron de que sus cálculos habían fallado. Y a ver quién era el guapo que despertaba a Hitler para decírselo, por eso lo dejaron dormir hasta la diez de la mañana. Cuando hubiera desayunado ya le dirían «Mein Führer, que tenemos visita en Normandía». Es más, cuando el del bigote se fue a la cama en su casita de los Alpes bávaros la noche del 5 de junio ya había cierto lío montado, pero nadie le informó.

Se puede, incluso, hacer una resumida cronología horaria de cómo fueron sucediéndose los acontecimientos aquel 6 de junio, «el día más largo», como lo llamó el mariscal nazi Rommel: a las doce de la noche, nada más comenzar aquella histórica jornada del 6 de junio, llegó la avanzadilla por el aire, los exploradores de élite que tenían como misión marcar el terreno para dirigir el desembarco desde el aire. A las dos y cuarto de la madrugada, los alemanes que estaban en la comuna costera de Cherburgo, a unos 60 kilómetros de las playas del desembarco, vieron en la lejanía unos cuantos barcos, pero como estaban distraídos y pendientes de la avanzadilla, pasaron. A las tres de la madrugada empezó el bombardeo de las defensas alemanas desde el aire, y se sabe que, justo a esa hora, Hitler se fue a la cama a cientos de kilómetros de allí y sin repajolera idea de nada. Son las cuatro de la madrugada cuando llegan a la costa cinco mil barcos y cuando 130.000 tíos empiezan a ocupar las lanchas para llegar a la orilla. En ese momento fue cuando el general Dwight D. Eisenhower (años más tarde trigésimo cuarto presidente de Estados Unidos), les dijo a sus chicos: «Los ojos del mundo entero os están observando».

A los generales les gusta dejar frases para la posteridad porque se creen que siempre les está mirando alguien, pero eran las cuatro de la mañana y todo dios estaba dormido. Hasta Hitler.

A las seis de la mañana los aviones yanquis comenzaron a bombardear las playas para destrozar las defensas alemanas. Eran las seis y media cuando empezó el mogollón y los 130.000 tíos de antes tocaron las playas. A esa hora despertaron a Rommel, pero Hitler y el resto del alto mando seguían soñando con los angelitos nazis porque esas no eran horas de invadir nada.

Continuó el desembarco y dieron las diez de la mañana, hora en la que por fin se atrevieron a despertar al Führer para decirle que había un ligero contratiempo por Normandía. A las dos menos cuarto de la tarde los británicos bombardearon la ciudad de Caen (un absoluto desastre estratégico), y Hitler reaccionó, por fin, a las tres de la tarde, porque estuvo toda la mañana intentando enterarse de qué pasaba y medio adormilado. El resto del día ya fueron todo disparos, bombazos, ataques y contraataques. A las doce de la noche ya habían entrado en Normandía por tierra y por aire 160.000 soldados aliados.

Y aunque todo esto suene muy bien y con todo muy bien planificado, que lo estuvo, también hubo muchas meteduras de pata. Lógico por otra parte, porque la guerra no es una ciencia exacta.

Hubo fallos muy gordos, y alguno de ellos se pudieron y se debieron evitar.

Había cinco playas en las que desembarcar, todas con nombres yanquis porque las bautizaron los americanos. La playa Omaha, Utah, Gold... y en el desembarco de la playa de Omaha se produjo una carnicería. Los aviones estadounidenses que bombardearon a las seis de la mañana se supone que tenían que destrozar las defensas alemanas, pero calcularon con salva sea la parte, porque las bombas cayeron en el campo. De 13.000 bombas lanzadas en la playa de Omaha, casi ninguna dio en el blanco. Cuando llegaron media hora más tarde los del desembarco se encontraron con que las defensas alemanas les estaban acribillando porque estaban intactas. Habían bombardeado a las ovejas en vez de a los nazis.

El otro gran desastre fue la masacre de civiles en la ciudad de Caen. Y esto sí que no tuvo perdón, nunca debió suceder. El que metió la pata hasta el fondo fue el general británico Montgomery, y cabreó mucho a los americanos. A los británicos les tocaba tomar la ciudad de Caen, que está allí mismo, a 15 kilómetros del desembarco, pero ahora se sabe que la operación estuvo muy mal planificada, que se prestó mucha atención a organizar el desembarco, pero se descuidó la planificación del avance. Porque avanzar había que avanzar; no se iban a empadronar en las playas. Se trataba de atacar, ir ganando terreno, echar a los nazis y recuperar la Europa occidental.

El error estuvo en que Montgomery calculó muy mal y no tuvo capacidad logística para avanzar hasta Caen. Pretendía tomar la ciudad el primer día del desembarco, el mismo 6 de junio, pero no pudo mover sus tropas y sus tanques a la velocidad que calculó. Como no pudo, no se le ocurrió otra cosa que bombardear Caen y alrededores para facilitar la llegada de los desembarcados para neutralizar todas las tropas alemanas por allí movilizadas. Mala idea. Malísima idea: bombardearon una ciudad francesa, una ciudad aliada, y murieron dos mil civiles.

Montgomery no tuvo en cuenta, primero, que Hitler ya se había despertado, había desayunado bien y había movilizado a los Panzers para frenar la llegada de los británicos a Caen por tierra. Y segundo, que los bombardeos británicos convirtieron la ciudad en una escombrera y ocurrió lo mismo que en la toma de Stalingrado: que al arrasar una ciudad consigues que el enemigo utilice las ruinas como defensa y que tú no puedas avanzar. Tomar Caen se convirtió en misión imposible.

A partir de aquel día D del desembarco de Normandía quedaban por delante dos meses y medio de batallas que no cesaron hasta la liberación de París el 25 de agosto. Cierto que fue uno de los episodios más fascinantes de la Segunda Guerra Mundial, con una operación militar sin precedentes, con sus luces y sus sombras.

Pero esto es como el fútbol, da igual quién juegue mejor, gana el que mete el gol de la victoria. Visto en conjunto, la batalla de Normandía fue un triunfo histórico y la defensa alemana fue brillante.

Todos hemos visto las playas de Torrevieja en agosto. Pues son una broma comparado con lo que fueron las de Normandía en junio.

1945
La foto de chiripa de Iwo Jima

Pasa por ser la batalla con el saldo más sangriento de la guerra del Pacífico, 25.000 muertos, y comenzó en las primeras horas del 19 de febrero de 1945. El desembarco estadounidense en la minúscula isla japonesa de Iwo Jima ha dado mucho juego al cine y ha dejado una de las imágenes más simbólicas de la Segunda Guerra Mundial, la de aquellos seis marines levantando la bandera en la cima del monte Suribachi. Una foto casual, sin rostros, pero con una rocambolesca historia detrás.

El fotógrafo fue Joseph John Rosenthal, la imagen logró el premio Pulitzer y se puede ver en tres dimensiones en el famoso monumento que hay en el cementerio de Arlington, en el condado de Virginia, junto a Washington DC, que reproduce exactamente la toma (hay diez réplicas de la misma escultura en Estados Unidos).

Lo extraordinario de esta historia es que pasaran tantas cosas en un sitio tan mínimo, porque la isla es una cagarruta en mitad del Pacífico. Para hacernos una idea, solo hay que fijarse en Formentera, que es muy chiquitilla. Pues Iwo Jima es la mitad de la mitad de Formentera. No da ni para hacer una ruta senderista. Te sales en cuanto te descuidas.

Y resulta que ahí, en Iwo Jima, se pegaron cien mil estadounidenses contra veintidós mil japoneses. Era tanta gente en tan poca tierra, que más que luchar se estorbaban. Dispararan donde dispararan, daban a alguien.

Qué interés podía tener ese islote para que los estadounidenses quisieran tomarlo y los japoneses se empeñaran en defenderlo. Pura estrategia porque Iwo Jima estaba en el sitio justo y en el momento oportuno.

A finales de 1944, en Iwo Jima malvivían solo un puñado de iwojimenses o iwojimeños, aunque la isla no se llamaba así. Se llamaba Iwo To, y así ha vuelto a llamarse a partir de 2007. El nombre de Iwo Jima ha quedado solo para la historia de la guerra. Los aldeanos que vivían allí, olvidados de todo y por todos, se dedicaban a recoger azufre, hasta que un día aparecieron de repente, sin avisar, miles de soldados japoneses, subieron a los pocos paisanos que había en unos barcos y los sacaron de su isla. Instalaron un radar de última generación, construyeron un par de pistas de aterrizaje y agujerearon Iwo Jima a la velocidad de topos. En menos de dos meses los soldados japoneses convirtieron Iwo Jima en un búnker, con una red de túneles cruzados que acabó siendo la peor pesadilla de los yanquis.

Y es que ya se olían los japoneses que los estadounidenses tenían previsto atacar, porque todos espiaban a todos. Para entender el asunto estratégico de Iwo Jima, conviene esforzarse en otro ejercicio visual:

miremos la zona de Japón. Al sur están las islas Marianas, y justo en la mitad del camino entre Japón y Las Marianas está Iwo Jima. Estados Unidos acababa de conquistar las islas Marianas, y su intención siguiente era bombardear Tokio, aunque había un problema: que en el pequeñajo islote de Iwo Jima los japoneses habían puesto ya un potente radar y los bombarderos estadounidenses no tenían más remedio que pasar por allí si querían llegar a Tokio. O sea, que había que destruir el radar japonés para que no interceptaran a los aviones americanos.

Y otro asunto a tener en cuenta: los bombarderos estadounidenses, los temibles B-29 que al año siguiente lanzarían las bombas atómicas sobre Hiroshima y Nagasaki, tenían que ir escoltados por cazas, y estos cazas no tenían suficiente autonomía de vuelo para hacer Las Marianas-Japón, Japón-Las Marianas. Necesitaban Iwo Jima para repostar porque estaba a mitad de camino. Por eso Estados Unidos echó el resto en conquistar una isla que apesta a azufre, inhóspita, fea, pequeñaja y sin agua, pero tan necesaria para ganar la guerra. Por lo mismo que los japoneses estuvieron dispuestos a sacrificar 20.000 hombres para defenderla.

La batalla de Iwo Jima tendría que haber durado, como mucho y poniéndonos en lo peor, quince días, pero duró cinco semanas; las cinco semanas más sangrientas de la guerra del Pacífico. Los americanos desconocían la red de túneles por donde los japoneses se les escabullían como conejos para reaparecer por el agujero menos pensado. Aquella estrategia defensiva la diseñó el general Kuribayashi, y fue de premio. No se lo pudieron dar porque se hizo el harakiri.

Cuando el 23 de febrero, cuatro días después de que empezara la batalla a lo bestia, los estadounidenses se empeñaron en plantar la bandera en el punto más alto de la isla, en la cima del monte Suribachi, no se imaginaban que bajo sus pies, en las entrañas del monte, había el equivalente a un edificio de siete plantas de búnkeres, de túneles, de refugios… Por eso se les alargó tanto la batalla, porque aparecían por el lugar más inesperado y desaparecían por el menos previsto. Salían, disparaban, se volvían a meter, surgían por otro sitio...

Por eso, aunque clavaron la bandera de la victoria en el Suribachi, aún faltaba mucho para que ganaran la isla. Cuando se hizo la célebre foto, y pese a que plasmaba, erróneamente, la imagen viva de la victoria, la batalla no había hecho más que empezar.

La foto se tomó tontamente, y en realidad el fotógrafo pudo captarla gracias a que era un torpe.

El 23 de febrero tenía que desembarcar en Iwo Jima el secretario de la Marina estadounidense para darse una vuelta por la isla, dar unas cuantas palmaditas a sus chicos y hacerse la foto, que para eso acompañaban a las tropas unos cuantos fotógrafos de guerra, entre ellos, el de la agencia Associated Press (AP), Joseph John Rosenthal. Cuando este hombre bajó del barco para subirse a la lancha que iba a acercar a la playa a toda la comitiva, dio un traspié y se cayó al agua. Lo pescaron, pero la lancha zarpó sin él. El fotógrafo fue a cambiarse y mientras estaba en ello oyó un escándalo que llegaba desde la isla. Gritos de soldados, vítores, las sirenas de los barcos sonando... y es que acababan de izar en el monte Suribachi la bandera estadounidense.

Se puso en lo peor. «De esta me despiden de la agencia», debió pensar. Se estaba perdiendo la foto-noticia del día.

Pero, entonces, si la bandera se izó cuando el fotógrafo no estaba allí, ¿cómo pudo hacer la famosa foto?

Rosenthal llegó a la playa cuando todo había pasado, pero, ya que estaba allí, decidió subir al monte y tomar algunas fotos con unos cuantos marines posando con la banderita ya izada. Tiró monte arriba, con tan buena suerte que el secretario de Marina, ese que había bajado a darse el paseo, tuvo el antojo, mirando el monte desde la playa, de llevarse como recuerdo patrio esa bandera que acababan de izar.

A un jefazo se le discute poco, así que, venga, que suba alguien a por la banderita, que el señor secretario se la quiere llevar. ¡Ah! Y que pongan otra, claro. «A ver, cinco voluntarios para subir y cambiarla. Tú, tú, tú, tú y tú».

Cuando el fotógrafo llegó a la cima del Suribachi se encontró con aquellos cinco voluntarios y otro más que estaba ayudando a unir unos tubos que hicieran de mástil y al que atar la segunda bandera.

Rosenthal pensó en hacer la foto a este grupo en plena faena. Se situó, se subió a unos escombros porque era bajito, y disparó sin mirar. Esperó a que la bandera estuviera puesta, pidió luego a todos los marines que había por allí, dieciocho en total, que se juntaran debajo de la bandera y que dijeran «patata». Esta vez disparó mirando.

Y resultó que la foto que triunfó fue la que hizo sin mirar, aunque para él era la peor de todas, la que peor venta tenía en los periódicos. Las fotos buenas eran en las que se podían ver las caras de los soldados; esas imágenes eran las que compraban los periódicos locales porque sabían que sus lectores tenían la esperanza de reconocer a alguien. A un hijo, a un novio, a un marido, a un hermano. Por eso Rosenthal solo estaba interesado en la foto del posado de los dieciocho marines, con las caras bien visibles, todos mirando a cámara.

La otra foto, la que hizo sin mirar, disparando sin saber lo que iba a salir, era una foto mala, de difícil venta, porque no se ve la cara de nadie. Eran seis soldados anónimos, y las únicas fotos sin cara que salían en los periódicos eran las de los soldados muertos. Aun así, apenas se publicaban. Siempre que hubiera más de tres muertos americanos en una foto, estaba prohibida su publicación.

El valor informativo de aquellos seis marines elevando el mástil era cero, pero la agencia distribuyó la foto y los periódicos la publicaron. Supieron mirar más allá y vieron, no la importancia informativa, sino la simbólica. Aquellos seis uniformados sin cara eran todos los marines de Estados Unidos. La foto tenía movimiento, tenía tensión, tenía drama y tenía la bandera. Lo tenía todo. La imagen dio la vuelta a Estados Unidos de periódico en periódico, y el fotógrafo sin enterarse. Él mandó sesenta y cinco fotos y se enteró de que una de ellas había sido un bombazo, la de la dichosa banderita del monte Suribachi. Pensó él que tampoco era para tanto. Total, dieciocho tíos posando sonrientes al lado de una bandera, diciendo patata.

Pero no era esa, era la otra, la foto anónima, sin rostros, pero con seis vidas detrás. Y tres de aquellas vidas se quedaron en Iwo Jima.

Aún quedaba mucha batalla por librar y tres de aquellos marines murieron sin conocer la fama que les dio aquella foto. Los otros tres la conocieron, pero no la disfrutaron. Cada vez que alguien les llamaba héroes, siempre respondían lo mismo. Los únicos héroes se habían quedado en Iwo Jima. Entre los veinticinco mil muertos que se cobró Iwo Jima.

1953
La polio y el presidente

El 26 de marzo de 1953, el médico estadounidense Jonas Salk anunció por sorpresa, a bocajarro, que había descubierto la vacuna contra la polio. Lo hizo en la radio, a través de la CBS, y no solo dejó petrificado frente al micrófono al periodista Edward Murrow, también dejó boquiabiertos a sus colegas por utilizar un medio público para informar al mundo antes que a la comunidad científica.

Aquello puso Estados Unidos del revés. La poliomielitis era lo que más preocupaba a los americanos después de la bomba atómica que temían les lanzaran los rusos en cualquier momento, y todo el mundo esperaba una vacuna como agua de mayo. Que alguien lo soltara así por las buenas, en una entrevista de puro trámite sobre la enfermedad, resultó desconcertante.

La polio era una enfermedad tremenda, paralizante, que atacaba sobre todo a los niños. Se calificó como epidemia mundial porque se propagaba endiabladamente rápido. Cientos de miles de contagios al año, miles de muertos, por todas partes niños con aquellos aparatos ortopédicos en las piernas. Anunciar semejante notición por la radio no parecía lo más ortodoxo científicamente hablando, pero como estrategia fue inigualable. Es decir, que el médico tenía medidos sus pasos. Aquello no se le escapó sin querer, sabía él que se iba a liar una muy gorda y quiso liarla.

Detrás de Jonas Salk hubo un ejército de investigadores trabajando dieciséis horas al día, siete días a la semana, sin descanso, y muchos de esos médicos implicados en la investigación tenían hijos con polio. Parte de la comunidad científica regañó al doctor Salk por anunciar el éxito de la vacuna por la radio y de forma tan teatral, pero parece que él quería precisamente montar un pollo con la noticia, para que se conociera cuanto antes y cuanto antes se iniciara la vacunación. Poner la miel en los labios significaba más apoyo, más atención política y mediática, más presión social. Se trataba, literalmente, de meter prisa. El artículo científico se publicó dos días después en el periódico de la Asociación Médica Americana, pero la primicia se dio en la radio. Aún faltaban ensayos, quedaban trámites por hacer, pero la revolución ya estaba montada.

Las vacunaciones comenzaron dos años después. Hasta 1955 el gobierno no las aprobó en Estados Unidos, y de allí saltaron al mundo. Millones de niños recibieron un pinchazo con la vacuna antipoliomielítica inactivada, que en lenguaje vulgar consiste en meterte un virus muerto de la polio para entrenar al cuerpo, y así, cuando te ataquen los virus vivos, ya sabe el cuerpo cómo cargárselos. La gran noticia, la verdadera buena noticia, es que ni el médico ni Estados Unidos buscaron el negocio. Cuando poco después le preguntaron al doctor Salk quién tenía la patente de la vacuna, su famosa respuesta fue «La gente, las personas. No hay ninguna patente. ¿Acaso se puede patentar el sol?».

Este asunto de la vacuna de la polio, además, invita a darse un garbeo por un establo de Inglaterra y por la Casa Blanca. Dos recintos sin relación aparente y muy alejados entre sí.

El establo era de vacas, porque eso de vacuna viene de vaca, de ganado vacuno. Y como la primera enfermedad para la que se encontró remedio se descubrió gracias a un virus de las vacas, con vacuna se quedó. No hacía falta pensar más. La clave para empezar a curar la viruela humana la dieron las ordeñadoras de vacas, y aunque ya se habían fijado muchos en el detalle y trabajaron sobre ello, el que se puso en serio a buscar la vacuna fue un médico rural británico de finales del XVIII, Edward Jenner. Se percató de que las mujeres que trabajaban en los establos se contagiaban de la viruela de las vacas, que como consecuencia se ponían un poco pachuchas, que les salían pupas en las manos, pero que luego mejoraban y cuando llegaban epidemias de viruela humana las únicas que no se contagiaban eran ellas. Tras esta, aparentemente, simplona deducción, el médico decidió inocular a los humanos la viruela de las vacas para inmunizarlos.

Curiosamente, es el proyecto inverso a los ensayos de cualquier vacuna moderna. Ahora hay que probar en animales antes que en humanos, pero con la viruela los ensayos fueron directamente en humanos. Lógico, porque en aquel momento era una tontería buscar un mono para pincharle la viruela. Hoy, sin embargo, el médico habría acabado en la cárcel por mala praxis.

El primer ensayo oficial lo hizo Jenner con un niño. Le inoculó el virus de la viruela vacuna, y como consecuencia el chaval pasó dos días malito. Meses después le inyectó viruela humana y comprobó que, efectivamente, el virus de la vaca había inmunizado al crío. Los ensayos continuaron en humanos con éxito, pero en las cabezas pensantes de obispos y listillos no entraba que para curarte una enfermedad te tuvieran que meter la enfermedad en el cuerpo.

Desde aquellos experimentos del doctor Edward Jenner deberíamos mirar los chuletones de ternera con más cariño, porque tenemos la vacuna gracias a las vacas.

Y del establo de Inglaterra, a la Casa Blanca, donde también hay un establo que afecta a esta historia de la vacuna contra la polio y que incluye a un presidente, al único presidente poliomielítico que ha tenido Estados Unidos, Franklin Delano Roosevelt.

No se trata de alegrarse del mal ajeno, pero a veces es bueno que a los tipos poderosos les pasen cosas malas, porque solo así se implican en evitarlas. Y esto ocurrió con Roosevelt. A los treinta y nueve años contrajo la polio y dedicó parte de su gran fortuna al desarrollo de la vacuna. A este proyecto es al que se enganchó el doctor Jonas Salk, y sin el apoyo de Roosevelt, sin el campañón movido directamente desde la Casa Blanca para recaudar fondos, seguramente hubieran tardado mucho más en encontrar la vacuna. O sea, que podríamos concluir que menos mal que Roosevelt tuvo polio, aunque la disimulara todo lo que podía y no le gustara nada que le vieran los efectos de la enfermedad. Salvo en las últimas imágenes, en casi todas las que existen del presidente se le ve sentado en una silla normal o de pie.

Impresionantes, por otra parte, las obras que hubo que hacer para adaptar la Casa Blanca, sobre todo porque Roosevelt tenía pensado quedarse mucho tiempo a vivir allí. Ha sido el único presidente de Estados Unidos que ha tenido cuatro mandatos consecutivos.

Franklin Delano Roosevelt murió en 1945, y de hecho estaban esperando que se muriera para limitar los mandatos a dos como máximo, para que ningún otro presidente se empadronara en la Casa Blanca. Pero dejó el pisito a su gusto, todo lleno de rampas para la silla de ruedas, ascensores y algún que otro truco para disimular la parálisis de Roosevelt. En la antigua sala de prensa, no la de ahora, se pusieron unas cortinas para que nadie le viera llegar por el pasillo. Él iba en su silla de ruedas hasta las cortinas, lo ponían de pie, agarrado a su asistente y con un bastón en la otra mano, se corrían las cortinas y solo tenía que dar un paso hasta el atril.

Y respecto al establo anunciado, en la Casa Blanca había uno, pero como cada presidente que llega hace obras, Teddy Roosevelt, que era primo de Franklin, lo quitó y construyó encima la famosa Ala Oeste. Luego llegó el otro Roosevelt, que necesitaba hacer ejercicios por su poliomielitis, y se construyó una piscina climatizada justo en ese mismo sitio. Se dedicó a pedir donaciones en los colegios a los niños para que su presi se pudiera hacer la piscina que le ayudaría a sobrellevar su polio. Esa piscina les vino de perlas a Truman, Eisenhower, Kennedy y Johnson.

Y si en el Ala Oeste está la sala de prensa que vemos siempre en los informativos. ¿Dónde está la piscina? Pues justo debajo. El aburrido de Nixon la tapó y puso encima la sala de prensa, la conocida como Sala Azul. Bajando unas escaleras desde la estancia donde se reúnen los periodistas se llega al interior de la piscina, donde solo bajan algunos elegidos. Todavía están los azulejos que la revisten y la tradición que se ha impuesto es que los pocos que bajen firmen en esos azulejos. Está todo lleno de pintadas.

Esa piscina en la que Roosevelt intentaba luchar contra el avance de la polio se construyó justo donde estaba el establo en el que rumiaban las vacas de la Casa Blanca, esos animales aparentemente bobos que facilitaron la primera vacuna hace doscientos años.

La lucha contra la polio empezó hace poco más de seis décadas, pero todavía falta un poco para poder encerrarla en el cajón de las enfermedades erradicadas y que se vaya a freír espárragos junto a la viruela.

1953
Edmund Hillary, más grande que el Everest

A las once y media de la mañana del 29 de mayo de 1953 el neozelandés Edmund Hillary y el sherpa Tenzing Norgay alcanzaron el techo del mundo. Fueron los dos primeros humanos que pusieron el pie en la cima del Everest, una montaña formidable que ha acabado convertida en un catálogo de récords. Quizás por ello aquella ascensión de Hillary y el sherpa Norgay, cuando el Everest solo era un reto, no un capricho, merezca ahora, más que nunca, un recuerdo.

Las hazañas tienen su mérito al principio y se quedan en nada cuando las repiten tropecientos mil. No es que no tenga valor subir al Everest, pero es que aquello parece que se ha convertido en el metro en hora punta, porque ahora pueden coronar el Everest 170 personas en un día a golpe de talonario. No se trata aquí de criticar por criticar, porque tanto interés internacional montañero ha traído mucha prosperidad económica a la zona y a la etnia de los sherpas. Esa montaña es su medio de vida y también la que más vidas se lleva por delante. El resumen sería que desde aquella ascensión de Hillary y Norgay el Everest ha ganado toneladas de basura y ha perdido mucha épica y unos cuantos metros de altura.

El Everest era más alto en 1953.

En realidad era igual, solo que estaba mal medido. En el cole era fácil aprenderse la altura porque se nos decía que la montaña más alta del mundo medía 8.888 metros, pero parece que no pasa de 8.850, aunque nunca acaban de medirlo. Lo que no consiguen averiguar es cuánto mide la montaña propiamente dicha, sin la nieve que tiene acumulada encima. Bastante cuesta llegar, como para ponerte a hacer una cata arriba a ver dónde está la roca.

Pero al margen de que Hillary subiera unos metrillos más o menos, su gran hazaña, lo que de verdad le hizo grande más allá de alcanzar la cima, fue que supo cómo agradecer a los sherpas lo que los sherpas le habían permitido conseguir. Él fue el primero en remangarse para construir escuelas y hospitales; el primero que se ocupó de que la vacuna contra la viruela llegara hasta las zonas rurales de Nepal porque sus gentes estaban cayendo como moscas; el que instaló redes de agua potable y construyó puentes para salvar ríos y barrancos. Todo eso es lo que ha perpetuado el cariño de la población hacia Edmund Hillary, más allá de que fuera uno de los dos primeros hombres en coronar el Everest. Entre los sherpas, el único héroe del Everest seguirá siendo Edmund Hillary.

Cuando con ochenta y tres años le preguntaron de qué se sentía más orgulloso en la vida tuvo que aclarar por enésima vez que lo más importante no había sido ser el primero en alcanzar la montaña más alta, ni siquiera haberla alcanzado, sino haber dado los pasos necesarios para mejorar la vida de sus amigos sherpas y para proteger la cultura y la belleza del Himalaya. Su altruismo le pasó factura, porque su mujer y su hija murieron en un accidente de avioneta cuando iban a verle a Nepal mientras trabajaba en todos sus proyectos.

Aquel célebre ascenso, el primero que terminó con éxito, estuvo muy medido, muy calculado para que pudiera llegar a término sin chulerías innecesarias y haciendo un trabajo en equipo con precisión militar. Todos tenían claro que lo importante era que triunfara la expedición y todos trabajaron para que al menos dos de los miembros, fueran quienes fueran, llegaran a la cima. Fueron Hillary y Norgay, pero los primeros se podrían haber llamado Charles, Tom, Wilfred, Anullu… que eran otros integrantes que se fueron quedando sin fuerzas.

Hillary y Norgay no eran los predestinados a llegar, eran dos más, pero demostraron tener dos pares de pulmones y una capacidad física increíble. Conquistar el Everest requirió varias semanas de ascensos y descensos, venga a subir y bajar. Unos iban abriendo vías, pero cuando llegaban a determinada cota e instalaban el campo, algunos tenían que bajar para coger suministros y volver a subir. Llegaban un poquito más arriba, se instalaban, y venga, que vuelvan a bajar otros para traer lo que falta y poder seguir.

Hillary y el sherpa Norgay fueron de los que estuvieron bajando y subiendo. Ni se sabe las veces que subieron y bajaron, pero los que echaron cuentas calcularon que Hillary y Norgay en realidad habían escalado el Everest tres veces y media de los paseos que dieron.

Primero pisó la cima Hillary, y doce pasos por detrás iba el sherpa, que también la alcanzó. Fueron los primeros que supieron lo que se siente cuando a tu alrededor no hay nada. Cuando sabes que estás en el pico más alto del planeta. Pudieron coronar con oxígeno añadido, eso sí, porque hasta 1980 no consiguió subir un valiente a pulmón libre, que para eso hay muy poquitos humanos preparados.

Allí arriba solo se puede respirar un 30 por ciento de lo que se respira a nivel del mar, con el corazón como loco, a 123 pulsaciones en reposo; el cerebro se hincha, los pulmones se encharcan, dan ganas de vomitar, se sufren alucinaciones, los dedillos se te congelan, y la nariz, y las orejas... hay vientos de 150 kilómetros por hora...

No suban al Everest, que se pueden matar. ¿Qué necesidad? Y además hace un frío que pela.

La pregunta tópica es ¿por qué escalar el Everest? Y la respuesta, la que dan todos los que suben es porque está ahí. No hay otra razón. Los humanos tienen una lucha continua con el Everest, cuando en realidad solo están echándose un pulso a sí mismos. De ahí la grandeza de Edmund Hillary dando la importancia justa a su proeza y preocupándose más por las miserias que sufrían los sherpas más abajo, al pie del Himalaya.

Sin ellos no se iba a ninguna parte, pero vivían en la Edad de Piedra. Emociona leer lo que relató para la revista *National Geographic* el propio Hillary. Contó que un día le preguntó a un sherpa qué podría hacer él por su poblado, y que el sherpa le respondió: «Que nuestros niños vayan a la escuela. De todo lo que tienen ustedes es lo que más deseamos».

Era 1960 y ahí fue cuando puso manos a la obra. Uno de los niños sherpas que pisó la primera escuela que construyó Hillary hoy pilota un Boeing 767. Esa fue la cumbre más alta que coronó y a la que no ha llegado más de seis décadas después el más valiente de los alpinistas.

El mundo aplaudiéndole por haber llegado más alto que nadie, y él ocupado en no despegar los pies del suelo.

Hillary ya no se molestó en volver a coronar el Everest. Fue al Polo Sur, al Polo Norte y se dio varios garbeos por el mundo aprovechando su fama para convertirla en ayudas que le permitieran seguir mejorando la calidad de vida de los sherpas. El resultado fueron veintisiete escuelas, dos hospitales, doce ambulatorios, varios aeródromos, centros culturales, reconstrucción de monasterios y la plantación de un millón de árboles, porque se había talado la mayoría para construir los hoteles a donde tenían que llegar los turistas que querían subir al Everest. Eso odiaba Hillary, el circo en el que se había convertido subir la dichosa montañita.

Desde que lo hicieran Hillary y Norgay, alrededor de cuatro mil intrépidos han coronado el Everest, algunos varias veces porque les gusta repetir. Les llevan los sherpas, claro, que son los que tienen el mérito. Sin restar valor a los escaladores, que lo tienen, pero ahí no llega nadie si un sherpa no te lleva de la manita. Viene al recuerdo el estadounidense Hiram Bingham, el que dijo que había descubierto Machu Picchu, en Perú. Resulta que hasta allí lo llevó un guía que ya lo conocía. Lo mismo fue el guía el que lo descubrió.

«¡He subido el Everest!», pues vale, pero si no es por el sherpa, no llegas. Ellos son los que han facilitado que la montaña sea ahora un catálogo de récords para los titulares de prensa. Los tenemos de todos los colores. La primera mujer, el más anciano, el primero que subió en invierno, el primero que lo coronó a patita y bajó en parapente, el primero que llegó con una pierna ortopédica, el primero que lo hizo con dos, el primer ciego, el primer fontanero...

El circo sufrió un frenazo en seco a raíz de la muerte de dieciséis sherpas tras una avalancha a principios de 2014. Se cancelaron en plena temporada treinta expediciones, lo que provocó una indeseable situación: si se reducen las expediciones masificadas de rostros pálidos ricos y caprichosos que dejan toneladas de basura y destrozan el medio, también deja de entrar dinero. ¿Cómo reconducir la situación, dónde poner los límites? Al fin y al cabo, los sherpas siempre han tenido al Everest ahí y nunca intentaron subirlo hasta que llegaron los cazadores de ochomiles con la billetera.

Los sherpas no necesitan ponerse a prueba, ni echarle un pulso al Everest. Solo quieren un buen pago por el riesgo que corren y una buena indemnización si acaban heridos o mueren para que otros cumplan su capricho. Edmund Hillary, al menos, supo dar algo a cambio, más allá de un cheque.

1953

Bienvenido Míster Marshall

El 26 de septiembre de 1953 España firmó con Estados Unidos un pacto de nombre rimbombante: Convenio Defensivo de Mutua Defensa y Ayuda Económica. Dicho de otra manera, que nos plantaron las bases americanas en Zaragoza, Torrejón (Madrid), Morón (Sevilla) y Rota (Cádiz). Fue el fin del aislamiento internacional, la bienvenida a Míster Marshall.

Dicen que el tirano de Francisco Franco no bebía, pero si algún día de su vida pudo agarrarse una borrachera fue ese. España sufría un aislamiento internacional grave por ser un país fascista y amiguete de los nazis; nos denegaron la entrada en la ONU y en la OTAN y nos retiraron los embajadores. Los únicos que nos hablaban eran los dirigentes de un puñado de países suramericanos (el dictador dominicano Trujillo, el general argentino Perón) y con semejante fauna España no iba a ninguna parte. Este era el plan que teníamos después de la Segunda Guerra Mundial, por eso a Franco le tocó el gordo cuando la guerra fría se empezó a poner calentita, y un anticomunista tan furibundo como él, mandando en un país tan estratégico como este, le venía de perlas a Estados Unidos.

España, a su vez, necesitaba que le ladrara un perrito extranjero que nos pusiera en el mapa. Si ese perrito, encima, era la primera potencia económica mundial, miel sobre hojuelas.

Con el Convenio Defensivo de blablablá ganaban los dos países, pero uno ganó mucho más que otro. Es decir, que Estados Unidos puso las condiciones y España firmó. No quedaba otra. Los yanquis tenían la sartén por el mango y el mango también.

Qué ganaba Estados Unidos con la firma del pacto: la instalación de las bases, lo único importante para ellos. Después venían unas cuantas bonitas palabras, muchas exigencias estadounidenses y una serie de anexos secretos que públicamente no se conocieron. Por ejemplo: hubo que permitir el almacenamiento de bombas atómicas en las bases y su traslado por el espacio aéreo español (véase en 1966 el feo «incidente» de Palomares).

Evidentemente, Estados Unidos barrió para casa porque quería y porque podía, pero firmó el pacto con una pinza en la nariz. Se notó hasta en el editorial de *The New York Times*: «Tenemos que ingerir una píldora amarga: el acuerdo militar con la España de Franco».

Aunque fuera poco en comparación con lo que ganaba la otra parte contratante, España sacó beneficio. No tantos como los que se esperaba, pero alguno sacó. El principal fue el espaldarazo internacional con el que Franco se vino arriba y pasó de ser un apestado a creerse el centinela de Occidente, el que vigilaba que no se moviera ni un comunista; también se sacó tajada renovando el material militar que nos vendió Estados Unidos a precios baratitos. La aviación fue la más beneficiada, porque algunos barcos que nos pretendieron colar eran material de desecho (en 1973 nos quisieron encajar tres destructores que iban a pedales). También se consiguió el primer oleoducto que tuvo España, el que unió Rota con Tarragona, pasando por Morón, Torrejón y Zaragoza, por las cuatro bases.

Pero también hay que hablar de lo que Franco quiso sacar con aquellos pactos de 1953 y no sacó. En sus cuentas salía recuperar Gibraltar con ayuda estadounidense. Pretendía que los yanquis, puesto que eran aliados de los británicos, los presionaran para que devolvieran el Peñón y que aquella chorradita que se firmó en el Tratado de Utrecht quedara en papel mojado (véase 1713). Pero Estados Unidos respondió que en ese berenjenal no se metía porque ni les iba ni les venía. Chasco franquista.

Y otra decepción fue con la guerra de Ifni, la que tenía liada España en 1957 en la costa africana, enfrente de las Canarias. Franco pensó que con el convenio firmado desde hacía cuatro años los amigos americanos echarían un cable, pero Estados Unidos volvió a decir que no. ¿Enemistarse ellos con Marruecos y con los países árabes emergentes? De eso nada. Es más, le dijeron a España que, en esa guerra, nada de utilizar el armamento ni los aviones que Estados Unidos había facilitado. Los yanquis negaron todo tipo de ayuda, consejo o asesoramiento a España en todo lo que tuviera que ver con sus conflictos. Ellos iban a lo suyo, porque ya sabían que bastante favor les hacían a los españoles instalando las bases.

Bases que para unos suponían un balón de oxígeno y para otros una invasión y una pérdida de soberanía. Ya se sabe que todo depende del color del cristal con que se mire, y con este asunto de las bases hay dos puntos de vista totalmente opuestos: el que se ve desde fuera y el de los que se vieron directamente beneficiados. Y era lógico verlo así, mucho más en aquella España deprimida de posguerra.

A los lugares donde se instalaron las bases les dieron la vida. Trajeron dinero, trabajo, a Papa Noel, donuts, sexo, Coca-Cola, preservativos, música rock, amor, los Levis, los perritos calientes...

La de Rota fue la primera que comenzó a construirse y la vida de los roteños pegó un cambio de rumbo. Esta base era la más importante de las cuatro, porque es naval y aérea; la puerta de entrada al Mediterráneo, la más grande de todas y la que iba a tener más americanos dentro. Y cuantos más americanos, más dólares. Comenzó a construirse en 1955 y se necesitó mucha mano de obra. En los comercios fue la revolución del consumo y los bares no paraban. A ver quién era el listo que se plantaba por aquel entonces frente a los roteños con una pancarta que dijera «Yanquis *go home*». Se lo comen.

Hubo que construir una pista de aterrizaje de casi 3 kilómetros de largo y unida al puerto, se hicieron hangares, dos muelles y una escollera. Se movió en total un millón de toneladas de grava, así que los trescientos burros de Rota no pararon cargando y llevando escombros día tras día. La base ocupa casi un tercio del municipio.

Esa prosperidad, sin embargo, trajo una consecuencia indeseable: el abandono del mundo rural. El campo se dejó de lado porque el dinero estaba en otra parte. Entre las expropiaciones que hubo que hacer y entre que era más rentable prosperar trabajando para la base y en los negocios de la villa que partiéndote el lomo con los tomates y las calabazas, pues sí, a la porra el campo.

Los roteños ganaron en casi todo. Habría alguien que no le viera las ventajas, o que saliera perjudicado, pero en términos generales, les pusieron en casa. Subieron las rentas, subió el ahorro, se construyeron muchas viviendas y locales de ocio. Y la población se duplicó, porque durante los años en que se estuvo construyendo la base de Rota la población se incrementó a unos niveles que no se hubieran alcanzado de forma natural hasta 1990. No solo porque hubiera muchos americanos, también porque la natalidad se disparó. Normal. Sangre fresca, gente nueva, tíos buenorros. Ligar es humano, y relacionarse en la década de los cincuenta o sesenta con un extranjero te abría los ojos al mundo y veías lo que se cocía más allá sin salir de Rota. En 1965, el 20 por ciento de los matrimonios fue con un estadounidense.

Y otra ventaja: bajó la mortalidad, sobre todo la infantil, porque en Rota se instaló el hospital de la base, y, aunque era privado, atendía urgencias. Los estadounidenses introdujeron una sanidad más avanzada y otros hábitos de higiene, y cuando copias lo bueno que hacen los demás, sales tú beneficiado.

Todo era novedad. Los chicos empezaron a usar *slips*, y cambiaron esas camisetas horribles de tirantes por las de mangas; y las señoras vieron que había un aparatejo que aspiraba el polvo en vez de barrerlo.

Y la mayonesa, por fin, se pudo hacer con batidora.

1959
Vodka con naranja y mucha sangre fría en Palamós

Truman Capote andaba el 16 de noviembre de 1959 hojeando el periódico en su apartamento neoyorquino, cuando se quedó clavado en un titular de la página 39 del *New York Times* que decía: «Asesinado en Kansas un rico agricultor y tres miembros de su familia». Cuando terminó de leer la noticia supo que había encontrado la historia que andaba buscando para escribir una gran novela. Ese día nació la idea de *A sangre fría*.

Y el que no haya leído esta «novela documentada» (una novela de no ficción) como él mismo la definió, ya está tardando.

Vamos con los entresijos de esta historia que se produjo en Kansas, de la que Capote se enteró en Nueva York y que acabó escribiendo en Palamós, en la Costa Brava. Andaba él buscando una buena historia para su siguiente libro, y los asesinatos del granjero, su esposa y sus dos hijos a manos de dos presos en libertad condicional en un pueblo perdido de Kansas eran muy apetitosos. Capote decidió que para documentar la historia había que olerla en directo.

Se plantó en Holcomb, un poblachón de la América profunda y escenario del crimen. Se presentó como periodista de la revista *The New Yorker*, pero los paisanos no estaban por la labor de dar información a un reportero pijo de ciudad interesado en hurgar en el morbo, así que Capote se arrimó al inspector encargado del caso. Y se lo ganó a través de su mujer, contándole chismorreos de Hollywood y cotilleos de las fiestas de Nueva York. Que si fulanita está liada con este, que si menganito está enredado con otra... Fue haciendo buenas migas con el inspector y así consiguió enchufe para acceder a los detenidos desde el primer momento

El juicio se celebró cerca de allí, en Garden City, porque en el pueblo del crimen habitaban doscientos vecinos, así que de tribunal, ni hablamos.

Capote armó su relato, primero, documentando la historia de la familia asesinada y del pueblo, y luego teniendo varias entrevistas con los asesinos en la cárcel y asistiendo a todas las sesiones del juicio hasta que los condenaron a la horca. Fue entonces cuando Capote se planteó seriamente empezar a escribir, porque sabía que como se fuera a Nueva York no iba a dar pie con bola. Un día bailando con Marilyn, al siguiente codeándome con los Kennedy… la novela no la iba a acabar nunca. Por eso agarró a su novio Jack Dunphy, a su gata y a sus dos perros y se plantó en el hotel Trias de Palamós, en Gerona, con veinticinco maletas. Habitación 705.

Eligió la Costa Brava porque se lo recomendó un amigo periodista y escritor, Robert Ruark, que se había instalado allí y les dijo que era un lugar inspirador y tranquilo para escribir bien. A Ruark le gustaba tanto Palamós que sigue allí, enterrado.

No les hizo mucha gracia al principio la comida a Capote y a su novio. Decían que los españoles tenemos la manía de cocinarlo todo con aceite de oliva, y es que a los yanquis los sacas de la mantequilla de cacahuete y se desorientan.

Lo poco que sabían los palamosinos de aquel tipo es que era un escritor famoso y de costumbres sanas; eso parecía, porque siempre lo veían con un zumo de naranja en la mano. Lo que no sabían era que se trataba de vodka con naranja.

Tres veranos estuvieron yendo a la Costa Brava mientras Truman Capote iba dando forma a un libro para el que no acababa de encontrar un buen final. Necesitaba la muerte de los asesinos cuanto antes, porque habían pasado cinco años desde que se dictó sentencia y la ejecución no terminaba de llegar. Se desesperó por tener que esperar desde marzo del 60 hasta abril del 65.

Capote estaba deseando que los colgaran para poner el punto final en *A sangre fría* y, mientras, los condenados, Perry Smith y Dick Hickock, se hicieron ilusiones de más y pusieron sus esperanzas en el escritor: pensaron que les beneficiaba el hecho de que se hubiera ocupado de su caso alguien tan famoso, y que después de que lo hubieran dado todo para ayudarle a escribir su libro, el escritor intercedería para que les conmutaran la pena de muerte. Y le pidieron que lo hiciera, pero Capote se hizo el distraído.

El libro estaba casi acabado, pero el escritor continuó visitando a Perry y a Dick en la cárcel. En una de las visitas les dijo, por cierto, que el libro se iba a llamar *A sangre fría*, y justo en ese momento Perry se tiró a su cuello y a punto estuvo de ahogarlo, porque con ese título era evidente que se les presentaba como dos asesinos despiadados. Capote necesitaba que los ahorcaran, y cuanto antes, porque si les conmutaban la pena el final del libro no le quedaría redondo.

Por supuesto, no se iba a perder la ejecución. Era lo último que le faltaba por documentar.

Salió, por un lado, descompuesto, pero contento por otro porque en unos meses *A sangre fría* iba a ser un pelotazo. Y lo fue. Dos millones de dólares le pagaron por ella.

Lo que sí hizo Capote por los asesinos fue encargar dos lápidas por las que desembolsó setenta dólares y que siguen instaladas en un cementerio de Kansas, sobre los restos de los protagonistas de *A sangre fría*. Los restos de Perry y Dick fueron exhumados en 2013 para realizar unas pruebas de ADN que podrían haber dado lugar a una secuela de *A sangre fría*, porque se pretendía averiguar si los asesinos de la familia de Kansas habrían matado una semana después a otra familia de Florida. Se había confirmado su presencia en este otro escenario antes de su detención, el *modus operandi* era parecido y el móvil fue el mismo, pero por ahora no ha habido suerte. El caso de la familia de Florida sigue abierto.

No se sabe si fueron ellos, porque los análisis de ADN no dieron resultados y aún siguen investigando. La conclusión a todo esto es que *A sangre fría* creció en la Costa Brava, conste, y la buena noticia es que a Truman Capote acabó gustándole mucho la cocina española. Así que a su famosa frase «Soy alcohólico. Soy drogadicto. Soy homosexual. Soy un genio», debería haber añadido «y me pirro por el aceite de oliva».

Ahora bien, no conviene pasar por el pueblo de Kansas donde se produjo el crimen y preguntar por Truman Capote, porque casi todos los paisanos siguen mosqueados.

Allí no gustó *A sangre fría* y sigue sin gustar. Dicen que eso que dijo Capote de que su novela estaba «inmaculadamente basada en hechos reales desde la portada hasta la contraportada», tururú; que se inventó muchas cosas. Para los habitantes de Holcomb, *A sangre fría* no es un libro, es una tragedia que los dejó señalados, y Capote les cae fatal porque dicen que por su culpa las heridas no cierran. Llegan constantemente turistas que dicen: «¿Es aquí donde mataron a la familia? ¿Y dónde está la casa? ¿Y dónde tomaba café el asesinado?». Todavía se siguen preguntando por qué demonios Truman Capote se fijó en aquel crimen y no en otro.

Fácil. Porque aquel 16 de noviembre Capote leyó la página 39 del *New York Times*.

1962

Vaticano II, un concilio anticlerical

El 13 de marzo de 2013, Jorge Mario Bergoglio se convirtió en el papa ducentésimo sexagésimo sexto con el nombre de Francisco; es decir, que ya vamos por 266 papas.

El primer papa americano de la historia tuvo en un brinco a la comunidad católica, nerviosita perdida por sus aparentes intentos de apertura, que, para tranquilidad de casi todos, quedaron en casi nada. Los temores iniciales los captó a la primera el humorista El Roto en una viñeta en *El País*: un obispo lamentándose y diciendo «Qué calamidad, nos ha salido un papa cristiano».

Francisco evocaba al principio de su pontificado la figura de otro papa que también decidió dar un revolcón a la Iglesia, a Juan XXIII. Los dos colegas pontífices parecían tener iguales maneras, al menos en cuanto a los sustos que pegaban a los suyos. Como cuando Francisco soltó en una entrevista que concedió a Pablo Ordaz, corresponsal en Roma del diario *El País*, que «quizás la enfermedad más peligrosa que puede tener un pastor proviene de la anestesia, y es el clericalismo (...) que a mi juicio es el peor mal que puede tener hoy la Iglesia».

Qué cosas. Los católicos llevan media vida usando eso de «anticlerical» como un insulto y ahora resulta que el primer anticlerical es el sumo pontífice.

Pero hay que reconocerle al papa Roncalli un mérito que, al menos en el momento de escribir estas líneas, no tiene el papa Bergoglio. Juan XXIII se remangó y en octubre de 1962 puso en marcha el instrumento con el que intentaría que la Iglesia aterrizara en el siglo XX: el Concilio Vaticano II, que reunió, entre obispos y cardenales, a dos mil seiscientas y pico criaturas con faldas y de todos los continentes, incluida la Antártida, que también allí tienen sus obispos aunque den las misas con bufanda.

La mayoría de los prelados llegó a Roma con cara de pasmo, y muchos de ellos, además, cabreados. No se creían lo que estaba pasando. Cuando Juan XXIII, a los tres meses de haber sido elegido papa, anunció que iba a convocar un concilio porque dijo que la Iglesia iba por mal camino, los pilló a todos con el paso cambiado. Nadie se lo esperaba, primero porque lo eligieron pensando que ese papa tan mayor solo haría un papel de transición en el cargo y que pasaría sin pena ni gloria. Tenía setenta y siete años, los mismos que Francisco cuando fue elegido, pero los setenta y siete de ahora no son como los de antes. Y además, como organizar un concilio lleva mucho tiempo, a nadie se le ocurrió que Juan XXIII se fuera a meter en ese jardín. Es más, la historia demuestra que, por lo general, un papa que entra en un concilio no sale vivo de él, y seguramente esperaban que Juan XXIII no llegara ni a la inauguración.

Pero llegó; no conocían bien a Juan XXIII. Se puso a trabajar y no paró hasta que tuvo que largarse a rendir cuentas a su jefe, pero no lo hizo hasta que el concilio estuvo en marcha. Organizar el Concilio Vaticano II llevó tres años y medio porque la logística fue salvaje. Solo hay que fijarse en la que se monta con un cónclave, y eso que solo van cardenales, para calcular lo que mueve un concilio en alojamiento, manutención, ocio, traslados, renovación del fondo de armario…

Lo peor, sin embargo, era lo que Juan XXIII pretendía con esa asamblea: curar la esclerosis múltiple de la Iglesia. Porque la jerarquía seguía a su bola, como si la humanidad no hubiera cambiado, porque el Vaticano iba por un lado y el mundo por otro. El papa, parece que con los pies en el suelo, se planteó hacer algo visto que nadie había reaccionado después de dos guerras mundiales, un holocausto judío, con el islam avanzando y los católicos cada vez más despistados. Por eso convocó el concilio, con la oposición de casi la totalidad de los obispos por mucho que intentaran disimular.

Ellos no querían concilio ni chorradas reformadoras de ese tipo. Mejor «no meneallo»; para qué, si a ellos les iba bien. A este cómodo inmovilismo había que añadir un detallito importante. Resulta que del anterior concilio, el Vaticano I, que se quedó a medias en el siglo XIX porque lo suspendieron sin haberlo clausurado, había salido una decisión fundamental: la infalibilidad del papa. Es decir, se decretó que un papa es infalible; que un papa no se equivoca ni siquiera cuando hace las cosas mal. Luego, si ya estaba aceptado que el papa es infalible, no hacía falta ir a un concilio a resolver nada. Que el papa decidiera lo que tuviera que decidir y santas pascuas. Total, no se iba a equivocar.

Lo que pasa es que Juan XXIII no estaba tan seguro de esto, ni mucho menos se consideraba infalible para decidir él solito los cambios.

Las principales reticencias a la celebración del Concilio Vaticano II se concentraban en la exposición pública de las carencias de la Iglesia. Si se abrían al mundo, el mundo vería los intestinos de una institución antigua, oscura y secreta; saldrían al aire cosas feas, incluso sucias. Y precisamente eso era lo que pretendía el papa Roncalli, modernizar la Iglesia, que entrara luz, popularizarla. Soñar es gratis.

Juan XXIII se manifestó abiertamente: quería acercar la Iglesia, abrir sus ventanas para que entrara aire fresco y para dejar que los fieles miraran dentro. Y los obispos, contrarios la mayoría a semejante idiotez aperturista, decían, pero bueno, qué narices pretende con eso de que miren dentro. ¿Por qué tiene que saber la plebe lo que hacemos en la intimidad?

Otra de las novedades de aquel segundo Concilio Vaticano que dejó a todos descolocados fue que, por primera vez en toda la historia de los veinte concilios celebrados, no se convocaba para luchar contra nadie; era un concilio solo para pensar y para hacer reparaciones, un vehículo para preguntarse qué estaban haciendo mal. El Concilio de Letrán se convocó contra los papas enemigos; el de Trento, contra los protestantes; el Vaticano I, contra los que defendían la razón por encima de la fe... siempre contra algo o contra alguien. El Vaticano II no, porque no tenía enemigo a la vista. El enemigo estaba dentro.

Tras un exhaustivo examen de conciencia al que siguió un escaso dolor de los pecados, el propósito de enmienda no caló en todos por igual, y así se llegó a lo que llamaron «crisis posconciliar». Es la forma finolis de decir que las broncas entre los que querían llevar a cabo las reformas, los católicos arcaicos que se negaban a aceptarlas, los obispos que se negaban a aplicarlas y los fieles que les exigían que las aplicaran fueron de órdago. Hubo hasta un movimiento católico europeo que dijo que el papado de Juan XXIII quedaba invalidado. Unos pedazos de pecadores a los que ya se les había olvidado que el papa era infalible.

En el Concilio Vaticano II se acordaron muchos e importantes asuntos, pero entre los más celebrados, entre los que podían notar en la calle hasta los ateos, destaca aquel que obligó a los curas a dejar de oficiar la misa dando la espalda al respetable. Tuvieron que comenzar a hablarles cara a cara y en su idioma, porque no había forma de enterarse de la misa la media cuando se oficiaba en latín. El Concilio Vaticano II ordenó dejar el latín porque a los curas no les entendía ni dios y así no había forma de hacer nuevos fieles.

Pero las mayores y más serias repercusiones de aquella genial idea reformista de Juan XXIII se dieron, sin embargo, en el lugar más insospechado, en América Latina. Allí surgieron los teólogos de la liberación, y eso sí que fue una revolución que se notó en la calle, en la selva y en los púlpitos. Fue una corriente eclesiástica que tomó partido y que se comprometió socialmente, con la gente, no solo con los fieles; y con la política, más allá de las cuatro paredes de los templos.

A muchos les costó la vida, pero el empuje que necesitó la teología de la liberación se sacó del concilio.

Y otro asunto que se percibió casi de inmediato, aunque no fue norma del concilio, es que los curas de menos de cincuenta años se quitaron las sotanas. Abandonaron la ropa talar, la que llegaba hasta los talones, y dejaron los pantalones a la vista, porque ya se sabe que el hábito no hace al monje. En España no se notó tanto el revolucionario cambio de estilismo, lo que empuja a preguntarse en qué medida cuajó en este país aquel Concilio Vaticano II. Pues, por resumirlo mucho, solo decir que Pablo VI, que fue el que remató la reunión conciliar, se mantuvo en la misma línea que Juan XXIII, y Franco no solo le retiró la palabra; lo acusó de antiespañol. Más claro: a Franco no le gustó el Concilio Vaticano II, Juan XXIII le caía fatal y a Pablo VI no lo podía ver.

Solo hay que echar mano de la memoria para extrañarse de que Pablo VI, que fue el papa que inauguró los viajes al extranjero, nunca pisara España, el país donde el dictador jefe de Estado dormía rodeado de reliquias, se paseaba bajo palio y no se aburría de comulgar. Raro ¿no? Pues resultó que Franco no le dejó venir. Las relaciones del dictador y el Vaticano se enfriaron por debajo de cero. Pablo VI le dijo a Franco que, de acuerdo a las resoluciones del concilio, se le acabó el privilegio de nombrar obispos, porque los obispos se nombraban en el Vaticano. Y Franco dijo que ni en broma, que los obispos los nombraba él. La razón era evidente: si los jerarcas le debían el cargo difícilmente le harían oposición.

Así se desató la famosa «guerra de los obispos». Es, como poco, curioso, que España, el país del nacionalcatolicismo, partiera peras con el Vaticano. Pablo VI, por su parte, frenó las beatificaciones a «puñaos» de los mártires de la guerra civil, porque le dijo a Franco que esas no eran formas de reconciliar a nadie.

Por cierto, con Juan Pablo II se reactivaron, de cientos en cientos, y siguieron con Benedicto XVI. Se beatificó a mil y pico mártires de la guerra, y con Francisco ya instalado se beatificaron quinientos más, en masa.

Algunas consecuencias de aquel ya lejano Concilio Vaticano II volvieron a asomar la patita durante los dos primeros años de pontificado del papa Francisco. Pareció conveniente, incluso, instalar desfibriladores por los pasillos del Vaticano por la que se podría venir encima.

Pero solo fue una falsa alarma, como se ha visto sobre todo a raíz de los descarados encubrimientos del Vaticano de los casos de pederastia, y en las ocasiones en que el papa se relaja de más con la prensa y aconseja alegremente a los padres de hijos LGTB que acudan a la psiquiatría cuando estos casos aparecen en la infancia.

No aprenden. No cambian. No mejoran.

1966
Pesadilla en Palomares

El 17 de enero de 1966 comenzó para los vecinos de Palomares una pesadilla que aún no ha terminado. Han pasado más de cincuenta años, pero pasarán muchos más antes de que a los habitantes de esta pedanía de Cuevas del Almanzora (Almería) se les pase el susto después de ver cómo les caía encima un superbombardero con cuatro bombas atómicas dentro. Un susto que fue mudando en indignación, primero, y en un cabreo monumental después al saber cómo los engañaron y cómo les dejaron expuestos a una contaminación por plutonio.

En el resto de España, ni enterarse, porque la prensa estaba en manos del régimen dictatorial. De hecho, aquel episodio ha pasado a la historia como «el incidente de Palomares», como si solo hubiera sido un ligero contratiempo.

Aunque el asunto es muy conocido y todo el mundo sabe que allí pasó algo gordo relacionado con una bomba atómica, menos conocido es que la actriz Anne Baxter estuviera involucrada de forma anecdótica. Pero mejor ir al principio para destripar este asunto tan grave en su fondo como grotesco en las formas.

Diez y media de la mañana del 17 de enero. Un B-52 de la Fuerza Aérea estadounidense intenta acoplarse a un avión nodriza para cargar combustible en el aire. El acoplamiento sale mal, se produce un choque, el B-52 cae sobre Palomares y el nodriza explota.

Lo primero que piensa alguien poco informado en materia militar es qué necesidad había de andar repostando en el aire cuando uno lleva encima cuatro bombas atómicas. ¿Es que no podían haber bajado a tierra para echar gasolina como corresponde, con su manguerita y su surtidor? No sería por falta de bases militares en España y Europa, porque había donde elegir.

Pues resulta que no; que no se podía. Los estadounidenses consideraban que sus aviones cargados de bombas eran susceptibles de un ataque en tierra y solo aterrizaban en territorio de Estados Unidos. Más claro: los B-52 con su carga atómica partían de Estados Unidos, se daban una vuelta rodeando el Mediterráneo hasta la Unión Soviética y volvían a casa sin tocar tierra. Repostaban en el aire, y en Palomares estaban ya hartos de ver las idas y venidas de los aviones y las maniobras de repostaje prácticamente a diario, lo que lleva a preguntarse a qué venía tanto trasiego, y encima con una carga tan peligrosa, junto a la costa y en zonas habitadas. Porque esto no se registró solo en Palomares; si supieran los maños de aquellos años las veces que esa misma maniobra de repostaje, con la misma carga de bombas atómicas, se hizo en el cielo de Zaragoza, la Pilarica no hubiera dado abasto a atender ruegos.

Los B-52 tenían que repostar varias veces en el aire. Cuando iban de Estados Unidos hacia los límites soviéticos repostaban sobre Zaragoza, y cuando se habían dado su garbeo intimidatorio y regresaban, el repostaje era a la altura de Palomares. Podían pasearse por el cielo español como Perico por su casa gracias a los acuerdos de ayuda mutua firmados por los dos gobiernos en 1953. Esos vuelos eran diarios porque era plena guerra fría, aquel momento en el que los dos bloques se miraban de reojo y se decían «como me des, te meto».

Estados Unidos volaba hasta la Unión Soviética para que los rusos se supieran vigilados, y los aviones siempre iban cargados con bombas porque así les estaban insinuando que, como se pasaran un pelo, las soltaban. Así todos los días, hasta que en mitad de aquel trajín de vuelos, una de las misiones salió mal y se produjo, llamémoslo así, el «milagro de Palomares», porque ni un solo vecino salió herido.

El B-52 era un bicharraco enorme que se desparramó sobre la zona del pueblo. En la puerta del colegio (que no era colegio, era solo un aula) les cayó el tren de aterrizaje mientras los niños estaban dentro con su maestro. Es fácil imaginar el lío que se armó, con carreras cruzadas de los vecinos, la gente buscando a sus familiares y fuegos por todas partes.

Enseguida se demostró que aquello no era un simple accidente aéreo porque hasta allí empezó a llegar gente uniformada que montaba campamentos frenéticamente. Y venga tropas, venga militares... los niños de entonces cuentan ahora que nunca habían pasado más miedo porque en su vida habían visto un negro... y Palomares se llenó de soldados afroamericanos, a los que, recuerdan los críos, por la noche solo se les veían los ojos y los dientes blancos.

Aquel despliegue, y esto no lo sabían aún en Palomares, era para encontrar las cuatro bombas. El accidente ya no era el problema. Había que encontrar cuatro pepinos de plutonio, y eso era lo peor de lo peor. Ojo a la comparación: la bomba que destruyó Hiroshima tenía una potencia de 13 kilotones y la que barrió del mapa a Nagasaki, 22 kilotones, pero cada una de las bombas que cayeron en Palomares tenía una potencia de 1.500 kilotones (cada bomba llevaba entre 4 y 5 kilos de plutonio). Con que hubiera explotado solo una, España sería ahora una prolongación del desierto del Sahara. La Europa habitada acabaría, siendo muy optimista, en los Pirineos.

Fueron los propios vecinos de Palomares los que encontraron la bomba número uno, y sin que nadie les hubiera advertido de lo que era aquello. Afortunadamente, al proyectil se le había abierto el paracaídas, y aunque el morro estaba un poco arrugado, el plutonio estaba intacto. Encontraron también las bombas dos y tres. Malo. Los paracaídas no se abrieron en estos casos y los impactos contra el suelo liberaron radiación.

La cuarta bomba fue la que trajo más guasa (sea dicho con segundas), porque fue la que nos trajo el esperpéntico baño del ministro franquista Manuel Fraga que nos ofreció el No-Do. El proyectil no aparecía por ningún lado, pero porque nadie hacía caso a un paisano, que ha pasado a la historia de Palomares con el nombre de «Paco el de la bomba», que desde el primer día estuvo insistiendo en que él había visto caer al mar un paracaídas, y no era ninguno de los hombres que saltaron del B-52.

Pero nadie hizo caso al principio a «Paco el de la bomba», hasta que, visto que la bomba no aparecía, pensaron que el paisano podría tener razón; quizás la bomba estaba en el mar. Y estaba, pero en una fosa a setecientos y pico metros de profundidad. Hasta abril no pudieron recuperarla.

De ahí el baño de Fraga, porque había que demostrar que no pasaba nada, aunque la bomba estuviera allí abajo. Fue una maniobra publicitaria que estuvo a punto de derivar en un circo de tres pistas.

Recapitulemos: el accidente se produjo un 17 de enero, pero durante las siguientes dos semanas, todo el mundo se comportaba como si aquí no hubiera pasado nada. Solo la prensa extranjera, fundamentalmente la británica, y Radio Pirenaica, que emitía desde Bucarest (Rumanía) y se oía en Andalucía, estaba informando de que aquello era peligrosamente atómico. Esa notica afectaba especialmente porque a esa zona del sureste español estaba empezando a llegar turismo, y la prensa de varios países europeos estaba advirtiendo a sus ciudadanos que mucho cuidadín con viajar a Almería. Por eso se decidió montar un dispositivo peliculero oficial que desmontara los posibles riesgos antes de que la voz siguiera corriendo.

Y otro dato importante: el mismo día del accidente de Palomares estaba prevista la inauguración del Parador Nacional de Mojácar. O hacían como que allí no pasaba nada o a la porra el parador, el turismo, las alemanas, los bikinis y los británicos con sandalias y calcetines.

Por eso el flamante ministro franquista de Información y Turismo, Manuel Fraga, llamó al embajador estadounidense, Angier Biddle Duke, y le dijo que había que movilizarse; que apareciera o no apareciera la cuarta bomba había que hacer algo para decirle al mundo que Palomares, Almería y España eran seguras para los turistas. Que los salmonetes no sabían a plutonio.

El embajador Duke consultó al alto mando y le dijo a Fraga que estaba dispuesto a bañarse con él, y allá que se fue la pareja. Fraga se puso unos calzones enormes de color verde; el embajador, un gorrito, y se decidió que el 7 de marzo darían el espectáculo. El día anterior, sin embargo, ocurrió algo que estuvo a punto de mandar al garete la operación baño.

La monísima actriz Anne Baxter (por dar una pista, la que se metió en el papel de la esposa del faraón en *Los diez mandamientos*) estaba rodando un «spaghetti western» en el desierto almeriense de Tabernas; una película más infame que el bañador de Fraga: *Las 7 magníficas*. La actriz, ni corta ni perezosa, se puso en contacto con Fraga y le dijo que, si al ministro le parecía bien, se plantaban ella y el resto de magníficas en Palomares para darse el baño con él y con el embajador. A Fraga le gustó la idea y decidió por su cuenta que cuanta más gente, mejor. Si encima eran chicas, miel sobre hojuelas. Si además están buenas, mejor que mejor.

Pero Fraga se quedó con las ganas, porque la noche anterior al baño, un general llamado Donovan alertó al embajador y le contó que Ann Baxter iba a ir con sus chicas. Duke dijo que nanai, que una cosa era montar un numerito y otra una orgía playera. A las chicas se les prohibió que asomaran sus curvas por allí, los políticos se dieron su baño, luego se fue Fraga a inaugurar el parador de Mojácar, la bomba se recuperó en abril y aquí paz y después gloria. Exactamente lo que pretendían Fraga y Estados Unidos. Como si no hubiera pasado absolutamente nada.

Pero pasó. Y pasó mucho.

Todavía está pendiente la promesa de Estados Unidos de limpiar diez hectáreas contaminadas en Palomares, porque todo fue un gran engaño. A los vecinos los trataron como si fueran tontos, a los profesionales españoles a los que se les pidió ayuda, pero se les ocultó información, como imbéciles, y encima cabrearon a mucha tropa estadounidense porque seis buzos acabaron contaminados por radiactividad. Por eso conviene no perderse un documental fantástico, un documento periodístico muy trabajado que se emitió en Canal Sur (está disponible en Internet) y es el único que ofrece todo el material desclasificado por Estados Unidos sobre Palomares. Lo realizaron José Herrera y Antonio Sánchez Picón y no falta detalle. Gracias a ellos, la España que no nos dejaban ver en el No-Do, la grabaron los yanquis y ahora está disponible.

La pregunta es cuándo quedará este asunto limpio de polvo y paja y Palomares de plutonio. Afortunadamente la población está sana, el ganado y los tomates también, y hay constantes controles medioambientales y sanitarios para medir una posible contaminación radiactiva en los vecinos. Parece que todo está en orden, que más de medio siglo después de que cayeran las cuatro bombas no hay riesgo para la salud. Pero eso es ahora. Mañana, no sabemos, por eso es fundamental la limpieza prometida por Estados Unidos de los 50.000 metros cúbicos de tierra que todavía están acotados y contaminados por medio kilo de plutonio.

El riesgo está en que, con el paso del tiempo, el plutonio se va desintegrando y convirtiéndose en americio, que se dispersa mucho más y por tanto es mucho más peligroso. Por eso los niveles de radioactividad van siendo un pelín más altos a medida que pasan los años.

Lo malo es que no hay fecha para esa limpieza prometida una y mil veces por Estados Unidos (Palomares también salió en los papeles de Wikileaks, y gracias a ello se supo que Estados Unidos, más que limpiar la tierra, se lava las manos y donde dijo digo, dice Diego). Por ahora no tiene previsto limpiar nada, ni pagar nada. Mucho menos en el momento de escribir estas líneas, cuando los ciudadanos han puesto el poder en manos de un presidente con nombre de pato y al que solo le preocupa su tupé teñido y hacer la puñeta al mundo.

1969
La hartura de la reina Victoria Eugenia

Abril nunca ha sido un buen mes para la monarquía española. Les evoca repúblicas, exilios, operaciones de cadera, disparos a un pie, elefantes, amantes entrañables... Están condenados todos sus miembros a que les pasen cosas, siempre malas, en abril. Y también en ese mes, el día 15 del año 1969, murió en su exilio de Lausana, en Suiza, la reina Victoria Eugenia. Habían pasado exactamente treinta y ocho años desde que otro 15 de abril saliera expulsada de España.

Para los menos informados, Victoria Eugenia era, como dijo aquel, la hartísima esposa de Alfonso XIII, la abuela del emérito y exrey Juan Carlos y la bisabuela del otro rey, el sexto de los Felipes. En abril del 31 fue expulsada del país, en abril del 69 murió en Suiza, y en abril del 85 regresó a España con los pies por delante. Otra cosa es que ella hubiera querido regresar.

Los ciudadanos españoles están ya más que acostumbrados a ver cómo las familias reales se desestructuran con la misma soltura que las plebeyas, porque también tienen sus pollos internos. Es ahora cuando han quedado al descubierto todas sus miserias, porque antes era tabú ni siquiera mencionar el asunto de pasada; la familia real española pasaba por ser una familia católica apostólica romana e impecable. Punto pelota. Y no, solo era postureo. En realidad nunca se han ajustado a ni una sola de esas características.

Victoria Eugenia y Alfonso XIII no se soportaban, el rey se retiró la palabra con algunos de sus hijos, que además estaban a la greña entre ellos, y si ahora les salen ranas los yernos, antes salían ranas las nueras. Al final acabó cada uno por un lado, en países distintos, con muertes trágicas y con divorcios varios. Fue una familia cuyas peripecias podrían llenar 830 capítulos de un culebrón, y la muerte de la reina Victoria Eugenia es un perfecto punto de partida para empezar a aportar pruebas. Aunque también se verá que el cinismo bien manejado sirve para que una familia desperdigada y mal avenida haya acabado reunida bajo el mismo techo como si aquí no hubiera pasado nada. Y fue el exrey Juan Carlos el que intentó recolocar el desbarajuste familiar poniendo a cada uno en su sitio.

Lo primero que conviene preguntarse es por qué Victoria Eugenia se exilió en Suiza si ella era británica. Y aunque esté feo que yo lo diga, es una buena pregunta.

El plan de la reina, una vez separada de su indeseable marido, era vivir en Londres, cerca de su familia. Y así lo hizo, pero fue invitada a abandonar el país en 1939, momento en el cual empezó su segundo exilio. La echaron de su país de nacimiento con un argumento que también se usa ahora para quitarse de encima problemas y responsabilidades: cuando algún pariente se vuelve incómodo se dice que es familia del rey, pero no familia real. Y exactamente eso hicieron con Victoria Eugenia.

El primer ministro conservador Neville Chamberlain le comunicó a Victoria Eugenia que al haberse casado con Alfonso XIII había dejado de pertenecer a la familia real británica, y que, visto que la Segunda Guerra Mundial estaba a punto de liarse, Gran Bretaña no se hacía responsable de su seguridad ni de las dificultades financieras por las que pudiera empezar a pasar.

Al rechazo político y familiar había que añadir que en Gran Bretaña no se morían de cariño por ella desde que renunció a su religión para ser reina de España, y semejante afrenta ocurrió el 7 de marzo de 1906 en el Palacio de Miramar de San Sebastián. La nieta favorita de la reina Victoria I, jefa suprema de la Iglesia anglicana, abjuró públicamente de sus creencias. Y mientras la fiesta tomaba las calles donostiarras para celebrar a la nueva católica, Victoria Eugenia de Battenberg pasaba a ser en Reino Unido una traidora renegada.

La reina ni olvidó ni perdonó aquella ceremonia porque le provocó un trauma que nunca superó. Todavía en su vejez, en su exilio de Suiza, siguió convencida de que todas sus desgracias eran producto de haber abjurado de su verdadera fe. Primero un bombazo el día de su boda, el marido infiel, la hemofilia que transmitió, el exilio, los hijos muertos… un rosario de desgracias, y todo porque cuando la monísima rubia británica Victoria Eugenia, Ena para los amigos, aceptó casarse con el rey de España, se plantearon dos graves inconvenientes. Uno, su religión, porque una protestante no podía casarse con su católica majestad española. Y otro, el rango inferior de la novia en la familia real británica. El primero se solucionó abjurando de su religión, y el segundo lo arregló el rey Eduardo VII del Reino Unido de un plumazo, ordenando por decreto que fuera tratada como su alteza real. Ya está. Que todos los problemas sean esos.

Sin embargo, Victoria Eugenia sufrió mucho con su ceremonia de abjuración pública, con veintisiete personas presentes en la capilla del Palacio de Miramar, y encima jaleándose el acto desde la calle con cohetes y chupinazos, bandas de música, balcones engalanados y la plebe dando palmas. Nunca perdonó la reina cómo la hicieron abominar de sus supuestos «errores y herejías» y cómo tuvo que arrepentirse en voz alta por haber sido una «gran pecadora contraria a la fe católica». Si aceptaba que, como fue obligada a pronunciar, no había salvación posible fuera de la religión oficial de España, también estaba acusando de herejes a todos sus compatriotas anglicanos y a toda su familia real británica.

Fue muy desagradable, reconoció muchos años después en su residencia suiza, cuando ya le quedaban muy pocos años de vida: «Los ingleses me criticaron por hacerme católica y los españoles no creyeron que fuera sincera». Pues ya, mujer, pero es lo que tiene cambiar de religión por pillar trono. Lo decía Groucho: «Estos son mis principios. Si no les gustan, tengo otros».

Todas estas circunstancias la llevaron a quedarse a vivir en Lausana, donde murió a los ochenta y dos años.

Pocos entierros reales se recuerdan con tanta tensión de glúteos como este. Hubo bronca por ver cuál de los hijos presidía el duelo, si Juan o Jaime (enfrentados por la sucesión al trono), y más tirantez aún por echar del cortejo a la esposa de Jaime, a Carlota Tiedemann (al final la echaron).

La bronca entre Juan de Borbón y su hermano requiere su explicación: el heredero al trono de España fue inicialmente el hijo mayor de Alfonso XIII, Alfonso de Borbón, príncipe de Asturias, pero Alfonso se enamoró de una plebeya cubana y dijo que se casaba. Alfonso XIII le dijo que ni en broma aceptaba un matrimonio morganático y le obligó a renunciar. Luego se divorció, se casó, se volvió a divorciar, se dio a la juerga, reclamó su derecho al trono porque dijo que su renuncia no era válida, pero el pleito no pasó a mayores porque murió como consecuencia de su hemofilia tras un accidente de tráfico en Miami cuando iba acompañado de una alegre señorita.

Alfonso era el segundo hijo que enterraba Victoria Eugenia, porque antes había muerto en Austria el pequeño, Gonzalo, también por un accidente y también como consecuencia de su hemofilia. La cuestión es que a Alfonso lo enterraron en Miami (Florida, Estados Unidos) y así acabó, discretamente, la historia del que fue el heredero legítimo al trono español.

Tras la inicial y forzada renuncia de Alfonso, el heredero pasó a ser el siguiente hijo varón, pero tampoco Jaime le gustaba a Alfonso XIII porque era sordo y porque también había hecho un matrimonio morganático. No es que Emmanuela Dampierre fuera del todo plebeya, pero tampoco era de alto *standing* como para ser reina. Por eso el rey obligó igualmente a su hijo Jaime a renunciar a sus derechos sucesorios a la vez que designaba a Juan como heredero.

Jaime, sin embargo, se arrepintió de haber firmado la renuncia tan alegremente y batalló por recuperar sus derechos. Esas tiranteces entre Juan y Jaime fueron las que provocaron la trifulca en el entierro de Victoria Eugenia.

El cortejo fúnebre acabó presidiéndolo Juan de Borbón, que luego también tuvo bronca con su hijo, con Juan Carlos, porque el niño ya andaba en tratos con Franco para ser rey. En aquel entierro no hubo más muertos de milagro.

Al final se pudo enterrar a la reina y se siguió ese rito que les gusta tanto a los patriotas con los reyes expulsados y que consiste en vaciar en la sepultura un saco con tierra de todas las provincias de España. Hay que creerse que hubo tiempo de recorrer cincuenta provincias para recoger tierra, incluidas las dos de Canarias.

Por cierto, seis años después, Jaime murió de forma rarita (muy, muy, muy rarita), y fue a hacer compañía a su madre al mismo cementerio.

Haciendo recuento: tenemos a toda la familia real difunta desperdigada por Suiza, Roma, Austria y Miami. Y eso es lo que se empeña en recolocar Juan Carlos I cuando por fin pudo alcanzar el trono de España gracias al dictador Franco; porque, aunque los Borbones pierdan las formas muy alegremente mientras están vivos, son unos maestros del disimulo después de muertos.

Juan Carlos I empezó por traerse desde Roma a su abuelo Alfonso XIII, y montó para la ocasión un entierro de órdago en 1980 en el Panteón de Reyes de El Escorial. En abril del 85 se trajo a la abuela Victoria y al tío Jaime de Suiza, y a los titos Gonzalo y Alfonso de Austria y Miami. Alfonso XIII llegó en los huesos y pudo entrar al panteón directamente; a la reina, sin embargo, la habían embalsamado muy requetebién y tuvo que pasar por el feo trámite del pudridero. Por fin en el año 2011, cuarenta y dos años después de morir y veintiséis después de volver a España, Victoria Eugenia aterrizó en el Panteón de Reyes para regocijo de los turistas, que ya tenían una reina más en la colección.

Alfonso XIII no es que la recibiera con los brazos abiertos, y ella tampoco llegó de buena gana. Había conseguido librarse de él, y otra vez juntos. Como si aquí no hubiera pasado nada.

Familia desestructurada, familia reorganizada.

1976

Carnaval de Cádiz: «No conforme al recato»

Noviembre no es tiempo de carnaval, pero sí es el momento de recordar que el 13 de ese mes de 1976 los gaditanos recibieron una noticia que llevaban esperando cuarenta años: el Pleno del Ayuntamiento de Cádiz aprobó, por fin, el regreso de los carnavales.

Y no bailaron sobre la tumba del tirano de Franco porque les quedaba lejos, pero hay que ver cómo les hundió la fiesta a los gaditanos este tirano y cuánto miedo tenía a su ingenio. El Carnaval de Cádiz no es solo disfraz; no se queda en vestirse de mamarracho con coloretes en la cara... va mucho más allá del humor popular y del chiste de barrio. El Carnaval de Cádiz es denuncia, es reivindicación y sátira, es dar la bronca y no respetar ni perdonar a nadie. No tiene que ver con el despelote brasileño ni con el pijerío veneciano ni con los brillos canarios. Y el Carnaval de Cádiz no es solo lo que vemos por la tele con las agrupaciones que pasan por el Teatro Falla. Se mama en la calle, sobre todo con las chirigotas callejeras (que a estas sí que las carga el diablo). Y todo eso junto no les gustaba ni a Franco ni a la Iglesia. En realidad, el carnaval nunca le ha gustado al poder, porque ni se enteraban ni entendían su sentido.

Intentos para prohibir los carnavales en España a lo largo de la historia ha habido cientos. Pragmáticas, reales órdenes, prohibiciones municipales... pero no podían con la fiesta. Sin irnos muy atrás, quedándonos solo hasta que se nos vino a vivir aquí el primer Borbón, Felipe V y los que le sucedieron se pasaron sus reinados prohibiéndolos. El antropólogo Julio Caro Baroja llegó a contabilizar cuarenta disposiciones prohibitivas en solo cincuenta años del siglo XVIII. Y es que Felipe V era un mojigato, además de no estar bien de la cabeza y tener el sentido del humor en salva sea la parte. Decretó la prohibición de los carnavales porque, decía él, había «innumerables ofensas a su majestad divina y porque no eran conformes al recato de la nación española».

Lo de las ofensas a su majestad divina era, sencillamente, porque le molestaba muchísimo que se disfrazaran de él, pero es que era perfecto como modelo de disfraz. Recién llegado de Versalles, con su pelucón francés y sus encajes y sus lazos cursis; que más que un humano parecía un repollo. Pero ni él ni los que se empeñaban en prohibir la fiesta sabían de qué iba esto. No tenían capacidad para descubrir que, en realidad, tenía un sentido que les beneficiaba. Las carnestolendas, los carnavales, esos días en los que se permitía el jolgorio y comer carne por última vez antes de la llegada de la represora Cuaresma, eran una válvula de escape de la población antes de ese periodo de abstinencia aburrido; tres días en los que las gentes se desahogaban mofándose de sus dirigentes y de los convencionalismos. Era una forma de protesta controlada, un alivio que permitía que los ánimos se calmaran para que luego todo el mundo volviera al redil.

En el fondo era como echarle a la plebe, siempre tan obediente, unas migajas de diversión. Luego se volvía a lo legalmente establecido y todos contentos. Pero como los que mandaban eran muy mendrugos no supieron calcular los beneficios.

Ya en el siglo XVIII, el carnaval en Cádiz era especial. La ciudad era el puerto de salida del Mediterráneo y el puerto de entrada desde América, y ahí se produjo una mezcla de música antillana con los ropajes de los mercaderes italianos muy simpática a la que se añadió el salero propio de la tierra. En el siglo XIX la especialización del Carnaval de Cádiz ya era para nota, y aunque las autoridades seguían intentando prohibirlo, no hubo forma. Así que, si no puedes con tu enemigo, únete a él. Fue cuando la burguesía gaditana entró a financiar el carnaval en un intento de domesticarlo, al menos, un poco.

Con ello perdió libertad y llegó la censura, porque para que el carnaval tuviera apoyo institucional se exigía que las letras pasaran antes por la autoridad competente. Incluso durante la Segunda República hubo censura, pero lo gordo llegó en 1937, cuando el Carnaval de Cádiz se prohibió del todo por, y así lo dijeron, «las actuales circunstancias», un estúpido eufemismo para decir que había guerra. Pero terminó la guerra, y en el año cuarenta, cuando todos estaban esperando que los carnavales volvieran, Franco dijo que no había motivo para modificar las circunstancias y que se mantenía la prohibición.

Conociéndolos, los gaditanos no se iban a quedar quietos, y comenzaron a celebrarlo a escondidas. Pero eso no era Cádiz.

Tuvo que ocurrir un desastre para que volvieran unos carnavales descafeinados, vigilados, grises... Ni siquiera permitieron las autoridades de la dictadura que se llamaran carnavales. Ocurrió en 1947, cuando explotó el polvorín de la Armada en Cádiz. Miles de heridos, cientos de muertos y media ciudad destruida tras la explosión de casi todo el material almacenado de la guerra civil. O sea, que la guerra no solo aplastó los carnavales, es que casi acabó con Cádiz entero. Pero esa trágica circunstancia provocó que, gracias a chirigoteros como *El Quini*, un personaje histórico del carnaval, se consiguiera que les dieran una caridad para sobrellevar la tragedia (El Quini fue aquel que dijo que, de haber nacido en Cádiz, Cervantes nunca habría terminado *El Quijote*).

Se permitió a los gaditanos recuperar un sucedáneo de fiesta, pero nada de celebrarla en febrero. Había que celebrarlas en mayo, en el mes de las flores y las vírgenes, y eso sí que era un maldito sacrilegio.

Obligaron a llamarlas «Fiestas típicas gaditanas» y eran una cursilada primaveral franquista, con carrocitas y bandas de música y chirigotas controladas... y, sobre todo, mucha censura. Eso tampoco era carnaval, pero al menos sirvió para mantenerlo con un hilillo de vida. Uno de los ejemplos de censura estúpida en los años cincuenta se dio cuando una agrupación presentó una letra para celebrar que el equipo de la ciudad había subido a Segunda División que decía que «El Cádiz había conseguido una gran hazaña». Les tacharon lo de «hazaña», porque se podía entender que se refería al presidente de la República Manuel Azaña.

No quedaba más remedio que esperar a que se muriera el dictador, y la pena es que Franco tardó mucho en morirse. Mientras viviera el tirano no podrían resucitar los verdaderos carnavales. Tan pendientes estaban de que cascara, que no perdieron ni un minuto: Franco se largó el día 20 de noviembre de 1975 y seguramente el 21 se pusieron en marcha. Los gaditanos habían mantenido sus carnavales en un coma profundo, y en febrero del 76, cuando apenas habían pasado tres meses de la muerte, algunos coros dijeron... ¿y si salimos? Y salieron. Tímidamente, con miedo, pero había que recuperar febrero para el carnaval como fuera y cuanto antes.

Todavía en 1976 se celebraron las «Fiestas típicas gaditanas» en mayo, porque el carnaval seguía siendo ilegal, y aún en aquel año desfiló el batallón infantil María del Carmen Martínez Bordiú, pero a los franquistas les quedaban dos telediarios. En las fiestas típicas de aquel 1976, todavía descafeinadas y oficialistas, los gaditanos empezaron a tirar con bala. Y el primer premio de agrupaciones lo ganó la comparsa Carnaval 76, que además del descaro del nombre, remataba su cuplé «Conozco una parejita» diciendo «... nosotros lo que queremos es carnaval, carnaval, carnaval, que las fiestas típicas no nos dicen na».

Aquel mismo año el Ayuntamiento de Cádiz se puso las pilas y el 13 de noviembre el Pleno le dio matarile al tipismo gaditano y aprobó por mayoría la vuelta del carnaval. En febrero de 1977 Cádiz recuperó la fiesta que le robó Franco, aunque las máscaras continuaron prohibidas. Cuando volvió el jolgorio en toda su extensión el resto de España estaba tan despistada, que TVE dedicó un amplio reportaje en *Informe Semanal* para explicar qué era el Carnaval de Cádiz. En aquel 77 estuvieron todavía modositos, pero ya se les veía venir y ahora ya no perdonan a nada ni a nadie. No se salva ni dios. Ni Borbones ni políticos ni curas ni el papa. Ni siquiera se perdonan a sí mismos cuando se trata de autocriticarse. No tienen piedad ni con ellos, y en este asunto, merecen capítulo aparte Los Yesterday, interpretando el «Pasodoble de Andalucía» en los carnavales de 1999 con una letra memorable de Juan Carlos Aragón:

> Los andaluces queremos
> volver a ser lo que fuimos,
> lo que fuimos antiguamente:
> pobrecitos y vasallos,
> siervos de terratenientes
> y de chulos a caballo.
> Si este pueblo se disparata
> con la boda de un matavacas
> y la niña de una duquesa.
> Si este pueblo se le arrodilla
> a una espada y una mantilla,
> este pueblo me da vergüenza.
> Menos rollo de verdes mares,
> de campiñas y de olivares,
> que así luego nos luce el pelo.

Después te ponen la serie de Emilio Aragón,
pimpón, con sus castas,
y aparece en el más ínfimo escalón
de su estrecha jerarquía,
el servilismo mamón
de la marmota de Andalucía.

El Carnaval de Cádiz es sobre todo calle, irreverencia, transgresión... nadie se instale en el topicazo del tipismo andaluz de palmeros y rebujitos. Cádiz, quede claro, no tiene fiestas típicas. Nunca las ha tenido y esperemos que nunca más vuelva a tenerlas.

1983

El mundo, a un tris de dar un tras

El 25 de septiembre de 1983, cuando pasaban catorce minutos de las diez de la noche hora española, madrugada del día siguiente en Moscú... el mundo podría haber acabado patas arriba. Estados Unidos y la Unión Soviética estuvieron en un tris de la guerra nuclear, y dado que España está en medio y, encima, con varias bases americanas en activo en territorio español en aquel momento, nos habría salpicado. Seguro. Aquella noche no ocurrió nada, pero de lo que pudo haber pasado no nos enteramos hasta muchos años después. Ahora se conoce como «el incidente del equinoccio de otoño», y solo el sentido común de un oficial soviético libró al mundo de otra debacle.

Está claro que la ignorancia es la madre de la felicidad, porque no nos enteramos de lo que estuvo a punto de ocurrir. Afortunadamente, los periódicos españoles del día siguiente solo trajeron noticias más o menos normales: una fuga masiva de presos del IRA en Irlanda, un pesquero francés que apresó a uno vasco, el último concierto como dúo de Simon & Garfunkel... pero el titular podría haber sido común en toda la prensa mundial: guerra nuclear, o apocalipsis atómica, como se la llamó entonces. Antes de llegar a lo que ocurrió aquella noche del 83, conviene poner el escenario para entender por qué los yanquis y los soviéticos estaban de los nervios.

Presidía Estados Unidos por aquel entonces Ronald Reagan, que no se empleó precisamente en hacer amigos en la Unión Soviética. Decir que había muy mal rollito se queda corto. En aquel mismo año fue cuando Reagan acuñó el lema «El imperio del mal» cada vez que se refería a la URSS.

En la otra esquina del ring, con calzón rojo, Yuri Andrópov presidiendo la Unión Soviética; un tipo con cara de seta que nos suena menos que otros gerifaltes soviéticos porque lo nombraron máximo líder y a los quince meses se murió, quién sabe si de la emoción. Era un tipo duro, de la vieja guardia. Aplastó la rebelión en Hungría y la primavera de Praga y estuvo implicado en la invasión de Afganistán.

Reagan y Andrópov no eran los más adecuados para estar gobernando el mundo en un momento tan tenso, porque en 1983 estábamos aún en plena guerra fría y a los dos se les fue la olla con los misiles. Estaban apuntándose, no solo desde sus países, sino que desde los países amigos apuntaban a la vez a los países amiguetes del otro. La carrera armamentística estaba en un plan imparable y aquello podía reventar en cualquier momento. Y encima, tres semanas antes del incidente del equinoccio de otoño pasó algo dramático: el derribo de un avión surcoreano por parte de un caza soviético. Era un Boeing 747 que se desvió de su ruta por error, invadió el espacio aéreo de la URSS, y los soviéticos lo confundieron con una nave espía. El piloto encargado de abatirlo, sin embargo, se percató de que era un avión de pasajeros, y como era uno de esos descerebrados que solo cumplen órdenes, disparó. Doscientos sesenta y nueve muertos, entre ellos varios estadounidenses.

Y así llegamos a lo sucedido en la madrugada del 26 de septiembre en una base militar rusa al sur de Moscú, el Punto Central de Mando de los Sistemas de Detección de Ataques con Misiles. Allí enviaban información de los movimientos del enemigo los satélites rusos, y al mando del tinglado estaba el teniente coronel Stanislav Petrov cuando, pasados catorce minutos de la medianoche, se iluminó la luz roja de alerta máxima. Uno de los satélites alertó de que un misil intercontinental de largo alcance había salido de una base estadounidense en Montana con dirección a la Unión Soviética. Petrov se quedó cuajado en su despacho acristalado, que estaba en alto y desde donde veía a todos los operarios con sus ordenadores y sus pantallitas. Unos segundos después el satélite avisó de que estaban en camino otros cuatro misiles. Todos miraban hacia arriba esperando órdenes, pero Petrov indicó que volvieran a sus puestos de control y esperaran.

Algo no le cuadraba y decidió pararse a pensar, lo cual es de agradecer viniendo de un militar soviético. Sabía que el satélite que estaba enviando la información no era precisamente el mejor de la flota; era el satélite tonto. Como Petrov también era técnico informático, pensó que quizás la detección de los cinco misiles fuera una lectura errónea de los ordenadores. Pero siguió pensando, y dedujo que nadie comienza una guerra enviando cinco míseros misiles a un mismo objetivo. Si Estados Unidos lanzara un ataque sorpresa enviaría cientos de misiles con distintos objetivos. Los yanquis tenían preparados 7.000 pepinos intercontinentales, y, aunque no tuvieran previsto lanzarlos todos el mismo día, cinco eran demasiado pocos. Era muy raro, además, que todos los misiles partieran de la misma base de Montana. ¿Y si se le había ido la pinza al ordenador? Algo raro estaba pasando y decidió saltarse el protocolo hasta que supiera exactamente qué era.

Lo que se supone que debería haber hecho Petrov es eso que tanto vemos en las pelis: apretar el botón rojo que avisaba directamente al jefazo Yuri Andrópov, al ministro de Defensa y al jefe del Estado Mayor ruso, seguramente todos muy dispuestos a contraatacar sin pensar. Pero el oficial espabilado sabía que en cuanto apretara aquel botón, la orden siguiente e inmediata era la respuesta de la Unión Soviética lanzando misiles a Estados Unidos.

No apretó.

Solo dedujo que, si en media hora no impactaba nada en territorio soviético, efectivamente, era una falsa alarma. Y si impactaba ya daría igual. Íbamos a morir todos.

Tuvo razón, fue una falsa alarma, una errónea interpretación del satélite tonto. Pero que muy tonto para detectar cinco misiles inexistentes.

Resulta que por estas cosas que tiene el universo, que casi siempre va a su bola, acababa de producirse el equinoccio de otoño, y al cruzar el Sol el ecuador, los rayos rebotaron contra unas nubes, el satélite bobo confundió esas señales térmicas con misiles y saltaron las alarmas. Por eso se lo llamó «El incidente del equinoccio de otoño», un suceso al que no le falta su parte absurda: al teniente coronel Stanislav Petrov le arruinaron la vida.

No importó que su instinto se demostrara acertado, ni importó que evitara una guerra; lo único que tuvieron en cuenta fue que desobedeció las órdenes y que no se ajustó al protocolo que ordenaba no pensar y apretar el botón rojo para que algún desquiciado soviético respondiera con el envío de misiles a Estados Unidos. Y todo porque aplicó la auténtica y genuina inteligencia militar, tan poco utilizada por los altos mandos de todos los ejércitos del mundo.

A Petrov lo destituyeron, le prohibieron hablar del asunto y le hicieron la vida imposible. Necesitó tratamiento psiquiátrico y acabó retirado en un pueblecito ruso con una humilde pensión. Su mujer se pasó diez años preguntándole: «¿Qué hiciste, cariño?» Y él siempre respondía lo mismo para no mentir: «No hice nada, mi amor». Y exactamente hizo eso. Nada.

Tuvieron que pasar diez años antes de que se hiciera pública esta historia, y hasta 1993 estuvieron lavando aquel trapo sucio en casa. Pero acabó trascendiendo, porque en la URSS había más espías que muñecas matrioskas. Los dos únicos reconocimientos que recibió el oficial, ya metidos en el siglo XXI, fueron por parte de Estados Unidos. En 2004 le dieron el premio Ciudadano del Mundo, y en 2006 Naciones Unidas le llevó a Nueva York y le dedicó un homenaje público por su sensatez. Porque el 26 de septiembre de 1983 se mascó la tragedia, pero gracias a Petrov, la guerra fría continuó siendo eso, fría.

Petrov lo perdió todo por usar las neuronas en vez de apretar el botón rojo y liar una guerra nuclear. Enorme diferencia con el papanatas del piloto del caza soviético que el 31 de agosto de 1983 derribó el vuelo 007 de Korean Air porque esas eran las órdenes, aunque vio que era un avión de pasajeros. Y encima se quejó de que solo le dieron una prima de doscientos rublos por su hazaña.

Afortunadamente, Petrov fue la persona adecuada que estaba en el sitio justo para tomar la decisión correcta. Murió a los setenta y siete años, en 2017. Tres hurras por un militar con dos dedos de frente.

1984

Catástrofe en Bhopal

¿Alguien se acuerda de Bhopal? ¿Nos suena al menos remotamente la catástrofe humana y ambiental que sufrió y aún sufre esta ciudad india? En la madrugada del 3 de diciembre de 1984 una fábrica estadounidense de pesticidas liberó 42 toneladas de gas tóxico que mató en el acto a 3.000 personas. Hoy, más de tres décadas después, otras 150.000 sobreviven a duras penas, envenenadas por el gas y, sobre todo, por la injusticia.

Seguramente no, casi nadie se acuerda ya de Bhopal y la mayoría ni siquiera habrá oído hablar del asunto. Total, como fue en India... y encima tan lejos... La tragedia de Bhopal ha quedado para recordarla en los aniversarios redondos y para que se nos caiga la cara de vergüenza durante un rato. Bhopal no alcanza ni de lejos la categoría mediática de un 11-S, ni de un Chernóbil, pero la nube tóxica de Bhopal es, todavía hoy, la mayor catástrofe industrial de la historia.

Era la medianoche de un lunes, con la mayor parte de la gente durmiendo, cuando en la fábrica de pesticidas de la ciudad se recalentaron los tanques de almacenamiento, las válvulas de alivio saltaron por la presión y el gas se liberó. Pero este gas, que se llama isocianato de metilo, es muy pesado, así que después de liberarse, descendió y comenzó a recorrer su camino a ras de suelo. Fue como una plaga bíblica, solo que esta no era ciencia ficción. En estos casos, además, la naturaleza y los dioses suelen aliarse contra los más desgraciados, porque aquella noche el viento soplaba hacia las chabolas de Bhopal. El gas mataba casi en el acto; en apenas cuatro minutos. Y así, sin saber aún qué estaba pasando, murieron 3.000 personas según los cálculos más optimistas. Otros lo elevan hasta 6.000, pero es que se ha perdido la cuenta de los que murieron huyendo a la desesperada. Como no sabían hacia dónde huir, corrieron en dirección a la fábrica. Cuanto más corrían, con los niños en brazos, arrastrando a familiares, más caían. El sur de Bhopal fue una gigantesca cámara de gas.

Pero esas víctimas iniciales, los que murieron en el acto, se multiplicaron hasta cifras insoportables durante la huida y en los siguientes días. Se calcula que murieron 20.000 más, pero es una cifra aproximada, porque los contaron a duras penas. Unos los bajan a 15.000, otros los suben a 25.000... Todavía hoy hay 150.000 enfermos crónicos y otros tantos más afectados. Pero todo esto son cifras mareantes, la realidad sin números es que muchos niños siguen naciendo ciegos, con parálisis cerebral, con las extremidades rígidas o retorcidas y que ni se sabe los que tienen el veneno en el cuerpo. Muchos de los supervivientes dicen que preferirían haber muerto, que al fin y al cabo los muertos dejaron de sufrir, y que a los que nacen y están por nacer les queda una vida peor que la muerte. Todo Bhopal quedó contaminado; el agua, inservible; los cultivos y la ganadería, arruinados, y la mayor parte de la población, enferma para toda la vida.

¿Quién pagó aquella fiesta? Nadie estaba dispuesto. Parecía que el único culpable fue el gas, pero algo tuvo que hacerse mal para que se produjera el escape.

Algo no, todo estuvo mal hecho. El gas se escapó porque la fábrica era una calamidad gracias a la complicidad de todos. La dueña de la fábrica de Bhopal era Union Carbide con un 51 por ciento, mientras el gobierno indio era propietario del otro 49 por ciento. Así se entiende que la India haya jugado a la contra de sus propios ciudadanos, por su 49 por ciento de responsabilidad. (Por cierto, puede que alguien se acuerde de las pilas UCAR que se vendían aquí en España; eran de Union Carbide, pero después de lo de Bhopal les cambiaron el nombre por si acaso les boicoteábamos las pilas: pasaron a llamarse Energizer).

Dos años antes del desastre de Bhopal, en 1982, los auditores de seguridad de Union Carbide hicieron una inspección y dijeron que los sistemas eran lamentables, que había corrosiones en los tanques y una alta posibilidad de fuga de gases. ¿Alguien arregló algo? Nadie. No solo no pusieron remedio a las deficiencias de seguridad, es que terminaron de pifiarla cuando en 1984 retiraron el sistema de refrigeración de los depósitos de almacenamiento. Detectaron que estaba en mal estado y, en vez de arreglarlo, directamente lo quitaron. Por eso saltaron las válvulas, por la falta de refrigeración.

El sistema de seguridad que quitaron era el encargado de enfriar los tanques en caso de que se produjera un calentamiento y el gas quisiera salir. Aquel 3 de diciembre entró agua en uno de los tanques, y el gas almacenado reaccionó con el agua. El gas se infló, se infló, se infló... y como no había sistema de refrigeración que lo enfriara, las válvulas de alivio se abrieron y la nube tóxica barrió a la población.

Por lo que respecta a las consecuencias legales, todo ha quedado en un chiste. Al día siguiente de la catástrofe, cuando estaban empezando a contar los muertos, llegó desde Estados Unidos el presidente de la empresa, Warren Anderson. Fue detenido nada más aparecer por allí, pero al día siguiente, tras pagar una fianza de unos mil y pico euros, lo soltaron, se pilló un avión y se volvió tan campante a Estados Unidos. Vivió feliz y a cuerpo de rey hasta los noventa y dos años. Murió en Nueva York en 2014.

A partir de la consentida fuga de Anderson, el asunto de Bhopal comenzó a perderse en un laberinto jurídico donde nunca aparecen culpables. Jueces que van cambiando —han pasado diez por el caso mientras la gente se sigue muriendo—, tribunales que se pasan la patata caliente —y venga a morir gente—, el gobierno indio diciendo que pelillos a la mar —y la gente empeñada en seguir muriéndose.

De indemnizaciones, ni hablar, claro.

En 1989, cinco años después de la catástrofe, el gobierno indio, que había pedido casi 3.000 millones de euros de indemnización, llegó a un acuerdo extrajudicial con Union Carbide, que aceptó pagar la ridícula cifra de 393 millones. ¿Qué hizo el gobierno indio con ese dinero? Se lo guardó durante tres años, y en 1993 empezó a repartir una parte. A cada familia afectada le tocaron unos 500 euros, y algunas todavía no han visto ni una rupia. El proceso judicial, además, se complicó porque Union Carbide fue absorbida en 2001 por otra empresa estadounidense, Dow Chemical, que se llama a andanas y dicen que ellos son de otra guerra y no tienen nada que ver con lo de Bhopal; se lavan las manos.

Uno de los portavoces de la nueva empresa llegó a decir que Union Carbide ya había dado 500 euros por familia, que era más que suficiente para un indio. En 2013, un tribunal de India le dijo a Dow Chemical que debía comparecer como responsable, pero dio igual. Desde entonces ha habido centenares de citaciones y nunca acude nadie. El galimatías judicial está tan enredado, tan disperso en varios tribunales, que todo es una gran farsa para no llegar a ninguna parte.

Y viene otro chiste: la primera vez que se condenó a alguien por la nube tóxica de Bhopal fue en el año 2010, veintiséis años después. Y los condenados son... ¡tachán! ¡ocho empleados de la fábrica! Por negligencia. Los ocho, indios, uno ya se ha muerto y los otros siete pasan de los setenta años. Fueron condenados a dos años, pero no entraron en prisión.

Nadie se acuerda ya de Bhopal, porque Bhopal solo es noticia en Bhopal cada 4 de diciembre. Manifestaciones que reclaman atención sanitaria, pidiendo que paguen los culpables, que les lleven más agua potable porque la tierra y el agua están contaminados, que retiren de una vez por todas las 10.000 toneladas de desechos tóxicos que enterraron allí mismo... siguen clamando al cielo.

La responsabilidad del gobierno indio como propietario del 49 por ciento de la fábrica se ha evaporado. Los gobernantes dicen que es una idiotez eso de que los acuíferos y la tierra estén contaminados por pesticidas, que después de veintitantos años de monzones la lluvia lo ha lavado todo. Solo contribuyen a maquillar las cifras, a decir que allí no pasa nada, que los muertos ya están muertos y que si siguen naciendo niños con malformaciones es porque eso ocurre en todas partes. Los supervivientes están exhaustos y el gobierno indio mirando a Cuenca, porque la nueva empresa sigue trabajando en la India y allí deja buenos cuartos, fabricando un potente insecticida que en Estados Unidos no le dejan producir. Por lo demás, todo se resume en cifras. Miles de millones de beneficios a costa de miles de muertos, miles de víctimas y miles de enfermos. Algunos de ellos todavía no nacidos. El más terrible, el más imperfecto de los pasados, siempre acaba provocándolo la mano del hombre.

Y como no es plan terminar este libro con un recuerdo tan trágico del pasado más reciente, mejor volvemos a la inofensiva prehistoria...

1994
Bienvenidos al Pleistoceno inferior

Mediodía del 8 de julio de 1994. Sierra de Atapuerca, Burgos. Nivel 6 del yacimiento de la Gran Dolina. La arqueóloga Aurora Martín, hecha un cuatro sobre la tierra, hurgando en la cuadrícula que le toca, encuentra un diente. Parecía humano, pero cogió aire y se aguantó los nervios; lo guardó en una bolsita transparente y esperó el dictamen de su jefe de excavación.

José María Bermúdez de Castro no necesitó sacar el diente de la bolsa. Lo miró a través del plástico y sí, era humano, y visto el estrato donde lo había encontrado Aurora, mucho más antiguo de lo que nunca hubieran soñado.

Ese diente lo llevó puesto un tipo que vivió por aquellos lares hace 900.000 años. Era el europeo más antiguo jamás hallado. Y el tío era de Burgos. Del Burgos del Pleistoceno inferior.

¿Por qué era tan importante aquel solitario diente? Pues porque hasta ese momento otros lugares de Europa presumían de tener al ciudadano más antiguo, de unos 500.000 años de antigüedad. Algunos aseguraban que era imposible encontrar humanos europeos más antiguos, y otros sospechaban que quinientos mil eran pocos, que seguramente los humanos habían pasado a Europa muchísimo antes; pero daba igual sospechar mucho o poco porque no había pruebas.

Aquel diente que encontró Aurora Martín en Atapuerca, y al que estudios más reposados adjudicaron después una antigüedad de 900.000 años, era la primera de muchas evidencias de que, efectivamente, los burgaleses son, mientras no se demuestre lo contrario, los más antiguos de Europa. Ni alemanes, ni leches. Los de Burgos.

Y aquellos burgaleses resultaron ser una nueva especie humana a la que bautizaron como *Homo antecessor*, que, como su propio nombre indica era anterior a todo lo conocido hasta entonces en Europa.

Y esto de la nomenclatura tiene guasa: *Homo sapiens* somos nosotros, aunque lo de *sapiens*, solo a ratos; antes, los *Homo neanderthalensis*, más conocidos como neandertales; antes de estos, el *Homo heidelbergensis*, y antes, los encontrados en Atapuerca, el *Homo antecessor*. La diferencia de nomenclatura está en que dos de ellos se refieren al lugar donde fueron encontrados, y el de Atapuerca no.

Cuando hay que ponerle nombre a algo nuevo, a los descubridores de ese algo, por lo general, les gusta dejar su sello local. Por eso cuando cerca de la ciudad alemana de Heidelberg fueron hallados los que parecían ser los primeros europeos, los llamaron *Homo heidelbergensis*. Y por eso cuando aparecieron en el valle del Neander, también en Alemania, fósiles de nuevos homos hasta entonces no catalogados, los llamaron neandertal. «Tal» significa valle; Neander-tal, valle del Neander. Está claro que los alemanes han dejado su sellito en la nomenclatura de dos homos, Heidelberg y Neander, pero la nueva especie *homo* catalogada en Atapuerca se llama *antecessor*. ¿Por qué demonios no la llamaron homo atapuerquensis? Pues precisamente para huir de localismos. Para evitar lo que hicieron los alemanes se decidió poner un nombre más internacional, de ahí lo de *antecessor*, que en latín significa predecesor. Era una forma de decir, vale, vosotros tenéis neandertales y heidelbergensis, pero en Atapuerca están los primeros, los *antecessor*, los antecesores.

Aceptamos *antecessor*, qué remedio a estas alturas, pero no hubiera sonado nada mal *Homo atapuerquensis* o burgensis.

Se llame como se llame, lo importante es saber cómo empezó todo, cómo supieron que los de Burgos son más antiguos que los que aparecieron en Alemania, por qué en Atapuerca, qué paso para que excavaran justo ahí.

Pues, paradójicamente, resulta que fue el progreso el que abrió una insospechada ventana al pasado más remoto. O sea, pura casualidad.

Durante la Segunda Revolución Industrial, y hablamos de muy a finales del siglo XIX, los británicos andaban por España explotando recursos minerales. Pero además de extraerlos, esos minerales había que transportarlos luego a las fábricas, y como la Renfe aún era ciencia ficción, las mismas compañías británicas tenían que buscarse la vida si encontraban nuevos yacimientos que explotar. Así fue como en 1895, para trasladar hierro y carbón desde las minas de Burgos a los altos hornos de Vizcaya, se inició la construcción de un ferrocarril.

El ingeniero encargado de trazar el recorrido decidió tirar por las estribaciones de la Sierra de Atapuerca. Dinamitó colinas, destrozó lomas y se volvió loco talando árboles. Si le llegan a pillar los ecologistas lo crujen, pero también ellos eran ciencia ficción.

El ingeniero británico Richard Preece abrió una brecha, una trinchera de un kilómetro de longitud para que pasara un tren. A los lados de esa gran zanja en donde se instalaron las vías quedaron dos enormes paredes de piedra que parecían cortadas a cuchillo, y en las que quedaron al descubierto distintos estratos; o sea, capas de tierra. Aquello se parecía a una tarta que al cortarla deja ver una capa de crema, otra de chocolate blanco, otra de chocolate negro, otra de bizcocho...

Y resultó que en esas capas perfectamente diferenciadas, en esos estratos, quedaron a la vista restos de distintas épocas y de distintos bichos. Ahí se mezclaban huesos de humanos con otros de osos, de rinocerontes, de elefantes, de bisontes, de felinos dientes de sable. Ahora pasa por Atapuerca el camino de Santiago, pero porque ya no hay que ir esquivando tigres; si no, los peregrinos darían un rodeo.

Aquel tendido ferroviario acabó abandonado a partir de 1911, y fue entonces cuando empezaron a descolgarse por allí, atraídos por los fósiles, los primeros expertos prehistoriadores extranjeros. No les cundió mucho, porque también ellos abandonaron los yacimientos sin llegar a descubrir lo que guardaba aquello que hoy se conoce como la Trinchera del Ferrocarril.

En los años sesenta volvieron a intentarlo, y esta vez ya fue un científico español, el profesor alcoyano Francisco Jordá, uno de los arqueólogos y prehistoriadores más brillantes de mediados del siglo pasado. Estuvo condenado a muerte por el franquismo, pero salvó el pellejo y entre las muchas excavaciones que puso en marcha estuvo la de Atapuerca. También él sabía que allí debía de haber algo gordo, pero no dio con ello. Abandonó y acabó yéndose a otra cosa mariposa.

Solo era cuestión de paciencia. Las joyas paleontológicas y antropológicas que guarda la Sierra de Atapuerca llevan allí más de un millón de años, ya aparecería alguien que abriera camino y diera con el filón, y ese alguien fue Trinidad Torres, un ingeniero de minas que en 1976 andaba preparando su tesis sobre los osos de las cavernas del Pleistoceno medio. Que alguien dirá, ¿es que los osos de las cavernas del Pleistoceno medio dan para una tesis doctoral? Resulta que sí, que dan.

Trinidad, Trino Torres, buscando y rebuscando huesos de osos en Atapuerca, se encontró con un par de mandíbulas y unos trozos de cráneo que, hasta donde él sabía, no tenían pinta de ser de un oso. Llevó aquellos huesos a su director de tesis, Emiliano Aguirre, que lo corroboró: aquellos restos eran de cuatro individuos del club de los homos.

Aún no lo sabían, pero esos restos eran *Homo heidelbergensis*, unos paisanos muy importantes porque se cuentan con los dedos de una mano los yacimientos en Europa con fósiles de estos humanos que pacían por estas tierras de la Unión Europea hace 500.000 o 600.000 años como mucho. Hasta los años setenta y ochenta del siglo pasado se los consideraba los europeos más antiguos.

Aquellos huesos que encontró Trino Torres mientras buscaba osos de las cavernas fueron los que dieron la clave a su director de tesis, al paleontólogo Emiliano Aguirre, para iniciar las excavaciones en la Trinchera del Ferrocarril. Allí había algo grande y había que sacarlo con un equipo de arqueólogos.

Evidentemente, la cosa no fue tan rodada ni tan fácil como se está relatando aquí. Hubo muchos impedimentos: aquella era zona militar y mandaba el ejército, algunas administraciones ponían inconvenientes, los gamberros campaban a sus anchas, los expoliadores dejaron aquello hecho un desastre, machacado, había muchas ganas y pocos medios... Poco a poco se fueron salvando los obstáculos hasta conseguir la colaboración de todos y la protección del yacimiento, pero es importante quedarse con el nombre: Emiliano Aguirre. Él puso los cimientos de la investigación. Con él echó a andar el primer proyecto.

Él es el padre de Atapuerca.

Y cuando ya todo estaba en marcha, Emiliano se jubiló y pasó el testigo a tres investigadores de su equipo para que codirigieran la excavación... los ya archiconocidos y reconocidos José María Bermúdez de Castro, Eudald Carbonell y Juan Luis Arsuaga.

Fueron años de venga rascar y rascar, estrato a estrato, de cuadrícula en cuadrícula, dale que te pego con la rasqueta, con la escobilla, sudando la gota gorda cuando había que trabajar a pleno sol y con trajes de neopreno cuando se metía el frío. Aquello es Burgos y los propios burgaleses dicen que solo tienen dos estaciones. El invierno y la de Renfe.

Pero, aunque el calor dure poco y hasta en plena canícula haya que llevar la rebequita por si acaso, nadie olvidará el verano de 1994, cuando Aurora encontró en el estrato 6 de la Gran Dolina, en aquella vieja Trinchera del Ferrocarril que abrió el ingeniero británico, el diente que, ya a primera vista se adivinaba humano, pero no de la peña de los *heidelbergensis*. No cuadraba con los colegas de su época. Ese diente, visto el lugar en donde apareció, debió de llevarlo puesto un tipo mucho más antiguo.

Y eso... ¿cómo demonios lo sabían ellos?

Porque resulta que los que dan las mejores pistas son los huesos de los bichos que aparecen cerca de los de los humanos. Más claro: al principio ha quedado dicho que estamos hablando del Pleistoceno, que, como todo, también tiene sus clases: inferior, medio y superior. El Pleistoceno inferior es el más antiguo, el Pleistoceno medio es ni chicha ni limoná, y el Pleistoceno superior es el más moderno. Los restos fósiles de animales de hace cientos de miles de años son más abundantes y están más estudiados que los de los humanos, y por tanto están datados cada uno en su época. Es decir, si tal hueso de tal bicho pertenece al Pleistoceno superior, y al lado aparece un fémur humano, ese fémur también será del Pleistoceno superior.

Pues eso pasó con el famoso diente hallado en el verano del 94. Resulta que en aquel estrato ya habían aparecido restos de una rata de agua que se sabía vivió hace al menos 600.000 años. Luego si el diente humano estaba cerca de la rata, tuvieron que ser compañeros de piso. Al menos compañeros de estrato. Esta evidencia da las primeras pistas, pero luego hay que ver si esos presagios se confirman en el laboratorio y con investigaciones paleomagnéticas que centran mucho más el tiro.

Así fue como tres años después de haber encontrado el diente se pudo anunciar al mundo que nunca antes se había hallado en Europa el resto de un ciudadano cavernícola tan antiguo. Que aquel diente de Atapuerca, junto con otros restos que continuaron apareciendo, tenía 900.000 años de antigüedad. Que era una especie homo no datada hasta entonces, no conocida.

Atapuerca encendió los focos, tendió la alfombra roja y presentó al mundo los restos del hombre más antiguo de Europa: «Señoras y señores, con todos ustedes... ¡El *Homo antecessor*!».

Luego llegaron más y más antiguos hallazgos, pero aquel verano del 94 marcó un antes y un después en la historia de la prehistoria.

Este libro empezó en el Año de la Pera y termina en el Pleistoceno inferior. Parece mentira que hayan pasado tantas cosas en el camino.

Bibliografía

Incluir toda la bibliografía consultada provocaría que este libro duplicara su tamaño, lo cual no sería ecológicamente sostenible ni económicamente recomendable. Sirva esta mínima selección para dejar constancia de que, sin los que de verdad saben (autores, historiadoras, cronistas, investigadores, estudiosos, científicas y periodistas), este trabajo no habría sido posible.

AGUILAR, José, «Tiros contra la virgen», *Andalucía en la Historia*, n.º 37, Sevilla, 2012.

ALBAREDA, Joaquim, *La guerra de Sucesión en España*, Crítica, Barcelona, 2010.

ALMAGRO, Martín, *El templo de Debod*, Instituto de Estudios Madrileños, Madrid, 1971.

ANGELA, Alberto, *Un día en la antigua Roma. Vida cotidiana, secretos y curiosidades*, La Esfera de los Libros, Madrid, 2009.

ANGELIDOU, María, *Mitos griegos*, Vicens Vives, Barcelona, 2013.

ANÓNIMO, *Cultura de mujer en el siglo XVI: el caso de santa Teresa de Jesús*, Ayuntamiento de Ávila, Ávila, 2006.

ANSON, Luis María, *Don Juan*, Plaza y Janés, Barcelona, 1994.

ASTRANA MARÍN, Luis, *Vida ejemplar y heroica de Miguel de Cervantes Saavedra,* tomo V, Instituto Editorial Reus, Madrid, 1953.

BENEYTO, José María, *El espía que engañó a Hitler*, Espasa, Madrid, 2016.

BENNASSAR, Bartolomé, *La España del Siglo de Oro*, Crítica, Barcelona, 2001.

BICHENO, Hugh, *La batalla de Lepanto, 1571,* Ariel, Barcelona, 2005.

BLOOM, Harold, *Genios*, Anagrama, Barcelona, 2012.

BOSCH, Aurora, *Historia de Estados Unidos*, Crítica, Barcelona, 2011.

BRUQUETAS, Fernando, y LOBO, Manuel, *Don Carlos. Príncipe de las Españas*, Cátedra, Madrid, 2016.

BURDIEL, Isabel, *Isabel II, una biografía (1830-1904)*, Taurus, Barcelona, 2010.

CABRERA DE CÓRDOBA, Luis, *Filipe Segundo, Rey de España al Serenísimo Príncipe su nieto esclarecido D. Felipe de Austria*, Biblioteca Digital Hispánica. Biblioteca Nacional de España, *http://www.bne.es/es/Catalogos/BibliotecaDigitalHispanica/Inicio/index.html*

—, *Relaciones de las cosas sucedidas en la Corte de España desde 1599 hasta 1614*, Biblioteca Digital Hispánica. Biblioteca Nacional de España, *http://www.bne.es/es/Catalogos/BibliotecaDigitalHispanica/Inicio/index.html*

CALLADO ESTELA, Emilio, «La trayectoria del pensamiento de la orden de Predicadores en la Época Moderna», *Studia Philologica Valentina*, vol. 15, Valencia, 2013.

CALVINO, Juan, *Tratado de las reliquias: Advertencia muy útil del gran provecho que volvería de nuevo a la cristiandad si se hiciera inventario de todos los cuerpos de santos y reliquias que se encuentran tanto en Italia, como en Francia, Alemania, España, y otros reinos y países*, 1543.

CALVO POYATO, José, *Juan José de Austria. Un bastardo regio*, Plaza y Janés, Barcelona, 2002.

CHEVALIER, Jean y GHEERBRANT, Alain, *Diccionario de los símbolos*, Herder, Barcelona, 1991.

CLARKE, Gerald, *Truman Capote. La biografía*, Ediciones B, Barcelona, 1989.

COLORADO, Arturo, «Asesinato en la catedral», *La Aventura de la Historia*, n.º 113, Madrid, 2008.

COMMELIN, Pierre, *Mitología griega y romana*, La Esfera de los Libros, Madrid, 2017.

COPEIRO, Jesús y NIELSEN, Enrique, *El misterio de William Martin. Desentrañando la trama*, Diputación de Huelva, Huelva, 2014.

CORTÉS, Alonso y DAFNE, Carolina, *Anatomía de Agatha Christie*, Knossos, Madrid, 1981.

CORTÉS, Fernando, *El Real Ejército de Extremadura en la Guerra de la Restauración de Portugal (1640-1668)*, Universidad de Extremadura, 1985.

CORTÉS, Julio (ed.), *El Corán*, Herder, Barcelona, 1995.

DWYER, Philip, *Napoleón. El camino hacia el poder, 1769-1799*, La Esfera de los Libros, Madrid, 2008.

ENSEÑAT DE VILLALONGA, Alfonso, *La vida de Cristoforo Colonne. Una biografía documentada,* Serie Cuadernos Colombinos, Seminario Americanista de la Universidad de Valladolid, Valladolid, 1999.

EYRE, Pilar, *La soledad de la reina*, La Esfera de los Libros, Madrid, 2011.

FERNÁN NÚÑEZ, conde de, *Vida de Carlos III*, Aguilar, Colección Crisol, Madrid, 1988.

FERNÁNDEZ, Roberto, *Carlos III. Un monarca reformista*, Espasa, Madrid, 2016.

FERNÁNDEZ ÁLVAREZ, Manuel, *Juana la Loca. La cautiva de Tordesillas*, Espasa Calpe, Madrid, 2001.

FERNÁNDEZ VEGA, Pedro Ángel, *La casa romana*, Akal, Madrid, 2003.

FONTBONA, Marc, *Historia del juego en España: de la Hispania romana a nuestros días*, Flor del Viento, Barcelona, 2008.

FURTADO, Peter y CASAL, Pedro, *1.001 días que cambiaron el mundo*, Grijalbo, Barcelona, 2008.

GALLARDO, Carmen, *La reina de las lavanderas*, La Esfera de los Libros, Madrid, 2012.

GARCÍA ANDRÉS, Joaquín, «Asesinato en la catedral: un problema de la historia para trabajar en el aula», *Iber. Didáctica de las Ciencias Sociales, Geografía e Historia*, n.º 63, Barcelona, 2010.

GARCÍA CÁRCEL, Ricardo, *El sueño de la nación indomable*, Temas de hoy, Madrid, 2007.

GARCÍA COSTOYA, Carlos, *El misterio del apóstol Santiago: mito y realidad del enigma jacobeo*, Plaza y Janés, Barcelona, 2004.

GARCÍA DE CORTÁZAR, Fernando, *Los perdedores de la Historia de España*, Planeta, Colección Historia y Sociedad, Barcelona, 2006.

García García, Jesús María, *Alba de Tormes. Páginas sueltas de su historia*, Ediciones de la Diputación de Salamanca, Salamanca, 1991.

García Gual, Carlos, *Introducción a la mitología griega*, Alianza Editorial, Madrid, 2013.

García Hurtado, Manuel Reyes, González, Francisco, Pazzis Pi Corrales, Magdalena de, Frías, Marcelo y Vigo, Alfredo Manuel, *La Armada española en el siglo* XVIII. *Ciencia, hombres y barcos*, Sílex Ediciones, Madrid, 2012.

Gargantilla, Pedro, *Las enfermedades de los Borbones. De la depresión de Felipe V a la cardiopatía de Alfonso XIII*, La Esfera de los Libros, Madrid, 2007.

Gil Novales, Alberto, *El trienio liberal*, Siglo XXI, Madrid, 1980.

Gilbert, Martín, *La Primera Guerra Mundial*, La Esfera de los Libros, Madrid, 2004.

González Dávila, Gil, *Monarquía de España. Historia de la vida y hechos del ínclito monarca, amado y santo D. Felipe Tercero*, 1771, *https://books.google.es/books?id=cf0Kfzfs6d8C&printsec=frontcover&hl=es&source=gbs_ge_summary_r&cad=0#v=onepage&q&f=false*

Hebblethwaite, Peter, *Juan XXIII. El papa del Concilio*, PPC Editorial, Madrid, 2013.

Heiberg, Morten, *La trama oculta de la guerra civil*, Crítica, Barcelona, 2006.

Henningsen, Gustav, *El abogado de las brujas. Brujería vasca e Inquisición*, Alianza Editorial, Madrid, 1983.

Hernández Valcárcel, María del Carmen, *Teatro, historia y sociedad. Seminario internacional sobre el teatro del Siglo de Oro español*, Editum, Murcia, 1994.

Herrera, José, *Accidente nuclear en Palomares. Consecuencias, 1966-2016*, Arraez Editores, Almería, 2016.

Landes, David, *Revolución en el tiempo. El reloj y la formación del mundo moderno*, Crítica, Barcelona, 2007.

Leaming, Barbara, *Orson Welles*, Tusquets, Barcelona, 1991.

Lewis, Flora, *Palomares. Se ha perdido una bomba*, Editorial Juventud, Barcelona, 1967.

LLANOS Y TORRIGLIA, Félix de, *Santas y Reinas*, Ediciones FAX, Madrid, 1942.

LUJÁN, Néstor, *Cuento de cuentos. Origen y aventura de ciertas palabras y frases proverbiales*, Ediciones Folio, Barcelona, 1994.

LYNCH, John (director de la colección), *Monarquía e imperio: el reinado de Carlos V*, Historia de España, tomo 11, *El País*, Madrid, 2007.

MACINTYRE, Ben, *El hombre que nunca existió: Operación Carne Picada*, Crítica, Barcelona, 2010.

MAJÓ FRAMIS, R., *Vidas de los navegantes y conquistadores españoles del siglo XVI*, tomo II, *Conquistadores*, Aguilar, Madrid, 1950.

MARTÍ GILABERT, F., *La cuestión religiosa en la revolución de 1868-1874*, Editora Mundial D. L., Madrid, 1989.

MARTORELL LINARES, Miguel, *Duelo a muerte en Sevilla. Una historia española del novecientos*, Ediciones del Viento, Barcelona, 2016.

MATEOS FERNÁNDEZ, Juan Carlos, *Cuestión de Honor. Los periodistas se baten en duelo*, Historia y Comunicación Social, Madrid, 1998.

MCNAB, Chris, *Los peores desastres militares. Las más grandes catástrofes en el campo de batalla*, Océano, Barcelona, 2005.

MESONERO ROMANOS, Ramón, *El antiguo Madrid. Paseos histórico-anecdóticos por las calles de esta villa*, Al y Mar, Madrid, 1997.

MIRET MAGDALENA, Enrique, «La azarosa historia del celibato clerical», *El País*, 26 de marzo de 2002.

MOLINA GONZÁLEZ, Manuel, *La obra literaria de Niceto Alcalá-Zamora (Memoralismo y literatura en la generación de 1914)*, Diputación de Córdoba, Córdoba, 2015.

MOLINER, Antonio, *La guerra de la independencia en España (1808-1814)*, Nabla, Barcelona, 2007.

NACAR, Eloíno y COLUNGA, Alberto, eds., *Sagrada Biblia*, Biblioteca de Autores Cristianos, Madrid, 1944.

NAVARRA ORDOÑO, Andreu, *El ateísmo. La aventura de pensar libremente en España*, Cátedra, Madrid, 2016.

NIXEY, Catherine, *La edad de la penumbra*, Taurus, Barcelona, 2018.

NUZZI, Gianluigi y VILLEGAS, Federico, *Via Crucis*, Espasa, Madrid, 2015.

OJEDA NIETO, J, «La población de España en el siglo XVII. Tratamiento demográfico de la bula de la Santa Cruzada», *HMiC: Història Moderna i Contemporània*, dossier 2004, Universidad Autónoma de Barcelona, Barcelona, 2004, pp. 77-113.

ORDÓÑEZ, Miguel Ángel, *Dos siglos de bribones y algún malandrín*, Edaf, Madrid, 2014.

PADFIELD, Peter y MENÉNDEZ-PIDAL, Gonzalo, *Himmler. Historia de las SS y la Gestapo*, La Esfera de los Libros, Madrid, 2017.

PAILLARD, Georges, *Heydrich*, Euros, Barcelona, 1974.

PARKER, Geoffrey, *Felipe II. La biografía definitiva*, Planeta, Barcelona, 2010.

—, *El rey imprudente*, Planeta, Barcelona, 2015.

PÉREZ GALDÓS, *Episodios nacionales. La corte de Carlos IV*, tomo 2, Editorial Hernando y Alianza Editorial, Madrid, 1996.

—, *Episodios nacionales. El 19 de marzo y el 2 de mayo*, tomo 3, Editorial Hernando y Alianza Editorial, Madrid, 1996.

—, *Episodios nacionales. Napoleón en Chamartín*, tomo 5, Editorial Hernando y Alianza Editorial, Madrid, 1996.

PÉREZ MARTÍN, María Jesús, *María Tudor: la gran reina desconocida*, Ediciones Rialp, Madrid, 2012.

PITA, René, *Armas químicas. La ciencia en manos del mal*, Plaza y Valdés, Madrid, 2008.

POULAIN, Jean Pierre y NEIRINCK, Edmond, *Historia de la cocina y de los cocineros*, Editorial Zendrera, Barcelona, 2007.

QUERALT, María Pilar, *Las mujeres de Felipe II*, Edaf, Madrid, 2011.

—, *Reinas en la sombra. Amantes y cortesanas que cambiaron la historia*, Edaf, Madrid, 2014.

QUINTERO, Gonzalo, *Don Blas de Lezo. Biografía de un marino español*, Edaf, Madrid, 2016.

ROMERO, Ana, *Final de partida*, La Esfera de los Libros, Madrid, 2015.

ROS, Carlos, *El duque de Montpensier*, Editorial Castillejo, Sevilla, 2000.

SALA, Rosa, *Diccionario crítico de mitos y símbolos del nazismo*, Acantilado, Barcelona, 2003.

SANTONJA, Gonzalo, «¿Por qué Felipe II ignoró la bula antitaurina del Papa Pío V?», *El Cultural* de *El Mundo*, 2 de diciembre de 2011.

Sanz Ayán, Carmen, «San Francisco de Borja. Oportuna santidad», *La Aventura de la Historia*, n.º 145, noviembre de 2010.

Sigüenza, fray José de, *Fundación del monasterio de El Escorial por Felipe II*, Apostolado de la Prensa, Madrid, 1927.

Solé, José María, *Los pícaros Borbones*, La Esfera de los Libros, Madrid, 2003.

Steele, John y Noreen, *The Secrets of MHS Dasher*, Argyll Publishing, Argy, 1995.

Suárez Fernández, Luis y Gallego, José Andrés, *La crisis de la hegemonía española, siglo xvii*, Ediciones Rialp, Madrid, 1986.

Suetonio, *Vidas de los doce Césares,* Gredos, Madrid, 1992.

Thomas, Hugh, *El imperio español de Carlos V*, Planeta, Barcelona, 2012.

Torrente, José Antonio, *Salamanca, bolsista romántico*, Taurus, Barcelona, 1969.

Tusell, Javier y García Queipo de Llano, Genoveva, *Alfonso XIII. El rey polémico*, Taurus, Barcelona, 2001.

Tyldesley, Joyce, *Cleopatra: la última reina de Egipto,* Planeta, Barcelona, 2008.

Valdeón, Julio, *Cristianos, judíos y musulmanes*, Crítica, Barcelona, 2006.

Valladares, Rafael, *Portugal y la monarquía hispánica, 1580-1668*, Arco Libros, Madrid, 2000.

Vázquez, Alber, *Mediohombre: la batalla que Inglaterra ocultó al mundo*, La Esfera de los Libros, Madrid, 2012,

Vega, Vicente, *Diccionario ilustrado de efemérides*, tomos I y II, Gustavo Gili, Barcelona, 1968.

Viñas, Ángel, *Sobornos*, Crítica, Barcelona, 2016.

Viñas, José Miguel, *Curiosidades meteorológicas*, Alianza Editorial, Madrid, 2012.

—, *Preguntas al aire*, Alianza Editorial, Madrid, 2014.

VV.AA., *Viajes de extranjeros por España y Portugal*, tomo II, siglo xvii, Aguilar, Madrid, 1959.

Zabala, José María, *La reina de oros*, Libros Libres, Madrid, 2011.

Zunzunegui, Santos, *Orson Welles*, Cátedra, Madrid, 2010.

Documentales

HERRERA, José, *Operación Flecha Rota*, Pitaco Producciones, 2007.
SACALUGA, Nacho, *Febrero. Cuando la vida es Carnaval*, Edit Lo Producciones Audiovisuales, 2009.

Publicaciones

ABC, 15 de junio de 1906, p. 9.
Andalucia en la Historia, n.° 37, julio-septiembre de 2012.
El País, 22 de enero de 2017. Entrevista de Pablo Ordaz al papa Francisco.
La Fiesta Brava. Semanario Taurino, Año VIII, n.° 308, 24 de febrero de 1933, Barcelona, Hemeroteca de la Biblioteca Nacional de España.
Triunfo, n.° 897, 5 de marzo de 1980, pp. 24-25.